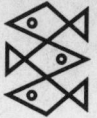

*Über dieses Buch*  In dem vorliegenden Buch zeigt der Autor mit Hilfe einer umfangreichen Fallsammlung eindringlich die dialektischen Wechselbeziehungen zwischen Libido und Todestrieb und weist nach, daß der Todestrieb im unterdrückenden Charakter unserer Kultur besonders stark zur Geltung kommt. Zum erstenmal wird ausführlich die gesamte Problematik der Trennung zwischen Liebenden als Phänomenologie des Todes wissenschaftlich dargestellt.

Der Essay entstand nach den Worten des Verfassers nicht nur aus sorgfältig durchgearbeiteten Geschichten psychoanalytischer und psychotherapeutischer Behandlungen, nicht nur aus klinischen »Interviews« mit Personen, die sich freiwillig zur Verfügung stellten, sondern auch aus zahllosen Gesprächen und Diskussionen im Kreise von Freunden und Mitarbeitern. Die Abhandlung widmet der Autor »den Getrennten: den liebenden, den hassenden, den gleichgültigen, den zaghaften und den zuversichtlichen, auf daß der Mensch zu dem Menschen in Freiheit zurückfinde«.

*Der Autor*  Igor A. Caruso, geboren 1914 in Rußland, studierte in Belgien und gründete 1947 eine freie psychoanalytische Gesellschaft, den »Wiener Arbeitskreis für Tiefenpsychologie«. Seit 1967 Inhaber eines Lehrstuhls für Sozial-, Tiefen- und Klinische Psychologie an der Universität Salzburg. Über 200 wissenschaftliche Veröffentlichungen.

# INHALTSVERZEICHNIS

# VORWORT

Diese Abhandlung ist den Getrennten gewidmet: den liebenden, den hassenden, den gleichgültigen, den zaghaften und den zuversichtlichen, auf daß der Mensch zu dem Menschen in Freiheit zurückfinde.

Dieser Essay entstand nicht nur aus sorgfältig durchgearbeiteten Geschichten psychoanalytischer und psychotherapeutischer Behandlungen, nicht nur aus klinischen «Interviews» mit Personen, die sich freiwillig zur Verfügung stellten, sondern auch aus zahllosen Gesprächen und Diskussionen im Kreise von Freunden und Mitarbeitern. Weil die von diesen Helfern und Mitarbeitern vorgetragenen Meinungen und Hypothesen sich nicht immer mit denen des Verfassers decken müssen, ja möglicherweise von den letzteren wesentlich abweichen, und weil es möglich ist, daß manche von denen, die mitgeholfen haben, nicht gerne ihren Namen genannt wissen möchten im Zusammenhang mit einer Schrift, die aus ihrem Gegenstand heraus die überlieferten Grenzen der Diskretion und des Anstandes in unserer Gesellschaft überschreitet – aus allen diesen Gründen stehe ich vor der schwierigen Aufgabe, diesen meinen Helfern und Beratern meinen aufrichtigsten Dank abzustatten, und zwar in einer Form, die ihnen erlauben soll, sich selbst zu erkennen ohne erkannt zu werden. Deswegen wähle ich für sie die Anwendung von Initialen und konventionellen Buchstaben.

An erster Stelle habe ich Frau I. M. zu danken, ja ihr das Buch mitzuwidmen, wurde ich doch von ihr durch nachdrückliche, beunruhigende, auf Antwort drängende Fragestellungen zur Abfassung des Essays erst angeregt und weiter angespornt. Meiner Frau habe ich besonderen Dank auszusprechen; sie wurde nie müde, wesentliche Aspekte meiner Darstellung unter Beweis stellen zu lassen, und ohne ihre Geisteshaltung und ihr Zutun hätte ich die Untersuchung des Themas kaum in dergestalt dialektischer Weise durchzuführen versucht. Großer Dank gebührt Herrn Dr. A. W., Prof. Dr. A. W.-H. O. can. praem., Herrn Dr. J. Sh., Frau Ch. v. E., Frau Prof. Dr. R. T. D., Herrn Dr. W. W., Herrn Prof. Dr. O. H. A., Frau Dr. C. B., Herrn Dr. R. Sch., Herrn Dr. S. Sch. und vielen anderen; nicht zuletzt Frau Dr. L. W., die mir bei der Entstehung der Abhandlung von der ersten bis zur letzten Zeile – insbesondere aber bei dem Aufarbeiten und Interpretieren der klinischen Beispiele – mit unerschöpflicher Geduld und Nachsicht half, und Frau Dr. U. K., die mir in selbstloser Weise technische Hilfe beim Ordnen und bei der Auswertung des Materials gewährte, insbesondere im Hinblick auf die schwierige Aufgabe, die Folgerungen nicht im abstrakt utopischen Bereich, sondern in der konkreten Bemühung um weltliche Beziehungen zu setzen. Es sei hier auch im Zusammenhang mit der Utopie einer Todesabschaffung an die verstorbene Frau E. Sch. gedacht.

Ein Wort über Utopie: Der letzte Abschnitt dieses Buches war ursprünglich der Analyse des utopischen Vorsatzes einer Beseitigung beziehungsweise Aufhebung des Todes in dieser Welt gewidmet. Zwar ergab sich diese Thematik aus der Analyse der Trennung; doch wollte ich diese Analyse nicht durch solch einen schwierigen und schockierenden Fragenkomplex belasten und schloß diesen daher aus dem Rahmen des Essays aus. Vielleicht werde ich diesen Problemkreis noch zum Gegenstand eines anderen Essays machen.

Eine Sonderbemerkung zum bibliographischen Teil des Essays: Eine wissenschaftliche Literatur, die sich auf seinen Gegenstand – *die Trennung der Liebenden* – bezieht, gibt es nicht. Dennoch ist es selbstverständlich, daß in einem wissenschaftlichen Werk mit dieser Thematik doch eine überaus umfangreiche Literatur verarbeitet, konsultiert und benutzt wurde. Nun ist dieser Essay weder ein Lehrbuch noch ein Handbuch; der Autor ist außerdem ein entschiedener Feind jener Pseudo-Erudition, die sich als Unsitte im deutschen Sprachraum breitmacht und jede Doktordissertation oder Habilitationsschrift mit vielen Hunderten von Titeln im bibliographischen Teil versehen wissen will, von denen zahlreiche ohne ersichtlichen beweisbaren Zusammenhang und oft aus taktischen Gründen aufgenommen werden. Wir haben bewußt die benutzte Literatur im Text des Buches in Klammern erwähnt, und zwar nur jene Literatur, die auch zitiert oder besonders herangezogen wurde – es sind noch immer einige hundert Titel. Das soll genügen, auf rein formale «Vollständigkeit» haben wir von vornherein geringen Wert gelegt. Ein interessierter Leser wird sich ohnehin im klaren sein, daß unzählige andere Quellen mitbenutzt worden sind.

Das Wort «Phänomenologie» im Untertitel steht in keinem Zusammenhang mit philosophischen oder psychologischen Schulen.

Wien, im März 1968                                          I. A. C.

Non poterat anima mea sine illo... Quo dolore contenebratum est cor meum, et quidquid aspiciebam mors erat... Quidquid, cum illo conmunicaveram, sine illo in cruciatam inmanem verterat... Et oderam omnia, quod non haberent eum... Factus eram ipse mihi magna quaestio et interrogabam animam meam, quare tristis esset et quare conturbaret me valde, et nihil noverat respondere mihi.

Meine Seele konnte nicht leben ohne ihn... Vom Schmerz darüber ward es finster in meinem Herzen, und was ich ansah, war alles nur Tod... Alles, was ich gemeinsam mit ihm erlebt hatte, war ohne ihn verwandelt zu grenzenloser Pein... Und ich haßte alles, weil es ihn nicht barg... Ich war mir selbst zur großen Frage geworden, und ich nahm meine Seele ins Verhör, warum sie traurig sei und mich so sehr verstöre, und sie wußte mir nichts zu sagen.

AUGUSTINUS, *Confessiones/Bekenntnisse*. Üb. Joseph Bernhart. Kösel-Verlag, München, 1955, S. 148–150.

# DAS PROBLEM

# I. FRAGESTELLUNG

Eines der schmerzlichsten Erlebnisse für den Menschen – vielleicht das schmerzlichste – ist seine endgültige Trennung von dem Mitmenschen, den er liebt. Dieses Erlebnis ist eigentlich das Los eines jeden von uns und in jedem von uns ruft das Ereignis – je nach Lebensgeschichte und Charakterprägung – mehr Rebellion oder mehr Ergebenheit in das Schicksal hervor. Die letzte Tröstung für uns ist die, daß alles vergänglich sei und somit auch die Gegenwart des geliebten Menschen. Wie jeder Gemeinplatz wird diese Feststellung im allgemeinen weder näher untersucht noch auf ihren Wahrheitsgehalt beziehungsweise ihre zwingende Notwendigkeit geprüft. Nur im höchsten Grade an Verzweiflung können wir in unserem Herzen die unbeantwortete Frage hören: «War es notwendig?», «Warum wurde es mir angetan?» Philosophien und Religionen halten Antworten bereit und wir nehmen zu diesen Antworten in jenem gefährlichen Augenblick Zuflucht, da die Frage nach dem Sinn des Verlustes hochzukommen droht. Wir merken nicht, daß gerade deswegen – weil die Antwort einen Gemeinplatz darstellt und nur *ad hoc* gebraucht wird – die Antwort selbst in Frage gestellt werden sollte.

Wir haben für die Zwecke unserer Untersuchung über die Trennung nur einen Fragenkomplex herausgegriffen. Wir versuchten nämlich, die phänomenologischen, psychoanalytischen und anthropologischen Aspekte der Trennung zwischen sich liebenden Menschen im Auge zu behalten. Als Paradigma einer solchen Trennung zwischen Liebenden könnten wir Beispiele in der Abwesenheit der Kinder, Eltern, Geschwister und Freunde suchen. Um nicht ins Uferlose zu gelangen und um das Phänomen der Trennung sozusagen durch ein Vergrößerungsglas zu sehen, zogen wir es vor, die Trennung zwischen *Geliebten* im stärksten Sinne des Wortes zu untersuchen. Wir waren bestrebt, einen Tatbestand zu untersuchen, in dem die verlorene «Lustprämie» hoch war und deshalb die Frustration besonders schmerzlich ist. Der von uns gewählte Gegenstand der Untersuchung ist am besten imstande, über die Phänomenologie der Liebestrennung auszusagen, legt er doch am klarsten den leidenschaftlichen und triebhaften, gleichsam primären Charakter einer menschlichen Katastrophe bloß; und zwar einer Katastrophe, die – im Unterschied etwa zu frühkindlichen Trennungen – die Abwehrmechanismen eines «erwachsenen» Menschen und die Verarbeitung durch sein Bewußtsein zum Funktionieren bringt.

So wollen wir aus der psychoanalytischen Praxis die Tatbestände herausgreifen und untersuchen, die sich auf die «erzwungene» Trennung zwischen liebendem Mann und liebender Frau beziehen, wobei das Wort «erzwungen» in Anführungszeichen steht, da die Trennung zwar «freiwillig» gewählt werden kann – aus Rücksicht auf moralische Regeln, religiöse Überzeugungen, gesellschaftliche Situationen, gesetzliche Verbote und dergleichen mehr –, jedoch die Akzeptierung dieser zwingenden Gründe gerade durch den inneren Konflikt in Frage gestellt und, aller freien Wahl zum Trotz, in widerspruchsvoller Weise als Zwang empfunden wird.

Bekanntlich quittieren manche Liebenden den Tatbestand der Trennung mit dem Selbstmord. Man wird nun einwenden, es handle sich hierbei um psychopathische oder neurotische Individuen. Dieses Urteil a posteriori kann nicht die Tatsache verschleiern, daß die Liebestrennung die Partner einer einmaligen Katastrophe unterwirft, die bereits «etwas» mit dem Tode «zu tun hat», und daß vielleicht gerade «Psychopathen» oder «Neurotiker» nicht imstande sind, den tödlichen Charakter der Katastrophe abzuwehren. Und wir werden noch sehen, daß Liebestrennung und Tod Bundesgenossen sind; erstere wird uns als Vorbote und Symbol des letzteren erscheinen. *Die Liebestrennung zu untersuchen heißt, die Gegenwart des Todes in unserem Leben zu untersuchen.*

Wir müssen gestehen, daß allein der Umstand, wieso und warum die schmerzliche todesnahe Trennung der Liebenden so wenig Aufmerksamkeit von seiten der Psychoanalytiker hervorgerufen hat, eine Studie wert wäre. Seit Jahrtausenden lebt die schöne Literatur von diesem Thema. Nicht so die psychoanalytische Fachliteratur, die ein paar Jahrzehnte alt ist. Wir vermuten darin die Wirkung eines Zeitgeistes, der an der Wiege der Psychoanalyse stand, gewisse moralische und legalistische Züge der offiziellen Psychoanalyse, die trotz ihrer revolutionären Bestrebungen so oft in der Praxis auf der Seite des gesellschaftlichen «Leistungsprinzips» (HERBERT MARCUSE, *Eros und Kultur,* Ernst Klett Verlag, Stuttgart, 1957) zu stehen scheint. Seit der aufwühlenden Untersuchung von HERBERT MARCUSE wissen wir mit Sicherheit, daß auch die Psychoanalyse, die dem Realitätsprinzip zu dienen glaubt, sich nicht von der jeweils herrschenden Gesellschaftsform abstrahieren kann und somit unerkannterweise auch im Dienste des repressiven Herrschaftssystems mit seiner Moral und seinen Vorurteilen stehen kann. Hier sind also die Dichter weniger konformistisch als jene Psychoanalytiker, die zum «Normalisieren», «Anpassen» und «Zurechtbiegen» berufen zu sein glauben. Die neurotischen Phantasmen indes sind nicht nur regressiv, sie sind auch im Keime revolutionär, da sie einen Ersatz für eine unmenschliche «Realität» bieten.

Das Schweigen der psychoanalytischen Literatur über die Liebestrennung ist um so erstaunlicher, als der Schmerz, den sie hervorruft, zu dem entsetzlichsten gehört, das wir imstande sind zu ertragen, *falls* wir ihn als «normale» Menschen ertragen. Nicht vergebens haben sämtliche religiösen Mythen der Menschheit den ideell vorgestellten «absoluten» Schmerzzustand nach dem physischen Tode des sündigen Menschen mit einer totalen Trennung vom Liebesobjekt gleichgesetzt. Das Schattenreich, der Hades, ist der Ort der Scheidung, der Abwesenheit, der ewigen Trennung, und nur Göttern und Halbgöttern wurde es unter Aufhebung der Existenzgesetze vergönnt, in dieses Reich hinabzusteigen, um Liebende und Hoffende zu befreien. In der christlichen Vorstellung der ewigen Verdammnis ist der Schmerz der Trennung von dem Liebenden (und zwar von dem personifizierten Herd der absoluten Liebe – Christus) sowie die darauffolgende totale Verzweiflung zum eigentlichen Wesen der Verdammnis gemacht worden. Und nicht von ungefähr haben sich gerade im Christentum kühne Geister beharrlich geweigert, diesen ideal-sadistischen, essentiellen Schmerz als mit der Religion der Liebe vereinbar zu betrachten und haben von ORIGENES bis TEILHARD DE CHARDIN die Verheißung einer ewigen Seligkeit für alle Kreatur in der Heimkehr aller entfremdeten, gespaltenen Liebe zu den Liebenden verkündet. Wir stellen fest, daß die säkularisierte Utopie hier noch immer viel weniger Kühnheit zeigt: sogar der Marxismus, der alle Entfremdung dem sozialen Status zuschreibt, gibt sich nicht genug mit jener «biologischen» – und endgültigen – Entfremdung des Todes ab, die – da nun einmal «alles» vergeht – auch das Alibi für die erzwungene Trennung in der Liebe liefert.

So wollen wir den Gegenstand unseres Essays näher umschreiben.

a) *Trennung zwischen noch Lebenden.* Aus dem Gesagten folgt, daß wir die eigentliche Trauer nach dem *physischen* Tode des geliebten Wesens außer Betracht lassen. Da der Tod den Konformisten nicht unmoralisch zu sein scheint (was erst zu beweisen wäre), ist die Gesellschaft eher bereit, Untersuchungen über die *Trauer nach dem physischen Tod* anzustellen. Auch die psychoanalytische Fachliteratur kennt solche Untersuchungen[1]. In diesem Essay wurden zahlreiche derartige und ähnliche Arbeiten verwendet. Obwohl wir diesen Werken vieles mit Dank entnommen haben, werden wir nicht von der Trauer nach dem physischen Tode sprechen. Uns scheint *die Trennung als Einbruch des psychischen Todes in das Leben*

---

[1] Die besten und kühnsten sind von SIGMUND FREUD (vor allem *Trauer und Melancholie,* [1916], Ges. W., X); einige der letzten und originellsten Untersuchungen über die Trauer sind von DANIEL LAGACHE *(Deuil pathologique,* in: *La Psychanalyse,* II [1957], S. 45–74) und von JOHN BOWLBY *(Processes of Mournig,* in: *Internat. J. of Psycho-An.,* XLII [1961], 4–5, S. 317–340).

*zweier Menschen,* die im Grauen dieses Todes leben müssen, ja ihn über- leben sollen, für unser Anliegen noch prägnanter und paradoxer zu sein als die von den Psychoanalytikern bereits untersuchte «Arbeit der Trauer».

b) *Trennung zwischen noch Liebenden.* Handelt es sich bei unserer Dar- stellung nicht um eigentliche Trauerfälle, also um die durch den physi- schen Tod verursachte Trennung, so erfährt unser Thema eine weitere we- sentliche Einschränkung. Ebensowenig handelt es sich nämlich hierbei um das langsame Absterben von lange bestehenden Bindungen, wie es etwa durch das fortschreitende «Auseinanderleben» einer Lebensgemeinschaft mit der darauffolgenden Trennung oder Ehescheidung aus Müdigkeit und Mutlosigkeit dargestellt wird. Selbstverständlich lassen sich die Grenzen zu unserem eigentlichen Thema nur schwer und ungenau ziehen. Auch in der erzwungenen Trennung der Liebenden auf der vermeintlichen Höhe ihrer Liebe ist bereits der Kern des Auseinanderlebens gegeben, sonst würde sich keine Trennung vollziehen. Dennoch ist die Problematik des Schmerzes und seiner Abwehr bei den langsam sterbenden Liebesbeziehun- gen, die in eine Trennung münden, sehr verschieden von unserer gleichsam umgekehrten Fragestellung. Letztere lautet: Wie verhält es sich mit psy- chischen Dynamismen und Abwehrkräften bei den durch «Willensanstren- gung» auf Grund «objektiver Umstände» erzwungenen und «plötzlich» durchgeführten Trennungen von Liebenden auf der (vielleicht scheinbaren) Höhe ihrer Liebesbeziehungen? Ist die langsame Verfremdung nach dem «Auseinanderleben» einem langwierigen Prozeß des Siechtums vergleich- bar, das durch ein Sich-aneinander-Reiben charakterisiert wird und in der Scheidung ein gesellschaftliches Ende findet, so ist demgegenüber bei un- serer Darstellung vielmehr an jene schmerzvollen abortiven Prozesse zu denken, bei denen das eigentliche «Auseinanderleben» und das damit ver- bundene Vergessen erst *nach* der verzweifelt vollzogenen Trennung ein- setzen.

Trotz der Abgrenzung zwischen Trauertheorie und unserem Gegenstand finden wir in der Psychoanalyse zahlreiche indirekte Hinweise auf die Deutung unseres Themas. Von diesen psychoanalytischen Ergebnissen und Hypothesen werden wir noch reichlich Gebrauch machen und sie werden dazu beitragen, das Problem weitgehend zu erhellen. Dennoch ist die Tat- sache verblüffend, daß die psychoanalytische Deutung der Trennung – auch der Trennung durch den physischen Tod, die allein näher untersucht wurde – im großen und ganzen eine recht konformistische ist, da sie die Trauer, falls diese nicht in gewissen ziemlich eng begrenzten Maßstäben

bleibt, für «pathologisch» erklärt. *Trennungsschmerz ist letztlich narzißtischer Schmerz.* Nun hat sich in der Psychoanalyse die Praxis eingebür-
gert, den Narzißmus gleichsam als etwas «Negatives» zu betrachten. Zwar
entdeckte Freud den in uns allen vorhandenen Anteil des primären Narzißmus, zwar entdeckte er auch, daß ein Trauma zu sekundär narzißtischen
Umschichtungen führt, doch erscheint unter diesem Aspekt die Trauer,
und schon ganz besonders der Schmerz der Liebestrennung, als etwas «Un-
reifes» und daher letztlich von der Analyse zu Behebendes. Von Freud bis
zur heutigen Psychoanalyse ist ein gewisser Stoizismus – der der Gesellschaftsordnung äußerst willkommen ist – als roter Faden sichtbar. Diese
Haltung ist für die Würdigung der Liebestrennung durch die Psychoanalyse ungünstig. Es wird nicht genügend beachtet, daß das Phänomen der
Liebestrennung mindestens ebenso komplex sein muß wie die sich trennenden Personen komplex sind, und daß diese Komplexität nicht außerhalb
der geschichtlichen Gesellschaft mit ihren Forderungen, Geboten und Tabus zu beurteilen ist. Hierzu kommt noch, daß das ehrbare, ausgesprochen
monogame und bürgerlich vorbildliche Privatleben Sigmund Freuds von
Generationen von Analytikern zum Vorbild erhoben wurde; der dadurch
geförderte unbewußte Moralismus konnte die anthropologische Untersuchung der Liebestrennung nur hemmen. Manche Autoren (so Erich
Fromm) erblicken im Gegenteil im Liebesleben Freuds eine schwere Neurose. Doch es genügt anscheinend nicht, an einer tabuierten Figur zu rüt-
teln, um deswegen schon Gültiges über die Tabus auszusagen. Im Vorübergehen sei bemerkt, daß, da uns Freud für das Problem der Liebestrennung
durch seine Biographie keine Handhabe liefert, noch am ehesten seine
Trennungen von Freunden und Jüngern einer Untersuchung wert wären.
Solche Trennungen erlebte Freud mehrmals, man denke an Breuer, Wilhelm Fliess, Jung u. v. a., und er erlebte sie dramatisch und äußerst
schmerzlich. Doch sogar über diese Trennungen von Freunden und Jüngern erfahren wir nicht allzu viel, denn auch hier sind mächtige Tabus am
Werke und die monumentale Biographie Freuds von Eenest Jones gleicht
– bei allem ihrem unbestreitbaren Werte – letztlich eher der Darstellung
eines Heiligenlebens (Ernest Jones, *Das Leben und Werk von Sigmund
Freud.* 3 Bände, Verlag Hans Huber, Bern und Stuttgart, 1960–1962).

In dieser Tradition des Stoizismus und einer bürgerlichen Resignation
wurde bereits die «übertriebene» Trauer nach dem physischen Tod zu oft
als psychotisch oder zumindest als neurotisch betrachtet. Wie viel mehr
dann die Trauer nach einer mißlungenen Liebe!

*c) Trennung im Rahmen unseres Kulturkreises.* Wir möchten ferner vor-
ausschicken, daß unsere Untersuchung nur für unseren Kulturkreis, für
unsere historisch-soziale Lage gilt. Ihr Gegenstand – die Trennung – ist
historisch und nicht essentialistisch (aus der «Natur» des Menschen heraus)
zu verstehen. Es ist also nicht gesagt, daß die Trennung zwischen Liebenden auch in anderen sozialen und kulturellen Verhältnissen diese Form annimmt und wir wollen vor allem nicht gesagt haben, daß sie notwendig
und ewig in dieser Form stattfinden wird.

d) *Endgültige Trennung.* Eine weitere Begrenzung unseres Untersuchungsgegenstandes besteht darin, daß wir uns vor allem mit solchen Fällen der
Trennung befassen, in denen die Trennung zwischen Liebenden lange Zeit
hindurch – praktisch endgültig – währte. Es wurden also nur in Ausnahme-
fällen auch jene Trennungen berücksichtigt, die durch Wiederaufnahme
der Liebesbeziehungen, durch neuerliche Trennungen und somit durch
allmähliche Verflachung und Versandung der eigentlichen Tragik gekennzeichnet sind. Die uns interessierenden Probleme werden bei solchen Fällen weniger deutlich als bei radikaler Trennung; es kommt nämlich bei
solchen unklaren Situationen zu immer abwechselnden, sich ins Unendliche
überdeterminierenden Motivationen, oder dann doch zu einem «happy
ending», welches die Problematik des Todes möglicherweise verwischt;
oder es kommt auch zu einem allmählichen Auseinanderleben, wie bei
jenen oben erwähnten traditionellen und legalisierten Bindungen, die
langsam dahinsiechen.

e) *Beiderseitige Trennung.* Eine weitere Einengung des Themas ergibt sich
aus dem Gesagten, wiewohl eine solche Einengung nur annähernd durchführbar ist: wir haben vornehmlich nach solchen Fällen gesucht, bei denen
die Initiative zur Trennung in bewußter Weise von beiden Partnern aus-
ging oder gutgeheißen wurde. Wir meinen damit, daß wir die in unserer
Kultur überaus zahlreichen Trennungen auszuschließen versuchten, die aus
dem «Verlassen» eines Partners durch den anderen entstehen. Die Grenzen zwischen beiden Situationen sind selbstverständlich nur schwerlich mit
Klarheit zu ziehen und wir werden auch noch sehen können, daß die Abwehrmechanismen der getrennten Partner dazu tendieren, auf der einen
Seite den anderen als «Verlassenden» hinzustellen, auf der anderen Seite
aber auch dafür Sorge zu tragen, daß gerade der andere in der Situation
des «Verlassenen» gesehen wird. Dennoch kann man im großen und ganzen einen Strich ziehen, der eben unsere Fragestellung umgrenzt: es handelt sich hier vornehmlich um beiderseits als schweres Opfer akzeptierte

Trennungen unter dem Druck eines «Realitätsprinzips», dessen Gültigkeit von den sich Trennenden bewußt akzeptiert wird, so daß ihnen ihre Liebe «unmöglich» erscheint.

In der Grenzsituation ist eine «unmögliche» Liebe ein paranoisches System. Ich kann nicht die Königin von England «normal» lieben, sie kann mir gefallen, ich kann für sie schwärmen usw. Unsere Kultursituation begünstigt vorläufig besonders die Bildung solcher kollektiven Imagines (regierende Fürstinnen, ein gewisser Typus von Schauspielerinnen), die selbstverständlich eine wichtige Rolle in der Kollektivverteilung der Libido spielen. Dennoch, *liebte* ich Elizabeth II., so müßte ich nach London übersiedeln, ich müßte die Herrscherin kennenlernen und mich wenigstens in aktiver Weise bemühen, in ihre Gunst zu treten. Eine «unmögliche» Liebe ist von vornherein ein masochistischer Verzicht auf das geliebte Objekt.

Es handelt sich in unserer Untersuchung zwar um angeblich «unmögliche» Lieben, aber dennoch um solche, *die eine realistische und aktive Erfüllung erfahren haben* und dann an einem System von Überzeugungen und Konventionen zerbrochen sind. Hiermit ist die Frage nach dem Masochismus insoferne bis zu einem gewissen Grade hinfällig, als die masochistische Komponente hierin eine Rolle spielen muß, aber nicht die entscheidende. In allen von uns untersuchten Fällen spielte das Schuldgefühl eine große Rolle; in allen Fällen wurde nämlich ex definitione die Liebe einem Überich-System geopfert. Der Begriff einer «unglücklichen Liebe» selbst ähnelt sehr dem HEGELSCHEN Begriff des «falschen Bewußtseins», denn – ohne sich jetzt in komplizierte theoretische Erwägungen einzulassen – eine bejahte Liebe ist zugleich ein richtiges Bewußtwerden. Beide müssen aber dem Druck mystifizierender Mächte weichen, die die Liebe durch verdrängende Pflicht und das Bewußtwerden durch Ideologie ersetzen. Ein Abglanz des geknechteten Bewußtseins und der gedemütigten Liebe kann in einer Aussage einer unserer jungen Probandinnen wiedergefunden werden, in einem Satz, den unzählige Verliebte, die sich getrennt haben, sicherlich wiederholt haben: «Und dennoch will ich nichts bereuen!»

# II. AUFBAU DES ESSAYS

Nach diesen Vorbemerkungen können wir die näheren Fragestellungen aufgliedern. Im ersten Abschnitt dieser Schrift werden wir unter dem Titel *Die Trennung: eine Phänomenologie des Todes* in möglicher Kürze die Aspekte einer Liebestrennung an Hand einiger Beispiele aus der gesammelten Kasuistik beleuchten. Obwohl man annehmen darf, daß die Liebestrennung kein seltenes Ereignis ist, das nur von einer verschwindenden Minderheit erlebt wird, ist sie von so gewaltigen Kräften der Verdrängung begleitet, daß ihr Bild in der Vorstellung der Getrennten äußerst blaß und schematisch weiterlebt, während diese, solange sie noch unter der Trennung leiden, im allgemeinen die Trennung nicht durch eine kühle Analyse unterzukriegen vermögen. Was heißt aber Verdrängung, insoferne sie sich auf die Liebestrennung bezieht? Es gibt einen französischen Spruch, banal und richtig wie alle Gemeinplätze: *Partir, c'est mourir un peu.* Das Merkwürdige und Paradoxe in der Trauerarbeit, die sich in der Trennung einstellt, ist, daß sie, um das Leben zu erhalten, mit einer Verdrängung operiert, die sich gegen das Lebendige richtet. Das Problem der Trennung ist das *Problem des Todes zwischen Lebenden.* Die Trennung ist der Einbruch des Todes in das menschliche Bewußtsein – nicht «bildlich», sondern konkret und buchstäblich. Die Trennung kann zu einem größeren «Ärgernis» werden als der physische Tod, weil sie – im Dienste des Überlebens – das Bewußtsein *von* einem Lebenden *in* einem Lebenden tötet. Man bedenke: Ein Mensch liebt einen anderen, er hatte bis zu jenem bestimmten Tag, bis zu einem bestimmten Augenblick, den lebendigen Körper, den lebendigen Geist, die lebendige Wärme, die Gegenwart eines anderen Menschen für sich gehabt. Er sah, liebkoste, fühlte, hörte, roch diesen Menschen, er sprach mit ihm. Er dachte – gerade weil die Trennung schon beschlossen war, oder sich im Geiste der Liebenden aus «zwingenden» Gründen vorbereitete –, daß zwischen dieser Trennung und dem physischen Tod die zweite Lösung vielleicht noch die weniger *schmerzliche* wäre, obwohl für seine Selbsterhaltung die erschreckendste, weshalb er sie auch verwarf. Und nun trennen sich diese zwei Menschen: im Namen eines Lebens, das fortdauern soll. Doch die Trennung hat den Geschmack des Todes – im Leben. Und eine Stimme in diesen Menschen sagt ihnen (mehr oder weniger deutlich, je nach ihrem Verdrängungsvermögen): Es ist schlimmer als der Tod, weil es eine *Kapitulation* vor dem Tode *im Leben* ist. Denn beide wissen (falls sie nicht allzu tief verdrängen), daß ihr Leiden furchtbar sein wird, doch auch daß dieses Leiden in dieser Fürchterlichkeit bloß kurz sein wird: Sie wissen also, daß jeder den anderen vergessen wird. Das ist die Gegenwart des Todes *im* Bewußtsein und der Tod *des* Bewußtseins. Das ist das Todesurteil, das jeder dieser Menschen über den andern ausspricht, aber indem er den anderen zum Tode verurteilt, richtet er sich selbst: denn das Urteil wird in seinem eigenen Bewußtsein und im Bewußtsein des anderen über ihn vollstreckt. Der andere stirbt bei lebendem Leibe, aber *er stirbt in mir,* was doch wohl bedeutet, daß mein Bewußtsein stirbt, daß *ich* den Kadaver mitschleppen werde, einen Kadaver, der mir nicht einmal mehr leidtun wird. Aber nicht genug damit! Das Urteil wurde auch über mich gesprochen, auch *ich sterbe* ja im Bewußtsein des anderen (letzteres merkt sich der possessive Mensch etwas länger: «Vergiß mich nicht, bitte!»), und während ich noch in meinem Körper lebe, bin ich schon im anderen ein Kadaver – in dem Menschen, der mich liebte, und den ich liebte. Die zwei Menschen werden nicht amnestisch, aber die «Erinnerung», die noch lebt, ist eine kleine Mumie. Das Vergessen ist also die erste, die große Abwehr gegen den eigenen Tod; allein, sie ist Mord im Namen des Lebens, und auch Selbstmord des Bewußtseins.

Wir werden im Vorübergehen den Kräften der Abwehr Aufmerksamkeit schenken und feststellen müssen, daß die Abwehrmechanismen, die ja zugleich vom Standpunkt des menschlichen Beisammenseins auch Austauschmechanismen genannt werden können (I. A. Caruso, *Soziale Aspekte der Psychoanalyse,* Ernst Klett Verlag, Stuttgart, 1962), *die Doppeldeutigkeit des aus dem Lebensprozeß nicht geschiedenen Todesprinzips* gut demonstrieren. Als Austauschmechanismen sind sie wohl dem Leben und seiner Entfaltung, oder zumindest Erhaltung, zugeordnet. Es ist jedoch unbestreitbar, daß sie auch vom Tode mitgeprägt sind, insoferne sie der Abwehr einer in die Existenz eingebrochenen tödlichen Gefahr dienen. Um diese Gefahr abzuwehren, wirken sie bei der Vernichtung des andern im eigenen Bewußtsein mit. Was heißt das aber anderes, als das eigene Bewußtsein einer Art Autotomie zu unterziehen? Wie sich das Tier durch Selbstverstümmelung rettet, rettet sich das Bewußtsein durch Tilgung gefahrbringender Inhalte. Wir sehen, hier sind Austauschmechanismen wiederum tatsächlich echte Abwehrmechanismen: sie sind echte Kampf- und Vernichtungsfunktionen. Sie reichen dazu aus, das Ich am Leben zu erhalten, durch Sehnsucht bis zur Aggressivität und Rationalisierung der Trennung hindurch; dabei zahlen sie aber dem Tod einen hohen Preis: nämlich den symbolischen Mord am anderen Ich und zum Teil auch die Vernichtung des eigenen Ichs.

In dem darauffolgenden zweiten Abschnitt unter dem Titel *Trennung und Triebschicksale* wollen wir einen Schritt weiter in die Psychoanalyse der beschriebenen Erscheinung vorwagen. Offenkundig wiederholt die Liebestrennung frühere Katastrophen. Die Trauerarbeit ist ebenso eine Wiederholung früher eingeschlagener Abwehrversuche einer ichbedrohenden Katastrophe. Die Begriffe des Verlustes, der Hemmung, der Frustration, der Trauer sind näher zu untersuchen. Die Trennung – das ist eine Tautologie – ist nicht unabhängig von der (getrennten) Bindung zu studieren. Nun steht im allgemeinen die leidenschaftliche Bindung im Zeichen der Partialtriebe; die Leidenschaft ist ein Versuch, den unterdrückten Partialtrieben zum Sieg zu verhelfen und dadurch die Heilung der angegriffenen Libidoökonomie herbeizuführen. Jedoch die Trennung wiederholt und erneuert gerade jene Unterdrückung der Partialtriebe, welche insoferne nicht heilsam sind, als sie von vornherein aus der Unterdrückung heraus pervertiert und entsozialisiert sind. Hier also gilt es, dem Wiederholungszwang Aufmerksamkeit zu schenken, der wieder den paradoxen und unentmischten Charakter aufweist, dem wir schon bei den Abwehrmechanismen begegnet sind: er ist für den Fortschritt des Lebens notwendig und zugleich ein Ablager der regressiven Wirkung des Todesprinzips. Wir werden schon früher die aggressiven – gegen den Partner und gegen sich selbst gerichteten – Komponenten der Trennungssituation sehen. Wir werden sehen, wie gegenwärtig, wie wirksam der Tod im Leben ist und daß die Trennung die Manifestation des Todes im Leben darstellt. Allein, gibt es einen eigentlichen, quasi reinen «Todestrieb?» Die ganze Kultur des Menschen ist eine Antwort auf das Wirken des Todes in seinem Leben, eine Abwehr gegen das Ausgeliefertsein des Menschen an den Tod. Und hier wieder die Doppeldeutigkeit: Diese Kultur, die gegen den Tod errichtet ist, identifiziert sich weitgehend mit diesem ihrem Feind, dem Tod; sie ist oppressiv und aggressiv. Die Leidenschaft ist ihrerseits eine – spontananarchistische – Antwort auf die Präsenz des Todes, eine ungeordnete, aber befreiende Antwort, und die oppressive Kultur muß diese *andere* Antwort auf den Tod verurteilen, verdrängen, verstummen lassen. Und die Leidenschaft, die auf zwei Fronten kämpft und untergeht, ist selbst durch den Tod infiziert, auch sie trägt in sich die Merkmale des Todes.

Im gleichen Abschnitt versuchen wir die Frage zu klären: Inwiefern kann man das Biologische vom Sozialen trennen? Das Ideal der «alten» Psychoanalyse ist die Rückführung des Psychologischen auf das Biologische; das Ideal der Soziologie ist die nämliche Rückführung auf die Kultur. Die biologische Forschung glaubt zum Beispiel, uns im sexuellen Bereich die «Passivität» und eine gewisse Unprägsamkeit der Frau zeigen zu können. Wäre dem so, würde die Frau auch die Trennung anders erleben als der Mann und es käme zu einer Art artmäßig bedingtem Mißverständnis zwischen den Geschlechtern. Doch eine solche Vermutung ist auf der kulturell bedingten Negation der Menschlichkeit im Weibe begründet und ist selbst ein Symptom für die Unterdrückung des Eros. Sie macht aus der Frau die Verderberin, da in Wirklichkeit die patriarchalische Struktur der Gesellschaft im Weiblichen und daher auch im Sexuellen schlechthin – insoferne dieses nicht der angeblichen genitalen Reife des Mannes entspricht – Verderbliches erblickt.

Im letzten, dritten Abschnitt stellen wir uns die Frage: Wieso ist der vergesellschaftlichte Eros dem Tode geweiht? Muß er aus einer «natürlichen» Ordnung der Welt heraus sterben? Die Kultur – Gegnerin des Todes – manipuliert selbst todbringende Kräfte. Die Leidenschaft andererseits – Rebellion gegen den Tod – verbrennt sich selbst unter dem Zeichen des Todes. Beide scheitern an einem vermeintlichen «Realitätsprinzip», das vielmehr das Prinzip der gesellschaftlichen Herrschaftsstruktur ist, wie dies HERBERT MARCUSE (op. cit.) sah. Die Relativierung des Realitätsprinzipes ist nicht im Sinne des Idealismus gemeint, sondern sie besagt vielmehr, daß das Medium der Realität erst durch die gesellschaftliche Herrschaftsordnung hindurchtritt. Die Leidenschaft indes rebelliert sowohl gegen den *biologischen* Tod als auch gegen das *gesellschaftliche* «Realitätsprinzip». Ihr Standort ist – bewußt und noch häufiger unbewußt – die *Utopie,* die nicht widervernünftig ist, sondern im Gegenteil Motor der Vermenschlichung der rohen Natur.

Da der mehrschichtige Aufbau der Untersuchung auf einer abstrahierenden Tätigkeit des analysierenden Geistes beruht, werden sich an einigen Stellen Wiederholungen und an anderen vorläufige Lücken und ungenügend explizierte Annahmen nicht vermeiden lassen. Doch wir hoffen, daß durch die vorgetragenen Hypothesen immer noch ein Leitfaden zu verfolgen sein wird, falls diese Verfolgung nicht allzu sehr durch einen affektiven Widerstand erschwert werden sollte.

# DIE TRENNUNG:
## EINE PHÄNOMENOLOGIE DES TODES

Hier vor allem liegt das Rätselhafte der Schwermut: Wie Leben sich gegen sich selber kehrt; wie die Antriebe der Selbsterhaltung, Selbstachtung, Selbstförderung durch den der Selbstaufhebung so eigentümlich durchkreuzt, unsicher gemacht, entwurzelt werden können. Man möchte sagen, im Wesensbild der Schwermut stehe der Untergang als ein positiver Wert; als etwas Ersehntes, Gewolltes. Eine Tendenz wirkt sich darin aus, dem eigenen Leben die Daseinsmöglichkeiten zu nehmen; die tragenden Stützen zu erschüttern; die das eigene Leben rechtfertigenden Werte in Frage zu stellen – um so in jene Geistesverfassung einzumünden, die keine Rechtfertigung des eigenen Daseins mehr sieht, sich im Leeren und Sinnlosen empfindet: in die Verzweiflung.

ROMANO GUARDINI: *Vom Sinn der Schwermut.*

# I. MECHANISMEN DES STERBENS

Gewisse Arbeitshypothesen, die wir durch die Untersuchung zu überprüfen haben, wollen wir am Anfang derselben skizzieren:

Der Kern unserer Fragestellung ist *das Erlebnis des Todes in einer Lebenssituation.* Verständlicher ausgedrückt: Das Problem, das uns beschäftigt und das im allgemeinen aus dem Bewußtsein derjenigen, die es unmittelbar erleben, verdrängt wird, ist das durch die Trennung hervorgerufene *Erlebnis des Todes in meinem Bewußtsein* und, komplementär hierzu, das Problem, das den Betroffenen noch mehr narzißtisch kränkt: das *Erlebnis meines Todes im Bewußtsein des anderen.*

Wir wiederholen, daß wir absichtlich ein enges, alltägliches und dennoch krasses Problem anschneiden, nämlich die Lage von zwei Geliebten, die sich aus moralischen, religiösen, sozialen und utilitären Gründen (auf der Ebene des Bewußtseins!) trennen müssen. Falls man nicht von vornherein gewillt ist, die Fragestellung selbst durch fertige Theorien transzendentaler Art abzuwehren, leuchtet dem Fragenden bereits ein, daß er nicht unrecht hat, bei der Trennung solcher Art vom Tode zu sprechen: welchen Namen verdient sonst die Auslöschung bei lebendigem Leibe im Bewußtsein des Liebenden? Wir glauben nebenbei, daß diese Fragestellung vielleicht dazu befähigt ist, neue Perspektiven über das Stiefkind der Psychoanalyse, nämlich über die FREUDsche Theorie vom «Todestrieb», zu eröffnen. Bereits bei der ersten Betrachtung dieses Problems ist zu vermuten, daß hier Thanatos über Eros siegt, ein «Todestrieb» oder Todesprinzip über die Libido, wohl im Namen der Kultur, der Moral, des Überichs u. dgl. m. Wer kann jedenfalls hier mit Sicherheit bestimmen, wo das «wahre» Leben ist und wo der Tod?

Aus der Fragestellung ergeben sich Feststellungen und Hypothesen, die wir hier kurz skizzieren wollen.

a) *Ich-Katastrophe.* In der Trennung vollzieht sich ein Tod im Bewußtsein (ob zu einem höheren Leben – bleibt vorläufig dahingestellt und ist jedenfalls anzuzweifeln). Aus diesem Sterben im Bewußtsein entsteht die *Verzweiflung;* zwei Personen waren in einer «Dualunion» verschmolzen, die nur ein Vorbild in der «Dyade» Mutter–Kind hat; der Verlust des Libidoobjektes, das gleichzeitig ein starkes Identifikationsobjekt ist, führt nun zu einer echten Verstümmelung des Ichs, zu einer nicht zu unterschätzenden Ich-Katastrophe durch Identitätsverlust (auch dann, wenn die Dualunion angeblich vor allem «Es-nahe» war) und somit zu einer beträchtlichen und bedrohlichen Regression des Ichs. Damit der Sieg des Todes nicht absolut werde, damit der Tod im Bewußtsein nicht zum Auslöschen des Bewußtseins werde (Psychose), damit auch auf den Tod im Bewußtsein nicht die physische Auslöschung folge (psychosomatisches Sterben oder Suizid), setzen sofort *Abwehrmechanismen* ein.

b) *Die Aggressivität.* Als erster Abwehrmechanismus imponierte uns bei unserer Untersuchung die Aggressivität. Schon frühere psychoanalytische Untersuchungen (FREUD, LAGACHE u. a.) bewiesen, daß die im allgemeinen für «selbstlos» gehaltene Trauer in Wirklichkeit auch Aggressivitätsmengen enthalten muß und den Vorwurf verbirgt: «Wie konntest du mich verlassen?» Der Aggressivität entspringt in unserer Sicht die *Abwertung* des Abwesenden. Der Partner entsprach offenkundig gewaltigen Erwartungen im Ich-Ideal (auch wenn das Bewußtsein seine negativen Seiten registrierte). Nun muß er entwertet werden, damit das zutiefst verletzte Ich sich mit einem nun erschütterten und enttäuschten Ich-Ideal versöhnen und weiterleben kann. Die Aggressivität ist in der beschriebenen Situation deshalb ein Abwehrmechanismus, weil sie scheinbar eine *Desidentifizierung* mit dem Objekt (Liebe verwandelt sich in Haß), dabei aber noch immer ein Hängenbleiben am Objekt erlaubt. Im Vorbeigehen sei gesagt, daß das Eingehen des Abwesenden in die Glorie eines Pantheons – also der gleichsam institutionelle Kult des früher Geliebten – eine der primitivsten Weisen ist, seine Aggressivität durch die Zensur des Überichs zu schmuggeln; ferner ist es die sicherste Art, das Sterben des Abwesenden im Bewußtsein durch das Ich annehmen und sogleich für definitiv erklären zu lassen.

c) *Die Gleichgültigkeit.* Diese ist ein weiterer Abwehrmechanismus, wobei wir diesen Terminus sozusagen aus konventionellen Gründen wählen, denn am besten würde hier das Wort «Wurstigkeit» passen. Diese ist in der Situation der Trennung unbedingt und immer als Versuch der Abwehr vorhanden; auch dann, wenn sie mit den übrigen Schichten der Person inkompatibel ist und daher ihrerseits aus dem Bewußtsein verdrängt und abgewehrt wird. Die Faktoren der «Wurstigkeit» sind: vor allem Einbuße des Ich-Ideals, Schwächung des Ichs durch Desidentifizierung und korrelative Inflation des Narzißmus.

d) *Flucht nach vorne.* Da die «Wurstigkeit» dem Überich und dem sich noch wehrenden Ich widerspricht, ist sie außerstande, die Verzweiflung mit Erfolg abzuwehren. Sie trägt deutliche Züge einer schweren depressiven Hemmung und muß ihrerseits abgewehrt werden. Als neuer Abwehr-mechanismus setzt nun die *Flucht nach vorne* ein. Ist diese Flucht nach vorne vor allem von seiten des Überichs und zum Zwecke der Aufbewahrung des Ich-Ideals bestimmt, so erscheint sie hauptsächlich als Flucht in die *Aktivität,* welche immer in dieser Situation vorhanden ist, insbesondere bei Pflichtmenschen und Konformisten. Ein scheinbarer Widerpart dazu ist die mehr vom Es gespeiste *Flucht in die Vergnügungssucht.* Auch diese ist – manchmal in sehr sublimierter Form – immer vorhanden. Die schwebenden Anteile der Libido suchen neue Objekte. Manche Menschen glauben sogar, einen Ersatz suchen zu müssen. Der Abwehrmechanismus der Verschiebung ist hierbei ein nicht zu unterschätzendes Element: man tötet besser, wenn man auch einen Ersatz für den Getöteten bereit hat. Das gekränkte Ich ist trostbedürftig und weiß aus alten Erfahrungen, daß die Lust ein guter Trost sein könnte; hierbei irrt es aber im allgemeinen. Beide Fluchtarten nach vorne bezwecken also, die schwebende Libido, die durch die Abwehr des Ichs gegen die tiefe Regression frei wird, auf neue, dem Überich oder dem Es genehme Objekte zu lenken.

Wir brauchen an dieser Stelle nicht besonders zu betonen, daß die Abwehrmechanismen nicht immer in dieser chronologischen Reihenfolge oder in sauber getrennter Form auftreten. Vielmehr sind sie ineinander verschränkt, sie können sogar miteinander in Konflikt geraten (wie verschiedene Abwehrstellen eines Staates in einem Krieg); sie sind mehr oder weniger bewußt (im allgmeinen mehr unbewußt) und führen erst langsam und manchmal recht unvollständig zu ihrem Ziel.

e) *Ideologisierung.* Was ist dieses Ziel? Wie sieht die Läuterung aus? Gewiß, sie kommt (wenn man nicht vorher stirbt), sie ist die letztendliche *Rationalisierung,* die aus der Not (hier buchstäblich zu verstehen: aus der Ich-Katastrophe) eine Tugend macht. Diese Tugend ist vielfältig: stoische Philosophie, heroisches Selbstbewußtsein, milder Skeptizismus, Gottergebenheit: mannigfaltig sind die Larven der *Ideologie,* die den Tod legitimieren. Auch echte seelische Bereicherung ist möglich (wahrscheinlich viel seltener als die Trostsuchenden und Trostspendenden es annehmen), weil das Leben für sein Fortschreiten die verschiedensten Materialien benutzt. Diese Bereicherung des Lebens ist allerdings kaum in einer mystifizierten Ideologie und einem falschen Bewußtsein zu suchen; viel eher ist sie letztlich doch die Bejahung einer gewissen Rebellion und somit ein partieller Sieg über den erlittenen Tod. Möglicherweise ist sie daher mehr ein «Nein» als ein «Ja» zur Trennung.

Auf alle Fälle ist das Problem der Trennung eines derjenigen, die das

«Unbehagen in der Kultur» am deutlichsten aufzuzeigen vermögen. Aber erst nach Durchführung einer weiteren Untersuchung werden wir auch die Hypothese stützen können, daß die beschriebenen Erscheinungen der Trennung tatsächlich durch die Kräfte des Todes ernährt werden. Diese Relation zum Tode wird durch eine unterdrückende Gesellschaft vermittelt, die die Verdrängung – ein Bewußtseinssterben – fördert, die Integration der Partialtriebe in der lustvollen Selbstsublimation verhindert und das falsche Bewußtsein propagiert. Auf der anderen Seite aber gehört die Vergesellschaftung selbst zu dem dialektischen Prozeß des fortschreitenden Bewußtwerdens des Menschen, zu dem Weg seiner Rückkehr zu sich selbst aus der Entfremdung des falschen Bewußtseins. Wir nehmen uns nicht vor, den Widerspruch zu lösen, sondern nur, diesen Widerspruch an einem bestimmten Phänomen zu demonstrieren. Die Gesellschaft ist Werkzeug der menschlichen Entfremdung, zugleich aber Instrument zur Aufhebung derselben. Einerseits werden wir den unterdrückenden sozialen Strukturen als Verbündeten des Todes begegnen, andererseits werden wir in der Änderung solcher Strukturen eine Voraussetzung für die Aufhebung der letzten Entfremdung – des physischen Todes nämlich – finden.

Dort, wo die Natur sich selbst bewußt wird, muß sie unausweichlich den Tod als aufzuhebende Begrenzung betrachten; so sucht sie dann, mittels des Bewußtseins und der adäquaten Praxis, alle physischen und psychischen Erscheinungen des Todes zu überwinden – Trennung, Verdrängung, Entfremdung.

# II. TRENNUNG ALS PREKARITÄT DES AUSTAUSCHES
# UND ALS ABWEHR

Schließlich ist in den bürokratisierten und verbürgerlichten Gesellschaften jener erwachsen, der sich damit abfindet, wenig zu leben, um nicht viel zu sterben. Das Geheimnis der Jugendlichkeit ist jedoch dies: Leben heißt, den Tod riskieren; und Lebenswut heißt – die Schwierigkeit zu leben.

EDGAR MORIN, *Les Stars*, Editions du Seuil, Paris, s. d. (1957), p. 127.

Die Feststellung: Das Sterben ist noch ein Modus des Lebens und das Leben ein Modus des Sterbens – erscheint wohl als platter Gemeinplatz. Die Platitüde liegt aber in der durch Verdrängung und Gewohnheit hervorgerufenen Verharmlosung der scheinbar evidenten Aussage, nicht aber in der Aussage selbst, die unseren Verstand vor das größte Ärgernis unseres Daseins stellt. Die «Evidenz» ist hier Ergebnis eines Abwehrmechanismus: etwas Bedrohliches wird rationalisiert, das Rationalisierte wird – obwohl unverstanden – zu einer unverbindlichen Diagnose ohne Therapie[1]. J. P. SARTRE vermerkte scharfsinnig, daß im menschlichen Bewußtsein der Tod üblicherweise «den anderen betrifft»; das Bewußtsein vermag das persönliche Betroffensein durch den Tod (jetzt gilt der Tod *mir*) nicht zu verarbeiten[2].

---

[1] Als in IONESCOS Stück der Hofastrologe zu seinem König sagt: «Sire, Sie sterben!», vermag diese Eröffnung den König – den Menschen – nicht aus seiner guten Laune zu bringen. «Ha, ja mein Lieber, wir sind ja alle sterblich.» Die Laune des Königs – des Menschen – wandelt sich allerdings, als der Astrologe ihm verständlich macht, daß dieses allgemeingültige Gesetz *hic et nunc* ihn persönlich treffen werde (EUGENE IONESCO, *Der König stirbt*, Luchterhand, Neuwied und Berlin, 1964).

[2] Unser Verhältnis zum Tode, sagt FREUD, ist «kein aufrichtiges. Wenn man uns anhörte, so waren wir natürlich bereit zu vertreten, daß der Tod der notwendige Ausgang alles Lebens sei, daß jeder von uns der Natur einen Tod schulde und vorbereitet sein müsse, die Schuld zu bezahlen, kurz, daß der Tod natürlich sei, unableugbar und unvermeidlich. In Wirklichkeit pflegten wir uns aber zu benehmen, als ob es anders wäre. Wir haben die unverkennbare Tendenz gezeigt, den Tod beiseite zu schieben, ihn aus dem Leben zu eliminieren. Wir haben versucht, ihn totzuschweigen; wir besitzen ja auch das Sprichwort: man denke an etwas wie an den Tod. Wie an den eigenen natürlich. Der eigene Tod ist ja auch unvorstellbar, und so oft wir den Versuch dazu machen, können wir bemerken, daß wir eigentlich als Zuschauer weiter dabei bleiben. So konnte in der psychoanalytischen Schule der Ausspruch gewagt werden: Im Grunde glaube niemand an seinen eigenen Tod oder, was dasselbe ist: Im Unbewußten sei jeder von uns von seiner Unsterblichkeit überzeugt» (S. FREUD, *Zeitgemäßes über Krieg und Tod* [1915], Ges. W., X., S. 341).

Der Gemeinplatz des Sterbens im Leben, des Lebens noch im letzten Atemzug, ist indes für die indirekte Beleuchtung unseres Problems der Trennung von Nutzen. Denn er besagt auch: Wir trennen uns (vom anderen, von uns selbst) unaufhörlich. Wir besitzen, oder vielmehr, wir glauben zu besitzen, aber unser Besitz zerrinnt uns unter den Fingern. Im Moment, wo wir etwas besitzen, wo wir uns etwas durch einfache Wahrnehmung bemächtigen – in diesem Augenblick ist unsere Beziehung zu dem Wahrgenommenen grundsätzlich in Frage gestellt; in diesem Augenblick ist die Libido, die das Objekt «besetzt», durch das Bewußtsein schon zurückbeordert, in der Vorwegnahme jenes «Schwebens», das die Zurücknahme der Libido mit sich bringt. Schlimmer als das: die zurückgenommene, ihrer Besetzung unsicher gewordene Libido flutet zwar auf das eigene Ich zurück, findet aber hierin auch keine Befriedigung; denn auch mein Ich ist ein Ich zum Sterben, ein sterbendes Ich; ich kann mich ebenso wenig endgültig haben, ich kann ebenso wenig Ich sein, ich kann ebenso wenig bei Mir verweilen, mit Mir eins sein wie Ich durch Identifikation ein anderer war.

Von grundsätzlicher Bedeutung ist hier die von FREUD und seiner Tochter ANNA FREUD entwickelte Theorie der *Abwehrmechanismen*. Denn im Dienste des gegenwärtigen Todes wird jede Lebenserscheinung für FREUD im Grunde genommen zunächst abgewehrt; diese Abwehr wird von FREUD in den Dienst des Todestriebes gestellt. Wir wissen (S. FREUD, *Jenseits des Lustprinzips* [1920], Ges. W., XIII), daß der Wiederholungszwang immer wieder zur Vermeidung der Unlust durch die Abwehr der reizspendenden Außenwelt tendiert und im Leben die Tendenz vertritt, den leblosen Zustand wiederherzustellen.

Dient also die Abwehr dem Tode? Offenkundig auch für FREUD nicht, denn die Abwehrmechanismen erlauben erst die (für FREUD freilich vergebliche) Entwicklung des Lebendigen. Im Dienste des Wiederholungszwanges und des Todestriebes wirkend, schaffen die Abwehrmechanismen auch die Möglichkeit eines «modus vivendi» in der Welt; ohne Welt ist ja das Leben unvorstellbar, das Leben ist schlechthin ein In-der-Welt-Sein. Die grundsätzlich «negative» Abwehr erlaubt eine Art Koexistenz mit der Welt: durch die Abwehrmechanismen wird das Ich mit der Realität der Welt mehr oder weniger «fertig».

Sogar in späten Werken stellt FREUD selbst ebenso entschieden das Walten der Abwehrmechanismen in den Dienst der Es-, der Ich- und der Über-ich-Verteidigung. «Von allem Anfang an muß ja das Ich seine Aufgabe zu erfüllen suchen, zwischen seinem Es und der Außenwelt im Dienste des Lustprinzips vermitteln, das Es gegen die Gefahren der Außenwelt behüten. Wenn es im Laufe dieser Bemühung lernt, sich auch gegen das eigene Es defensiv einzustellen und dessen Triebansprüche wie äußere Gefahren zu behandeln, so geschieht dies wenigstens zum Teil darum, weil es versteht, daß die Triebbefriedigung zu Konflikten mit der Außenwelt führen würde. Das Ich gewöhnt sich dann unter dem Einfluß der Erziehung, den Schauplatz des Kampfes von außen nach innen zu verlegen, die *innere* Gefahr zu bewältigen, ehe sie zur *äußeren* geworden ist, und tut wahrscheinlich zumeist gut daran. Während dieses Kampfes auf zwei Fronten – später wird eine dritte Front hinzukommen – bedient sich das Ich verschiedener Verfahren, um seiner Aufgabe zu genügen, allgemein ausgedrückt, um Gefahr, Angst, Unlust zu vermeiden. Wir nennen diese Verfahren *‚Abwehrmechanismen‘*.» (S. FREUD, *Die endliche und unendliche Analyse* [1937], Ges. W., XVI, S. 80). Die Abwehrmechanismen *vermitteln* also zwischen den «Instanzen» des «psychischen Apparates»: denn der Konflikt zwischen diesen Instanzen ist durch die gegensätzlichen Ansprüche der «Außenwelt» und der «Triebansprüche» unvermeidlich. Indem die Abwehrmechanismen die Konflikte zu unterdrücken oder zu vermeiden bemüht sind, sind sie *sowohl gegen* den Triebanspruch *als auch für* ihn tätig, *sowohl gegen* den Anspruch der Außenwelt *als auch für* ihn. Sie sind von Grund auf ambivalent, sie dienen dem Eros *und* dem Thanatos, dem individuellen und dem sozialen Anspruch, dem Es und dem Überich im Kompromiß des Ichs.

Solange wir nicht das Problem der Trennung oder, wenn man will des Sterbens, in den Vordergrund stellen – was ein durchaus legitimes Unterfangen ist – sind die Abwehrmechanismen *vor allem* (das heißt in der Rangordnung der Sinnhaftigkeit *für uns,* für das sich-selbst-bewußte *Leben)* keine *Abwehr-*, sondern vielmehr *Austausch*mechanismen: Mechanismen des Austausches mit der Welt, Mechanismen des Lebens (das aber freilich selbst ein Kompromiß mit dem Tode ist). Diese Ambiguität der Betrachtung schafft einmal den «optimistischen» Zug in der Theorie, ein anderes Mal einen mehr «pessimistischen». Die Wissenschaft hat primär weder über Optimismus noch über Pessimismus ihrer Aussage zu urteilen; da sie aber in der Welt ist und vom Menschen, also vom sich-selbst-bewußten Leben «betrieben» wird, *kann* sie nicht «voraussetzungslos» sein, und folgerichtig hat sie als Erscheinung des Lebens (beziehungsweise Erscheinung des Bewußtwerdens des Lebens) für die Selbststeuerung des Menschen zu sorgen (was grundsätzlich ein optimistischer Vorwurf ist).

Dennoch: es handelt sich hierbei um keinen mißverstandenen «sozialistischen Realismus» oder eine ähnliche Ideologie. Die Wissenschaft hat sich – im Rahmen ihres umfassenden «optimistischen» Anliegens – mit dem für uns «negativen» Aspekt unserer Existenz auseinanderzusetzen. Erst nach Durchleuchtung und Aufhebung der allzu «optimistischen» (und trügerischen) Verdrängung – die die Unbewußtheit des Todes begünstigt – wird die Erkenntnis durch die Kenosis des Sterbens hindurch zu einer wirklich optimistischeren *Praxis* führen.

Um das Exposé nicht unnötigerweise zu belasten, wollen wir an dieser Stelle uns selbst in gedrängter Form zitieren; es geht uns dabei darum, in aller Kürze den «positiven» Aspekt der Abwehrmechanismen aufzuzeigen, können diese doch vorerst nur vom Standort des Lebens (welches sie als aktiven Prozeß einsetzt) erforscht und beurteilt werden. Von diesem Standort aus gesehen würden rein *intra*psychische Mechanismen, deren Zweck nur die Abschirmung des Narzißmus gegen die Außenwelt sein sollte, nicht funktionieren (I. A. Caruso, *Soziale Aspekte der Psychoanalyse*, Klett Stuttgart, 1962, S. 13 ff.). Sie funktionieren, *weil* sie eine Brücke, einen Kontakt mit der Umgebung ermöglichen. Wenn sie auch vor allem der Abwehr dieser störenden Umgebung, also der Verteidigung zugeordnet sein sollten, so schaffen sie doch durch die Tatsache ihres Funktionierens eine gemeinsame Lage mit der Umgebung, ein «Feld». Abwehr, Kampf sind schon Weisen des Austausches zwischen den Kämpfenden, und nicht von ungefähr ist die *Identifikation* wohl der bedeutendste dieser «Abwehrmechanismen». Wir machten daher mit Nachdruck die Behauptung geltend, daß die «Abwehrmechanismen» als Funktionen des Lebendigen auch «Austauschmechanismen» genannt werden könnten; wir möchten hinzufügen, daß diese Funktionen als solche einen psychologischen sowie einen soziologischen Grundaspekt aufweisen.

Solange wir die «Austauschmechanismen» gleichsam vom Standpunkt des Lebensprozesses aus betrachten wollen – und diese Betrachtung ist eigentlich die einzige, die einem Vernunftwesen, das sein *Leben* reflektiert, primär zugänglich ist –, müssen wir ihnen eine positiv wirksame Funktion bei der Entfaltung des Lebensprozesses zuweisen; diese Funktion ist der Austausch des Lebewesens mit seiner Umgebung, der Austausch, welcher *conditio sine qua non* des Lebens ist. Sekundär können wir dann auch feststellen, daß solche «Austauschmechanismen» dem Trägheitsgesetz gehorchen und den Austausch dergestalt ökonomisch gewährleisten, daß sich das Lebewesen nach Möglichkeit vor den herantretenden Reizen schützt. Wohl ist das Leben eine Entfaltung, setzt also auch einen *Überschuß* an Entfaltungsmöglichkeiten gegenüber dem tatsächlich erreichten Stadium voraus, aber zweifellos gilt es für das Lebendige, auch einen Überschuß an Reizen abzuwehren, also das erreichte oder gar das überholte Stadium solange als nur möglich beizubehalten – und dann dennoch zu *verlassen*. Vom letzten Gesichtspunkt aus gesehen, wurden Austauschmechanismen von Anna Freud und Freud sehr richtig «Abwehrmechanismen» genannt. Das Revolutionäre an der Freudschen Entdeckung ist jedoch, den Lebensprozeß *in seinem Verhältnis zum Tode,* von dem sich das Leben aktiv hervorhebt, der aber das Leben von allen Seiten umklammert, zu erforschen. Der Tod «übt» *dadurch* auf das Leben eine tiefgehende Wirkung aus, als er dem Leben allgegenwärtig ist – und dem sich selbst bewußt gewordenen Leben in besonderem Maße.

Diese Feststellung der Labilität im Lebensprozeß führt uns zu einer neuen dialektischen Schwierigkeit. Dient der Lebensprozeß *sowohl* der Gewährleistung des lebensnotwendigen Austausches *als auch* der Abwehr aller durch diesen Austausch herbeigeführten Störungen der Beharrungstendenz, so müssen wir daraus folgerichtig schließen, daß die Abwehr normalerweise gegen gemischte Außenreize gerichtet ist; unter «gemischt» ist hier gemeint, daß diese Reize von seiten der Außenwelt zwar lebensnotwendig, aber zugleich *störend* und über ein Optimum hinaus sogar *zerstörend* sind. Diese Doppeldeutigkeit wohnt dem Prozeß als Entwicklungsablauf inne. Das Lebewesen braucht Einübung, Reifung, Wachstum, um den nämlichen Reizen, die es zur Reifung und Entwicklung zwingen, allmählich gewachsen zu sein. Es gäbe keine Entwicklung, wenn alle Reize sofort bewältigt werden könnten, oder wenn das Lebewesen ihnen sofort erliegen würde.

Hier liegt ein überaus komplexer und schillernder Tatbestand vor. Die Abwehrmechanismen gehorchen dem Wiederholungszwang, der Beharrungstendenz des Lebendigen; sie sind so angelegt, daß sie zur Wiederherstellung des früheren Zustandes tendieren; *so* gesehen – und Freud sah sie so – sind sie einem hypothetischen ‹Todestrieb› zugeordnet. Gleichzeitig – nicht nur als «positive» Austauschmechanismen, sondern ebenso in ihrer Eigenschaft als Verteidigungsmechanismen – dienen sie auch der Abwehr der Lebensbedrohung durch die überschüssigen Reize, die in richtiger Dosierung und Verarbeitung das Leben vorantreiben. Die Lebensmechanismen sind daher zugleich und in einem Abwehrmechanismus der reizspendenden Lebensbedingungen (also gewissermaßen lebensverneinend), Austauschmechanismen mit der Umwelt (und somit lebensvermittelnd) und schließlich Abwehrmechanismen gegenüber todbringenden Überschüssen an Reizen (hier also todesverneinend). Sie wehren die Störung des Narzißmus ab, indem sie einen beschränkten Austausch mit den Objekten erlauben, und sie wehren gleichzeitig den Tod ab, obwohl – oder weil – sie die Beschleunigung der Entwicklung bremsen. Sinngemäß (für die reflektierende Natur also) sind sie primär lebensverteidigende Funktionen des Austausches; reduktiv und sekundär (für eine Reflexion, die sich von dem selbstgenügsamen Phänomen des Lebens zu abstrahieren vermag und auch in die Perspektive des Nichtlebenden sieht) weisen sie auch eine regressive, lebensverneinende Beharrungs- und Wiederholungsfunktion auf.

In dieser paradoxen Eigenschaft jedes Lebensprozesses liegt der Urgrund der *Ambivalenz* eingeschlossen, welche alles Lebendige kennzeichnet. Das Lebewesen verteidigt sich gegen die Lebensbedrohung, indem es sich gleichzeitig gegen die Lebensentfaltung wehrt. Die Welt der Objekte wird abgewehrt, doch wird sie in einem angestrebt und durch das Lebewesen für die weitere Lebensentfaltung benützt. In einem sehen wir bei der Lebensfunktion den Drang nach «Objektbesetzung» und nach «Objektzerstörung», nach Identität mit den Objekten und sich selbst sowie nach Trennung von den Objekten und von sich selbst. In einem wird die Welt akzeptiert, erforscht, wahrgenommen, identifiziert und – introjiziert, geleugnet. Nein zur Welt und zu sich selbst als Lebendigem, und Ja zur Welt und zu sich selbst – sind wechselwirkende Haltungen des Lebendigen.

Aus der Notwendigkeit zu leben und der Not des Lebens angesichts des Todes wird durch das normative Bewußtsein eine Tugend *(virtus)* gemacht, aus dem Müssen das Sollen: die Pflicht zum Leben, das Lebensollen. In dieser Tugend liegt auch ihre eigene Not, denn die Tugend merkt nicht, daß sie in sich notwendigerweise Elemente der Verneinung als Reaktionsbildung auf die Not und auf das Ärgernis trägt.

«Aus der Not eine Tugend machen»: darin besteht auch der ewige Versuch, die Not zu überwinden – sowohl von seiten der Sich-Trennenden als auch von seiten ihrer Tröster. Denn die Sich-Trennenden sagen: «Die Zeit oder die Verhältnisse oder unsere eigene Unzulänglichkeit würden uns sowieso trennen; also trennen wir uns ‚von selbst'». Dies erinnert an den oft aus Angst vor dem Tode verübten Selbstmord. Durch diese – rein rationell betrachtet – widersinnige Kapitulation vor dem Notstand wird versucht, den heteronomen, unverständlichen, skandalösen Tod, das blinde Schicksal durch ein «freiwilliges» Sterben, durch eine «souveräne» Verfügung über sich selbst abzuwehren. Es wird dabei nicht bewußt, daß der Tod als erzwungene Leugnung des Lebens, die Trennung als erzwungene Leugnung des Beisammenseins, nicht durch die «freiwillige» Leugnung des Lebens und des Beisammenseins abgewehrt werden können. Der Tod kann nur durch das Leben bekämpft werden. Ein aussichtsloses Unterfangen, so könnte es scheinen; gewiß, aber das einzige, das insoferne Hoffnung bedeutet, als sich das Leben letzten Endes selbst mehrt, als es aus sich selbst heraus neue Qualitäten hervorbringt, sich selbst transzendiert, wohingegen der Tod als Nichtendes weder neue Etappen noch neue Qualitäten aus *sich selbst* zu gebären vermag.

# III. WIE STIRBT MAN?

## A. Eine Krankheit zum Tode

Zur Illustration der skizzierten Verzweiflung der Trennung, der Verzweiflung am *Sterben im Bewußtsein,* und der sich reaktiv bildenden Abwehrmechanismen, sehen wir uns einige banale Trennungsgeschichten an, die – unter vielen anderen – aus der psychoanalytischen Praxis und aus klinischen Gesprächen *ad hoc* entstanden.

101. Beginnen wir etwa mit einem gewissen Dr. C. D.[3], einem verheirateten Chemiker, Vater von zwei Knaben, der mit 36 Jahren ein Verhältnis mit der 18jährigen Laborantin, die am selben Institut arbeitete, anfing. C. D. zeigte das Bild einer sogenannten «reaktiven» Depression mit starker psychosomatischer Überlagerung. Die Trennung wurde unter dem Druck des vermeintlichen Realitätsprinzips unternommen (Ehe, Liebe zur Ehegattin und Achtung vor ihr, Kinder aus dieser Ehe, großer Altersunterschied, finanzielle Schwierigkeiten, Furcht vor dem Skandal, Sorge um die Zukunft des Mädchens usw.). Die Liebenden hatten sich nach Qualen entschlossen, sich radikal zu trennen und die junge Frau, die – wie gesagt – im selben Institut arbeitete und studierte, in dem C. D. einen Lehrauftrag hatte, entschied sich mit viel Tapferkeit dazu, fast aufs Geratewohl nach Rotterdam zu fahren. Sechs Monate nach der Trennung berichtet uns C. D.:

«Es fällt mir furchtbar schwer, eine einheitliche Stellungnahme zu dem Geschehenen zu beziehen. Wie ich Ihnen erzählt habe, war die Bindung zu L. sehr stark, auch ehe wir Geliebte wurden. Wir wurden es dann, wie wir in einem Rausch, doch frage ich mich jetzt warum – wir haben doch so wenig Glück miteinander gehabt. Nach wenigen Tagen merkten es die Kollegen, dann auch meine Frau. Der große Altersunterschied und die Bindung zu meiner Frau machten die Sache aussichtslos. Und doch muß dabei eine für mich jetzt unvorstellbare Lust gewesen sein, denn der Gedanke allein, L. zu verlieren, war mir ärger als der Tod. Wir nahmen alle Hemmnisse, Ängste, Demütigungen und Vorwürfe auf uns. Dann, nach ungefähr drei Monaten, sahen wir ein, daß es doch nicht zu machen war: Wir zwei, und auch meine Frau, und wer weiß, auch die Kinder gingen daran zugrunde. L. fuhr weg. Zwei Monate lang war ich wie wahnsinnig: der Gedanke, daß es aus sei, war ein schwer zu schildernder Schmerz gewesen. Ich kann nur sagen, daß ich zwei Monate lang fast ununterbrochen weinte, sobald ich allein war. Dann kam eine Periode, die ich als ,moros' bezeichnen kann. Es war ein nicht sehr gelungener Versuch, unsere Bindung in Briefen aufrechtzuerhalten und L. auf diesem Wege nützlich und nahe zu sein. Nach außenhin, von meiner Vernunft her, sprach ich in Briefen von ihrer Freiheit, aber wir hingen sehr aneinander. Es war jetzt keine dramatische Verzweiflung mehr, eher eine dumpfe Hoffnungslosigkeit. Meine Frau verstand meinen Zustand nicht, wer konnte es ihr übrigens verdenken? Während L. noch hier war, benahm sich meine Frau wie eine Wahn-

---

[3] Solche kasuistische Beispiele sowie überhaupt alle angeführten «Fälle» werden fortlaufend numeriert, mit Nr. 101 beginnend. Auf einige Nummern wird immer wieder Bezug genommen. Der Verfasser muß wohl kaum darauf hinweisen, daß die angeführten Buchstaben nicht die Anfangsbuchstaben der wirklichen Namen sind, daß ferner die geographischen Bezeichnungen (Rotterdam, Neulengbach, Paris etc.) frei erfunden sind, und daß schließlich die Berufe unserer Probanden durch erfundene, einigermaßen ähnliche Berufsbezeichnungen ersetzt wurden.

sinnige. Jetzt trug sie mir alles unvermindert nach. Ich glaube, zu dieser Zeit habe ich ein oder zwei unwichtige Erlebnisse mit Frauen gehabt. L. indessen traf einen jungen Mann, der sofort ihr Freund wurde. Das schrieb sie mir etwas verlegen und nicht sofort aufrichtig. Die Freundschaft war nicht gleich sexuell, aber doch auch wohl erotisch. Vor allem half ihr dieser Student, ihre Einsamkeit im Ausland etwas erträglicher zu machen. Ich aber schrieb ihr daraufhin drei Monate lang wirre Briefe. Ich versuchte, Verständnis zu zeigen, aber ich überforderte mich und sie. Ich wollte sie als ein Ideal haben, sie irgendwie trotz dieser ,Freiheit' für mich behalten, und sicherlich hielt ich sie unter einem großen Druck. Trotz echter Einsicht konnte ich auf der anderen Seite doch auch nicht begreifen, wieso sie es nur drei Monate in der Fremde ausgehalten hatte, ohne sich mit einem Jungen zu befreunden. Es ist grotesk: ich habe zwar die Sache im voraus gesehen, doch gab ich mir eine Galgenfrist von sechs Monaten. Es war eine Enttäuschung, wie bei einem Verrat, daß sie die Einsamkeit nur die Hälfte dieser Zeit ertrug. Ich sah jetzt voraus, daß dieser Student mein ,Nachfolger' werden würde. Meine Briefe wurden – wie gesagt – wirr, irgendwie heuchlerisch, ich bemühte mich, Verständnis und Freundschaft zu zeigen, aber Zorn und Eifersucht waren dabei. Ich glaubte ihr nicht mehr sehr, und auf einmal konnte ich mich auch nicht mehr so recht daran erinnern, wieso ich mit ihr glücklich sein konnte: manchesmal blieb nur das Schlechte im Gedächtnis, alle unsere Schwierigkeiten und auch ihre doch etwas leichtlebige Art, die ihrem Alter mehr entspricht, so einige ihrer harmlosen Flirts. Neben gegenteiliger Wertung kam sie mir irgendwie egoistisch vor. Die Vernunft sagte mir, daß sie mich viel einfacher, eindeutiger und aufrichtiger liebte als ich sie. Vielleicht machte sie nur nicht so viel Staat daraus. Aber ich kam mir irgendwie wie ein Betrogener vor, obwohl sie mich auch noch nach sechs Monaten wahrscheinlich nicht wirklich betrogen hat. Außerdem konnte es da keinen Betrug geben, wir hatten unsere Freiheit. Schließlich habe *ich* sie inzwischen betrogen, und nicht *sie* mich. Betrug oder nicht, sie hat aber sicher mehr Freude als ich, da sie das Leben vor sich hat, einen jungen Freund hat. Woran hänge ich also noch so? Denn ich hänge an etwas. Ich war weder diesem jungen Mädchen sexuell hörig, noch habe ich – wie gesagt – viele glückliche Stunden mit ihm verlebt. Auch zeigte sie sich schließlich nicht besonders verständnisvoll für mich. Doch wir konnten miteinander einfach wir selbst sein. Im ganzen vielleicht nur wenige Stunden, wenn man das so nimmt. Manchesmal überkommt mich die Wut: ich bereue, soviel Leiden für so wenig Glück durchgemacht zu haben, aber sogar dann lauert auf mich eine Art Verzweiflung, die ich selbst nicht verstehe, die mich aber daran erinnert, daß ich etwas Großes und Glückliches verloren habe, was meine Vernunft nicht ganz erklären kann. Es ist so, als ob ich in eine andere Welt hineingeguckt hätte und es teuer bezahlt hätte. Ich weiß nicht mehr genau, was in jener Welt vor sich ging: wahrscheinlich die ungemischte Freude an einem jungen Menschen, an einem aufnahmebereiten Geist und unerfahrenen Körper, ohne ewige Rücksicht auf Erlaubtes und Verbotenes.»

Soweit die Erzählung von Dr. C. D., sechs Monate nach der herbeigeführten Trennung.

Wir sehen in dieser Erzählung – zumindest angedeutet – sämtliche Abwehrmechanismen, die wir am Beginn des Abschnittes angeführt haben. Nach der anfänglichen Verzweiflung, die dem Erlebnis der radikalen Ich-Katastrophe entsprang, setzten Verdrängung, Gleichgültigkeit, Idealisierung ein, gepaart mit Aggressivität, Resignation, Anfang der Rationalisierung. Die Trauerarbeit hat hier erst begonnen, sie wird C. D. zum Leben verhelfen, doch dafür wird er einen gewissen Preis zahlen müssen. Er wird akzeptieren müssen, daß seine jugendliche Geliebte in seinem Bewußtsein stirbt, und vor allem, daß er selbst unaufhörlich im Bewußtsein des geliebten Menschen stirbt. Wir werden Dr. C. D. noch begegnen.

102. Vorläufig wollen wir uns einer anderen Trennungsgeschichte zuwenden: Frau Z. F., 31 J., ist seit ihrem neunzehnten Lebensjahr mit einem um 32 Jahre älteren Großindustriellen verheiratet. Es soll hier nicht näher auf die ödipale Struktur dieser Beziehung eingegangen werden, die ohnehin offenkundig zutage tritt. Frau Z. F. hängt mit großer Zu-

neigung und Verehrung an ihrem Ehegatten, sie kann sich das Leben ohne ihn nur schwer vorstellen, wobei sie freimütig auch die überaus wichtige Rolle der gesellschaftlichen Konventionen und des gewohnten Lebensstils zugibt. Potenzstörungen beiderseits haben sich sofort nach der Ehe eingestellt und hörten bis zu diesem Tage nicht auf. So wurde Frau Z. F. in der Ehe nie geschlechtlich befriedigt. Es kam in ihrem Leben zu einigen «Abenteuern», die ihr freilich, da sie sensibel und ehrlich ist, manches Kopfzerbrechen bereiteten, aber nie zu einem großen Problem wurden. Seit eineinhalb Jahren liebt sie einen Mann, von dem sie auch ein Kind gebar, wobei sowohl diese Bindung als auch ihre Folgen großzügigerweise vom Ehegatten akzeptiert und vergeben wurden. Allerdings stellte er als unumgängliche Bedingung, daß der Liebhaber aus dem Gesichtskreis der Dame verschwinden müsse, was dieser auch tat. Frau Z. F. bemühte sich sogar, ihm den Übergang zu einer anderen Bindung zu erleichtern, zugestandenerweise aber unter größten Eifersuchtsqualen. Sie bemerkte selbst, daß sie eben erst mit 31 Jahren die Eifersucht kennengelernt hätte. An dem neugeborenen Kind hängt sie sehr, aber kurz nach der Geburt zeigt sie einen depressiven Zustand mit psychosomatischen Zügen (besondere Anfälligkeit für Viruserkrankungen). In dieser Situation schreibt sie nun einen Brief, in dem sie sich mit ihrem Problem auseinandersetzt:

«Ich bin vollkommen erledigt. Ja, ich habe theoretisch auf X. (den Liebhaber) verzichtet, ich bin aber voll des Zornes und des Hasses gegen das Leben. Ich habe mich kopfüber in eine totale Passivität geworfen, das ist das Refugium meiner schlechten Laune. Im Grunde meiner selbst, jenseits aller Vernunft, sage ich mir, daß wir nicht viel anders als die Viecher sind, denn was wissen wir über die Viecher? Sie glauben wohl selbst nicht an die ewige Liebe, aber dann dürfte man ja auch nicht gegen die Trennung, gegen den Tod rebellieren? Warum sollte denn dann Leben und Beisammensein ewig dauern? Ja, manchmal denke ich mir, daß unser Leben nicht sehr verschieden von dem der Tiere ist: ein Phänomen, das ein Teil des übrigen ist. Freilich kann man jede Sache für sich betrachten, ohne irgendwelche Fortsetzungen zu erwarten, dann ist das Leben eine Folge von Sachen. Und doch, der Geschmack der Sachen kommt ja davon, daß wir noch etwas hineinlegen, das diese Sachen über sie selbst hinaus fortsetzt. Was wäre die Liebe, wenn sie nur das wäre, was man in einem Augenblick fühlt, und dann etwas anderes in einem anderen Augenblick und so fort – eine Aneinanderreihung von Augenblicken? Das wäre nicht mehr, als ein Bonbon zu essen. Und sogar wenn man ein Bonbon ißt, kommt doch die Vorstellung dazu, die man von dem Bonbon hat, die Erwartung der Süßigkeit, die Freude, daß man noch einige andere besitzt. Na ja, das ist alles traurig, und ich bin ganz erfüllt von diesem passiven Zorn. Wäre ich weniger passiv, gäbe es mehr Haß in mir. Weshalb muß man immer leiden? Weshalb immer auf schöne und gesunde Dinge verzichten?»

Auch in diesem Text sehen wir die Anwesenheit sämtlicher Abwehrmechanismen, die wir in der Trennung vermuteten: Verzweiflung, Aggressivität, «Wurstigkeit». Die Flucht nach vorne allerdings ist in dem Brief nicht zugegeben, aber wir wissen, daß sich alle beschriebenen Dynamismen nicht chronologisch ablösen. In einem anderen vorhandenen Brief schrieb Frau F. Z., daß die Trennung eben zum Leben gehöre, und daß man nicht vergebens irgendwo, vielleicht in China, Getreide auf die Gräber der Verstorbenen pflanze. Diese Selbsttröstung hat vorläufig noch nicht zu einer Ideologie geführt. Dennoch ist im zitierten Brief ein Versuch der Rationalisierung sichtbar: da es keine ewige Liebe gibt, muß man auch die Trennung akzeptieren.

103. Dieser Paralogismus steht in einem kuriosen Zusammenhang mit einer anderen Aussage, und zwar mit einem Teil eines Briefes von einem 45jährigen Mann, der in der Situation der Trennung schreibt: «Freilich ist die menschliche Liebe nicht ewig, und doch verfluche ich die Trennung, denn letztere ist keineswegs die Folge ersterer. Die Menschen werden nämlich von der Gesellschaft nicht deswegen in ihrer Freiheit und ihrem Tun eingeschränkt, *weil* die Liebe nicht ewig ist, nein, ganz im Gegenteil, die Gesellschaft verbietet Freude und Freiheit – welche die notwendigen Voraussetzungen der Liebe sind. Die

Gesellschaft tut das angeblich gerade im Interesse einer legalisierten und ewigen Liebe, indessen ist Ewigkeit nur dort möglich, wo es auch Freiheit gibt!»

104. Parallel zu dieser Aussage des 45jährigen Mannes geben wir an dieser Stelle Auszüge aus dem Brief eines 54jährigen Dichters wieder, der, nach seinen Angaben, «die größte Liebe seines Lebens» hat «opfern müssen»: «Ja, die einen schießen sich mit einer Pistole ein Loch in den Kopf, das ist aber eine Minderheit von Tapferen oder Feigen. Lassen wir sie links liegen. Was tun die anderen? Sie kennen, lieber Freund, den idiotischen Gemeinplatz, wahr wie alle Gemeinplätze: ‚partir, c'est mourir un peu'. Ich für meinen Teil finde den physischen Tod weniger ungerecht als diesen Tod, der ja das weitere Leben vergiftet. Ich werde mit der Sache nicht fertig, ich liebe N., ich habe mit ihr geschlafen, ich kenne alle Facetten ihres Lebens, ihre Art zu denken, zu fühlen, zu … Etwas in mir weiß, daß zwischen den beiden Lösungen: entweder sie zu verlassen, oder zu sterben, die zweite die würdigere ist. Aber sehen Sie, durch tausend Gründe, die keine sind, haben wir uns eben getrennt, also im Namen des weiteren Lebens; und ich habe im Mund den Geschmack des Todes, denn N. und ich, wir können uns lange Briefe schreiben (?), wir können aneinander denken, wir können beide gleichzeitig fühlen, wie es in unserem Innern frißt, nichtsdestoweniger: *wir vergessen einander!* Ja, sagt Ihnen das nichts? V-e-r-g-e-s-s-e-n, einen lebenden Menschen vergessen, seinen Liebsten vergessen – und gleichzeitig im Gedächtnis des anderen immer weniger und weniger werden, verstehen Sie das? Ich werde jeden Augenblick weniger und weniger in der N.! – Oh, sie wird mich bis sie 70 Jahre ist ‚lieben', das heißt, da sie nicht plötzlich schwachsinnig geworden ist, wird sie sich meiner ‚erinnern', das heißt also, sie wird mich in ihrer Erinnerung nicht mit ihrem Steuerberater oder ihrem Friseur verwechseln. Soll das eine Gegenwart sein? Sie verstehen doch, lieber Freund, daß es höchstens ein Souvenir ist, etwa wie die Häßlichkeiten, die man vor den Toren der Friedhöfe verkauft. Aber sicherlich, wir werden eben weniger und weniger fühlen, wir werden so wenig sein, daß wir daraus eine neue Lebensregel machen werden. Wir werden dann glauben, daß dies alles im Interesse der ewigen Werte geschehe, im Interesse des christlichen Abendlandes, im Interesse der bürgerlichen Familie, im Interesse des Keuschheitsgürtels, im Interesse des Sparbuches, im Interesse der Charakterstärke und im Interesse der ewigen Seligkeit im Himmel. Ach, man hat uns schön hineingelegt! Die Leiche ist begraben und stinkt bereits und immer vergißt man dabei, daß man ja selbst begraben wurde und stinkt. Und mit sicherer Hand kann man unter die ganze Schweinerei das kurze Wörtchen setzen: Ende!»

Der Schreiber hat in seiner Bitterkeit und Auflehnung klar und schonungslos einige von den erwähnten Abwehrmechanismen beschrieben. Da die Verarbeitung der Trennung bei ihm erst einsetzte (so viel wir wissen, wurde der Brief erst ein Monat nach der endgültigen Trennung geschrieben), ist er offenkundig noch im Stadium der akuten Verzweiflung. Was uns auffällt, ist die Tatsache, daß er die großartige Benennung eines depressiven Syndroms durch V. E. Freiherrn von GEBSATTEL auf seinen Zustand angewendet hat: «Immer weniger und weniger werden» (V. E. VON GEBSATTEL, *Prolegomena einer medizinischen Anthropologie*, Springer-Verlag, 1954, S. 141; vgl. ebenda S. 18–74). Ohne noch von anderen Abwehrmechanismen zu sprechen nimmt der Schreiber des Briefes in bitterer Form sehr hellsichtig den letzten Abwehrmechanismus vorweg, der uns mehr als die anderen beschäftigen wird: nämlich die Bildung der trostspendenden Ideologie – «es muß wohl so sein im höheren Interesse»; im Interesse des Lebens?

Wir könnten die Auszüge aus Analysegeschichten und klinischen Gesprächen vermehren. Es wird im Laufe unserer Ausführungen noch notwendig sein, auf solche Dokumente zurückzukommen. Um aber auf dieser Etappe des Exposés die Untersuchung nicht zu sehr zu belasten, begnügen wir uns für den Augenblick mit der Wiedergabe noch einiger analytischer Gespräche.

105. Frau RIK, 22 J., einziges Kind einer einflußreichen amerikanischen Familie, ist mit einem zwanzig Jahre älteren amerikanischen Politiker verheiratet. Diese Ehe wurde sichtlich von den beiden Familien gewünscht und beeinflußt. Frau RIK hatte während der Verlobungszeit eine «Romanze» mit einem Engländer; nach der Heirat hatte sie eine andere Liebesbeziehung zu einem jungen Schweden, den sie auf einer Europareise kennengelernt hatte.

Nachstehend geben wir die von Frau RIK dargestellte Schilderung ihrer zwei Liebeserlebnisse in verkürzter Form wieder:

«Ich war schon verlobt mit meinem Mann. Ich wollte auf alle Fälle weg von meinem Elternhaus. Mein künftiger Mann war das Sinnbild der Redlichkeit und Ritterlichkeit, er entsprach allen Standesforderungen, die mir eingeimpft waren; ich war sicher verliebt in ihn. Doch da traf ich NN. Das war eine große Liebe, ein großes Glück. Sicher hatte ich ein schlechtes Gewissen, doch dachte ich damals, mit 19 Jahren, nicht daran, daß ich NN. heiraten sollte. Er war ein Gott für mich, aber ein Gott auf meiner Ebene, ich fühlte mich ihm gleich, ebenbürtig. Mein Verlobter hingegen war jemand, zu dem ich aufschaute, wie ein Kind zu einem Erwachsenen. Jetzt verstehe ich, ich hätte NN. heiraten sollen. Die Trennung von NN., als ich meinen Mann heiratete, war furchtbar. Frisch verheiratet fuhr ich nach Boston. Dort habe ich ein Jahr lang nichts mehr von NN. gehört. Ich liebte ihn über alles und merkte, daß ich meinen Mann weder liebte noch lieben werde. Dann traf ich NN. wieder anläßlich einer Reise. Er hatte sich von mir distanziert; er ging zu einem Psychoanalytiker. Ich war für ihn eine schöne Vergangenheit. In dem Moment verstand ich, daß ich ihn geopfert hatte, und daß auch er für mich einer Vergangenheit angehörte. Es war nicht Haß, o nein, sondern Distanz. Wir wußten nun beide, daß das Wunderschöne hinter uns lag.»

Analytiker: «Erwarteten Sie, daß NN. immer an Ihnen hängen würde?»

Frau RIK: «Vielleicht . . . ja. Es war vielleicht so etwas wie Enttäuschung. Nun wußte ich, daß er Distanz gewonnen hatte und sogar eine andere Frau gerne hatte.»

Einige Tage später, auf dieses Thema zurückkommend, läßt Frau RIK ihre Aggressivität deutlicher sprechen. Nun wirft sie NN. vor, ihr «untreu» geworden zu sein. Sie merkt dabei nicht, daß sie es war, die einen anderen Mann geheiratet hatte. Auch stellt sie diese «Untreue» in einen unklaren Zusammenhang mit der Psychoanalyse, die NN. machte, ohne jedoch hinzuzufügen, daß sie nun selbst einen Psychoanalytiker aufsuchte. Sie meint, die Psychoanalyse hätte NN. sehr verändert; außerdem hätte er auch Abenteuer mit Frauen gehabt. «Als ich ihn wieder traf, habe ich einmal wieder mit ihm geschlafen – und mich eigentlich von ihm gelöst, weil das Ganze nun viel kälter war . . . Er hatte jetzt ein anderes Mädchen. Es war enttäuschend.» Sie fügt hinzu: «In dieser Intensität werde ich es nicht mehr erleben.» (Dann erzählt sie einen unklaren Traum über NN.: träumte ihr von einem Brief von NN.? oder von einer Suche nach ihm?). «Er ist durch die Psychoanalyse viel kälter geworden: Gott sei Dank, es ist ja gut für ihn; aber ich war irgendwie enttäuscht. Wenn ich an ihn denke, so mehr an den vergangenen Menschen, nicht an den wirklichen, der er jetzt ist . . .»

Analytiker: «Also vergangen?»

Frau RIK: «Ja, vergangen. Es tut mir nicht mehr weh.»

Jetzt glaubt sie, den zweiten Liebhaber XX., den Schweden, den sie in Europa traf, zu lieben. «Während meines letzten Aufenthaltes in Europa traf ich diesen jungen Mann. Es war ein sehr großes Glück. Ich möchte, er könnte auf mich warten, bis ich mich von meiner Familie und meiner Ehe werde lösen können» . . . «Das ist aber eine ganz andere Sache als die mit NN. So wie ich den Mann mit NN. entdeckte, entdeckte er die Frau mit mir. Ich frage mich, ob ich alle meine Familienbindungen überwinden kann, um zu ihm zu gehen.»

106. Frau IVA, 21 J., erlebte vor zwei Jahren eine intensive Liebesbeziehung zu einem Künstler. Die beiden trennten sich auf dem Höhepunkt ihres Verhältnisses; beide waren verheiratet. IVA erlebt das Vergessen nach der Trennung als schmerzlich.

«Wie kann man die Katastrophe der Trennung näher definieren? Denken wir einmal an das Gegenteil dieser Katastrophe, also an das Zusammenbleiben. Nun, man kann nicht mit ihm zusammensein. Es ist eine Zukunft ohne ihn. *Und nun verblaßt nicht nur sein Bild, sondern auch der Wunsch, mit ihm zu sein.* Das ist etwas, was dem Tode ähnlich ist. *Nicht die Trennung ist das Entsetzlichste, sondern die Vorwegnahme dieser Situation, nämlich das Sterben des Wunsches.* Das Verlangen nach der Gegenwart hört langsam auf.»

*Was* eigentlich stirbt hier ab? «Nach der Trennung spielt ER (der Geliebte) keine so große Rolle mehr. Eigentlich eher irgendeine gemeinsame Vergangeheit . . . in mir. Ich *habe* die Vergangenheit. Aber: Vergangenheit ist hier keine gelebte Zukunft, keine Gegenwart. Ich bemühe mich also, die Zeit zu betrügen. Was macht ER dabei? ER führt ein lemurenhaftes Dasein . . . Eine Frau sagte mir nach einer erlebten Trennung: es bleiben embryonale Gefühle . . . Ja, ein lemurenhaftes Dasein.»

Versuchen wir nun, die angeführten Lebensabschnitte unserer Probanden nicht biographisch von außen, sondern analytisch von innen her zu erfassen. Während nach FREUD das Es zeitlos ist und die Lust in der Gegenwart lebt, ist das Ich der zeitlichen Entwicklung unterworfen und somit immer wieder mit Beginn und Ende einer Etappe konfrontiert. Diese Spaltung in der menschlichen Existenz zwischen zeitloser Lust und zeitlicher Entwicklung der Lebensgeschichte kann unter günstigen Umständen durch die kongruente Entwicklung der Liebenden bis zu einem gewissen Grad überbrückt werden. Wichtig ist dabei beiderseits ein relativ starkes und flexibles Ich, das ähnlich dem Ich des Partners oder komplementär zu ihm steht, also gleichsam synchron beziehungsweise ergänzend zum anderen evoluiert und sich somit am anderen Ich stärkt und bereichert.

Diese synchrone beziehungsweise komplementäre Ichentwicklung wird durch die Trennung zweier liebender Menschen radikal in Frage gestellt, so daß das Ich eine tödliche Bedrohung erlebt. Trotz aller wechselseitigen und gemeinsamen Einflüsse muß nun plötzlich das Ich sich auf beiden Seiten nicht nur selbständig, sondern auch gewissermaßen gegensätzlich zu dem anderen weiterentwickeln. Nach einer gewissen – bedrohlich und feindlich erlebten – Zeit der Trennung ist (ob reell oder nur in der Angstphantasie) die Ich-Kommunikation nicht mehr so ohne weiteres möglich. Hierin liegt einer der Gründe für die Prekarität der getrennten Bindung, eine Prekarität, die die Partner oft mit Entsetzen erfüllt. Denn die Dualunion, die kurz währte und deren Entstehen und Aufhören durch rationalisierende Ideologie nur überdeckt ist, ist insoferne für die beiden Beteiligten eine unbekannte Größe, als diese zwar ahnen und erleben, daß die Ich-, Es- und Überichdynamismen diese Dualunion beiderseits zum Tode verurteilen, aber sich nicht über die genauen Ursachen und den wirklichen Verlauf dieses Sterbens Rechenschaft ablegen können.

Auf alle Fälle wissen sie aber, daß der Tod diese Dualunion bedroht. Ist doch eine flüchtige, auch eine vorwiegend Es-hafte Dualunion etwas dynamisch Verschiedenes von der «Summe» beider Persönlichkeiten. So wie jede Begegnung, oder vielmehr stärker als jede Begegnung, bildet eine solche Union eine neue dialektische Einheit. Sie schließt beide Partner in einem einzigartigen Verhältnis zueinander ein – und nun stirbt sie. An diesem Tod sterben beide Partner in ihrem Ich. Es ist ein manchmal wohltätiger Hohn des Schicksals, daß man sich *post festum* nicht einmal mehr vorstellen kann, wie eine solche Dualunion überhaupt möglich gewesen ist, da nun beide Iche so weit auseinander evoluiert haben. Und wie kann man wieder erleben, wie sie wirklich war? In dieser Fügung des Schicksals, die oft oberflächlich als Trost empfunden wird, stellt sich aber dem denkenden Menschen eine große Frage. Noch tragischer ist vielleicht das Bewußtsein, daß eine Dualunion doch sehr viel «wert» gewesen ist, daß sie also Ich-bejaht wurde – auch wenn das Ich den Wert der Lustbefriedigung nur indirekt wahrnimmt, sogar unter dem negativen Urteil von seiten des Überichs –; und nun ist dieser Wert durch die divergierend verlaufende Entwicklung zum Tode verurteilt. Durch dieses Bewußtsein ist das Ich zutiefst verletzt, da es doch – und sei es durch Rationalisierungen – zu der Zerstörung der Union beitrug.

Da die Dualunion nicht etwas dem Ich ganz Heteronomes sein kann, da sie die Persönlichkeit engagierte, bedeutet ihr Zerbrechen nicht bloß einen «Verlust», etwa so, wie wir etwas zwar Wertvolles, aber nicht gerade Lebenswichtiges verlieren. Sie bedroht vielmehr das Ich an seinen Wurzeln im Es und in seinem Selbstverständnis (– die Identität). Es ist nämlich eine «Identität» zugrundegegangen: eine Eigenidentität durch Identifikation mit dem anderen. Genauer gesagt, sie geht mehr oder weniger langsam und quälend zugrunde, denn die Identifikation, die hier die Eigenidentität begründet, kann nicht von heute auf morgen aufgehoben werden.

Die aus der Lebensgeschichte entstandene Identifikation hatte die Risse in der Dualunion zusammengekittet und übertüncht. Die Desidentifikation kann nicht sofort vollzogen werden, ein Teil des Ichs scheint abgerissen zu sein, die neue Identität in der Isolation ist noch nicht geschaffen; das verstümmelte Ich hat seine Identität zeitweise eingebüßt. Daß die zugrundegegangene Identität eine «neurotische» oder «asoziale» war, wird gerade an ihrer Zerbrechlichkeit offenkundig; es wäre jedoch ein perspektivischer, aus der Wertung entstandener Fehler, sie als «Pseudo-Identifikation» zu bezeichnen, analog den unbewußten Identifikationen bei Phobien (AVELINO GONZÁLES, *Notas sobre la angustia de separación, sus efectos sobre el destino de la interpretación*, in: *Psicoanálisis. La Tecnica*, As. Psicoanal. Mexicana, A. C., México, 1963, S. 202–218).

Der Verlust des Identifikationsobjektes bedroht wirklich die Eigenidentität – und das ist ein Sterbenserlebnis. Dies gilt insbesondere für orale Typen, die ihre Objektbeziehungen stärker als Identifikation erleben, und nicht von ungefähr werden wir der oralen Beziehung in unserer Kasuistik begegnen: «Das Kind drückt die Objektbeziehung gern durch die Identifizierung aus: ich bin das Objekt. Das Haben ist die spätere, fällt nach Objektverlust ins Sein zurück. Mutter: Brust. Die Brust ist ein Stück von mir, ich bin die Brust. Später nur: ich habe sie, d. h. ich bin sie nicht …» (FREUD, Aufzeichnung vom 12. Juli 1938, Ges. W., XVII, S. 151).

Für FREUD basiert die Melancholie auf einem solchen unbewußten Objektverlust. Ein Unterschied zur Trauer ist aber nicht nur in ihrer Unbewußtheit zu sehen, sondern auch in der drastischen Ich-Verneinung, Ich-Verarmung («Kleinheitswahn»). Die Trauerarbeit (welche eben eine *Arbeit*, eine Gestaltung der Trennung ist) ist eine Abwehr gegen diese «Ichentleerung»; in der Melancholie jedoch gelingt diese Abwehr nicht (über die Beziehungen der Trennung zur Melancholie werden wir noch im dritten Abschnitt zu sprechen haben). So verwandelt sich der Objektverlust in der Melancholie in einen Ichverlust, und die Trauer ist ein Kampf gegen den Ichverlust (FREUD, *Trauer und Melancholie*, 1916, Ges. W., X, S. 431–435).

Diese Unterschiede sind freilich nicht als Gegensatz aufzufassen. Die Trauer – in unserem speziellen Fall die Trauer der Trennung – ist ein Versuch, die Ichentleerung, die Ichverneinung und Ichverarmung abzuwehren. Und es wird nur das abgewehrt, was uns bedrohlich an den Leib rückt. So sind in der Trauer echte Elemente der Ichverarmung und -entleerung, die konsequenterweise zum Tod des Ichs hätten führen können. Ist übrigens nicht jede Identifizierung eine primäre Abwehr gegen den Tod? Um voll leben zu können, beziehungsweise um mein Leben fortsetzen zu können, muß ich mir identisch sein, was ich zunächst einmal durch Identifizierung mit Objekten erreiche. Der Geliebte ist für mich nicht bloß eine heteronome «Ergänzung», sondern im wahrsten Sinne des Wortes – wenigstens bis zu einem unbekannten Grade – ein Doppelgänger von mir. O. RANK hat darauf hingewiesen, daß der Mythos des Doppelgängers im

Prozeß der Abwehr gegen den Tod entstand (O. RANK, *Der Doppelgänger*, Imago III, 1914). So ist auch der Verlust des Identifikationsobjektes ein Einbruch des Todeserlebnisses (vgl. FREUD, Ges. W., XII, S. 246–247).

So muß FREUD recht gegeben werden, daß dieses Todeserlebnis als Folge der zerbrochenen Identität orale Züge in sich trägt. Unsere Kasuistik liefert uns reichhaltige Hinweise auf die orale Problematik des Todeserlebnisses in der Trennung. Manchmal scheint die oben zitierte Aufzeichnung FREUDS über Brust-sein und Brust-haben geradezu materiell bestätigt zu sein.

101. Interessant ist in diesem Zusammenhang der Anfang des oben beschriebenen Verhältnisses des Chemikers Dr. C. D., 36 J., mit seiner 18jährigen Kollegin. C. D. hatte bei Frauen großen Erfolg genossen und – abgesehen von diesem wesentlichen Symptom – schienen seine Beziehungen zu diesen in der Nähe der reifen Genitalstruktur zu sein. Die 18jährige Geliebte wiederum war zwar kein «unschuldiges» Mädchen mehr, doch eine durchaus ernste Persönlichkeit, weit entfernt davon, «leicht» zu sein. Für die Oralität bezeichnend war der Beginn des Verhältnisses. C. D. berichtet nämlich, daß das junge Mädchen, das nur ein kurzes Erlebnis mit einem gleichaltrigen jungen Mann gehabt hatte und im Verkehr mit jungen Männern durchaus reserviert war, ohne weiteres zuließ, daß C. D. durch mehrere Monate hindurch mit ihren entblößten Brüsten spielte und diese küßte. Sie schien daran keinen Anstoß zu nehmen und durch Monate hindurch änderte sich ihr sonst korrektes und etwas unpersönliches Verhalten zu C. D. nicht. Ebenso berichtet C. D., dem es doch an Erfahrung nicht mangelte, daß diese ersten Monate die glücklichsten waren, da die Bindung irgendwie, wie er sich ausdrückte, «unterschwellig» blieb, aber dennoch von einer unvergleichlichen Stärke war. Er berichtet selbst, daß es gewissermaßen in der Logik eines ihm vorschwebenden «normalen» Flirts gelegen war, daß er nun doch nach einigen Monaten mehr als diese symbolischen Liebkosungen verlangte; es kam dann doch, nach anfänglicher Abwehr des Mädchens, zu einem regelrechten Geschlechtsverkehr. Dieser war, wie C. D. rückblickend sagt, der «Anfang vom Ende». Die Leidenschaft der beiden Menschen stieg ins «Unvernünftige», sie stellte sowohl die Ehe Dr. C. Ds. als auch die Arbeit der Verliebten im nämlichen Institut in Frage. Es kam dann sehr rasch zu einer endgültigen Trennung.

Zwar scheint es uns also, daß die orale Komponente die Verarbeitung der Trennung besonders erschwert – was ja nach der Struktur der oralen Bindungen von vornherein zu erwarten war –, doch denken wir auch dabei, ohne das Gewicht der oralen Komponente in Abrede zu stellen, an ein breiteres Vorbild des Todeserlebnisses in der Trennung, und zwar an die Wiederholung der Frustrationen, die früher in der Mutter-Kind-Beziehung walteten. So sei hier nur angedeutet – und gewisse Bestätigungen finden wir hierfür in der Kasuistik –, daß die Trennung larvierte Verwahrlosungstendenzen festzustellen erlaubt, die das Kind in der Trennung von der Mutter bedrohen. Wenn nämlich die Identifikation mit der Mutter bereits frühzeitig gestört wurde und dieselbe in einer dominant oralen Bindung «nachgeholt» wurde, ist die Abwehr gegen die Ichbedrohung besonders erschwert, weil der Getrennte wieder vor dem Verlust seiner Identität steht.

Die Herstellung der Identität durch die Introjektion des Partners und das darauffolgende Todeserlebnis bei der Trennung können wir in der analytischen Übertragungssituation beobachten. Dank der Übertragung stellt die analytische Frustration eine Lage her, die zu dem Erlebnis der Liebestrennung führt, auch ohne Entsprechung im bewußten sexuellen Leben des Analysanden:

107. Dr. POI ist angehender Psychoanalytiker; er macht seine psychoanalytische Ausbildung und seine Lehranalyse. Die Gegenübertragung seines Lehranalytikers scheint starke Züge der Identifikation zu tragen: Dieser sieht in POI einen «Nachfolger», jedenfalls einen besonders talentierten Schüler. Dr. POI ist in der Aneignung der nicht genug durchgearbeiteten analytischen Interpretationen unersättlich; er glaubt, sie seien evidente «Einsichten», in Wirklichkeit aber introjiziert er des öfteren die Ansichten des Lehranalytikers. Aus scheinbar objektiven Gründen beschleunigt er seine Lehranalyse: er müsse eine Stelle im Ausland antreten, er mache sowieso rasche Fortschritte in der Psychoanalyse, er solle selbständig wissenschaftlich arbeiten u. ä. m. Der Analytiker gibt nach. Doch POI erlebt paradoxerweise das sich nähernde Ende der Analyse als «Tod»; darüber spricht er lange, mit allen Affekten der Verzweiflung, aber auch der Aggressivität gegen den Analytiker. Mehr als das: er entwickelt eine Theorie, nach der das Durcharbeiten der analytischen Übertragungsneurose immer einem Todeserlebnis gleichkomme; es könne den Analysanden sogar nahe an den Selbstmord führen. Diese Theorien baut er rational aus, macht daraus eine «Ideologie», die ihn zu einer aggressiv-aktiven Auffassung der – beschleunigten – psychoanalytischen Technik führt. Die Folgen sind scheinbar unerwartet. Nach einer Zeit der Depression mit totaler Introjektion seines Analytikers (einmal unterschreibt er sogar einen Geschäftsbrief mit dem Namenszug seines Analytikers, ohne diese – wohl seltene – Fehlleistung zu merken) gerät er in wachsenden Konflikt zu diesem. Es kommt zum endgültigen Bruch zwischen den beiden Männern.

108. Auch Frau Dr. WUE ist angehende Psychoanalytikerin. Ihre stark traumatisierende orale Fixierung an die Mutter wird in possessiver Form auf den Analytiker übertragen und macht diesem zu schaffen, wobei letzterer eine zögernd-ängstliche komplementäre Übertragung entwickelt. In Gedanken an die sich nähernde Beendigung der Analyse verfällt die Analysandin in eine Depression, von aggressiver Haltung gegen die Mutter begleitet. Todesphantasien werden entwickelt und richten sich gegen sich selbst oder gegen die Mutter. Die letzte Periode der Analyse scheint keine klare Einsicht in diese Situation zu vermitteln; allmählich wird aber die starke Identifikation zu dem Analytiker in beruflicher Arbeit sublimiert, aggressive Tendenzen schwinden.

109. Dr. KLU, etwa 35 Jahre alt, Staatsanwalt, leidet unter symptomatischem Stottern; er unternimmt eine psychoanalytische Kur. Phobien, Zwangsneurose. Sein Analytiker gehört auch zum Zwangstypus. Nach relativ leichter Analyse der analen Komponenten zieht sich die Analyse der oralen Komponenten sehr in die Länge. Der Analytiker beendet die Analyse, indem er andere Verpflichtungen rationell zum Anlaß nimmt, doch macht Dr. KLU immerfort Versuche, die Analyse wiederaufzunehmen. Sein Stottern ist bereits als Ergebnis der ersten Kur restlos vergangen. Er findet jedoch keinen Kontakt zu Frauen und keine Lust am Beruf. Die Analyse wird noch zweimal aufgenommen. Die kaptative Beziehung zur Mutter wird mit starkem Widerstand belegt. Je mehr der Analytiker zur Beendigung der analytischen Kur drängt, um so mehr spricht der Analysand von einem «Todeserlebnis»: ein Ende der Analyse ohne einsetzende «Heilung» sei «viel schlimmer als der Tod». Aggressive Züge gegen den Analytiker mit starker Identifikationstendenz.

110. Herr HPO, in den Vierzigern, Industrieller, beginnt eine Psychoanalyse, weil er sich selbst im Berufsleben in perfektionistischer Weise überfordert: er kann «nichts aus-

lassen». Die Übertragung ist extrem, nun will er seine Analytikerin «nicht auslassen». Jede Unterbrechung der Analyse (Ferienmonate etc.) erlebt er als «Sterben», hat Todesträume. Sein Verhältnis zum Beruf bessert sich, doch trägt er durch lange Zeit seiner Analytikerin ihre «Untreue» nach.

Diese Beispiele der Übertragung in der psychoanalytischen Situation verdienen eine eingehende Diskussion, doch würde uns eine solche im Rahmen dieses Essays zu weit führen. Wir nehmen als bekannt an, daß die analytische Übertragung eine Widerspiegelung, besser gesagt, eine Verstärkung und Zusammenballung jener archaischen psychischen Mechanismen ist, die außerhalb der psychoanalytischen Situation, auch und insbesondere im Liebesleben des Patienten, gleichsam diffus und weniger erkennbar in steter Wiederholung vorkommen; sie geben die spezifischen Prägungen des Eros durch individuelle Erfahrungen (vor allem die Erfahrungen der Beziehungen in der Kindheit des Patienten, durch die familiäre Konstellation hindurch) wieder und drängen in mehr oder minder symbolischer Form zum Ausleben in der Analyse. Daher auch in der Regel ein intensives und fluktuierendes Haß-Liebe-Erlebnis des Patienten seinem Psychoanalytiker gegenüber; daher auch, zumindest in manchen Fällen – in solchen, die, wie die oben erwähnten, durch Kunstfehler des Analytikers oder durch extreme Prägungen des Patienten ungünstig gestaltet wurden –, kann die *Trennung* zwischen Analytiker und Analysanden von letzterem wie eine akute Liebestrennung erlebt werden und wir beobachten dann in solchen Situationen wie durch ein Vergrößerungsglas sowohl die Ich-Bedrohung als auch die einsetzenden Abwehrmechanismen.

Das Gefühl des «Nicht-mehr», wenn es sich auf ein Etwas oder Jemanden bezieht, das als wesentlich für die Identität des Ichs empfunden wird, ist eines der entsetzlichsten Gefühle, die vom Menschen erlitten werden können. Wenn der Analysand Dr. POI (107) die Auflösung der Übertragung mit dem Tode vergleicht und daraus eine Ideologie über die Gefahr des Selbstmordes entwickelt, so bezieht sich sein Entsetzen auf die gleiche Verstümmelung des sich identifizierenden Ichs, der wir auch im «Niemehr-Erlebnis» in der Liebe etwa bei SIMONE DE BEAUVOIR begegnen: «Nie mehr in der Wärme eines Körpers schlafen! Nie mehr: ein Todesgeläute! Wenn diese Einsicht mich überkam, stürzte ich in den Tod. Ich hatte mich immer vor dem Nichts gefürchtet; doch bis daher starb ich tagaus, tagein, ohne daß ich diesem Sterben viel Aufmerksamkeit schenkte. Jetzt plötzlich brach ein großes Stück meines Ichs zusammen; das war brutal wie eine Verstümmelung; und obendrein unerklärlich, weil sonst nichts mit mir geschah» (SIMONE DE BEAUVOIR, *La force des choses*, Gallimard, Paris, 1963, S. 274). Diese dramatisch beschriebene Einsicht: «Nie mehr in der Wärme

47

eines Körpers schlafen» wiederholt unausweichlich kindliche Traumata, wodurch die Wärme des Mutterleibes von innen her, dann diese Wärme beim Anschmiegen, die Wärme der Brust, für immer verlustig gingen.

Ein solches Erlebnis muß um so grausamer sein und um so mehr aggressive Abwehr mobil machen, je größer die Identifikation zwischen dem Subjekt und dem Partner gediehen ist. Dann ist die «Verstümmelung» irreparabel, die Restitution äußerst erschwert. Doch ist das introjizierte Objekt, falls das Ich des Subjekts nicht im Wahn untergeht, nicht total verinnerlicht; es ist eine ständige Wunde im Ich, weil es andererseits auch draußen verweilt, mit diesem «Draußen» wird das Subjekt erst recht in aller Erbarmungslosigkeit konfrontiert; der getrennte Partner dürfte – *weil er auch draußen weilt* – nicht mehr existieren, er müßte ausgelöscht werden – aus der Existenz und aus dem Bewußtsein, damit die Wunde nicht mehr blute.

Die Identifikation ist durch die Trennung immer mit einer «Vergeltung» schwanger: «Ich sterbe», weil «du nicht ganz bei mir bist». Würdest du nicht mehr sein, würde ich wieder ganz (heil) sein. Daher: Wie du mir, so ich dir. Die tödliche Gefahr, der das Ich ausgesetzt ist, hat im Erleben ein Korrelat, das möglichst tief ins Unbewußte verdrängt wird: nämlich den Todeswunsch gegenüber dem abgetrennten Partner.

Mehr als das: der Todeswunsch war schon latent da, weil die Dualunion der Liebenden eine konfliktreiche Union war, *sonst wäre es nicht zu der Trennung – dieser Art der Tötung – gekommen.* Nun ist der Todeswunsch ein Wunsch nach magischer – ungeschichtlicher, vom Schicksal herkommender – Lösung eines unerträglichen Konflikts, in dem die geliebte Person die Hauptrolle spielt. FREUD nannte diese magische Erwartung des Todes als Lösung des Konflikts «Todeskomplex» und sah in diesem «Todeskomplex» den Hauptinhalt der magischen Wünsche der Zwangsneurotiker. «Vor allem aber bedürfen sie der Todesmöglichkeit zur Lösung der von ihnen ungelöst gelassenen Konflikte. Ihr wesentlicher Charakter ist, daß sie der Entscheidung zumal in Liebessachen unfähig sind; sie trachten jede Entscheidung hinauszuschieben und im Zweifel, für welche Maßregel gegen eine Person sie die Entscheidung treffen sollen, muß das alte deutsche Reichsgericht ihr Vorbild werden, dessen Prozesse gewöhnlich durch den Tod der streitenden Parteien vor dem Richterspruch beendigt wurden. So lauern sie in jedem Lebenskonflikt auf den Tod einer für sie bedeutsamen, zumeist einer geliebten Person, sei es eines Teiles der Eltern, sei es eines Nebenbuhlers oder eines der Liebesobjekte, zwischen denen ihre Neigung schwankt.» (S. FREUD, *Bemerkungen über einen Fall von Zwangsneurose* [1909], Ges. W., VII, S. 452–453). Doch ist der «Todeskomplex» keineswegs ein Monopol des Zwangsneurotikers; er ist wohl in jeder für die

Affekte auswegelosen Zwangssituation – «zumal in Liebessachen» – mitenthalten; FREUD wies bereits früher, in seiner *Traumdeutung*, auf den Todeswunsch von seiten der Kinder hin.

Es entspricht dem Trägheitsgesetz der Phantasie mit ihrem Wiederholungszwang, daß die Wirksamkeit des «Todeskomplexes» nicht gleich mit dem tatsächlichen Tod des Liebesobjektes, auch nicht mit der Trennung von demselben, aufhört. Die Trennung selbst ist zum Teil eine langwierige und symbolische Kompromißerscheinung des «Todeskomplexes». Die Trennung wurde doch als Notwendigkeit betrachtet, als herbeigerufenes Ende. Nun ist der Wunsch nach einem Ende in seiner magischen, kindlichen Vorform der Wunsch nach Tod, Todeswunsch ist «Endewunsch».

Daß der Todeswunsch die infantile Form des erwachsenen Wunsches nach gerechter Lösung ist, sieht man am deutlichsten dort, wo sich die Getrennten danach sehnen, irgendein Ende der unerträglichen Erwartung eines unabwendbaren Schicksals herbeizuführen. Die Psychiatrie kennt den Selbstmörder aus Todesfurcht. Auch der vereinsamte Liebhaber weiß, daß die Geliebte (bzw. umgekehrt) sich «trösten» wird. Im Bewußtsein ist er alturistisch genug, um diese Sehnsucht nach dem Ende in annehmbare Kompromisse zu kleiden. Aber interessanterweise ahnt der andere, daß dieser berechtigte Wunsch doch auch Aggressivität enthält, den kindlichen Wunsch nach Beendigung eines unerträglichen Zustandes – der Todeswunsch bringt den Tod ins Bewußtsein, die Verdrängung.

111. Eine Kollegin berichtet uns anläßlich unserer Untersuchung über einen Bekannten, der sich etwa ein Jahr zuvor von einem jungen Mädchen getrennt hatte. Da unsere Kollegin auch das Mädchen flüchtig gekannt hatte, fragte sie ihren Bekannten einmal in einem Brief, was denn das Mädchen mache, er hätte schon einige Monate nichts mehr von ihm geschrieben. Der Bekannte antwortete: «Sie haben recht, ich habe nichts über Olga geschrieben; ihr selbst schreibe ich auch nur selten (das Mädchen war, um die Trennung vollständig zu machen, in die Vereinigten Staaten gefahren) und möglichst neutral. Mit einem Wort, ich versuche, sie umzubringen. Das ist ein merkwürdiges Schauspiel, wie das tödlich getroffene Tier noch zuckt. Unter dem Tier verstehe ich nicht Olga; oder doch? Vielleicht uns beide, Olga und mich? Eher verstehe ich darunter das Gedächtnis; genauer: das Bewußtsein, das wir voneinander haben.» – Diese trockene Auskunft, die die Züge des «humour noir» (Abwehrmechanismus!) trägt, könnte die denkbar knappste Zusammenfassung unserer Untersuchung in diesem Stadium sein.

112. Frl. DOA, die ihren verheirateten Liebhaber verlassen mußte, klagt über gewisse Ausdrücke in seinen sonst leidenschaftlichen Briefen: «Er schreibt nun schon in drei Briefen davon, ob ich einen Freund habe, oder, falls ich jemanden kennenlernen sollte, so solle ich offen und ohne Hemmungen schreiben ... Warum nur fragt er mich danach? Ich habe dann das Gefühl, er möchte mich schon gerne mit einem anderen glücklich wissen. Vielleicht, um eine gewisse Schuld, die er mir gegenüber zu haben glaubt, abzutun ... Oder was weiß ich!» Die Patientin fühlt genau den Wunsch des Liebhabers, etwas «loszuwerden»; um den Schmerz loszuwerden, muß er gleichsam sie loswerden. Aber sie

bedenkt nicht, daß ihr Liebhaber (der nach ihrer eigenen Schilderung an der Trennung empfindlich leidet) eben Angst vor dem unaufhörlichen Tod des Verlierens an andere empfindet.

113. Dies sagt deutlich ein Patient in ähnlicher Situation: «Es wäre mir schon eine Erleichterung, L. F. (die getrennte Geliebte) mit Ehemann und Kind zu wissen! Wenn ich an die Periode des Vergessens, der neuen Tastversuche, Flirts etc., der neuen Verliebtheit denke, wird mir bange. *Mein Gott, wenn es nur bald ein Ende haben könnte!*»

114. Herr ABS, 40jähr. Gymnasialprofessor, schreibt im Protokoll der 77. psychoanalytischen Sitzung: «Frau DAP geht mir nicht aus dem Sinn. Die Zeit heilt in diesem Fall keine Wunden. Im Gegenteil: es wird immer ärger. DAP wurde mir zum Gespenst. Es wird langsam unerträglich. Wo ich gehe und stehe taucht sie (oft unvermutet) auf. Ich sehe Mädchen oder Frauen auf der Straße: um Gottes Willen! Da steht sie! Ich lese zufällig einen französischen Text. Ach, sie ist Französischprofessorin! Ein Auto parkt. Sie hat sich doch stets einen netten Wagen gewünscht! Sie spart darauf. Die Tür geht auf: Sie tritt ein. Kinder spielen auf der Straße. Was für eine gute Erzieherin wäre sie doch! Ich wache am Morgen auf. Neben dem Bett steht DAP. Ich lese ein Buch. Was würde sie dazu sagen? Nun diskutiere ich mit ihr darüber. Wir streiten. Ich komme nach Hause. Sie ist schon da ... Also, so geht das nicht weiter! Jetzt muß etwas geschehen! (Ich darf gar nicht daran denken, daß sie sich wirklich von mir getrennt hat). Ich lasse mich nicht länger von einem Gespenst tyrannisieren und ruinieren! Warum laufe ich einer Frau nach, die mich doch de facto hinausgeworfen hat?! Die verdient das gar nicht. Ich lasse mich jetzt nicht mehr länger von einem Gespenst terrorisieren. Bin ich nicht schon genug von realen Mächten terrorisiert worden? Ist es nicht einmal genug? Brauche ich noch Gespenster? Ich muß DAP hinauswerfen! Aus meinem Gedächtnis, aus meinem inneren Leben. Ich muß sie vernichten. Wäre es nicht eine ideale Lösung, wenn ich um eine wirklich Tote trauern könnte? Dann ließe sich sagen: Es war das Schicksal. Aber so muß ich trauern, und sie lebt! Andererseits liebe ich sie so sehr, daß ich ihr nicht das geringste Unglück wünsche. Vielleicht möchte ich es so formulieren: Für *mich* wäre ihr Tod günstig, aber *ihr* wünsche ich das glücklichste Leben, das sich denken läßt (eine widerspruchliche Aussage, aber meinen Gefühlen entsprechend). Also, DAP muß hinaus aus meinem Bewußtsein. Ich will ihr Bild vernichten in mir. Ich muß das Übel ausreißen mit der Wurzel. Aber wie? Merkwürdig: Da hatte ich stets Angst vor dem Tod der Mutter, und inzwischen ,starb' mir DAP, also ein bisher ganz fremder Mensch. Ich hege da einen Verdacht, den auch der Therapeut bereits äußerte: Die eigentliche Angst gilt der Mutter. Angst und Sorge um die Mutter ,überschlugen' sich und wurden getarnt. Je näher die unabwendbare Gefahr für die Mutter, desto ,gleichgültiger' wird sie mir, um so intensiver die Ablenkung. Ich nehme die Trauer um die Mutter vorweg und übertrage sie auf eine ohnedies aussichtslose Beziehung zu einer Frau.»

115. Nach der Trennung von seiner Geliebten sagt ein Analysand: «Ich muß sie umbringen!» (Analytiker: «Wie meinen Sie das?») «Ich muß sie im Bewußtsein umbringen. Ich kann nicht so weiterleben: mit ihr leben im Bewußtsein, und doch ohne sie!»

Diese Ausrufe: «Brauche ich noch Gespenster?», «Ich muß sie umbringen!», «Wenn es nur bald ein Ende haben könnte!» sind Rufe nach Verdrängung, das heißt nach dem *Verschwinden des Geliebten aus dem Bewußtsein*. Doch wissen die Getrennten, daß dieses Verschwinden sie *beide* bedroht, und sie fühlen außerdem, daß das Verschwinden eines Menschen aus dem Bewußtsein einem Todesurteil gleichkommt. Daher fürchten sie sich davor: Jeder fleht den anderen an: «Vergiß mich nicht!»

116. Der 30jährige Dr. IBN trennt sich von seiner um zehn Jahre jüngeren Geliebten (siehe unten S. 75 ff.). Er führt ein Tagebuch. Am 3. November, dem Tag der Trennung, macht er um das Tagesdatum einen schwarzen Rand, wie für eine Todesanzeige (doch denkt er nicht an die Voraussetzung dieser «Todesanzeige»: wer soll denn gestorben sein?). Dann trifft er sich wieder mit seiner Geliebten. Die endgültige Trennung geschieht nun erst einige Tage später, am 24. November. Wieder malt Dr. IBN einen Trauerrand um das Tagesdatum, jedoch viel dünner als 21 Tage zuvor – die Trauer scheint «kleiner» zu sein, man stirbt doch nur einmal . . .

a) Bereits der Entschluß zur Trennung, ihre rationale und willensmäßige Begründung, enthält einen vom Überich kommenden und vom Ich gutgeheißenen *Wunsch nach Trennung*, und sei es in verdünnter Form, den Wunsch, *die «unvermeidliche» Trennung zumindest zu überleben*. Wir können vermuten, daß ein solcher Wunsch nach Trennung, auch wenn er noch so durch andere Wünsche widersprochen und bekämpft wird, im psychoanalytischen Sinne auch den *Todeswunsch* enthält. Wir wissen mit Sicherheit, daß das Kleinkind keinen existentiellen oder rationalen Unterschied zwischen «endgültiger Trennung» und «Tod» zu vollziehen imstande ist; unzählige analytische Daten beweisen uns, daß die Schuldgefühle, die den kindlichen Todeswunsch begleiten, objektiv einem Wunsch nach «Wegschicken», «Weghaben», «Kündigen» oder sogar dem passiven Erleiden einer tatsächlichen Trennnug mit dem darauffolgenden Versuch des Verarbeitens entspringen. Es ist also verständlich, daß das gewaltige Trauma der Trennung zwischen Liebenden den infantil unentmischten «Todeswunsch = Trennungsakzeptierung» spezifisch färbt. Die Arbeit des Ichs, die dahingehend ausgerichtet ist, die Trennung zu vollziehen und sie durch die Identität des Ichs zu integrieren, deckt notwendigerweise den Wunsch, daß der andere «stirbt».

Nun aber lebt der andere, während ich sterbe. Er «überlebt» mich (wenn in Wirklichkeit auch der andere den gleichen «Tod» erleidet . . .). Und je besser und «angenehmer» er «überlebt», um so grauenvoller ist mein Sterben.

101. Der uns schon bekannte Dr. C. D. berichtet einmal über den Eindruck, den eine Urlaubskarte seiner kürzlich von ihm getrennten Geliebten hervorrief. Darin stand ungefähr: «Ich denke an Dich. Hier ist es sehr angenehm, ich erhole mich endlich ein bißchen. Alles Liebe.» Der Analysand kommentiert die Nachricht: «Ich war froh, sie zu erhalten, ich freute mich auch über die anscheinend bessere Stimmung von L. Und gleichzeitig tat es mir weh, daß sie mich doch scheinbar irgendwie vergaß. Sie schrieb, sie denke an mich. Aber neue Eindrücke, die Ruhe des Gebirges etc., waren ihr, wie sie selbst sagt, angenehm.» Weitere Assoziationen: Die Mutter geht in Begleitung eines Herren abends aus; der Analysand, damals etwa sechsjährig, bleibt allein.

So empfindet der alleingelassene Liebhaber Genugtuung über das Wohlergehen der Geliebten, gleichzeitig aber ist er darob verstimmt. Diese Situation ist zu allgemein, um lange dabei zu verweilen; sogar in der oblativen, altruistischen – sogenannten «reifen und genitalen» – Liebe schwingen solche Verstimmungen meist unbewußt mit; es versteht sich, daß diese um so leichter zur Haßregung werden, je kaptativer die Liebesbeziehung war. Diese allgemeine Ambivalenz der Trennung wird uns weiter unten mehr beschäftigen.

Jede akzeptierte Trennung enthält den Todeswunsch, der sich gegen den andern oder gegen sich selbst – praktisch, durch Identifikation, gegen beide – wendet. Je eklatanter das Überleben des anderen, um so mehr Chancen dafür, daß der Todeswunsch, der sich gegen ihn wendet, frustriert wird. Die griechische Tragödie endete mit der Zerstörung der Liebenden. Die Toten haben ihr Werk vollbracht: geliebt zu haben, geliebt zu werden. Der Held der Trennungstragödie kann sich nicht im Gebirge angenehm erholen, das wäre ein Stilbruch für das Trauerspiel, und zwar aus tiefen Gründen. Ophelia erholt sich nicht im Gebirge, Isolde verbringt keinen angenehmen Urlaub. Dies ist, wird man sagen, reiner Ästhetizismus – aber woher kommt dieser? Er entspricht einer, wenn auch verborgenen und regressiven, Trieb-dynamik.

b) Das Ich kann dem anderen das Beste wünschen, doch verspürt es not-wendigerweise eine narzißtische Kränkung, die – durch die Trennung in einem außerordentlichen Ausmaß verursacht – ihre weitere Nahrung (meist unbewußt) in der Gewißheit findet, daß der andere aus einer anderen Quelle Lust empfindet, als ich imstande bin, zu geben. Das ist eine der Wurzeln der Eifersucht. Trotz des bewußten Wunsches um das Wohl-ergehen des Geliebten gesellt sich zu dem Schmerz der Trennung noch die Kränkung darüber, daß dieses Wohlergehen von mir unabhängig ist.

c) Schließlich sei auf die neuerliche Einbuße des Ich-Ideals hingewiesen, die dadurch entsteht, daß der Geliebte nun eben ein getrenntes Dasein führt, das der bereits erlittenen Verletzung des Ich-Ideals nicht entspricht; das sich selbständig gemachte Objekt der idealen Identifizierung ist in der Wirklichkeit nicht im selben Ausmaße verkümmert wie das durch es ge-prägte Bild in der Introjektion; die – trotz letzterer – bewußte Spaltung zwischen Objekt und Subjekt verletzt schmerzlich die Dualunion und ist der Vorbote des Todes.

Mit anderen Worten: die vollzogene Trennung ist ein Symbol der un-bewußt vollzogenen Tötung. Durch seinen wirklichen Tod würde der Ge-liebte in die unbewegliche und erstarrte Ewigkeit rücken. Er wird nicht älter, er wird nicht *anders,* er wird auch nicht mehr untreu. Die Ewigkeit nimmt ihn auf, als Geliebten, der mir allein gehört – eine erhabene und be-queme Situation zugleich.

116. Auf Seite 51 sahen wir, wie Dr. IBN den Trennungstag in seinem Tagebuch schwarz umrandete. Doch wie prekär, wie unsicher war diese Trauer! Zwei Jahre nach

der vollzogenen Trennung endete die junge Frau durch Selbstmord. IBN berichtet, daß nun die Trennung wirklich *vollzogen* war. Er zweifelte auch nicht daran, daß seine getrennte Geliebte eigentlich aus Liebe zu ihm starb. Und nun machte er keinen Trauerrand mehr in seinem Tagebuch; der Friede nahm die Geliebte auf und verbreitete sich auch auf ihn: «Ich sollte ihn geliebt haben und daraufhin sterben», sagt eine Heldin der französischen Schriftstellerin ANNA LANGFUS . . .

Selbstverständlich gilt die Symbolik des Todes für beide Seiten, und es ist eine andere Frage, welcher Teil mit dieser Symbolik ernst macht. Da die Trennung der Liebenden ihr Ich in die Katastrophe stürzt, läßt sie immer in irgendeinem Punkt eine Analogie zum Selbstmord erkennen. Nicht von ungefähr gibt es Doppelselbstmorde, bei welchen die Selbsttötung (im allgemeinen mit der Tötung des anderen Teils gekoppelt) eine radikale Vorbeugung der Trennung sein soll, gleichzeitig aber *de facto* eine totale Verwirklichung dessen ist, was die Trennung im Gleichnis darstellt: Negation des Lebens und hiermit wohl mystifizierte Liebe. Auch ist es zwar statistisch nicht klar belegbar, aber aus den klinischen Geschichten wahrscheinlich, daß es eben Selbstbestrafungstendenzen gibt, die in wiederholter Trennung der Liebesverhältnisse ausgelebt werden. Ferner kann eine Trennung den Selbstmord des einen Partners – wie soeben gesehen – verursachen, mit allen komplizierten Aggressivitätsverhältnissen, die jedem Selbstmord innewohnen. An diesem homologen – und manchmal kausalen – Zusammenhang mit dem Selbstmord wird gleichsam der «Todesgehalt» der Trennung Liebender noch deutlicher.

Da die Motivation der Trennung sehr oft in der moralischen Verpflichtung gesucht wird (sicherlich des öfteren auf dem Wege der Rationalisierung), ist es von vornherein klar, daß die Schuldgefühle hierin eine bedeutende Rolle spielen. Es bliebe noch zu untersuchen, inwieferne die Trennung aus Schuldgefühlen und aus dem Bedürfnis nach Selbstbestrafung entsteht. Wir sagten schon eingangs, daß der Masochismus in unserer Problematik eine Rolle spielt, dennoch erlaubt uns unsere Kasuistik nicht die Aufstellung der These, daß diese Rolle dominant oder gar ausschließlich wäre. Es scheint sogar, daß die eingegangene Liebesbeziehung des öfteren eine Art Rebellion gegen Überichforderungen darstellt, eine Rebellion, die allerdings dann zur Kapitulation gezwungen wird. Manchmal blühen die Schuldgefühle erst nach vollzogener Trennung auf – verständlicherweise, da die Auflösung der Beziehung eine Konfliktsituation darstellt.

111. Eine Kollegin berichtet uns über einen Bekannten (siehe oben, Seite 49): Seine Schuldgefühle dem (getrennten) Mädchen gegenüber sind außerordentlich groß. Während sie noch zusammen waren, fürchtete er, ihrem Lebenslauf Schaden zuzufügen. Jetzt leidet er darunter, daß er dem Mädchen Schaden zugefügt hat. In allen seinen Aussagen der letzten Zeit treten diese Schuldgefühle in Erscheinung. Früher einmal, als sie sich nicht entschließen konnten, auseinander zu gehen und er glaubte, der Geliebten Schaden zuzufügen,

sagte er zu ihr: «Du solltest mich schlagen!» und dabei nahm er ihre Hand und schlug mit dieser in sein eigenes Gesicht. Sowohl hinter dieser Beziehung als auch hinter der Trennung gibt es sicher Schuldgefühle, Haß und Schadenfreude. Dieser Mann scheint die Wiederholung früherer Frustrationen zu suchen, nachdem die symbolische Verwirklichung seiner Ansprüche mißlingt, wobei er unbewußt von vornherein ahnte, daß diese Verwirklichung mißlingen werde.

Der Todeswunsch, der die Trennung Liebender trägt und verwirklicht, hat sehr verästelte und vielleicht aus sehr uneinheitlichen Bereichen stammende Wurzeln. Er ist immer zweideutig, sein Aggressionsgehalt ist ebenso gegen sich selbst (vielleicht in primärer Weise) wie gegen den anderen gerichtet. Wer sich zur Trennung entschließt, ahnt die kommende *Einbuße an Selbstwertung* durch die Abtrennung des introjizierten Modells des Ich-Ideals; er fühlt auf alle Fälle, daß sein Ich-Ideal – und dadurch auch das Ich – schwankend geworden sind; sein Ich ist ent-idealisiert, was mit der Verstärkung der Schuldgefühle und der Aggressivität einhergeht. Andererseits steht gerade das Objekt der Identifikation der angestrebten, durch das Überich gebieterisch geforderten, Identität im Wege: der andere ist für *dieses* Identitätsmodell «störend», er entspricht nicht in allem der – im allgemeinen sozial bedingten – Vorstellung vom Seinsollenden. Der andere ist Vertreter der Unordnung, der Bedrohung: in etwa ist er der Partner des Ehebruches, oder er gehört einer anderen sozialen Klasse an, oder er ist zu alt oder zu jung, oder er steht der vorgenommenen beruflichen und gesellschaftlichen Selbstverwirklichung im Wege. Wie gesagt, das Ich ahnt, daß es durch die Abtrennung dieses introjizierten Objektes eine vitale Bedrohung, eine drastische Verarmung erleben wird. Vielleicht stellt gerade die Zugehörigkeit des anderen zu einer «anderen» Gesellschaftsschicht, zu anderen Sitten, zu einer anderen Altersstufe, die schmerzlich ersehnte Ergänzung des Ichs dar, der man jetzt doch absagt. Aber *wie* den Verzicht auf diese Ergänzung vollziehen? Durch ein «Nein» dem verratenen Ideal. In der Dualunion und in der Trennung, die diese zerbricht, findet die Projektion des Ersehnten, aber auch des «Hassenswerten» in sich selbst auf den Partner statt: etwa des «Schattens» nach der Terminologie C. G. Jungs, jenes Bereiches der Persönlichkeit, der ergänzend notwendig – wie die Nacht für den Tag – und doch mit kompromißlosem Verbot belegt ist. Das Hassenwerte, das in der Person des Partners abgetrennt und «getötet» sein soll, ist zwar mit dem Ich-Ideal verbunden, aber dann doch als Versuchung – als negatives Ideal also – verdammt: Ausbund alles dessen, was der sozialen Prägung zuwiderläuft und verleugnet werden soll, indem man es auf das «getötete*«* Objekt projiziert hat. Tote Leitbilder erlauben es einem, das Ideal von sich fernzuhalten und es ins Gegenteil zu kehren.

Nun zieht gerade die soeben erwähnte Einbuße an Selbstwertung nicht nur die Aggressivität, sondern auch einen umgekehrten Abwehrmechanismus nach sich. Das für die Aufrechterhaltung der Ich-Identität notwendige Ideal ist nicht mehr in der Praxis der lebendigen Beziehungen zum Geliebten zu finden; andererseits ist die Libidobefriedigung gerade durch die Abwesenheit dieses verkörperten Idealträgers versagt. Daher kommt es notwendigerweise zunächst zu einer Art «inhaltloser Liebe» und auch zu einer «inhaltlosen Verzweiflung». Wir haben in den Untersuchungen und Analysen bemerkt, daß die Aggressivität, die Enttäuschung, die Eifersucht, die Sorge, der Kummer eigentlich bereits weniger dem abwesenden Partner gelten als vielmehr einem verblaßten Bild, das sozusagen in dem eigenen psychischen Apparat noch konventionell existiert. So kommt es manches Mal, daß die Liebesverzweiflung bereits nicht mehr dem Inhalt der Liebe selbst adäquat ist. Es schmerzt gleichsam das «entleerte Ich» (FREUD): das Ich ist die Stätte des Schmerzes, die Trauer gilt in narzißtischer Weise dem Ich, das sich amputierte und nun versucht, die Aggressivität nach außen zu wenden. Etwas vergröbert könnte die Formel lauten: der Mensch leidet nicht mehr um des Geliebten willen, sondern um seines Ichs willen. Alle Getrennten klagen bald über ein scheinbar nebensächliches, aber sehr schmerzliches Symptom: daß sie nämlich die Erscheinung, vor allem das Gesicht des getrennten Liebhabers nicht im Gedächtnis wiederherstellen können. Im allgemeinen leiden sie gerade unter diesem Symptom sehr. Einer der Versuche, es wettzumachen, ist die Aufstellung einer Ikonographie des Abwesenden mit allen Folgen des Ikonenkultes. Wohl ist die Ikone im Prinzip lebendiges Symbol des Dargestellten, aber die Sammlung der Bilder, die den lebendigen Kontakt zu dem abwesenden Menschen nicht ersetzen, ist ein Zeichen dafür, daß das entleerte Ich nun eben fixierte Bilder sucht und durch diese im allgemeinen enttäuscht wird.

117. Wir konnten eine junge Frau beobachten, die, ohne der Bedeutung ihres Tuns bewußt zu sein, Photographien vom geliebten Menschen in einem ledernen Passepartout aneinanderreihte, so daß dieses Etui gleichsam eine archäologische Untersuchung der versunkenen Freundschaft und Liebesbeziehungen in chronologischer Reihenfolge ermöglichen konnte. Wie immer in der psychoanalytischen Betrachtung sieht man in einer scheinbaren Belanglosigkeit den sehr tiefen Sinn – hier die zweifellose Abwertung jenes Bildes, das nun eine Schicht tiefer verrutschte, und gleichzeitig die Idealisierung durch den magischen Besitz einer Ikone, die eine zerstörte Bindung verewigen sollte.

Was ist eigentlich über einen einsamen Menschen zu sagen, der sein Zimmer mit Bildern aus der Vergangenheit tapeziert? Offenkundig hängt dieser Mensch an nicht mehr verkörperten Idealen; gleichzeitig dokumentiert er – ohne es zu merken – den Tod der Idealträger (Tod im weitesten Sinne des Wortes, denn diese Bilder können tatsächlich teure Dahingeschiedene darstellen, aber auch verflossene Lieben oder vergangene Aspekte des Sammlers selbst). Wir stehen in solchen Fällen vor einer Treue, die zugleich eine Untreue ist.

Die Idealisierung des Abwesenden erscheint oberflächlich gesehen als die verständlichste und wird daher oft als einziger Abwehrmechanismus bemerkt. Warum dies? Weil die Ambivalenz – der wir noch viel Aufmerksamkeit zuwenden werden –, die zwischen der Abwertung und der Treue eine Spannung ergibt, für die Rationalisierung nicht erträglich ist. Das Umschlagen der Liebe in den Haß des Frustrierten oder in die Gleichgültigkeit des Resignierten wird vom Idealich nicht bejaht. Es wird also der andere Pol der Spannung sichtbar hervorgehoben. Hier spielt übrigens die gesellschaftlich schiefe Lage des Ideals eine Rolle: FREUD vermerkt an einer Stelle, daß die Bildung des Ichideals «oft zum Schaden des Verständnisses mit der Triebsublimierung verwechselt» wird. «Wer seinen Narzißmus gegen die Verehrung eines hohen Ideals eingetauscht hat, dem braucht darum die Sublimierung seiner libidinösen Triebe nicht gelungen zu sein» (S. FREUD, *Zur Einführung des Narzißmus* [1914], Ges. W., X, S. 161 bis 162). Woher dieser Widerspruch? Weil die Selbstsublimierung des Narzißmus und der Partialtriebe von der Herrschaftsordnung unterdrückt wird: konkrete libidinös genährte Ideale müssen der entfremdeten Leistung geopfert werden. Letztere muß erzwungen werden: die Unterdrückung vertraut nur der erzwungenen Sublimation. FREUD fügt hier zu dem Gesagten hinzu: «Das Ichideal fordert zwar solche Sublimierung, aber es kann sie nicht erzwingen» (ebenda, S. 162). Es wird also an Idealen festgehalten, die de facto versagt haben, die weder eine Befriedigung noch eine rasche soziale Sublimierung zulassen und daher insgeheim abgewertet wurden. Es wird ihr Schattendasein durch Äußerlichkeit und Zeremoniell behauptet, wobei die Konservierung oft in unbemerktem Gegensatz zu den neuen Lebensinhalten steht. Ein Alibi für das abwesende Leben ist das Anwesendsein der Ikonographie und des Zeremoniells. In unserem besonderen Fall wäre das ständige Leben des Abwesenden im Ich einem unaufhörlichen Verbluten, einer unaufhörlichen Entleerung des Ichs gleich, und zwar ohne Kompensierung durch die Dualunion und ohne Lustgewinn. Die Abwesenheit akzeptieren heißt – ob man es will oder nicht – auch sterben lassen; denn wozu sonst die Abwehrmechanismen? Was sind letztere als nicht ein Auslöschen des Geliebten im Gedächtnis?

Daß also neben der Aggressivität, der Abwertung, der Tötung des Abwesenden, auch seine Vergottung, seine Idealisierung vor sich geht (wobei wir vorwegnehmen, daß hier zwar ein Widerspruch, aber keine Antinomie vorliegt), ist allgemein bekannt und einleuchtend. Es handelt sich letztlich um eine narzißtische Idealisierung des Liebesobjektes und FREUD erkannte, daß eine solche Idealisierung als Heilungsversuch charakteristisch ist für den Neurotiker *(Zur Einführung des Narzißmus* [1914], X, S. 168–169). Dieser Vorgang ist bekanntlich die Quelle der sogenannten Übertragung. Wird also der Idealisierungsversuch des Liebesobjektes gelenkt und kritisiert, so stärkt er tatsächlich auf die Dauer das Ich des Patienten in der Übertragung. Allein, wir wissen, daß die Übertragung an sich noch kein neurotisches Merkmal ist, wie dies die frühere Analyse dachte; das, was FREUD in dem zitierten Werk dem Neurotiker zuschreibt, heilt uns alle. FREUD vermerkt in diesem Zusammenhang: «(Der Neurotiker) sucht dann von seiner Libidoverschwendung an die Objekte den Rückweg zum Narzißmus, indem er sich ein Sexualideal nach dem narzißtischen Typus wählt, welches die von ihm nicht zu erreichenden Vorzüge besitzt. Dies ist die Heilung durch Liebe, welche er in der Regel der analytischen vorzieht». (ebenda, S. 169). Armer Neurotiker! Sollte er vielleicht von vornherein die Psychoanalyse der Liebe vorziehen? Die Trennung ist hiermit ein Heilungsprozeß, der gegen die «neurotische Liebe» einsetzt. Aber auch diese selbst ist – wie wir noch im II. Abschnitt sehen werden – doch ein Heilungsvorgang, der durch das Realitätsprinzip, beziehungsweise durch das soziale Leistungsprinzip, unterbunden und vereitelt worden ist. Der Mensch ist nämlich ein Wesen, das die Selbstheilung fast nie aufgibt.

Dennoch versucht FREUD auch andere Erklärungen der Idealisierung zu geben, als nur die Erklärung durch die neurotische Übertragung. In einer kleinen, sehr schönen und wenig bekannten Skizze, die in gewollt optimistischen Tönen gehalten ist, und zwar als Protest gegen die Bestialität des Krieges, klingen auch andere Motive an. Diese Skizze, schlicht «Vergänglichkeit» betitelt ([1915], Ges. W., X, S. 358–361), wirft viel mehr Fragen auf, als sie zu lösen vermag oder lösen will. FREUD spricht darin über die Wertsteigerung des Vergänglichen; die Trauer über das Vergangene ist rätselhaft: warum klammert sich das Ich an das, was vergangen ist? Die Trauer heilt sich spontan und verhilft dem Ich zu neuem Schaffen. Wir fragen uns allerdings, ob hier nicht aus der Not eine Tugend gemacht wurde, wie dies bei FREUD oft der Fall ist: er sah die Not des Menschen allzu scharf. Sie war ihm – so könnte es scheinen – unerträglich und so wurde FREUD auch zum Vorbild des Stoikers.

Der problematischen, «unglücklichen» Liebe haftet wohl notwendigerweise die narzißtische Unfähigkeit an, zu sich selbst Distanz zu bekommen, weil die Narzißmus-nahen Partialtriebe, die in solchen «unangepaßten» und «realitätswidrigen» Bindungen eine wichtige Rolle spielen, sich unter der Herrschaft des «Leistungsprinzips» nicht normal entfalten könen und von der Gesellschaftsstruktur abgelehnt und geknechtet werden (darüber mehr in den Abschnitten II und III). Nicht die kindliche Lust der primitiven Dualunion und der Erotisierung aller Körperzonen ist das Endergebnis solcher «regelwidrigen» und «regressiven» Versuche, sondern – weil diese Versuche scheitern, bleibt noch der Anspruch auf solche Befriedigung – die gefühlsmäßige und rationale *Über*wertung der eigenen Empfindungen, des eigenen Unglücks, des eigenen Schmerzes, des Leides, der Eifersucht, mit einem Wort: seiner *Leiden*-schaft. Das durch das introjizierte Ideal geforderte schlechte Gewissen und das unglückliche Bewußtsein fordern ihrerseits die Entwertung des Liebesobjektes, die Aggressivität gegen dieses Objekt, seine Ermordung im Gedächtnis, und als Lohn dafür – die Anpassung an die «Realität», so daß durch den Tod des Liebesobjektes im Bewußtsein die narzißtische Rebellion zu einem armseligen Traum und oftmals zur Reue wird.

Die regelmäßig vorkommende *Idealisierung* des Abwesenden scheint in totalem Widerspruch zu der von uns vermerkten *Abwertung* (ja Vernichtung) desselben zu stehen. Aber dies ist nur die scheinbare Antinomie.

a) Zunächst ist festzuhalten, daß die Idealisierung zugleich eine *Verarmung*, Verkümmerung des Bildes des Abwesenden nach sich zieht: es werden positive Vorstellungen von denen negativer Art sorgfältig geschieden, was aber auch die Isolierung letzterer in einem tendenziösen Komplementärbild bedeutet. FREUD hat mehrmals von der *Isolierung* einzelner Charakteristika der Wirklichkeit gesprochen und diesen Abwehrprozeß von der Verdrängung unterschieden[4]. Sinken in der Verdrängung gewisse Elemente der Wirklichkeit ins Unbewußte, so werden durch die Isolierung Wirklichkeitsmerkmale dissoziiert und je nach Bedarf *als pars pro toto* für die Gesamtwirklichkeit eingesetzt. Es ist erstaunlich, daß dieser Abwehrmechanismus wenig Niederschlag in der psychoanalytischen Literatur

---

[4] Das Isolieren, neben dem Ungeschehenmachen, ist eine «Hilfs- und Ersatztechnik», ein «Surrogat» der Verdrängung. Dabei bleiben die Inhalte bewußt, aber durch Abwehr von den anderen isoliert. (S. FREUD, *Hemmung, Symptom und Angst* [1926], Ges. W., XIV, S. 149 und 196.)

gefunden hat. Indes erlaubt dieser Mechanismus die mühelose *Verkehrung ins Gegenteil* unserer (isolierten, verkümmerten) Beziehungen zum Objekt und spielt daher eine ausschlaggebende Rolle in der Handhabung der Ambivalenz, so im Gegensatzpaar Idealisierung-Abwertung.

b) Zum anderen Teil ist die Idealisierung des Abwesenden als eine Reaktion auf die Abwertung – durch Abwehr letzterer im Rahmen der «Ambivalenzentmischung» – zu betrachten.

c) Auch andere Faktoren steuern das Ihre zur Idealisierung bei: Wir sahen, daß die Trennung das Ich durch einen direkten Angriff auf das Ideal-Ich bedroht. Durch Idealisierung des Abwesenden mit Isolierung aller unvereinbaren Züge kann nun das Ideal-Ich sich mit einem verschwommenen, fiktiven, eigentlich unverbindlichen Idealbild identifizieren. Letzteres bleibt zwar unerreichbar, gehört aber in der Phantasie zum Ideal-Ich. Dadurch wird die Verarmung und Bedrohung des Ideal-Ichs abgewehrt: «Was für einen (idealen) Menschen liebte ich!»

d) Vergessen wir ferner nicht, daß auch die «gewöhnliche» Verdrängung hierbei am Werke ist, das heißt die Versenkung ins Unbewußte von vielen mit dem Idealbild unvereinbaren Einzelheiten, die nun aus dem Bewußtsein verschwinden, obschon auch die Abwertung (= Leugnung des Positiven) als Abwehrmechanismus ihren eigenen Weg – als Verteidigung nach außen – geht. So kommt es zu dem Paradox: aggressive Entwertung des Abwesenden bei gleichzeitiger Idealisierung.

e) Die Idealisierung entspringt der internen Logik der Trauerarbeit. Die Trauer muß gerechtfertigt werden und die gegenwärtige Idealzertrümmerung, das heißt die Einbuße des Ideals im *aktuellen* Bereich muß durch die Inflation des Ideals im rückwärts projizierten Prozeß wettgemacht werden. Ideale wirken insoferne aktuell, als sie die gegenwärtige Handlung rechtfertigen und fördern; sind nun akzeptierte Ideale nicht mehr aktuell wirksam, so werden sie um so mehr im Spiegel der Vergangenheit gepflegt: ein Phänomen, das durch die Idealisierung der «guten alten Zeit» oder der durch die Emigration verlorenen Heimat, des durch die Revolution verklärten «ancien régime» im sozialen Bereich reichlich bekannt ist. Ebenso ist es mit der Idealisierung des Abwesenden, welche die Verletzung des aktuellen Ideal-Ichs kompensiert.

114. Im Protokoll der 113. psychoanalytischen Sitzung schildert der uns schon bekannte Gymnasialprofessor ABS (siehe oben S. 50) das Wiedersehen mit der geliebten Frau nach vier Monaten provozierter Trennung: «Am 2. Januar nach vier Monaten die erste Begegnung mit der Professorin. Solange hatte ich auf sie gewartet, mehr noch, sie hergesehnt, ich habe sie gesucht! Plötzlich stand sie hinter mir, und ich blickte in das Gesicht, das ‚mir zum Antlitz ist'. Doch beherrschte mich bereits leise Enttäuschung. Die Faszination aus der Zeit des Sommers ist erloschen. Nun scheint mir die Frau, die wäh-

rend der Trennung als Mythos von mir Besitz ergriffen hatte, weniger tief, einfacher, weniger geheimnisvoll. Und doch beherrscht mich noch immer ein Gefühl der Spannung, noch immer fühle ich mich ihr verbunden, obwohl ich irgendwie zu spüren glaube, daß sie von mir enttäuscht ist. Diese Frau bleibt mir rätselhaft. Zunächst kostete es etwas Mühe, ein zwangloses Gespräch zustande zu bringen, doch dann gelang es mir doch. Wir verbrachten zunächst zwei angenehme Stunden im Operncafé, wohin wir uns auf ihren Wunsch begeben hatten. Eine Beobachtung: Bei aller Initiative und Selbständigkeit dürfte die (mir doch so liebe) Professorin auch eine ‚gemütliche', ‚behagliche' Seite besitzen. Wir hatten (durch glücklichen Zufall) einen guten Platz gefunden, die Professorin lehnte sich mit gewisser Behaglichkeit in eine Nische. Früher war mir das nicht aufgefallen. (Ich erinnere an ihr Interesse für Höhlenforschung.) Überhaupt gab sie sich diesmal zeitweilig etwas zwangloser als früher. Und doch konnte ich mich des Eindrucks nicht erwehren, daß sie von mir enttäuscht ist. Vielleicht (!) liegt darin die Lösung ihres rätselhaften Verhaltens: Sie fühlt sich durch meine äußere Erscheinung irgendwie abgestoßen (Glatze, Brille, dicke Nase, Kleidung, Alter – ‚uralter Knacker'), andererseits aber akzeptiert sie mein Verhalten und meine Art zu sprechen.»

Dieses Wiederfinden nach monatelanger Trennung ist für uns ein Testfall: deutlich wird hier die Diskrepanz zwischen dem mythologischen – isolierten – Idealbild und dem wiedergefundenen wirklichen Bild verspürt – und zur Entlastung wird die daraus entstehende Enttäuschung auf den Partner projiziert.

Wir sahen, daß der von FREUD beschriebene Abwehrmechanismus der *Isolierung* nachträglich durch Abwesenheit (Trennung) die ehemalige Anwesenheit erträglich machen kann, oder aber sie durch Abwertung ins Gegenteil verkehrt und nun die Abwesenheit erträglich macht. Die Isolierung passender Züge hat eine Kehrseite: das ist die Abwertung nach außen hin und die Aggressivität von innen her. So, wie die Idealisierung – durch Abtrennung isolierter Züge – die Aufrechterhaltung eines hohen Ich-Ideals nach der Trennung erlaubt, so erlaubt der nämliche Mechanismus die gleichzeitige oder zeitweilige Abwertung desselben Liebesobjektes. Je nach der spezifischen Konstellation in der aktuellen Lage des Subjektes – einer Lage, die an frühere Erfahrungen anknüpft – werden in derselben abwesenden Person vornehmlich Gewährung oder vornehmlich Frustration erlebt. So bleibt im Wiederholungszwang die gute oder die böse Mutter. Die Trennung ist ein Triumph der Ambivalenz und, je geschwächter das Ich, um so unerträglicher die Ambivalenz. Nur der reife und gesunde Erwachsene – bloß im Idealfall – kann die Ambivalenz in der Praxis des Lebens ohne Verdrängung verarbeiten. Nicht so das Kind, nicht so der Psychotiker, auch nicht der schwer regredierte «Normale». Daß dasselbe Liebesobjekt gut und böse zugleich, gewährend und frustrierend ist, ist eine unerträgliche Erfahrung, die durch Verdrängung und – vornehmlich bei der Trennung – durch Isolierung wettgemacht wird. Die kasuistischen Belege hierfür sind zahllos. Der abwesende Geliebte wird bald zu einer unersetzlichen, einmaligen und nun für immer verlorenen Imago, bald wird er als Verräter, als jemand, der die Hilfe versagt, als undankbar und vergessend erlebt. Die Dichotomie, die das Bild des Abwesenden durch Isolierung der Merkmale und hiermit durch Verarmung der Gesamtvorstellung erfährt, kann dem Trauernden in der Regel weitgehend unbewußt bleiben. In diesem Falle schwankt er *bona fide* zwischen Anhimmelung und Verurteilung des Partners, um sich dann, am Ende des Verarbeitungsprozesses, schablonenartig durch eine endgültige Vorstellung zu entscheiden: «Dies war die große Liebe meines Lebens und ich bin an meinem Glück vorbeigegangen» oder: «Dieser Mensch war mein Unglück». Die Unfähigkeit, die bestehende Ambivalenz, die sich aus der Diskrepanz zwischen der härtesten Versagung und der sehnsüchtig herbeigewünschten Gewährung ergibt, wird durch die Isolierung der Merkmale überdeckt.

Im Vorübergehen sei hier erwähnt, daß u. E. die von EUGEN BLEULER erstmalig glänzend beschriebene Ambivalenz keineswegs ein ausschließliches Merkmal der Schizophrenie oder auch nur der Neurose ist. Die Ambivalenz ist das normale Charakteristikum jeglicher menschlicher Existenz, da das Realitätsprinzip außerstande ist, uns absolute Lust, noch absolute Unlust zu bescheren. Das Sowohl-Als auch ist das Grundgesetz – zumindest in optimaler Mischung – eines normalen Menschenlebens. Es bedarf im Gegenteil einer starken Ich-Organisation, um die grundlegende Ambivalenz der menschlichen Beziehungen und der Weltwahrnehmung zu ertragen und daraus Positives zu machen. Der Schizophrene und – bis zu einem gewissen Grade – der Neurotiker werden wegen der Entstrukturierung des Ichs eben *nicht* mit der Ambivalenz fertig. Die Ambivalenz wird ihnen zu einem unlösbaren Problem, und daher ist der Perspektive-Irrtum EUGEN BLEULERS durchaus verständlich, da er am Paradigma des systematischen Schizophreniestudiums als erster Wissenschaftler mit der ganzen Tragweite des Ambivalenzproblems konfrontiert wurde.

Auch das Kind wird erst langsam fähig sein, die Ambivalenz zu integrieren. Seine Weltanschauung ist im Sinne PIAGETS «heteronom», nicht durch ein selbständiges Ich integriert, wobei die Erziehungsklischees unserer Kultur dazu beitragen, das Ambivalenzproblem beim Kinde vollends zu komplizieren. Das Gute ist gut, das Böse ist bös, die Respektsperson ist gut, das ungehorsame Kind ist schlimm: in dieser manichäischen Welt wird die Stärkung und Integrierung des Ichs besonders erschwert. Die Welt des Entweder-Oder statt des Sowohl-Als auch entspricht der totalitären Forderung des «Leistungsprinzips» mit seiner Verdammung der Lust und Förderung der Leistung, die für das Weiterbestehen der Herrschaftsstruktur notwendig ist. So ist auch jede Regression bei einem sogenannten «normalen» und «reifen» Menschen ganz besonders durch die verminderte Fähigkeit gekennzeichnet, die Ambivalenz als gegeben und notwendig zu erleben. Jede solche «neurotische» Reaktion – auch beim «Normalen» – zieht die unerträgliche Schwankung zwischen Ablehnung des Nur-Bösen und Idealisierung des Nur-Guten nach sich, ja, darüber hinaus: es werden dieselben Eigenschaften, die Bewunderung hervorrufen, je nach Motivationslage als minderwertig gestempelt. Es ist daher durchaus verständlich, daß die Ich-Katastrophe, die von der Liebestrennung verursacht wird, durch die herabgesetzte Fähigkeit, die Ambivalenz zu verarbeiten, gekennzeichnet ist.

Wie soeben erwähnt, verläuft die regressive Dichotomie zu einem großen Teil unbewußt. Der Betroffene hat keinen Sinn für die eigene Naivität, wenn er von seiner «Enttäuschung» am geliebten Menschen spricht, oder – im Gegenteil – diesen in stereotyper Weise zu einer Ikone erhebt.

Interessanterweise wird des öfteren der bewußte – oder zumindest unbewußte – Versuch unternommen, auf autosuggestivem Wege das Bild des abwesenden Partners entweder für alle Ewigkeit zu tabuieren und damit jeder Kritik einfach zu entrücken, oder auch umgekehrt, dieses Bild mit dergestalt negativen Zügen auszumalen, daß die neue Imago durch ihre Negativität allein ein Heilmittel gegen die Fixierung sein soll. Ein fragwürdiges Heilmittel allerdings, wie wir aus der genialen kleinen Untersuchung FREUDS über die *Verneinung* wissen (S. FREUD, *Die Verneinung* [1925], Ges. W., XIV, S. 9–15), welche Verneinung die Dialektik der Affekte ins Umgekehrte umwandelt und daher im allgemeinen doch eine ungenügende Abwehr darstellt.

101. Wir hatten Gelegenheit, eine analytische Therapie mit Dr. C. D. (siehe oben S. 37 f., S. 45, S. 51), einige Monate nach der Trennung anzufangen. Das geliebte Mädchen schrieb ihm unregelmäßig, manchmal täglich, manchmal nur alle 10 bis 14 Tage. Auch schwankten Inhalt und Färbung ihrer Briefe zwischen scheinbarer Kühle und sehr herzlicher Zärtlichkeit sowie recht ungehemmter Erotik. Beide Liebenden klagen über entsetzliche Leere, ja C. D. spricht in charakteristischer Weise von «Agonie» und von seelischem Sterben. Nun beginnt die 18jährige mit einem 22jährigen Kollegen (in Rotterdam) auszugehen und Theater- bzw. Tanzveranstaltungen zu besuchen. Ihre Briefe werden noch zärtlicher und in sexueller Hinsicht deutlicher. Nicht zu Unrecht vielleicht vermutet Dr. C. D. hinter diesem Aufschwung der Liebesbeziehung (mit ätzender Ironie sagt er: «postalische Liebesbeziehungen») die Kompensierung des schlechten Gewissens und das Zögern in einer Konfliktsituation. Wie so oft ist unser Analysand ein Meister in der «wilden» Anlayse anderer Menschen. Es ist C. D. klar, daß die sehr junge Frau, die durch ihn erstens zur wirklichen Frau geworden ist, zweitens aber auch durch ihn zur Einsamkeit verurteilt wurde, in geistiger und sexueller Hinsicht sehr an ihm hängt, aber in ihrem eigenen Interesse eine neue Existenz gründen und eigene Wege gehen soll. Geradezu in rührender Weise versucht C. D., das junge Mädchen in seinen Briefen vernünftig zu lenken, er gibt ihm praktische Ratschläge für das Studium und versucht zugleich, seine innere Freiheit zu achten, ja es vor Einsamkeit und Isolierung zu bewahren. Das ist aber eine Fassade – wobei wir weit davon entfernt sind, unter Fassade nur trügerischen Schein zu verstehen; hinter der Fassade aber tobt ein Kampf: C. D. wird mit der Ambivalenz seiner Gefühle nicht fertig; seine Depression, seine psychosomatische Symptomatik und ein quä-

lendes Zwangsdenken blühen auf, da er sich die ganze Zeit damit beschäftigt, ob nun die junge Frau ihn bald vergessen und zu dem unbekannten Konkurrenten übergehen wird. Die analytische Therapie wird durch ständiges Ausagieren beträchtlich erschwert. Bald bemüht er sich vergeblich, wenig zu schreiben, bald sendet er täglich Telegramme und Eilbriefe, in denen er zwischen leidenschaftlicher Liebe und bösartiger Aggression schwankt. Gewiß will er sich kurieren, aber darunter versteht er eigentlich (und wer könnte es ihm verdenken?), sich von dem jungen Mädchen kurieren. Er hat sich, seinen anankastischen Zügen entsprechend, ein recht kurioses System zurechtgelegt. Auf seinem Arbeitstisch stehen zwei Tabellen (wie gewöhnlich Tischkalender), auf denen er sich in Kurzschrift (welche seiner Gattin unverständlich ist) folgendes vor Augen hält:

1. Tabelle: Maßregeln für Briefeschreiben: Nicht allzuoft schreiben, nur Antwortbriefe schreiben, 48 Stunden zwischen eingelangtem Brief und Beantwortung abwarten, wenig Fragen stellen, und schon gar keine intimen Fragen, wenig Details erzählen und schon gar keine Klagen, freundlich und zärtlich schreiben, jedoch keineswegs erotisch. Mehr über sie schreiben als über sich selbst; keine Notizen und Konzepte für kommende Briefe verfassen, sondern die Korrespondenzen nur von Fall zu Fall erledigen.

Auf der 2. Tabelle steht: Sie wird dich unweigerlich verlassen, daher ihrer Nähe keinen Glauben schenken. Sie ist auch zu jung und unseriös. Ihr Flirt mit S., ihr Flirt mit F., ihr Flirt mit M., als sie schon mit mir war. Ihr jetziger Flirt mit dem Chemiker – ja, sogar mit dem Dienstpersonal flirtete sie. Sie ist unaufmerksam, sie denkt mehr an sich, sie ist in ihren Briefen unaufrichtig.

Nun sagt Dr. C. D. aber selbst, daß das 18jährige Mädchen, das er liebt, außerordentlich ernst ist, daß sie zwar, wie es ihrem Alter entspricht, geradezu unwillkürlich kokett auftritt und männliche Huldigungen mit Genugtuung annimmt, daß sie aber ein verläßlicher und herzensguter Mensch ist. Auf den Widerspruch zwischen Tabelle 1 und Tabelle 2 und – noch mehr – zwischen Tabelle 2 und seinen eigenen Aussagen aufmerksam gemacht, sagt er nur: «Ja, wie wollen Sie denn, daß ich aus dieser Hölle herauskomme?»

An diesem Beispiel sehen wir, wie ein kluger, sensibler und eigentlich altruistischer Mensch in einer regressiven Lage nicht mehr mit dem ambivalenten Charakter seines Liebesobjektes fertig wird; um die analytische Sprache zu gebrauchen, kann er nicht die böse Mutter und die gute Mutter auf einen Nenner Mutter bringen.

101. Als Dr. C. D. seine «ehebrecherischen» Beziehungen aufgeben mußte, sagte er in einer Explosion von Aggression: «Mit mir hat sie die Lust kennengelernt, und nun wird sie herumhuren. Ich gebe ihr sechs Monate, um im Bett eines anderen zu liegen.» Letztere Ahnung erwies sich übrigens als prophetisch.

In dieser aggressiven und gehässigen Bemerkung eines sonst duldsamen und weichen Menschen sehen wir wiederum die Isolierung eines Merkmals, nebenbei gesagt eines Merkmals, das in der Phantasie des Sprechers auf seine eigenen Bemühungen zurückzuführen ist. Es ist nicht übertrieben zu vermuten, daß hierin ein Todeswunsch verborgen ist, denn aus der Bemerkung folgt eigentlich, daß die Frau, die nun einmal Frau mit allen ihren physiologischen Eigenschaften ist, *keine Existenzberechtigung mehr hat*. Die mildeste Lösung wäre noch, sie vielleicht in ein Kloster einzusperren. Hier klingt noch deutlich die bürgerliche Konzeption der Viktorianischen und Franzisko-Josephinischen Ära an, die da besagte: «Man erwecke nie seine Ehegattin zum Lustempfinden. Eine anständige Frau hat frigid zu sein. Für Lustempfindungen gibt es Dirnen.»

Es ist klar, daß sowohl die Idealisierung als auch die aggressive Abwertung des Abwesenden nicht nur *direkte* Abwehrmechanismen darstellen, sondern darüber hinaus die Abwehr gleichsam um die Ecke verstärken im Sinne der FREUDSCHEN «Verneinung» (Ges. W., XIV, S. 9–15). Die Abwertung ist eine primäre Abwehr, versucht aber auch sekundär, die wiederum gefährlich werdende Idealisierung wegzurationalisieren; das gleiche gilt auch im umgekehrten Verhältnis von der einsetzenden Idealisierung. Dieser komplizierte Tatbestand legt Zeugnis für die eingebrochene Wertkatastrophe im Ich, die wahrlich zu Umwertungen führen muß, damit das von den alten Werten gebundene Ich nicht zugrunde geht.

Die psychische Integration und Überwindung der Trennung, das heißt die möglichst reibungslose und einstimmige Akzeptierung der durch die Trennung geschaffenen neuen Lebenssituation von seiten der psychischen «Instanzen» – vor allem von seiten des stellungnehmenden Ichs – bedeutet doch letztlich, *daß das Ich sich mit jener divergierenden Entwicklung abfindet, welche an Stelle der zerbrochenen Dualunion einsetzt.* Diese Akzeptierung ist notwendigerweise bis zu einem hohen Grad resignierte Annahme eines Verlustes, auch durch die unvermeidliche Rationalisierung hindurch, wonach der Verlust auf irgendwelchen Umwegen das Ich sogar bereichern soll. Jenseits aller resigniert-idealistischen Bindungen in Form des verklärenden Gedächtnisses und dergleichen mehr, handelt es sich doch um einen wesentlichen Verlust, schon aus der Überlegung heraus, daß die nun akzeptierte divergierende Entwicklung kein unverbindliches Abrollen von Umständen und äußeren Daten ist, sondern die getrennten Iche in neuer Art und Weise divergierend durch neues Milieu und neue Bindungen formt und gestaltet. Die essentialistische Psychologie kann nur wenig Verständnis für diesen Standpunkt aufbringen, der eine geschichtlich dynamische Sicht des Menschen zur Voraussetzung hat. Ist doch das Ich des Menschen, trotz aller scheinbarer Kontinuität und Selbstidentität, nie aus der Entwicklung und aus den Zusammenhängen der Geschichte herauszuklammern. Man sollte sich möglichst lebhaft und prägsam vorstellen, daß das Ich des Menschen keineswegs eine unwandelbare Essenz, eine abgeschlossene Wesenheit neben und außerhalb der Entwicklung ist, sondern gleichsam die jeweilige Spitze – die vorläufige Totalisation – der Entwicklung eines Menschen, um hier nicht das mißverständliche Wort: «Produkt der Entwicklung» zu gebrauchen. Mein angeblich selbstidentisches und kontinuierliches Ich ist heute, an dem und dem Tag des Jahres 1967, jener Gipfel meiner Geschichte (und aller Geschichte durch die meine hindurch), der – durch das Gesamt des Geschichtlichen geformt und gestaltet – weiterhin das Gesamt des Geschichtlichen formen und gestalten wird. Und, genau wie das meine, ist das nun abgetrennte Ich des Geliebten ebenso in einem nun anders gestalteten und gestaltenden dialektischen Prozeß zugleich mit dem meinen, aber ferne von meinem, passiv und aktiv eingesetzt.

Selbstverständlich ist hierin gerade die stärkste Argumentation dafür zu sehen, daß der Getrennte in mir nicht stirbt und ich nicht in ihm. Für die Geschichte stirbt nichts, doch für das Ich, das die Katastrophe integrieren muß, ist vorläufig diese geschichtliche Tröstung ein salto mortale. Sein und Bewußtsein fallen noch nicht zusammen, die *echte* Geschichte des Menschen hat daher nicht begonnen, gerade weil Opazität und Entfremdung des Todes mitten im Leben eintreten. Der sogenannte gesunde Menschenverstand ahnt diese Möglichkeit, das Leben im Prozeß des Sterbens einzuschmuggeln und spart daher nicht mit tröstenden Rationalisierungen: keine Begegnung, keine Erfahrung sei auslöschbar, das Sterben sei Voraussetzung neuen Lebens und anderes mehr. Leider geht der gesunde Menschenverstand an der echten Dialektik des Todes vorbei, der nun einmal das Leben ex definitione löscht und daher nicht die Versöhnung erlaubt. In einer kurzen, genialen Intuition hat FREUD dem Tatbestand, daß *die Ambivalenz noch keine Versöhnung ist, sondern aus der Negation lebt,* sehr gut Rechnung getragen. Nach den Gesetzen der Dialektik aber kann die Versöhnung erst in einer dritten Stufe auftreten, in der «Negation der Negation». Hören wir indes FREUD: «Immer, wenn eine höhere Stufe erreicht ist, kann die frühere noch im negativ erniedrigten Sinne Verwendung finden. Die Verdrängung findet ihren Ausdruck in der Gegensätzlichkeit. Es gibt im Unbewußten bekanntlich kein ‚Nein‘; Gegensätze fallen zusammen. Die Negation wird erst durch den Vorgang der Verdrängung eingeführt.» *(Aus der Geschichte einer infantilen Neurose* [1918], Ges. W., XII, S. 113, Fußnote 2). Noch einen Schritt weiter vorwärts macht FREUD in seiner dialektischesten Schrift *«Die Verneinung»* ([1925], Ges. W., XIV, S. 9–15). Hier ahnen wir, wie stark das Bewußtwerden bemüht ist, das in Form der Negation im Unbewußten lebende «negativ erniedrigte» Verdrängte in gewandelter Form neu zur Affirmation zu bringen. Doch solange der Tod waltet, bleibt der Satz FREUDS wohl aufrecht: «Es gibt *im Unbewußten* (wir unterstreichen jetzt, *I. A. C)* bekanntlich kein ‚Nein‘; Gegensätze fallen zusammen». Das Bewußtsein aber, trotz aller tröstenden Gemeinplätze, *ist* zwischen dem Ja und dem Nein, zwischen den Widersprüchen, die durch das Leben und den Tod gesetzt werden, gekreuzigt.

Aus Anlaß einer Analyse der «pathologischen Trauer» bemerkt DANIEL LAGACHE, daß die in der Psychoanalyse herrschende Vorstellung vom Zurückfluten der Libido in der Trauer uns eigentlich nicht viel offenbart. Bis zu einem gewissen Grade versucht der Trauernde sogar, seine Libidoinvestition – den Tatsachen zum Trotz – aufrechtzuerhalten: darin besteht ja der eigentliche Schmerz der Trauer. LAGACHE zweifelt folgerichtig daran, daß der Prozeß der Trauer vor allem ein narzißtischer sei, da man klinisch keine Steigerung der Selbstliebe in der Trauer feststellen konnte, sondern eher das Gegenteil. Schon viel eher sucht die Libido neue Objekte zu investieren. LAGACHE zeigt, daß wohl eine Identifikation mit dem Toten vorhanden ist, meint aber dazu, daß diese Identifikation nach einer unbewußten Logik zum Todeswunsch für die eigene Person führen muß und Schuldgefühle hervorruft, nämlich das Gefühl der Schuld, selbst noch am Leben geblieben zu sein. Der Tote ist eine Idealfigur, als Toter wendet sich aber dieses Ideal gegen das Leben; das Bewußtsein ist zerrissen zwischen der Pflicht mitzusterben und dem Wunsch zu leben. Die Verarbeitung der Trauer besteht gerade darin, sich weniger vom geliebten Toten zu desidentifizieren, als vielmehr sich von einem Ich-Ideal zu befreien, welches das Leben verbittert. Die Trauer verarbeiten heißt, eine Entmischung vorzunehmen; schlicht gesagt, eine Unterscheidung zwischen dem Toten und dem Überlebenden (DANIEL LAGACHE, *Deuil Pathologique*, in: *Bulletin de Psychologie*, XVI, 63, 221, 16, 991–1002).

Wie schon mehrmals erwähnt, wenden sich die Analysen LAGACHES der Trauer *nach dem Tod* eines geliebten Menschen zu. In den Fällen unserer Untersuchung, deren Gegenstand zwar analog, aber dennoch wesentlich verschieden ist, stellen wir nun denselben Widerspruch und die hierin verankerte Ambivalenz fest. Das Erlebnis des Sterbens in der Trennung beweist uns, daß es sich hier wahrscheinlich weniger um einen biologischen «Todestrieb» handelt, als vielmehr um eine *inter*personale *Beziehung*, worin – in unseren Fällen war vom tatsächlichen Tod nicht die Rede – *die Unterdrückung einer stattgefundenen Identifikation als Tod erlebt wird.* Die Identifikation mit dem Abwesenden ist dem Tode gleich, wird aber gerade durch die Tatsache in Frage gestellt, daß beide Partner die Trennung überleben, so daß die Desidentifikation weitgehend darin besteht, *den Abwesenden in seinem eigenen Bewußtsein zu töten*, indem man dessen Imago durch andere Ideale ersetzt oder zu einer Idee zusammenschrumpfen läßt, also zu einer unverbindlichen Idealisierung.

Nur wenige empören sich gegen dieses Zusammenschrumpfen des Anderen in sich selbst. Tatsächlich bedeutet die Empörung dagegen, die die Trennung als unverbesserliche Beeinträchtigung seines Seins empfindet und somit die Trennung immer lebendig erhält, *sich von der Trennung nicht mehr zu trennen;* ist doch das Aufhören der Schmerzen durch das

Vergessen letztlich nichts anderes als eine Trennung von der Trennung. Die wenigen, die sich empören, sind die Glücklichsten nicht!

Denn die lebendig erhaltene Trennung erhebt Absolutheitsanspruch, ebenso wie der Mitmensch, der durch die Trennung «verlorenging», Absolutheitsanspruch erhob. Vielleicht ist dies übrigens teilweise eine Kulturerscheinung, da die jüdisch-christliche Kultur mit der Radikalisierung der personellen Wertung einhergeht: die menschliche Person wird hier als einmalig und daher unersetzbar, unvergleichlich, absolut empfunden.

Das Ich ist zwar phylogenetisch gesehen eine rezente Formation und wird auch auf der ontogenetischen Ebene erst nach der Einwirkung entscheidender Prägung aufgebaut, doch stellt es, wie überhaupt das genetisch Rezente, die eigentliche und entscheidende Differenzierung des Lebewesens im Verhältnis zu den anderen Lebewesen dar. Das Ich unterscheidet ein Individuum vom anderen in derselben Weise, wie sein Vorhandensein beim Menschen diesen von anderen Lebewesen abhebt. Nun ist das Ich – vereinfachend gesagt – die Totalität des Gedächtnisses. Sich an *nichts* erinnern können, würde heißen: kein Ich besitzen; *alles* vergessen haben, würde heißen, daß das Ich gestorben ist. Werden Inhalte vergessen beziehungsweise verdrängt, die in der Identität des Ichs eine dominante Rolle gespielt haben, so stehen wir vor einer tiefen Krise oder vor einer bedrohlichen Störung des Ichs.

Der Schmerz der Trennung, der Trennungstod sind indes so unerträglich, daß wir von den Getrennten zu hören bekommen: «Was soll ich nur tun, um ihn zu vergessen?», oder auch: «Könnten Sie mich nicht hypnotisieren, damit ich sie vergesse?» Das Bild des Geliebten muß im Ich des Getrennten noch umgebracht werden.

### D. Weder Leben noch Tod: Die Ambivalenz des Getrenntseins

Zwar muß bei der Trennung das Idealbild des Abwesenden «umgebracht» und durch andere Ideale ersetzt werden, aber gleichzeitig muß es auch weiterleben, um die Kontinuität des Ichs möglichst zu gewährleisten. In der Regel kommt es zu einem Kompromiß zwischen den Idealen; diesem Kompromiß ist sachgemäß ein großes Maß an Ambivalenz eigen, und die Trennung ist immer ein Anzeichen des Widerspruches.

Sie ist an sich die katastrophale Folge des Widerspruches, der Zerrissenheit in jedem Partner, also eine Entfremdung jedes Partners nicht nur von dem anderen, sondern in erster Linie von sich selbst. Die Trennung ist ein gutes Paradigma für das Studium der Entfremdung.

Zu der von orthodox-marxistischer Seite geführten Polemik gegen die Ausdehnung des Entfremdungsbegriffes auf zwischenmenschliche Beziehungen, die nicht primär ökonomischer Natur sind, wäre folgendes zu sagen: Es steht hier außer Diskussion, daß Marx damit recht hatte, die Grundlage der Entfremdung und der Verdinglichung des Menschen in der konkreten wirtschaftlichen Struktur zu suchen. Die Entfremdung der menschlichen Arbeit, die ihn zu einem «Ding» im Besitz von anderen macht, ist die gesellschaftliche Basis für alle übrigen Überstrukturen der Entfremdung. Doch läßt sich die hier im Auge behaltene «psychologische» Struktur der Entfremdung, obwohl sie Folge eines unmenschlichen gesellschaftlichen Seins ist, in ihrer spezifischen Qualität nicht restlos auf die ökonomischen Verhältnisse reduzieren. Die ideologischen, sittlichen, religiösen Entfremdungen der Sexualität und Liebe müssen als Erscheinungen *sui generis* betrachtet werden, auch wenn ihre gesellschaftliche Verwurzelung in der ökonomischen Struktur zu suchen ist.

Nichtsdestoweniger sind wir der marxistischen Analyse der Entfremdung insoferne in besonderem Maße verpflichtet, als die Phänomene der Trennung, wie wir sie hier erläutern, gesellschaftliche und kulturelle Phänomene sind. Für jedes Lebewesen ist eine Frustration, eine Bedrohung, schmerzlich und gefährlich, doch das akute Erleben der Ichkatastrophe in der Trennung – so wie wir es untersuchen – gehört wahrscheinlich in den Bereich einer besonders individualistisch ausgerichteten Zivilisation, und eine solche Ausrichtung hat strukturelle Ursachen. Im Augenblick einer solchen Ichkatastrophe kommt es zu einer eigenartigen Verengung des Bewußtseins, die Welt besteht förmlich aus der Wunde der Trennung, und die unerträgliche narzißtische Kränkung ist dem Betroffenen im Augenblick wohl wichtiger als die mögliche Gefahr eines Weltkrieges. Der Betroffene fühlt und sieht nur sein regredierendes, hypertrophierendes und schmerzendes Ich. Er gewinnt zu diesem keine Distanz, denn diese Distanz wird nur durch eine beglückende Beziehung zur Gesellschaft, oder zumindest zu einer Gruppe, ermöglicht. Hier aber wird das größte Opfer, an dem der Mensch fast zugrunde geht, gerade dem Moloch Gesellschaft gebracht. Von der Natur entfremdet, in einer Gesellschaft, die auf Konkurrenz und Unterdrückung begründet ist, ist der Mensch in der Ich-Katastrophe sich selbst überlassen. In einer Gesellschaftsform, die den Menschen zum Wolf zwischen den Wölfen werden läßt, sind die Kräfte des Eros erstens prekärer, bedrohter als in einer ihn tragenden Gemeinschaft; zweitens wird die Liebe selbst – so sehr sie auch gesellschaftlich gefährdet sein mag – mit aller Sehnsucht des einsamen Menschen nach Erlösung aus seiner entsetzlichen Einsamkeit ausgestattet. Die Liebe wird dort besonders mystifiziert, wo das «Elend der Kreatur» von der Gesellschaft zur Institution erhoben wird. Der Bürgerschreck eines utopischen «Ameisenstaates» wird wohl nicht nur außerstande sein, die Liebe abzuschaffen, sondern könnte vielmehr zur Entschleierung einiger ihrer Mystifikationen und Unterdrückungen beitragen.

Doch zurück zur Ambivalenz der Trennung, in der Ablehnung und Idealisierung vermischt sind. In diesem Prozeß wird der Idealisierung eine positive Funktion «zugedacht». In der Tat übt die Idealisierung auch sekundär eine dynamisch-integrierende Wirkung auf den Alleingelassenen aus [5]. Die Idealisierung des Abwesenden ist um so stärker, je mehr das Ich-Ideal im Abwesenden verkörpert wurde. Daher ermöglicht die Idealisierung – durch Rücknahme der Projektion – auch die spätere Aufstellung eines entsprechenden Vorbildes, das auf die Integration und Reifung des Verlassenen positiv wirkt.

101. Als Dr. C. D. (siehe oben S. 37 f., 45, 51, 62 f.) kurze Zeit nach der schmerzlichen Trennung von L. die Versuchung verspürte, sich in Liebesabenteuern zu verlieren, deutete er diese «Versuchung» in seinen Briefen an L. an. Und nun erhielt er von dieser eine jener Postkarten, die in den sechziger Jahren Mode waren und die zu jedem Lebensanlaß mit einer fertigen humoristischen Zeichnung und einem mehr oder minder passenden Text versehen waren. Diese Karte zeigte eine Katze, die hoch auf einem Ast saß, und einen Hund, der zu ihr hinaufschaute. Der Text hierzu: «Ich möchte immer zu Dir hinaufblicken». Es wäre interessant zu erfahren, was sich L. bei der Auswahl der Karte gedacht haben mag. Deutlich und vordergründig sprach jedenfalls die Verehrung, mit der sie auf den von ihr getrennten Geliebten «hinaufblickte». Erst hintergründig vermag man andere Beweggründe (Besitzwunsch, gewisse erpresserische Manöver u. dgl. m.) vermuten. Die Karte verfehlte jedenfalls nicht ihre Wirkung: C. D. hielt sich in Schranken, was wohl deutlich für die moralische Wirkung von seiten Ls. spricht. Ein bißchen bitter bemerkte er: «Und ich? Zu wem soll denn ich aufblicken?» – ohne zu merken, daß er seinerseits zu L. hinaufblickte, sonst hätte die Karte ja ihre Wirkung verfehlt.

In der regressiven Dualunion der Leidenschaft wird die gewaltige Projektion des Liebenswerten und Hassenswerten aus sich selbst heraus auf den Partner vollzogen (vgl. oben S. 54). Da es in der Entwicklung der psychischen Organisation nicht nur Verluste geben kann, vermag eine Trennung den Menschen doch insoferne zu «bereichern», als dieser durch Rücknahme der Projektionen imstande ist, das Liebenswerte auch in sich selbst

---

[5] Über die ethische Funktion der Trauer siehe S. FREUD, *Zeitgemäßes über Krieg und Tod* [1915], Ges. W., X. S. 341 ff., insbesondere die Stelle: «An der Leiche der geliebten Person entstanden nicht nur die Seelenlehre, der Unsterblichkeitsglaube und eine mächtige Wurzel des menschlichen Schuldbewußtseins, sondern auch die ersten ethischen Gebote. Das erste und bedeutsamste Verbot des erwachenden Gewissens lautete: *Du sollst nicht töten*. Es war als Reaktion gegen die hinter der Trauer versteckte Haßbefriedigung am geliebten Toten gewonnen worden und wurde allmählich auf den ungeliebten Fremden und endlich auch auf den Feind ausgedehnt» *(loc. cit.,* S. 348–349).

klarer zu sehen oder zumindest zu ahnen. Dennoch: so wie im Gedächtnis
die Gesichtszüge verblassen und der Affekt abstumpft, so ist auch das Leitbild des Abwesenden durch eine gewisse Kargheit und Dürre gekennzeichnet. Hier liegt eine Verarmung des lebendigen Vorbildes vor, und diese
Verarmung bringt uns wieder in die Nähe einer verdeckten Aggressivität,
insoferne als die konkrete Persönlichkeit in das *Schema* einer Abstraktion
– wie auf ein Prokrustesbett – gezwängt wird.

101. Zweieinhalb Jahre nach der geschilderten Trennung zwischen Dr. C. D. und L.
bestand noch immer ein inniger – wenn auch seltener gewordener – Briefwechsel zwischen
den beiden. Soweit wir es beurteilen können, war dieser Briefwechsel durch großes Vertrauen von seiten der jungen Frau und durch echte Sorge und Anteilnahme von seiten
C. Ds. gekennzeichnet. Dabei vermieden die beiden deutliche Anspielungen auf die große
Leidenschaft und zwangen sich zu einer möglichst vernünftigen, «realitätsangepaßten» Haltung. Wir wissen nicht, welche Umstände, welche Stimmung Frl. L. zu folgendem Schreiben veranlaßten (zweieinhalb Jahre nach der vollzogenen Trennung also):
«Es hat mich so gefreut, daß Du mir Fotos schicktest. Ich danke Dir auch sehr für die
Bücher. Ich finde das sehr nett von Dir (,nett' ist nicht das richtige Wort). Du bist so
aufmerksam und immer da. Oh, ich kann mich da nicht richtig ausdrücken ... Ich hab'
Dich gerne, mehr als gut ist. Manchmal fühle ich mich X. (dem Freund) gegenüber schuldig, weil ich ihm doch nicht ganz gehöre. Man kann doch nicht zwei Männer lieben? Ich
bin nicht gut. Wie soll ich Dir das erklären? Ich habe X. wirklich sehr gerne, und doch
wünschte ich manchmal, ich wäre bei Dir.»
Nun stellten wir in den psychoanalytischen Gesprächen mit C. D. fest, daß dieser Brief
von L. ziemlich gleichzeitig mit einer Tendenz des Dr. C. D. zum «Agieren» außerhalb
der Psychoanalyse einherging und diese Tendenz verstärkte. Es wurde C. D. in den psychoanalytischen Stunden allerdings klar, daß er den Verlust der jungen Frau durch neue
Bindungen zugleich wettzumachen und zu wiederholen wünschte. Diese Erkenntnis bewahrte
ihn jedoch nicht vor dem «Agieren», denn hinter der erkannten Sehnsucht nach L.
«agierte» eine tiefere und ungestillte Sehnsucht: nach der Mutter im analytischen Sinne
und – mehr vordergründig – nach der eigenen Jugend. Er antwortete L. postwendend und
schrieb ihr – soviel wir aus den Analysestunden und aus deren Protokollen rekonstruieren
können – ungefähr folgendes:
«Vor zwei Jahren schrieb ich ihr (L.), sie solle mich ,später nicht verleugnen'. Es war
sicher Sorge um mich, weil mir das sehr wehtun würde, aber auch um sie, weil man durch
solche ,Verleugnung' unehrlich wird. Diese ,Verleugnung' ist gang und gäbe, besonders
bei jungen Mädchen, die noch immer ,sittlicher' erzogen werden als die Männer. Man
paukt ihnen ein, daß sie nur einmal lieben können, jedenfalls aber nur einen Mann, und
daher, um in ihren eigenen Augen und in den Augen der Gesellschaft ,anständig' zu bleiben, ,lieben' sie immer ,zum ersten Mal' und ,einmalig'. Das ist Lüge, schrieb ich ihr.
Man kann mehrmals lieben, und vor allem, wenn man jemanden sehr geliebt hat und
ehrlich ist, kann man auch mehr als einen Menschen lieben. Selbstverständlich ist es
,gefährlich', wie alles im Leben gefährlich ist. Außerdem verstößt es gegen Besitzansprüche, gegen Besitzsicherung. Doch versuchte ich ihr zu sagen, daß sie anständig ist
und bleibt. Seitdem ich vor zwei Jahren erfuhr, daß sie und X. sich lieben, habe ich immer versucht, davor die größte Achtung zu haben. Jetzt schrieb ich ihr, daß sie nur durch
innere Ehrlichkeit, nicht durch Verleugnung, wirklich anständig bleiben wird, auch X.
gegenüber. Ich schrieb ihr auch, daß mit dem Wort ,gehören' viel Unfug getrieben wurde.
Ein Mensch darf niemandem – etwa wie ein Hund – gehören, auch nicht dem geliebten
Mitmenschen. Er soll *zu* jemandem gehören, zu ihm stehen. Und das tut L. zu X. Wir
beide, L. und ich, haben – zu Recht oder Unrecht – gedacht, daß wir nicht zueinander

gehören dürften (Alter, Skandal, Familie u. s. f.). Heißt das aber, daß wir einander gegenseitig verleugnen sollen, einander ‚vergessen‘? Mein Gott im Himmel, das Vergessen frißt uns sowieso auf, wozu sich noch Schuldgefühle machen, daß man den anderen aus der Ferne gern hat? Ich schrieb ihr, daß ich nicht weiß, ob X. diesen Standpunkt begreifen könne, er ist ja erst 23 Jahre alt und hat noch nicht die nötige Menschenerfahrung. Ich schrieb ihr, *wenn* er das aber begreifen könne, so solle er stolz auf sie sein, weil sie ihn liebe und zu ihm gehöre, obwohl oder gerade weil sie auch mich nicht verleugne. Und haben wir uns nicht gemieden? In zweieinhalb Jahren haben wir uns nur einmal zwei Stunden auf einem Flugplatz getroffen. Haben wir nicht unsere Briefe so geschrieben, daß sie auch X., wenn er Verständnis hätte, ohne weiteres lesen könnte? Darum solle sie sich nicht ‚schuldig‘ fühlen; ihre Schuldgefühle entstehen aus der falschen Voraussetzung, man solle eine Liebe töten, um nicht schuldig zu sein. Ich finde aber, man wird mehr schuldig, wenn man eine Liebe umbringt. Ich schrieb ihr, wir hätten keinen Anlaß, uns vor uns selbst oder X. zu schämen; sie dürfe ihm ruhig in die Augen blicken – und ich dürfe es auch.»

Wir glauben in diesem Brief einen gleichsam *utopischen* Beigeschmack zu finden; er zeugt für das (durchaus Achtung verdienende) Bestreben des Schreibers, die Kräfte des Vergessens, der Lüge, des Besitzes und der Unterdrückung zu überwinden. C. D. versucht mit L. das, was alle Liebenden vor ihnen versucht haben: die Kraft des Sterbens nichtig zu machen. Und doch fragt sich C. D. selbst, ob er diesen Brief hätte schreiben sollen: kämpft er nicht nur um einen Platz im Gedächtnis, im Herzen von L.? Und hatte er nicht schon durch die verwüstete Trennung vor zweieinhalb Jahren das Vergessen in das Bewußtsein wissentlich hereingelassen? Wozu diese Rückzugsgefechte?

«Ich sehe», sagt Dr. C. D., «das bestätigt, was ich ohnehin wußte: ich bin für sie ein Leitbild, und sie ist es für mich auch, dank ihrer Ehrlichkeit und Treue. Wozu aber breche ich diese Lanze für die Unsterblichkeit der Liebe? Ich selbst suche Trost bei anderen Frauen, ja ich empfinde diesen Trost nicht einmal als Reaktion auf die Trennung von L.; so weit liegt dieser Zusammenbruch in meinem Bewußtsein! Er liegt ja irgendwo in verdrängten Bereichen, lebt noch wie ein leiser Schmerz. Haben wir einander denn nicht *schon* vergessen? Es ist ein Streben zueinander vorhanden, aber das Ziel des Strebens ist verblaßt. Sie möchte manchmal bei mir sein, schreibt sie. Und ich meinerseits weiß noch, wie schön dieses Beisammensein war. Aber das sind nur blasse Bilder, die wir – was weiß ich – alle Tage oder alle Wochen drei Minuten lang am Rande des Bewußtseins betrachten ... *Wozu ist dem Menschen das Bewußtsein gegeben, wenn die Einheit und die Treue mehr im Unbewußten leben, das Bewußtsein aber unaufhörlich stirbt?*»

Wir haben den letzten Satz hervorgehoben, weil C. D. hierin das Problem der Ambivalenz u. E. ins Schwarze trifft: er scheint zu erkennen, was FREUD und die Psychoanalyse erkannt haben, nämlich: das «Es» ist zeitlos und erlebt die Unsterblichkeit; das «Es» ist überindividuell, kennt keine Trennung im Raum und in der Zeit; das «Es» vergißt also nichts und kann – wie die Programmierung einer «denkenden Maschine» in der Kybernetik – im anderen auch weiterleben. Welche unerschöpflichen Anlagen, welche unendlichen Perspektiven! Denn: *Wo Es war, soll Ich werden* – das ist das Ziel der Menschwerdung. Allein, das Ich ist ein labiles Produkt der «Es»-Kräfte und der gesellschaftlichen Kräfte; das Ich muß zwei Herren dienen; das Ich ist dem Gesetz, dem Tode, unterworfen; das Ich ist stolz auf das Bewußtsein und lebt nur als Bewußtes; aber: das Ich vergißt, das Ich trennt sich von sich selbst und vom anderen, das Ich wird nicht dadurch getröstet, daß das «Es» nicht vergißt; das Ich stirbt und wird nicht dadurch getröstet, daß das «Es» nichts vom Tode weiß; das Ich ist zwischen dem Anspruch auf Einheit und Unsterblichkeit einerseits und der Faktizität des Sterbens andererseits gekreuzigt. Das «Es» wird erst dann voll zum Ich werden, wenn das Ich in die Unzertrennlichkeit und Unsterblichkeit eintreten können wird.

*Jetzt* aber lebt C. D. in einer *Utopie*. Er weiß, daß er für L. gestorben und L. ihm gestorben ist. Er steht auf verlorenem Posten: er kämpft gegen den Tod, doch der Tod frißt sich in jedem Augenblick seines Lebens in ihn hinein, und dereinst wird sein Ich ausgelöscht und L. in diesem kämpfenden Bewußtsein endgültig tot sein. Dereinst wird auch L. sterben, und ihre Schuldgefühle – wenn sie nicht vorher vergehen – werden kein Zeugnis mehr für eine Liebe und eine Trennung abgeben, für einen Kampf gegen die Aggressivität und die Unterdrückung. *Dann wird C. D. ein zweitesmal sterben: im Bewußtsein der Geliebten.*

Nach der von FREUD formulierten Regel findet in erster Linie die Verdrängung jener Erlebnisse statt, die mit den Forderungen des Überichs unvereinbar sind; dies um so stärker, je größer die Lustprämie der Erlebnisse war. Für die Untersuchung an unserem Gegenstand wird die Lage dadurch kompliziert, daß neben der Lustprämie auch die Projektionsmöglichkeiten für das Idealich (dieses noch reifende, noch nicht erstarrte Überich) günstig waren. Dieser zwielichtige Bestand fördert die Ambivalenz; die Vergangenheit fällt der Verdrängung anheim, aber gleichzeitig findet auch die Idealisierung dieser – durch die Verdrängung notwendigerweise verarmten – Vergangenheit statt.

Die Verdrängung des schmerzlichen Erlebnisses der Liebestrennung bei gleichzeitig einsetzender Idealisierung des Objektes erleichtert – wie wir gesehen haben – den Vorgang einer kultischen Entrückung des Objektes, wobei eine solche Sakralisierung das beste Mittel zu seinem Unschädlichmachen ist. Diese Idealisierung des getrennten Objektes erlaubt, sich erfolgreicher über die Unterdrückung des asozialen Charakters der Leidenschaft hinwegzusetzen: denn jede Leidenschaft ist grundsätzlich asozial, dem Lustprinzip zugeordnet, und sie widerspricht somit radikal dem «Leistungsprinzip», das von der gesellschaftlichen Herrschaftsform für ihre reibungslose Erhaltung gefordert wird. Direkt oder indirekt ist die Trennung eine der Folgen der vom gesellschaftlichen Gewissen aufgezwungenen Begrenzungen. Die Idealisierung des abgetrennten Objektes erlaubt sowohl die Einordnung des Individuums in die gesellschaftlichen Schranken als auch ein ideelles Verweilen beim lustspendenden Erlebnis. Das Asoziale wird sozial verpackt und passiert dadurch – bis zu einem gewissen Grade – die Zensur des sozial geprägten Überichs. Die idealisierende Erinnerung ist gleichzeitig eine Aggression gegen das Objekt; der bleibende blasse Kompromiß ist deutlich ambivalent.

Freilich darf nun nicht der Eindruck entstehen, daß die Ambivalenz erst *aus* der vollzogenen Trennung entsteht. *Die Trennung ist vielmehr ein Versuch, dieser Ambivalenz Herr zu werden.* Die Abtrennung – durch die symbolische Tötung – des Partners der Dualunion offenbart die Bemühung, einen Konflikt zu lösen, der den Menschen auf eine Zerreißprobe stellt, wobei *dieser* Konflikt die Aktualisierung eines umfassenden und nie gelösten Konfliktes war: des sich immer wiederholenden Konfliktes zwischen Nesttreue und Nestflucht, des nie restlos zu lösenden Konfliktes des Königs Ödipus. Die jeweils optimale, das heißt sozial angepaßtere Lösung *dieses* Konfliktes wird durch die bestmögliche Funktionstüchtigkeit der Abwehrmechanismen erreicht, von denen wir in diesem Abschnitt einige am Werke sahen.

Die Abwehr- bzw. «Austausch»-Mechanismen (s. oben S. 33 ff.) sind notwendige Entwicklungs- und Anpassungsmechanismen. Doch ihr Funktionieren wird gleichsam mit zunehmenden Mengen der Entropie bezahlt. Nicht von ungefähr haben wir, um die Doppeldeutigkeit dieser Mechanismen zu unterstreichen, die zweite Bezeichnung neben die erste gestellt. Betonen wir die Abwehr als ihren Funktionszweck, so verlieren wir ihre Austauschfunktion aus den Augen; betonen wir optimistischerweise den durch sie eingeleiteten Austausch mit der Welt, so vergessen wir auf ihre gegen die Welt gerichtete Abwehr. Auf alle Fälle erreichen diese Mechanismen die Festlegung des Menschen auf *eine* Motivationsreihe, durch Verdrängung oder Verdeckung anderer Motive. Das Leben des Menschen ist von Grund auf *so sehr ambivalent,* so sehr zwischen Zuneigung und Ablehnung, zwischen Mehr-leben-Wollen und Nicht-so-leben-Wollen zerrissen, daß *die Hauptfunktion der Abwehrmechanismen darin besteht, die Ambivalenz zu überbrücken.* Wenn Psychiater und Psychoanalytiker – auf Grund der Entdeckung E. BLEULERS – auf die Beherrschung der Gefühlswelt des schizophrenen Menschen (und in kleinerem Maße des neurotischen Menschen) durch die Ambivalenz hinweisen, so entgeht ihrer Aufmerksamkeit manchmal der entscheidende Umstand, daß dieser katastrophale Einbruch der Ambivalenz in das Dasein auch vom «normalen» Menschen nur durch die überaus unsichere und mühsame Arbeit der Abwehrmechanismen abgeriegelt wird. Die Kehrseite dieser an sich «normalen» Lage ist, daß die Ambivalenz – insbesondere beim Schizophrenen, in kleinerem Maße beim Neurotiker – durch starr gewordene Mechanismen auch allzu stark «entmischt» wird: hie das Gute, dort das Böse, hie reine Affirmation, dort reine Negation. Es entsteht das «falsche Bewußtsein», durch das ein labiles Gleichgewicht aufrechterhalten wird: in Form von Wahn oder anderen Symptomen. Um ein Optimum an Ambivalenzbewußtsein wiederherzustellen, muß man dann das System lockern und relativieren. Indes ist ein starres System «sicherer», und daher kommt der tief verankerte innere Widerstand des Psychotikers und des Neurotikers (und in gewissem Grade eines jeden von uns) gegen die therapeutischen Versuche der Lockerung und der Relativierung. Denn nur das *dialektische Denken* kann der Ambivalenz gerecht werden und sie ins Bewußtsein heben. Der Mensch zieht es aber vor, die Ambivalenz nicht wahrzunehmen; er kann die Relativierung seines Bezugssystems nicht mit Leichtigkeit ertragen, und der beste dialektische Denker gleitet ständig ins Undialektische ab, weil das dialektische Denken die höchsten Forderungen an seine Gefühlswelt und an seine Denkfähigkeit stellt. Daher sind grundsätzlich jeder Wahn, jeder Irrtum, jeder Fanatismus, jede Einseitigkeit, jede Absolutierung des Relativen, jede Mystifikation immer Abgleitungen in das «falsche Bewußtsein» aus dem flüssig-beweglichen dialektischen Denken heraus (vgl. hierzu ganz besonders: JOSEPH GABEL, *Formen der Entfremdung. Aufsätze zum falschen Bewußtsein,* Fischer, Frankfurt am Main, 1964; DERSELBE: *Ideologie und Schizophrenie. Formen der Entfremdung,* Fischer, 1967). Die Absolutierung des Relativen ist *die* anthropologische Krankheit schlechthin, denn der Mensch relativiert jede Umwelt, jede Etappe seiner Entwicklung und ist *daher* auf der Suche nach dem Absoluten; sein Wunschdenken läßt ihn zu voreiligen Pseudo-Synthesen greifen und sich ein fertiges «Absolutes», einen auf magische Weise erreichbaren «Grund», aufbauen. Die *Idee des Absoluten* konnte nur aus dem *Bewußtsein des Relativen* entstanden sein.

Folgerichtig starben die Liebeshelden, nachdem sie geliebt hatten. Der Eros des Menschen treibt diesen über jede Grenze hinaus; nachdem der Mensch sich in der Liebe und durch die Liebe zur Zweiheit transzendierte, bleibt ihm entweder die Relativierung des höchsten Erlebnisses, oder – falls er nicht gewillt ist, ins Relative herabzusinken – der Tod; oder aber die Mystifikation: die Behauptung, daß die himmlische Liebe nach dem Tode *mehr* geben wird als die Liebe, die er genoß oder der er absagte.

Alle Liebenden wollen den Schwur hören und möchten ihn auch leisten können: «Ich werde Dich ewig lieben.» Aber «ewig lieben» heißt doch, ewig eins sein, ewig totale Gegenwart sein. Wie das verdrängte Bewußtsein des Todes zum Tod treibt, so treibt auch die verdrängte Kenntnis des Begrenzten, des Relativen, den Menschen dazu, das «Absolute», das er zu besitzen glaubt, selbst zu zerstören, oder, sich selbst zu zerstören, damit sein Schwur nicht Lügen gestraft werde. Am Anfang seiner Liebe zu Anna Karenina sagt Graf Wronskij zu ihr: «Nicht eines Ihrer Worte, nicht eine Geste vermag ich jemals zu vergessen. Und ich will es nicht vergessen!» Jedoch: er wird vergessen. Und Anna wirft sich unter einen Zug, um nicht zu vergessen. Vor dem Tod wiederholt sie: «Nicht eines Ihrer Worte, nicht eine Geste vermag ich jemals zu vergessen. Und ich will es nicht vergessen!» *Sie* hat ihr Wort gehalten, sie starb – um nicht zu vergessen.

Das Absolute ist im Bewußtsein des Menschen nicht nur prekär, es ist auch tödlich. *Absolutes Objekt* zu sein, ist übermenschlich: der Mensch muß die Religion, deren Gegenstand er wird, auf irgendeine Weise enttäuschen, sonst muß er sterben. ARTHUR MILLER läßt seinen Helden – sich selbst – sagen, daß die Frauen daran sterben, daß sie aus dem Geliebten einen Gott machen *(Nach dem Sündenfall,* Fischer, Frankfurt am Main, 1964). Er hat zum Teil recht, weil die Entfremdung der Frau in unserer Zivilisation tiefer ist als die des Mannes und sie daher die Erlösung durch ihn erwartet. Aber – ARTHUR MILLER zeigt es uns – ein solcher Erlöser geht über die Leichen derjenigen, die von ihm das Absolute erhoffen, weil er sich nicht selbst in der Eigenschaft des Pseudo-Absoluten entfremden kann. Die Vergottung ist eine unerträgliche Belastung, die Ambivalenz muß irgendwo durchbrechen – in der symbolischen oder reellen Tötung.

116. Mit 30 Jahren traf der verheiratete, kinderlose Dr. IBN die zehn Jahre jüngere MAI (siehe Seite 51 und 52 f.). Beide hatten eine Unzahl von wirren Abenteuern hinter sich. Frau MAI scheint uns (wir konnten ihre Geschichte nur aus den Mitteilungen IBNs und einigen Briefen rekonstruieren) eine verwahrloste, schon in der Kindheit mißbrauchte, nach Erlösung strebende Frau gewesen zu sein. Dr. IBN hatte gewisse ähnliche Züge, doch seine Leidenschaftlichkeit scheint geringer gewesen zu sein als die von MAI; er pflegte seine Suche auch weiterhin mehr extensiv durch Häufung der Abenteuer zu betreiben, während er für Frau MAI zur letzten Offenbarung wurde. Ihr Absolutheitsanspruch konzentrierte sich intensiv auf ihn. IBN schien uns auch viel mehr in ideologischen Mystifikationen befangen zu sein als die junge Frau. Gewiß, er liebte sie und war durch ihre vorbehaltlose Liebe zutiefst beeindruckt und gerührt. Doch suchte er die «Unsterblichkeit» mehr in der «Programmierung» der Frau. Wir meinen damit, daß er nicht unglücklich darüber war, daß diese ihm hörig wurde und daß er sie «zu einem neuen Menschen» erziehen wollte. Aber für sich selbst wünschte er eine durch Mystifikationen und Ideologien untermauerte «Freiheit». Wir werden sehen, daß die junge Frau nur *ihn* liebte und lieben wollte; er aber sagte ihr (er war romantischen Programmen nicht abgeneigt): «Ich liebe meinen Gott, meinen König und meine Frau.» Seinem Gott bezahlte er eine Abfindung in Schuldgefühlen, ehe er den Glauben an ihn verlor; seinen König, der in den Nachkriegswirren aus seinem Land vertrieben wurde, ließ er im Stich und ging für ihn weder auf die Barrikaden noch zu den Partisanen; von seiner Frau war er praktisch getrennt und ließ sich bald von ihr scheiden, ohne deshalb an eine Heirat mit MAI zu denken. Und doch bemühte er sich um Frau MAI mit erstaunlicher Kraft und Konsequenz; er riskierte auch sein Leben für sie (wir sprachen von Nachkriegswirren), was er für seinen angeblich geliebten König nicht tat. Doch Frau MAI sagte er nie, *daß er sie liebe:* dies hätte seinem Moralkodex widersprochen. Und er liebte sie, doch er konnte die Vergottung nicht ertragen und er beschloß, MAI zu «entlassen». Die Entlassung fiel ihm keineswegs leicht; wir sahen auf Seite 51, daß er diese Trennung als todesähnlich ansah. Zur selben Zeit schrieb ihm Frau MAI – fassungs- und verständnislos, da sie die Ursachen des Bruches einfach nicht begreifen konnte – zahlreiche Briefe, von denen nur einige erhalten blieben, die uns Dr. IBN während der Psychoanalyse mitteilte, ehe dann auch die letzten von ihm vernichtet wurden. Diese Briefe eines ungebildeten Mädchens glichen den berühmten Briefen der Portugiesischen Nonne: sie waren ebenso religiös – von der Religion der irdischen Liebe – und ebenso hoffnungslos; denn wenn Liebe und Glauben ohne Hoffnung sind, dann werden sie zur Hölle.

«Was auch geschehen mag», schrieb MAI, «Du sollst meinen Worten der Liebe Glauben schenken». Ein anderes Mal: «Du bist der Einzige. Du bist mein erster Mann. Du bist meine Welt. Du bist mein Glück. Du bist mein Leben. Ich liebe Dich viel mehr als die Sonne und das Licht; denn die Sonne ist ohne Dich kalt und das Licht finster.» «Du bist der große Gott, der über der Welt thront.» – «Du bist mein Leben. Du sollst mich lange lieben, weil ich lange leben will. Du bist meine glückliche Zeit, meine schöne Welt.» «Du bist mein Gott.» «Von Monat zu Monat werde ich erwachsener. Vor einem Jahr dachte ich, wenn wir nicht beisammen sind, werde ich sterben. *Wie* sollte ich leben? Jetzt werde ich versuchen, normal und gut zu leben.» (Wir werden noch sehen, was aus dem Versuch wurde.) «Du hast mich großgezogen, aus mir einen Menschen gemacht. Jetzt, da Du es gemacht hast, sollten wir nur mehr Freunde sein. Wie denn? Wir lieben uns zu stark dafür! Wenn ein Lehrer ein Kind zum Erwachsenen gemacht hat, dann müssen sie auseinander, sagst Du, sonst kommt es zu einem Stillstand. Ich habe gewußt: Du brauchtest es, aus mir einen Menschen zu machen, und dann werden wir uns trennen müssen. Aber mein Herz sagt mir: es ist nicht so, Du wirst mir doch nie im Wege sein, im Gegenteil, ich werde Dich auch weiter brauchen. Doch ich weiß, daß Du anders denkst, Du hast es mir gesagt. Hab also keine Angst. Du mußt so handeln, wie Du es für richtig hältst.» Und so kam es zur Trennung. IBN versuchte die Schmerzen, die er sich selbst zufügte, zu betäuben; zu dieser Zeit scheint er verworrene, konfliktreiche und intermittierende Beziehungen zu etwa vier oder fünf Frauen unterhalten zu haben. MAI war wie vernichtet: «Ich habe nun alles verloren. Lieben und geliebt werden, für jemanden leben: das brauche ich wie die Luft.» «Ich verstehe nicht, was geschehen ist. Ich kann es nicht erfassen. Ich versuche, gepanzert zu sein.» «Hoffentlich rufst Du mich nicht zu spät, wenn schon alles in mir gestorben ist ... Liebst Du mich *jetzt?* Ich füge mich ja.» Und ein Brief von einem einzigen Satz: «Ich werde nicht aufhören, Dich zu lieben, solange ich atme.»

Die Trennung scheint die junge Frau physisch und seelisch zerstört zu haben. Noch ein paarmal versuchten die beiden Geliebten sich wiederzufinden, und IBN versuchte immer wieder, sich zu trennen. Er übersiedelte nach Wien. MAI hatte unglückliche Abenteuer, auch lesbische Beziehungen. IBN ließ sich inzwischen scheiden und erzählte MAI davon telefonisch. Eine Woche nach dieser Scheidung beging MAI Selbstmord, ohne einen Abschiedsbrief hinterlassen zu haben.

IBN begab sich in die psychoanalytische Behandlung. MAI aber hatte sich der Relativierung ihrer Liebe durch die Psychoanalyse entzogen, indem sie ihre Abschiedsworte als wahrhaftig bewies: «Ich werde nicht aufhören, Dich zu lieben, solange ich atme». Der Absolutheitsanspruch endet im Tod. Deshalb verheißen die Religionen das Absolute, durch Umkehrung der Gleichung, erst im Tod.

Doch auch aus der psychoanalytischen Geschichte IBNs entnehmen wir, daß er weniger «leichtsinnig» war, als man voreilig nur auf Grund der Tatsache, daß er – technisch gesprochen – seine Freundin durch «ungelöste Übertragung» zugrunde richtete, schließen könnte:

Als er die junge Frau kennenlernte, war er von ihrer Schönheit und ihrem anmutigen, liebenswürdigen Wesen hingerissen. Sie wurden sehr bald Geliebte. Von seiten der jungen Frau war es völlige, freudige Hingabe, die erste dieser Art und dabei von jungfräulicher Naivität, die, mit der großen sexuellen Erfahrung gepaart, jeden verliebten Mann – und IBN war in sie sehr verliebt – hätte glücklich machen sollen. Doch gerade das Glück der beiden jungen Leute (IBN war 30, MAI 20 Jahre alt) machte den Mann stutzig. Der Wiederholungszwang belebte ständig die Unsicherheit und das Schulderleben einer unglücklichen Kindheit zwischen einer hysterischen, aber «überprotektiven» Mutter und einem perfektionistischen, schwachen, aber nörglerisch-unnachgiebigen und reaktiv harten Vater. IBN hatte sich in seiner Kindheit weder auf die Stetigkeit der Mutter noch auf die des Vaters verlassen können: von letzterem gequält und eingeschüchtert, von jener immer enttäuscht, übertrug er diese Weisen der Objektbeziehung auf die kindliche und verwahrloste MAI. Er *mußte* MAI streng erziehen und sie unter dem Vorwand des Perfektionismus einem hohen Ideal zuliebe quälen; er *mußte* von ihr ständig enttäuscht werden – unter dem Vorwand ihrer Unverläßlichkeit. «Weiß Gott, sie *war* aber verläßlich», sagte uns später Dr. IBN selbst. «Doch ich habe innerhalb eines Jahres aus einem kleinen verhurten Wesen eine Art Nonne, einen Blaustrumpf machen wollen – und auch gemacht. Nie habe ich soviel von einem Menschen verlangt, nie mit soviel Hingabe, aber auch mit soviel intellektueller Strenge und Unnachgiebigkeit erzogen.» Wir sehen, wie tief narzißtisch ein solcher «Altruismus» sein kann. Je mehr IBN aber von dem Mädchen verlangte, um so mehr fügte es sich auch, und er bemerkte bald, daß nicht *«sie»* sich veränderte, sondern ihre Beziehung zu ihm: aus dem heiß geliebten Menschen wurde er zu dem «Gott, der über der Welt thront». Hier ahnte er intuitiv jenes Problem, dessen Handhabung in der Psychoanalyse die schwierigste ist: nämlich die Lösung der Beziehung, um die weitere selbständige Entwicklung des Patienten zu ermöglichen. Er fühlte, daß MAI nur *durch ihn und für ihn* zu dem wurde, was er von ihr wollte. Komplementär zu dieser – an sich richtigen – Feststellung mußte er das zerstören, was er an Beziehungen aufgebaut hatte: dies lag in der Logik des Wiederholungszwanges aus seinen ersten Objektbeziehungen. Er war völlig von der Idee besessen, sich von MAI *in Liebe* trennen zu müssen, *diese Liebe* opfern zu müssen, damit *sie* weiterlebe und die Frau zu weiterer Entfaltung bewege. Unbewußt mag er gefühlt haben, daß er damit das Todesurteil über sie gefällt hatte; ihm selbst war die hervorgerufene Trennung «todesähnlich», und wenn er sie überlebte, so wohl deshalb, weil sein sado-masochistischer Wiederholungszwang nach weiterer Schuld und Strafe verlangte (und dadurch das Auf und Ab des Lebens gleichsam nachahmte), während bei der verwahrlosten MAI die Existenz ohne die gefundene «göttliche» Liebe, in die sie ihr Ich entleerte, einfach nicht mehr lebenswert, nicht lebensmöglich war.

In dieser kasuistischen Schilderung können wir die Wirksamkeit der Angst beim Vollzug der Trennung gut beobachten. Bei aufmerksamer Betrachtung wird man merken, daß alle angeführten Beispiele durch *Gewissensnot* gekennzeichnet sind. Die Angst und diese Not können intensiv genug sein, um den durch die Todesangst gepeinigten, verlassenen Menschen auch tatsächlich in den Tod gehen zu lassen, ihn aber auf jeden Fall das «Todeserlebnis» noch bei Lebzeiten erfahren zu lassen. Es ist daher anzunehmen, daß die Macht der Angst in diesem Bereich zwischen Leben und Tod von besonderer Gewalt sein muß.

## E. Das verlassene Ich ängstigt sich

FREUD erwähnt die Affektreaktion auf die Trennung, die «wir als Schmerz und Trauer, nicht als Angst empfinden. Allerdings erinnern wir uns, wir haben bei der Diskussion der Trauer auch nicht verstehen können, warum sie so schmerzhaft ist» (S. FREUD, *Hemmung, Symptom und Angst* [1926], Ges. W., XIV., S. 161). Anschließend befaßt sich FREUD mit dieser Frage nach dem Schmerz der Trauer (beziehungsweise der Trennung) und wir werden unten einige seiner Überlegungen wiedergeben. Es könnte allerdings der Eindruck entstehen, daß der Begründer der Psychoanalyse die Wirkung der Angst in der «Affektreaktion auf die Trennung» in Zweifel stellte. Wir werden noch sehen, daß gewiße Äußerungen FREUDS über die «Todesangst der Melancholie» und über die späte «Absonderung» der Angstkomponenten das Vorhandensein der Angst als Begleiterin der Trennung doch plausibel machen können.

Wir sind schon genug über die Phänomenologie der Trennung zwischen Liebenden orientiert, um ahnen zu können, daß sie sich unter dem Zwang des Überichs vollzieht; sie kommt nicht aus «heiterem Himmel», sondern wird in den Abgründen des Es – das auch die Wurzel des Überichs speist – und des daraus entstehenden Konfliktes zwischen Luststreben und Über-ich-Anspruch im Ich vorbereitet. Sie *muß* also von Gewissensangst eingeleitet werden. Und kaum vollzogen, leitet sie keineswegs den Zustand eines glücklichen und ruhigen Gewissens ein, sondern sie wird weiter als Schuld an den eigenen Triebansprüchen und als Strafe für eine Verfehlung erlebt. Die Trennung wird von der Angst geboren und gebiert die Angst.

FREUD, der dem Problem der Trennung zwischen Lebenden keine besondere Aufmerksamkeit schenkte, neigte dazu, zwischen der Angst und der Trauer als Begleiterscheinung des «Objektverlustes» streng zu unterscheiden. «Wir mußten sagen, die Angst werde zur Reaktion auf die Gefahr des Objektverlusts. Nun kennen wir bereits eine solche Reaktion auf den Objektverlust, es ist die Trauer. Also wann kommt es zur einen, wann zur anderen?» fragte sich FREUD *(loc. cit.,* ebenda, S. 202), der den Versuch, dieses Problem zu lösen, selbst als «schüchterne Bemerkungen» charakterisiert, die «auf die nachsichtigste Beurteilung Anspruch erheben dürfen» (ebd.). «Wann macht die Trennung vom Objekt Angst, wann Trauer und wann vielleicht nur Schmerz?» stellt FREUD die Frage von neuem und fügt hinzu: «Sagen wir es gleich, es ist keine Aussicht vorhanden, Antworten auf diese Fragen zu geben», sondern höchstens «einige Abgrenzungen und einige Andeutungen zu finden» (ebd.).

FREUD knüpft an das Verhalten des Säuglings an, «der anstatt seiner Mutter eine fremde Person erblickt». In dieser Lage zeigt das Kind Angst und Schmerz. Allein, so meint FREUD, «es scheint, *daß bei ihm einiges zusammenfließt, was später gesondert werden wird»* (hervorgehoben von uns, *I. A. C.).* Da die Mutter wiederkommt, lernt der Säugling, die Angst, die durch den einfachen «Wahrnehmungsverlust» – mit dem «Objektverlust» gleichgestellt – hervorgerufen wird, von dem Schmerz, der auf ein unbefriedigtes Bedürfnis hindeutet, zu unterscheiden. «Er kann dann sozusagen Sehnsucht empfinden, die nicht von Verzweiflung begleitet ist.» Doch – und dies ist für unsere Untersuchung wichtig – lehrt ihn später «die Erfahrung, daß das Objekt vorhanden bleiben, aber auf das Kind böse geworden sein kann, und nun wird der Verlust der Liebe von seiten des Objekts zur neuen, weit beständigeren Gefahr und Angstbedingung» (ebenda, S. 202–203).

«Die traumatische Situation des Vermissens der Mutter weicht in einem entscheidenden Punkte von der traumatischen Situation der Geburt ab. Damals war kein Objekt vorhanden, das vermißt werden konnte (? – *I. A. C.*). Die Angst blieb die einzige Reaktion, die zustande kam. Seither haben wiederholte Befriedigungssituationen das Objekt der Mutter geschaffen, das nun im Falle des Bedürfnisses eine intensive, ‚sehnsüchtig' zu nennende Besetzung erfährt» (ebenda, S. 203).

Dadurch kommt FREUD zu einer etwas zu eindeutigen Unterscheidung zwischen Angst, Schmerz und Sehnsucht auf der einen und Trauer auf der anderen Seite, wobei letztere unter Einwirkung des Realitätsprinzipes entsteht: «Wir kennen noch eine andere Gefühlsreaktion auf den Objektverlust, die Trauer. Ihre Erklärung bereitet aber keine Schwierigkeiten mehr. Die Trauer entsteht unter dem Einfluß der Realitätsprüfung, die kategorisch verlangt, daß man sich von dem Objekt trennen müsse, weil es nicht mehr besteht. Sie hat nun die Arbeit zu leisten, diesen Rückzug vom Objekt in all den Situationen durchzuführen, in denen das Objekt Gegenstand hoher Besetzung war. Der schmerzliche Charakter dieser Trennung fügt sich dann der eben gegebenen Erklärung durch die hohe und unerfüllbare Sehnsuchtsbesetzung des Objekts während der Reproduktion der Situationen, in denen die Bindung an das Objekt gelöst werden soll» (*loc. cit.*, ebenda, S. 205).

Diese Unterscheidung ist heuristisch sehr brauchbar, und es ist klar, daß ohne die Arbeit der Trauer – unter dem Einfluß der «Realitätsprüfung» – das getrennte Subjekt nicht überleben könnte, jedenfalls nicht in psychischer Integrität. Aber in der sogenannten «pathologischen Trauer» ist eben dieser Verlust der psychischen Integrität gegeben – die Grenzen zwischen dem «Normalen» und dem «Pathologischen» sind zumal in der Trauer fließend. Die Trennung ist lebensbedrohend, da sie eine Katastrophe für das (mit dem Objekt identifizierte) Ich ist. *So ist jede Trennung von einer mehr oder minder verdrängten Todesangst begleitet.* Freilich ist die Todesangst genetisch inhaltlos, zumindest auf der intellektuellen Ebene, denn wer – vom Säugling gar nicht zu reden – stellt sich schon etwas unter dem Tod vor? Wie wir aber soeben sahen, vermerkt FREUD selbst, daß beim Säugling «einiges zusammenfließt, was später gesondert wird». Dazu gehört wohl auch eine mehr oder minder vorbewußte Todesangst als Folge des Objektverlustes. Wohl schreibt FREUD: «Der volltönende Satz: jede Angst sei eigentlich Todesangst, schließt kaum einen Sinn ein, ist jedenfalls nicht zu rechtfertigen» (S. FREUD, *Das Ich und das Es* [1923], Ges. W., XIII, S. 288); er gibt aber unumwunden zu, daß sie bei der «neurotischen» Libidoangst vorhanden ist (zum Unterschied von der Realangst – ein wohl pragmatischer Unterschied, der weitgehend auf dem «Leistungsprinzip» basiert!).

«Der Mechanismus der Todesangst könnte nur sein, daß das Ich seine narzißtische Libidobesetzung in reichlichem Ausmaß entläßt, also sich selbst aufgibt, wie sonst im Angstfalle ein anderes Objekt. Ich meine, daß die Todesangst sich zwischen Ich und Über-Ich abspielt. (...) Die Todesangst der Melancholie läßt nur die eine Erklärung zu, daß das Ich sich aufgibt, weil es sich vom Über-Ich gehaßt und verfolgt anstatt geliebt fühlt. Leben ist also für das Ich gleichbedeutend mit Geliebtwerden, vom Über-Ich geliebt werden, das auch hier als Vertreter des Es auftritt. Das Über-Ich vertritt dieselbe schützende und rettende Funktion wie früher der Vater, später die Vorsehung oder das Schicksal. Denselben Schluß muß das Ich aber auch ziehen, wenn es sich in einer übergroßen realen Gefahr befindet, die es aus eigenen Kräften nicht glaubt überwinden zu können. Es sieht sich von allen schützenden Mächten verlassen und läßt sich sterben. Es ist übrigens immer noch dieselbe Situation, die dem ersten großen Angstzustand der Geburt und der infantilen Sehnsucht-Angst zugrunde lag, die der Trennung von der schützenden Mutter» (ebenda, S. 288–289). Dann steht das Es eindeutig «unter der Herrschaft der stummen, aber mächtigen Todestriebe (...), die Ruhe haben und den Störenfried Eros nach den Winken des Lustprinzips zur Ruhe bringen wollen ...» (ebd.).

In dem Maße, wie bei der Untersuchung unseres Gegenstandes zwischen «Realangst» und «Libidoangst» unterschieden – oder nicht unterschieden – werden kann, kann auch zwischen «realitätsangepaßter Trauer» und melancholischer «Todesangst» unterschieden werden. Tatsache ist, daß wir in allen von uns studierten Fällen die mehr oder minder verdeckte, langsamer oder rascher heilende Todesangst – das «thanatoide» Erlebnis – und die «pathologische Trauer» gefunden zu haben glauben.

Die Bindungen, die sich durch die Trennung der Liebenden bald lösen, sind in der Regel von vornherein durch die *Gewissensangst* gekennzeichnet. Sie tragen ja von dem Augenblick an, da sie geschlossen wurden, die Trennung in sich. Sie sind vom Anfang an keine unproblematischen menschlichen Beziehungen und werden vom Überich – das heißt letztlich von der Gesellschaft, wie sie sich in den Vorurteilen und Ideologien des Individuums widerspiegelt – nicht gutgeheißen. Es ist bereits ein großes Risiko und ein «Abenteuer», eine solche Bindung einzugehen: das Wort «Abenteuer» wurde im Zusammenhang mit solchen prekären Bindungen verharmlost und seines tragischen Untertons im allgemeinen beraubt. FREUD vermerkte bekanntlich, daß die Neurose ein Negativum der Perversion sei. Nun braucht eine der Trennung geweihte Bindung noch keineswegs besonders «pervers» zu sein (obwohl es eine Beobachtungstatsache ist, daß in solchen «illegitimen» Bindungen auch die sogenannten «Perversionen» mit Vorliebe gelebt werden); dennoch sind solche Bindungen Anzeichen einer im Sinne der oppressiven Kulturordnung versagenden «genitalen» Sexualorganisation. Die Gesellschaft – oder zumindest das von ihrer Herrschaftsform mittels der Familie geprägte Überich der betreffenden Menschen[6] – verurteilt solche «Abenteuer». Diese werden also schon unter dem Zeichen der Gewissensnot begonnen. Die Moralisten haben es daher nicht besonders schwer, uns zu beweisen, daß solche Ausflüge ins vermeintliche Paradies in Wirklichkeit in die Hölle führen. Die Trennung frißt die Bindung auf, noch ehe diese wirklich gelöst wird. Die Unsicherheit und die Angst der Liebenden sind manchmal so stark, daß diese den Lustgewinn ihrer Verbindung mit schwerer Gewissensnot bezahlen, welche nach unseren Beobachtungen in einer großen Anzahl der Fälle ins Somatische – in Form von sogenannten psychosomatischen Erkrankungen – oder auch in die anfängliche und relative Impotenz des Mannes bzw. Frigidität der Frau konvertiert wird.

118. Ein 49jähriger Patient schildert uns sehr prägnant nicht nur seine Gewissensqualen, sondern auch das ihn zutiefst beunruhigende Versagen seiner Potenz am Beginn einer belastenden Liebesbeziehung zu einer jungen Frau, die er aus verschiedenen Gründen als

---

[6] An zahlreichen Stellen seines Werkes wies FREUD auf diese soziale Funktion des Überichs als *Erzeuger einer Vermittlung* hin; beispielhaft mag folgendes Zitat stehen: «Da (das Über-Ich) selbst auf den Einfluß der Eltern, Erzieher und dergleichen zurückgeht, erfahren wir noch mehr von seiner Bedeutung, wenn wir uns zu diesen seinen Quellen wenden. In der Regel folgen die Eltern und die ihnen analogen Autoritäten in der Erziehung des Kindes den Vorschriften des eigenen Über-Ichs. Wie immer sich ihr Ich mit ihrem Über-Ich auseinandergesetzt haben mag, in der Erziehung des Kindes sind sie streng und anspruchsvoll. ... So wird das Über-Ich des Kindes eigentlich nicht nach dem Vorbild der Eltern, sondern des elterlichen Über-Ichs aufgebaut; es erfüllt sich mit dem gleichen Inhalt, es wird zum Träger der Tradition, all der zeitbeständigen Wertungen, die sich auf diesem Wege über Generationen fortgepflanzt haben. Sie erraten leicht, welch wichtige Hilfen für das Verständnis des sozialen Verhaltens der Menschen ... sich aus der Berücksichtigung des Über-Ichs ergeben. Wahrscheinlich sündigen die sogenannt materialistischen Geschichtsauffassungen darin, daß sie diesen Faktor unterschätzen. Sie tun ihn mit der Bemerkung ab, daß die ‚Ideologien' der Menschen nichts anderes sind als Ergebnis und Überbau ihrer aktuellen ökonomischen Verhältnisse. Das ist die Wahrheit, aber sehr wahrscheinlich nicht die ganze Wahrheit. Die Menschheit lebt nie ganz in der Gegenwart, in den Ideologien des Über-Ichs lebt die Vergangenheit, die Tradition der Rasse und des Volkes fort, die den Einflüssen der Gegenwart, neuen Veränderungen, nur langsam weicht, und solange sie durch das Über-Ich wirkt, eine mächtige, von den ökonomischen Verhältnissen unabhängige Rolle im Menschenleben spielt.» (S. FREUD, *Neue Folge der Vorlesungen zur Einführung in die Psychoanalyse* [1933], Ges. W., XV, S. 73–74.) Abgesehen davon, daß FREUD die Anerkennung der ideologischen Beharrungstendenz durch den Marxismus ganz offenkundig mißversteht, ist hier eine Auffassung angeführt, in der sich gerade der Marxismus mit der Psychoanalyse begegnen kann. Neben der erzieherischen Rolle des Überichs tritt hier die durch die Vermittlung hervorgerufene Entfremdung des Menschen klar zutage. Unmittelbare Beziehungen zwischen den Menschen sind durch die *Mittlerfiguren* entstellt.

besonders «verboten» betrachtete, weil sie nicht ganz sicher war, ob sie nicht in ein Kloster eintreten sollte. Interessant ist die Aussage, die uns diese junge Frau ihrerseits machte; obwohl schüchtern und unerfahren sagte sie uns nämlich, daß sie bei aller Zuneigung viel leichter sexuelle Beziehungen zu einem anderen Mann als zu diesem Patienten aufnehmen würde, weil ihr Gewissen darunter weniger leiden würde. Wir können vermuten, wie stark die gegenseitige Induktion solcher Gewissensangst bei den Partnern in ähnlichen Fällen sein muß. Unser Patient erschrickt nun über die vermeintliche Impotenz, die er dem männlichen Klimax zuzuschreiben geneigt ist. Um die sexuelle Potenz unter Beweis zu stellen, unternimmt er einige Versuche mit anderen Frauen, deren Intimität ihm weniger Gewissensnot verursacht, und diese Versuche werden auch mit Erfolg belohnt.

Das hier kurz beschriebene Geschehen finden wir, mit einigen Varianten, in zahlreichen Fällen wieder und begegnen seinem Widerpart auch im weiblichen Verhalten [7].

119. Eine unserer Probandinnen, 35 Jahre alt, die bis dahin ein scheinbar ziemlich unbekümmertes sexuelles Leben geführt hatte, berichtet über ihre wachsende Angst, mit fortschreitendem Alter keine ihr entsprechenden männlichen Beziehungen mehr zu finden. In Wirklichkeit ist auch hier das Problem des Alters ein «Alibi». Dieselbe Probandin berichtet über zunehmende Häufigkeit des Vaginismus in einigen Fällen, da sie neue Beziehungen zu Männern eingeht.

120. Wir wollen an dieser Stelle auch die Notizen, die sich ein lediger, 39jähriger Staatsanwalt, Dr. FON, anläßlich seiner psychoanalytischen Sitzungen macht, anführen. Es handelt sich hierbei weniger um eine leidenschaftliche und von außen her verhinderte Bindung zu einer Frau, als vielmehr eher um eine auf «Überdruß» zurückführende Trennung, die sich hier vorbereitet. Uns geht es aber darum, die bis zu einem gewissen Grad analysierte Angst und Aggressivität in den Motivationen der erwogenen Trennung aufzuzeigen. Außerdem ist im Verhalten Dr. FONs die Rolle des Wiederholungszwanges, von der noch in Abschnitt II die Rede sein wird, deutlich sichtbar.

In seinen Notizen anläßlich der 267. psychoanalytischen Sitzung schreibt Dr. FON: «Vor der Sitzung hatte ich Ärger mit Martha, den ich nicht unterdrücken wollte, den zu äußern mir aber auch Unlust einbrachte: ich rede nicht gerne über die Beziehungen zu einer Frau, vor allem nicht, wenn es sich um etwas Aktuelles handelt.

Dann bringe ich einen Traumsplitter aus der Nacht zum Dienstag: Ich koitiere mit der Mutter, wobei die Mutter genau jene Stellung einnimmt, die sie beim Urinieren einzunehmen pflegte, wenn ich sie dieses Geschäft verrichten sah (wie ich in der Deutung eines Traumes vom Samstag ausführte). In der gestrigen Sitzung habe ich die Äußerungen der Lust verschwiegen, die die Frau im Traum während des Koitus von sich gab. Mehr hat die Zensur nicht passiert.

_____

[7] Daß das analytische Aufarbeiten solcher Potenzstörungen auf den Druck von seiten des Überichs sowie auf die Inzestschranke und den Kastrationskomplex hinweist, brauchen wir nicht eigens zu unterstreichen. Nichtsdestoweniger dürfen wir in einigen solcher Vorfälle auch den Ausdruck für die Diskrepanz zwischen der «rein» sexuellen Ebene *(sit venia verbis,* denn der Mensch besitzt keine «reine», das heißt «zoologische» Sexualität) und der Ahnung um den möglichen Reichtum personaler Beziehungen vermuten. Das kurzschlüssige Abgleiten in die sexuelle Intimität kann nach Art einer Übersprungbewegung die *Angst* vor der Leere oder Schwierigkeit reichhaltiger menschlicher Beziehungen maskieren. Potenzstörungen können u. U. insoferne gleichsam «weise» sein, als sie die unvermeidliche Trennung des fragwürdigen Verhältnisses vorwegnehmend symbolisieren oder davor warnen. Daher spielen sie in unserem Untersuchungsgegenstand – d. i. die Trennung differenzierter Beziehungen – eine unwichtige Rolle.

Und damit setzt in meiner Erinnerung wieder die Verdrängung ein. Ich kann mich im Moment nicht weiter an den Sitzungsverlauf erinnern. Ich weiß, daß ich dann in ziemlich starken Widerstand verfiel.

Der Ärger, den ich gestern mit Martha hatte, läßt mich nicht los. Weil ich noch gestern abend nach Bad Ischl gefahren bin, sie aber erst am Freitag abend nachkommt, habe ich sie, ehe ich zum Analytiker fuhr, kurz in ihrem Büro besucht. Ich traf sie in schlechter Stimmung an (wahrscheinlich, weil ich sie heute – an einem Feiertag – allein lasse) und beim Weggehen machte sie mir Andeutungen, die ich nicht sofort ernstgenommen habe; sinngemäß, ich würde sie nicht lieben und führe nicht ihretwegen nach Bad Ischl.

Ich erzähle diesen für mich ärgerlichen Vorfall deswegen, weil er meine Neigung zur Dystonie berührt hat. Schon in der Straßenbahn, auf der Fahrt zum Psychoanalytiker, habe ich auf einmal so große Müdigkeit empfunden, daß ich eingeschlafen bin, obwohl ich gar nicht unausgeschlafen war. Und auch auf der Fahrt in der Eisenbahn bin ich eingeschlafen, was mir sonst kaum passiert; ich bin tagsüber immer hellwach, ohne die Neigung, einzuschlafen. Als ich gestern am Abend noch zwei Stunden spazieren ging, mußte ich eine stark ausgeprägte Hypotonie wahrnehmen.

Äußerungen von seiten Marthas wie die gestrigen stellen meine Beziehungen zu ihr in Frage. Ich neige – verursacht durch die Schwierigkeiten, die ich momentan in der Analyse habe, vor allem durch die Angst – dazu, Martha für diese Angst und für diese Schwierigkeiten verantwortlich zu machen und die Konsequenzen daraus zu ziehen. Solange ich die Beziehung zu Martha nicht hatte, ging es mir in der Psychoanalyse besser, ich hatte nicht die Angst. Erst die Beziehung zu Martha brachte mir im vergangenen Frühjahr die Periode der Angst, die ich in den Wochen vor dem Urlaub wegen meiner Absicht, den Urlaub mit Martha zu verbringen, hatte. Und ich scheine das Mädchen auch jetzt für die Angst und die Schwierigkeiten, die ich derzeit in der Psychoanalyse habe, verantwortlich zu machen.

Ich glaube mich zu erinnern, daß ich in der psychoanalytischen Sitzung am Montag über die innere Unrast und Nervosität geredet habe, die mir Marthas Gesellschaft einbringt. Meine Beziehungen zu dem Mädchen sind derzeit in einer kritischen Phase. Trotzdem will ich diese Beziehung von mir aus nicht abbrechen, weil ich dann wahrscheinlich wieder nach einer anderen Frau suche. Und weil mir das nur vermehrte innere Unruhe einbrächte. Ich erinnere mich noch immer der Umstände, die mich im Urlaub vor zwei Jahren veranlaßten, mit Martha intim zu werden: ich war damals wegen meiner Einsamkeit sehr deprimiert. Das könnte unter Umständen nur wiederkommen – und das möchte ich mir ersparen.

Über die nächste (268.) psychoanalytische Sitzung macht Dr. FON folgende Aufzeichnungen: «... Gestern, vor der Sitzung, habe ich die Einsicht gewonnen, daß ich meine Schwierigkeiten und Spannungen, die durch die Analyse ausgelöst werde und die aus der Beziehung zur Mutter herrühren, auf die Beziehung zu Martha projiziere ... In der Sitzung greife ich noch einmal die Mitteilung von der Äußerung Marthas am Mittwoch auf, erwähne meinen Affekt und meine, daß ich mich mit dem Gedanken getragen habe, Martha den Laufpaß zu geben. Vor der Sitzung gestern hätte ich die Sache überdacht und wäre zu dem Ergebnis gekommen, daß ich die inneren Schwierigkeiten – vor allem in der Beziehung des Kindes zur Mutter – auf Martha projiziere. Wenn ich den Wunsch hätte, dem Mädchen den Laufpaß zu geben, dann würde sich darin auch der Wunsch erkennen lassen – der Wunsch des Kindes –, die Mutter loszuwerden, der Mutter den Laufpaß zu geben. So wie ich, nachdem ich 1963 erstmalig mit der Analyse in Berührung gekommen bin, zu Hause bei den Eltern nicht mehr ausgehalten habe, bei ihnen nicht mehr wohnen konnte und schließlich im Mai 1965 ausgezogen bin.

Der Analytiker interveniert behutsam und meint, er hätte mir zwar keinen Rat zu geben, wie ich mich entscheiden solle, aber die Trennung von dem Mädchen bedeute nicht die Lösung der Probleme. Ich erwidere, daß ich es mit Martha schon fast anderthalb Jahre ausgehalten habe, so lange wie noch mit keiner anderen Frau ...

Im Zusammenhang mit dieser Erörterung werfe ich auch ein, daß die Schwierigkeiten in mir, die ich auf das Mädchen projiziere, sich aus dem Traum von Dienstag erkennen ließen, in dem ich mit der Mutter koitierte . . .

Ich denke nach, warum mich die Äußerungen von Marthas Unmut so berührt haben. Ich glaube, eine Antwort bereit zu haben: Weil mir durch solche Äußerungen meine eigene Unzulänglichkeit drastisch vor Augen geführt wird und weil ich auf diese eigene Unzulänglichkeit nicht gerne gestoßen werde. Ich weiß, daß Martha recht hat, aber meine Eigenliebe verbietet mir, daran immer wieder erinnert zu werden. Diese eigene Unzulänglichkeit ist mir ja auch schmerzlich bewußt geworden, als ich mit Martha und einem Ehepaar (die Frau ist eine Verwandte Marthas) am Abend des 1. Mai in ein Restaurant in Bad Ischl gegangen bin, wo es mir nicht gefallen hat. Ich habe damals meinen Affekt auch nicht überwinden können und habe Martha den Abend verdorben, worüber ich recht unglücklich war, weil mir dadurch auch meine eigene Unzulänglichkeit drastisch demonstriert worden ist. Ich werde durch diese Äußerungen gezwungen, das Bild, das ich mir von mir selber mache und welches mit der Realität nicht übereinstimmt, mit der harten Welt der Tatsachen, mit meiner eigenen Realität, zu konfrontieren. Und das beleidigt mich, irritiert mich. Es drängt sich die Frage auf: Dieses irreale Bild, das ich mir von mir selber mache, ist das bloße Eitelkeit, oder ist es zugleich auch Selbstschutz? Ist es notwendig, sich von sich selber ein Bild zu machen, das von den Tatsachen abweicht? Ich neige dazu, mich zu weigern, eine solche Notwendigkeit anzuerkennen, auch wenn die Erkenntnis der Realität schmerzlich ist, wie ich das eben empfand. So schmerzlich, daß ich dem Mädchen den Laufpaß geben will, nur um die Konfrontation meines Wunschbildes von mir mit dem den Tatsachen entsprechenden Bild zu vermeiden . . .

Die Sitzung nähert sich dem Ende und ich empfinde Unlust, will davonlaufen. Da fällt mir noch die Geschichte ein, die ich vor sechs Jahren erlebt habe, als ich mit Albert im Stundenhotel war. Wir hatten schon mehrere Frauen konsumiert, da hat Albert noch zwei gerufen. Ich weiß nicht, ob er sie vor mir gebraucht hat, er hat sie dann zu mir geschickt. Ich wollte nicht mehr, war schon ein wenig müde. Doch die beiden machten ihre Sache gut. Sie nahmen mich beide in Arbeit. Die eine forderte mich auf, ihre Brust in den Mund zu nehmen. Sie wollte mich damit noch einmal reizen; das ist ihr auch gelungen und ich habe dann beide Dirnen konsumiert. Albert und ich sind darauf nach Hause gefahren. – Die Mutter, die ich in der Frau erblicke, wird zur Hure herabgewürdigt.»

An Hand dieser und ähnlicher Fälle wird die Frage nach der «Echtheit» der Gewissensangst deutlicher. Das säkularisierte XIX. Jahrhundert dachte, daß das Gewissen imstande sei, ein unfehlbares Leitbild für das menschliche Verhalten zu bieten. Ein voreiliges Urteil würde anläßlich der soeben beschriebenen Fälle vielleicht folgendermaßen lauten: Diese Menschen sollten der Gewissensstimme, die deutlich (?) in ihnen spricht, gehorchen, dann würden sie nicht in die beschriebenen Schwierigkeiten geraten. Die personale Situation ist indes eine viel kompliziertere, sie enthält einen nicht leicht zu lösenden Widerspruch. Denn auch der Protest gegen die Norm und der Wunsch, diese Norm zu übertreten, wird vom Beteiligten als «echt» erlebt. Auch ist dem außenstehenden Beobachter die Frage erlaubt, inwieferne die introjizierte Norm einen Echtheitscharakter zeigt. Was ist mehr «echt»? Die vermeintliche «Stimme des Gewissens» oder der Zweifel an der sozialen Norm? [8]

[8] Was ist die «moralische Sicherheit» im philosophischen Sinne? Ist sie nicht die Vergewisserung von der Echtheit eines Kriteriums, also auch *Versicherung* mit allen ihren

116. Die schon ziemlich ausführlich beschriebene Beziehung zwischen Dr. IBN und Frau MAI (siehe insbesondere zuletzt S. 75–77) bietet uns ein reichhaltiges Material zur Beobachtung der Gewissensangst. Dr. IBN ist zweifellos im Grunde genommen ein strenger Moralist; nun übertritt er die eigenen moralischen Normen, wobei diesen, wie soeben vermerkt, nicht ohne weiteres die Eigenschaft der «Echtheit» zugeschrieben werden kann. Er bezahlt das Übertreten dieser Normen mit einem ständig schlechtem Gewissen, das er nicht nur masochistisch – als Selbstqual und Selbstsstrafe – erlebt, sondern in sadistischer Weise auch auf seine Partnerin projiziert; um sich von der Schuld loszukaufen, muß er Frau MAI streng «erziehen». Aus einem moralisch ziemlich unbelasteten Wesen macht er in kurzer Zeit – nach seinen eigenen Worten – eine Art «Nonne» oder «Blaustrumpf». Er muß aber Frau MAI noch empfindlicher strafen, da sie ihm Anlaß für die Übertretung der Norm zu sein scheint. Wir wissen, es gelingt ihm soweit, daß sie sich das Leben nimmt. Man soll uns nicht mißverstehen: dieser Strafmechanismus spielt sich freilich im Unbewußten des Dr. IBN ab und wird erst im Laufe seiner Psychoanalyse offenkundig. Auch Frau MAI wird – durch Identifikation – vom schlechten Gewissen angesteckt: die Aggressivität des Überichs wird bei ihr dergestalt wachgerufen, daß die Unmöglichkeit der Weiterführung ihrer Beziehung zu IBN, der für sie das ideale Leitbild darstellt, sie zwingen wird, sich selbst in radikaler Art zu strafen – das Weiterleben wird für sie unmöglich.

101. Es sei hier auch auf die mehrmals erwähnte Bindung von Dr. C. D. und L. hingewiesen. Hier wird die Frage nach «Echtheit» in scharfer, besonders konfliktreicher und widerspruchsvoller Art und Weise gestellt. Auf Seite 37 hörten wir die Erzählung C. Ds.: «Wir nahmen alle Hemmnisse, Ängste, Demütigungen und Vorwürfe auf uns. Dann, nach ungefähr drei Monaten, sahen wir ein, daß es doch nicht zu machen war.» Aber Dr. C. D. sah sein Erlebnis auch noch wie folgt: «Ich verlor mit L. etwas Großes und Glückliches, was meine Vernunft nicht ganz erklären kann. Es ist so, als ob ich in eine andere Welt hineingeguckt und es teuer bezahlt hätte. Ich weiß nicht mehr genau, was in jener Welt vor sich ging: wahrscheinlich die ungemische Freude an einem sehr jungen Menschen, an einem aufnahmebereiten Geist und unerfahrenen Körper, ohne ewige Rücksicht auf Erlaubtes und Verbotenes» (S. 38). Auch Dr. C. D. – so verschieden er von Dr. IBN sein mag – versucht durch eine Art Erziehung sein vermeintliches Vergehen wettzumachen, indem er verständnisvoll auf die Eigenart der jungen Frau eingeht. Wir sahen (S. 69), wie wirksam die beiden Liebenden füreinander Idealbilder waren, und wie vielschichtig der moralische Aspekt ihrer Beziehungen war, da sie durch diese Beziehungen zugleich «verurteilt» und «gerettet» zu sein glaubten.

121. Die Gewissensangst, die die fragwürdigen Bindungen, welche die Trennung von Anfang an enthalten, begleitet, wurde uns sehr prägnant von einer 28jährigen Probandin in einem einzigen Satz geschildert: «Wie entsetzlich, jetzt beginnt die Qual von neuem. Wie schrecklich ist der Anfang einer neuen Liebe!» Dies rief sie aus, als sie im Begriffe war, eine solche Bindung zu einem Manne, in den sie sich gerade verliebte, einzugehen. Diese Frau hatte bittere Erfahrungen gesammelt und sie wußte um die Angst des Konfliktes, der eines Tages die Trennung hervorrufen würde.

Wir könnten noch zahlreiche Beispiele der Gewissenangst beim Entstehen solcher Beziehungen, die die Trennung in sich tragen, aufzählen, doch die hier angeführten genügen wohl. Wir merken jedenfalls, wie schwierig die Unterteilung in «Realangst» und «Libidoangst» in der Praxis ist, das

Widersprüchen und – psychoanalytisch betrachtet – mit allen dazugehörenden *Abwehrmechanismen* gegenüber dem Zweifel?

heißt: die Unterscheidung zwischen der Furcht vor einer objektiv (sozial) aussichtslosen Situation und dem Schmerz als Folge des Verbotes von seiten des Überichs. Ebenso schwierig ist in unserer Untersuchung – wie wir schon gesagt haben – die genaue Unterscheidung zwischen einer noch realitätsangepaßten «Trennungstrauer» und dem melancholieartigen Erleben der «Todesangst». Das Ich straft sich selbst unter dem Druck des strengen Überichs unerbittlich: die Übertretung des Gesetzes muß gesühnt werden. Dieser Druck des Überichs ruft das Erleben des Aussetzens durch die Gesellschaft, die einst in der Kindheit von den Eltern, insbesondere vom Vater, vertreten wurde, hervor. Das Aussetzen des schwachen Ichs durch die schützende Gesellschaft ist aber todesähnlich. Der Begriff der Todsünde ist wahrscheinlich aus diesem «thanatoiden» Erleben hervorgegangen. Sich selbst nicht lieben, und zwar stellvertretend für die Gesellschaft, heißt eigentlich so viel, wie sich töten, denn dadurch spricht man sich den Lebenswert ab.

116. Sehr konsequent hat daher Frau MAI (s. S. 75 ff., 85) durch ihren Selbstmord gehandelt, da ihr erwachtes Überich ihr das absolute Ausgestoßensein aus der Liebe demonstrierte.

122. Die 19jährige SIM hat unter Einwirkung von Alkohol ihren viel älteren Onkel, mit dem sie eine intensive Freundschaft verband, geküßt und sich von ihm liebkosen lassen. In der Nacht darauf erlebt sie einen Verzweiflungsausbruch und notiert in ihrem Tagebuch: «Etwas treibt mich zur Selbstvernichtung. Wie konnte ich das nur! Es ist, also ob ich mich dabei töten wollte.» Im Laufe der darauffolgenden psychagogischen Gespräche gelang es der jungen Frau, die Ansprüche des Es und die des Überichs zu entmischen; sie sah ein, daß nicht das Verlangen nach der Nähe ihres Onkels an und für sich todbringend ist, sondern daß die moralische Sanktion dieses Verlangens so erlebt wurde.

Der Druck von seiten des Überichs verursacht nicht nur die Todesangst und eventuell den Lustgewinn an derselben, sondern äußert sich in sehr komplizierten Nebenfolgen. Es verhält sich nämlich so, daß auch die eingegangene und nun getrennte Bindung vom Idealich abhängig ist. Auch die glücklichste und scheinbar noch so asoziale Bindung trägt neue Verpflichtungen in sich. Das Überich ist nicht monolithisch, sondern – als Abkömmling des Es – partialisiert. Das Motiv des Verpflichtetseins findet sich in einem großen Teil unserer Kasuistik. Diese neuen Pflichten stehen aber im Widerspruch zu den althergebrachten, die in erster Linie im Überich eingeprägt sind. Es kommt buchstäblich zu einer Kollision der Pflichten.

116. Wir können diese Sachlage sehr deutlich im Falle von Dr. IBN und Frau MAI (siehe S. 75-77, 85) feststellen. Es steht außer Zweifel, daß IBN sich MAI gegenüber auf die ernsteste Weise verpflichtet fühlte und daß er auch versucht hatte, dieser seiner moralischen Verpflichtung folgerichtig Genüge zu tun. Gerade die Kollision der Pflichten wurde ihm unerträglich – seinem Ich drohte der Zusammenbruch unter den sich widersprechenden Forderungen des Überichts. Schematisch ausgedrückt: auf dem Hintergrund des starren althergebrachten Überichs bildete sich bei Dr. IBN aus der libidinös besetzten Imago

MAI ein zusätzliches Überich, dessen praktische Forderungen im Widerspruch zu den Grundforderungen des früh geprägten Überichs standen.

101. Ähnliches, wenn auch weniger deutlich, stellen wir in den Beziehungen zwischen Dr. C. D. und Fräulein L. fest. Wenn Vergleiche auf diesem Gebiet überhaupt einen Sinn haben, so scheint das Ich des Dr. C. d. gleichsam besser integriert zu sein als das Ich von Dr. IBN. Daher ist es ihm auch Jahre hindurch gelungen, eine freundschaftliche und sehr positive Bindung zu dem von ihm getrennten Mädchen zu bewahren. Wir merken jedoch, daß auch hier die Trennung durch eine Kollision der Pflichten verursacht wurde, und daß Dr. C. D. nach der Trennung ein gerade noch erträgliches Maß an Verpflichtungen zu seiner Geliebten aufrechterhielt.

Diese Problematik rührt an verschiedenen Aspekten der FREUDschen Metapsychologie. Zweifellos wird in den von uns beschriebenen Fällen gegen die erdrückende Macht des Überichs gekämpft. Auf der anderen Seite werden gerade zerstörende und aggressive Ausläufer desselben angenommen und weitergegeben oder – anders ausgedrückt: Libidomengen werden in den Ichtrieben investiert. Hier befinden wir uns in der Nähe der FREUDschen Theorie des «Todestriebes», der wir noch viel Aufmerksamkeit widmen werden. Diese Verschränkung der Destruktionstriebe mit der Libido ist eigentlich nicht verwunderlich und benötigt an dieser Stelle nicht sosehr eine biogenetische Erklärung – wiewohl wir an die Trieb-Dressur-Verschränkung KONRAD LORENZ' denken müssen –, sondern eine soziogenetische. Wir stehen hier einem komplexen Tatbestand gegenüber: gewisse Triebsprößlinge werden – bedingt durch den sozialen Druck in der Entwicklung des Menschen – ihrerseits von der sozialen Struktur als verpönt betrachtet. So muß das Ausleben dieser Triebsprößlinge – obwohl sie selbst gesellschaftlich mitgeformt sind – die Strafe von seiten des Überichs, welches durch die Gesellschaft geprägt wurde, hervorrufen.

In dieser Vermengung der tödlichen Aggressivität mit der Libido entdecken wir noch eine andere Abart der Angst nach der Trennung – eine Abart, die wir in den meisten Fällen mehr oder weniger klar beobachten können: nämlich die Angst des Getrennten, darunter zu leiden, daß er noch liebt, ohne wiedergeliebt zu werden. Die Analyse dieser eigenartigen Motivationen der Angst brachte uns zu zwei verschiedenen Entstehungsquellen derselben. Erstens: Es kommt bei jedem Menschen zu der sekundären libidinösen Besetzung der primären libidinösen Tätigkeit selbst, das heißt, daß der Lustgewinn nicht allein durch das Objekt gewährt wird, sondern sekundär durch die Tatsache der libidinösen Besetzung zum Zwecke des Lustgewinns; wir können sozusagen von der «Liebe zur Liebe» sprechen. So, wie es eine Angst vor der Angst gibt, so gibt es eine Liebe zur Liebe. Nicht nur das Objekt wird geliebt, sondern auch die Liebe zum Objekt, und es bildet sich daher so etwas wie ein stark narzißtisches Idealich, das nach einer glücklichen Dualunion verlangt und sich nicht mit der unerwiderten Liebe zufrieden gibt[9]. Zweitens offenbart diese Abart der Angst die geheime Hoffnung, den Geliebten noch dadurch zu treffen oder ihn gefügig zu machen, indem man ihm seine Treue und unverbrüchliche Liebe zeigt. Auf der anderen Seite besagt eine aggressive Lebensweisheit das Gegenteil, nämlich, daß man einen Menschen um so sicherer an sich bindet, je weniger man ihm seine Liebe demonstriert. Diese sadistische Lebensweisheit erzeugt ihrerseits die Angst, die Liebe des anderen durch die Demonstration der eigenen zu überfordern, ihm gleichsam langweilig zu werden, was allerdings auch manchmal zutrifft.

Ziemlich typisch für diese Haltung sind die Briefe von Julie de LESPINASSE: «6 Uhr abends. Ich will nicht, mein Freund, daß in den wenigen Tagen, die mir im Leben verbleiben, einer von ihnen vergehen könnte, ohne daß Sie sich daran erinnern, daß Sie von dem unglücklichsten aller Geschöpfe bis zum Wahnsinn geliebt werden. Ja, mein Freund, ich liebe Sie. Ich will, daß Sie von dieser traurigen Wahrheit verfolgt werden; ich will, daß Sie dadurch in Ihrem Glück gestört werden; ich will, daß das Gift, das mein Leben zerstört hat und diesem wahrscheinlich ein Ende setzen wird, auch in Ihrer Seele ein schmerzliches Gefühl hervorruft, und daß dieses Gefühl Sie dazu zwingt, jene Frau zu betrauern, die Sie mit größter Zärtlichkeit und Leidenschaft geliebt hat. Leben Sie wohl, mein Freund. Lieben Sie mich nicht mehr, weil dies gegen Ihre Pflicht wäre und gegen Ihren Willen. Doch Sie können sich nicht dagegen wehren, daß ich Sie liebe und es Ihnen hunderttausende Male wiederhole...» Wenig später, vor ihrem Tod, schreibt sie: «Es gab eine Zeit, da es mich wunschlos gemacht hätte, von Ihnen geliebt zu werden. Ach,

---

[9] Die unvergleichliche Plastizität der menschlichen Triebökonomie ermöglicht solche «sekundären» Besetzungen nicht nur von «Objekten», sondern auch von Vorgängen im Subjekt selbst. Das Subjekt als sich selbst wahrnehmender und steuernder Organismus hat die Möglichkeit, auch an der Aktivität des Triebes selbst Lust zu gewinnen und daraus ein «Ersatz-Objekt» zu machen. Dies erklärt die libidinöse Besetzung der aggressiven Vorgänge – vielleicht am nächsten dem, was FREUD unter «Todestrieb» verstand – und auch der libidinösen Vorgänge selbst (wohl eine Facette des «sekundären Narzißmus»). Solche induktiv gewonnenen Hypothesen sind u. E. notwendig, wenn man nicht in eine ubiquitäre und mystische Auffassung der «Libido» – wie etwa bei C. G. JUNG – abgleiten will. Es ist nicht immer leicht, mit FREUD zwischen «Ziel» und «Objekt» des Triebes zu unterscheiden; allein, er nahm mit dieser Unterscheidung in genialer Weise die Erkenntnisse der später entwickelten Verhaltenslehre vorweg. Die Libido «sucht» wohl nach «adäquaten» Objekten, aber sie kann in Ermangelung der äußeren Auslöser in einem «frei schwebenden» Zustand – im sogenannten Appetenzverhalten – durch sekundäre Besetzung innerer Auslöser zum Lustgewinn beitragen, um sich dann u. U. auf weniger «adäquate» Objekte (dank der «vertikalen» Übertragung: Sublimation und Perversion) zu fixieren. Ziel bleibt dabei die Lust, die Befriedigung. Das Objekt kann – insbesondere beim Menschen – weitgehend ausgetauscht werden beziehungsweise im Subjekt selbst gesucht werden. Dies allein erklärt sowohl die «Liebe zur Liebe» als auch die Tendenz, trotz starker Fixierung an dem Abwesenden, sich «neue» Objekte zu suchen. Wir verweisen auf die Parallelität dieses Geschehens zu den Hypothesen KONRAD LORENZ' über Trieb-Dressur-Verschränkung und über Appetenzverhalten. Die Tiere erwerben durch Lernen – durch «Eigendressur» – die «Kenntnis» der Objekte, die ihre angeborenen auslösenden Schemata erst funktionsfähig machen, sowie die Ausnützung der ebenfalls angeborenen Taxien zur Bemächtigung dieser Objekte. «Wir nennen ein solches Zusammenarbeiten angeborener und andressierter Bewegungsweisen zweckmäßig eine ‚Verschränkung'» (KON-

vielleicht hätte das mein Bedauern ausgelöscht oder wenigstens die Bitterkeit gelindert: ich hätte leben wollen. Heute will ich nur sterben. Es gibt keinen Ersatz, keine Milderung für den Verlust, den ich erlitten habe: ich hätte ihn nicht überleben sollen (...). Leben Sie wohl, mein Freund. Wenn ich zum Leben wiedererwachen sollte, wünschte ich mir, es noch dazu zu verwenden, Sie zu lieben; allein, die Zeit ist um.» *(Lettres d'amour,* Edition «J'ai lu», E/1, Paris, 1962, S. 208–209).

Wie nicht anders zu erwarten, dokumentieren auch die *Träume* der Getrennten die Angst, von der jetzt die Rede war. Auch diese Träume sind weniger ein Reich der Erfüllung als ein Reich der Angst und des Zwanges. Diese Tatsache widerspricht nicht der FREUDschen Hypothese der Wunscherfüllung durch den Traum, da die Fortwirkung der peinigenden Erlebnisse im Traum erstens eine Angstabfuhr durch die Selbstbestrafung erlaubt, und zweitens einen Versuch der Überwindung der traumatisierenden Situation darstellt, indem letztere unter die Macht des Denkens fällt und vom Träumer wiederholt und eingeübt wird. Wir konnten feststellen, daß eine manifeste Wunscherfüllung im Traum der Getrennten äußerst selten vorkommt. Insbesondere kurz nach dem Trauma der Trennung sind stark frustrierende Träume vorherrschend; eine Reihe von Assoziationen weist hierbei darauf hin, daß die Abwertung des Abwesenden durch die peinigenden Träume erleichtert wird. Wir können also in den Träumen auch ein Ventil für die Aggressivität gegen den getrennten Partner ver-

---

RAD LORENZ, *Über tierisches und menschliches Verhalten,* R. Piper & Co., München, Band I., 1965, S. 389). «Zum Begriff des Appetenzverhaltens können wir durch die Feststellung überleiten, daß derartige Verschränkungen nie zustande kämen, wenn das Tier nicht irgendwie nach dem Ablauf seiner angeborenen Bewegungsweisen aktiv strebte. (...) Das richtige Ablaufen der Bewegung muß subjektiv als ‚Belohnung' empfunden werden... (...) Der vom Tiere als Subjekt angestrebte Zweck (liegt) nicht (...) im Verfolgen der arterhaltenden Zweckmäßigkeit seiner ‚Instinkte', sondern nur im befriedigenden Ablauf der Instinktbewegungen selbst» (ebenda, S. 389–390). Dies ist eine streng FREUDsche Sprache zur Definition des Lustprinzips. Für die Verhaltensforschung wie für die Psychoanalyse wird «die Instinkthandlung *um ihrer selbst willen* vom tierischen wie vom menschlichen Subjekt angestrebt» (ebenda, S. 390). Zur Funktionsfähigkeit des Instinktes ist nicht nur ein Auslöser notwendig (dies würde die Instinktbewegung zum einfachen Reflex machen und den Tatbestand dennoch nicht erklären), sondern auch eine «endogen-automatische Bewegung» oder Appetenzverhalten. Dann wird auch klar, warum «eine bestimmte, offensichtlich auf eine ganz bestimmte Situation oder ein bestimmtes Objekt zugeschnittene Bewegungsweise *unabhängig* von diesen Reizen ausgeführt werden kann» (ebenda, S. 391). Der Reflex ist nämlich nicht das einzige «Element» neuraler Vorgänge, es gehört vielmehr – LORENZ beruft sich hier auf VON HOLST – «zu den wichtigsten Leistungen des zentralen Nervensystems, *Reize selbst zu erzeugen*» (ebenda, S. 392). Die Stauung reaktionsspezifischer Energie verändert «offenbar das *Wahrnehmungsfeld* des tierischen und menschlichen Subjektes so (...), daß das normalerweise inadäquate Objekt als subjektiv adäquat empfunden oder – im extremen Falle – frei halluzinatorisch vorgegaukelt wird» (ebenda, S. 393). In eindrucksvoller Weise bestätigte die Verhaltensphysiologie sämtliche Hypothesen FREUDS in bezug auf «adäquate» und «phantastische» Objekte der Libido und auf Verschiebbarkeit letzterer im Dienste des Lustprinzips.

muten und auf diese Weise einen sekundären Lustgewinn. Letzterer tritt in einem verhüllenden Gewand auf: es wird nämlich die Möglichkeit geschaffen, vom getrennten Objekt zu träumen – es herbeizuzaubern – und zugleich eine Abwehr gegen dieses getrennte Objekt aufzubauen. Die Lust am getrennten Objekt wird doch noch in einer mehr oder weniger verdrängten Weise gewonnen, gleichzeitig wird aber durch die Wiederholung des peinigenden Erlebnisses der Versuch unternommen, das Objekt abzuwehren. Auch hier findet gleichsam ein Lustgewinn statt, und zwar die Lust an der Abwertung, der Aggressivität, zum Zwecke der Selbsterhaltung nach der Trennung, also zum Zwecke der *Verarbeitung des traumatischen Ereignisses.*

Bekanntlich unternahm FREUD den Versuch einer etwas künstlichen Unterscheidung zwischen «Angst- und Strafträumen» auf der einen Seite und den Träumen der Unfallsneurotiker sowie jenen, die uns die Erinnerung der psychischen Traumata der Kindheit wiederbringen, auf der anderen Seite. Letztere Arten von Träumen setzt FREUD in direkte Verbindung mit dem Wiederholungszwang und vermutet, daß sie mit der Wunscherfüllung nichts zu tun hätten (obwohl unseres Erachtens auch die Wunscherfüllung durch Angst- und Straftendenzen gewonnen werden kann) (S. FREUD, *Jenseits des Lustprinzips* [1920], Ges. W. XIII, S. 32–33).

Es fällt an Hand unserer Kasuistik auf, daß die Träume der Getrennten nur äußerst selten eine manifeste Wunscherfüllung ermöglichen. Am Anfang der Trennungszeit herrscht das unlustbetonte Träumen vor. Die meisten Getrennten klagen über traurige und meistens hoffnungslos gefärbte Träume. Sie träumen wohl von ihrem Partner, doch dieser sieht sie nicht an, oder zwischen dem Träumenden und ihm liegen zahllose Hemmnisse und Mißverständnisse vor, oder die Trennung steht gerade unmittelbar bevor, oder aber – in der Mehrzahl der Fälle – ist das Bild des Partners schattenhaft und irgendwie entstellt oder verfremdet. Manchmal dringt der Traum tiefer zu dem eigenen latenten Inhalt vor und demonstriert an Stelle des Getrennten zum Beispiel die Krankheit oder den Tod des Vaters oder der Mutter. Es wird z. B. stereotyp über den wirklich stattgefundenen und weit zurückliegenden Tod eines Elternteils geträumt. Getrennte berichten wie von einem glücklichen und seltenen Ereignis, daß sie doch auch manchmal einen wunscherfüllenden Traum haben, in dem sie mit dem abwesenden Partner unbeschwert und glücklich zusammen sind und seine Liebe genießen.

Wir werden uns noch mit dem Wiederholungszwang beschäftigen müssen (Abschnitt II). Hier sei nur gesagt, daß der Wiederholungszwang selbst eine von Grund auf doppeldeutige Erscheinung ist, die auf indirektem Wege *auch* Lustgewinn zuläßt. Es kommt zu einer Art Kompromiß, da in den sich wiederholenden unlustbetonten Träumen *doch von dem Abwesenden geträumt wird:* das zu Verdrängende wird also durch (vordergründig) unlustbetonte Wiederholung im Traum in das Bewußtsein des Träumers hineingebracht und zugleich abgewehrt [10].

101. Ungefähr ein Jahr lang träumte Dr. C. D. jede Nacht von der abwesenden Geliebten L. Er berichtet darüber, daß alle diese Träume traurig sind, irgendwie «grau und hoffnungslos», wie er sich ausdrückt. L. ist «wie fremd», oder sie ist krank, oder sie ist im Begriffe aufzubrechen, oder sie scheint ihn nicht zu bemerken. Manchmal wacht C. D. mit dem Gefühl auf, diese Nacht nicht von L. geträumt zu haben. Es fällt ihm dann dennoch ein, da er durch die Psychoanalyse in der Beobachtung der Träume nun trainiert ist, daß die Gegenwart Ls. im Traum gleichsam mitschwingt. Sie ist irgendwo Randfigur, ihre Präsenz wird im Traum gefühlt und erkannt, ohne deutlich zu werden. Manchmal «weiß» der Träumer von ihrer Abwesenheit, so daß sie *mittelbar* – durch das Wissen um letztere – doch anwesend ist; ihre Präsenz ist eine Stimmung, oder es ist etwas im Traum, das diskret auf L. hinweist; dann entsteht ein merkwürdiges «Doppelgefühl», wie sich C. D. ausdrückt: er möchte nämlich manchmal gar nicht von L. träumen, um dadurch nicht belastet zu werden, und doch bedauert er sehr, die Geliebte nicht deutlicher zu sehen. Wir lernen verstehen, wie es im Traum zu einem «indirekt» lustbringenden Kompromiß kommen kann.

123. Ein anderer Proband erzählt uns ähnliches. So träumt er, daß er in einem Musikaliengeschäft Schallplatten besorgt und diese verliert. Es fällt ihm ein, daß die Schallplatten wahrscheinlich für die von ihm getrennte Geliebte gekauft worden sind. Nun sind sie verloren gegangen, und dies ist ein unangenehmes Erlebnis. Er vermerkt aber, daß darin doch eine Art Gegenwart der Geliebten mitschwingt.

124. Dr. LON, 49 Jahre alt, Hochschullehrer, Facharzt für Psychiatrie und Neurologie, träumt, er hätte seine Sprechstunde abgesagt und dadurch ziemlich viel von seinen Honoraren eingebüßt. Erst in der psychoanalytischen Sitzung kommt ihm der Gedanke, daß er diese Sprechstunde absagen hätte können, um sich mit der abwesenden geliebten 19jährigen Verwandten zu treffen – was allerdings nicht geträumt wurde.

Es erübrigt sich wohl der Hinweis, daß jede tiefer reichende Analyse hinter dem manifesten Inhalt solcher Träume ihren latenten Inhalt entdeckt, der im allgemeinen mit kindlichen Frustrationen gekoppelt ist, insbesondere mit unerledigten Resten des Ödipuskonfliktes. Dies ist verständlich, weil das Phänomen der Trennung, so wie wir es hier beobachten, auf dem Boden nicht verarbeiteter Frustrationen und ödipaler Verhältnisse gedeiht. Für unsere Untersuchung ist augenblicklich die mehr phänomenologische Beschreibung des Trennungserlebnisses – auch im Traum – von Bedeutung.

---

[10] Dadurch, daß der in Wirklichkeit Abwesende im Traum zugegen ist, wird die Trennung *geleugnet*, ohne daß aus diesem Anlaß der volle Lustgewinn gezogen wird. Dieses dialektische Geschehen ist dem FREUDschen Begriff der *Verneinung* zuzuordnen. «FREUD entdeckte im psychologischen Akte der *Verneinung der Wirklichkeit* eine Übergangsphase zwischen ihrer *Ignorierung* und ihrer *Anerkennung*; die fremde, daher feindliche Außenwelt wird trotz der Unlust bewußtseinsfähig, indem sie mit dem negativen Vorzeichen der Verneinung versehen wird; sie wird geleugnet (S. FERENCZI, *Bausteine zur Psychoanalyse*, 2. Auflage, Hans Huber, Bern-Stuttgart, Band I, 1964, S. 86). Gleichzeitig wird aber auch die durch die Anwesenheit gewährte *Befriedigung* geleugnet, da in unserem Falle der Traum vorwiegend unlustbetont ist. Auf solchem verschlungen-dialektischen Wege wird die Aufhebung des Traumas angestrebt – somit letztlich wieder ein Lustgewinn (wiederum ein dialektischer Aspekt des Prozesses!).

So ist die Angst in diesem Trennungserlebnis immer gegenwärtig. Sie nährt sich an allen Erscheinungen der Trennung: sie nährt sich schon an der Phantasie, die mächtiger ist als jeder reelle Kontakt; aber beispielsweise auch am Briefwechsel zwischen den getrennten Geliebten. In der Phantasie, wie auch im konkreten Briefwechsel, kommt derjenige der Getrennten, der nicht synchron mit dem anderen resigniert, unweigerlich zur Rolle eines Störenfrieds. Entweder er verlangt noch Abhängigkeit, oder – im Gegenteil – Beschützung. Beides läuft auf dasselbe hinaus und ruft in der Phantasie desjenigen, der rascher vergißt, schlechtes Gewissen hervor. Der Störfaktor wird mit Aggressivität und auch schlechtem Gewissen beantwortet, wobei diese reaktive Aggressivität gegen den sich Anklammernden in der Regel freilich abgewehrt und in Form von Nachsicht, logischem Zuspruch, Ermahnung, Tröstung u. ä. m. rationalisiert wird. Aber in der inneren Logik des Gefühls sind solche rationalisierten Abwehrerscheinungen nur wenig wirksam; im allgemeinen wirken sie sich sogar als zusätzliche Kränkung des Abgewehrten und zusätzliche Alarmbereitschaft des Abwehrenden aus. So ist vielleicht das plötzliche Aufhören des Briefeschreibens, das man in solchen Fällen oft beobachtet, eine unbewußt «richtige» Lösung: man läßt die Natur wirken, dort wo Vernunft und Gefühl im Widerstreit liegen. Es handelt sich aber hierbei um eine Zuflucht in die Entfremdung, in das Vergessen, um dem schlimmeren Tod zu entgehen. Der Abwesende ist – solange sein Bild nicht ausgelöscht ist – immer *auch* Mahnung für die eigene Untreue, auch wenn keine Untreue im materiellen Sinne vorliegt. Es ist nicht nur eine narzißtische Kränkung, wenn der «andere» die Trennung überlebt, sondern es ist auch eine Kränkung des Idealichs, wenn auch ich, der Treue, ebenso imstande bin, die Trennung zu überleben und den «anderen» zu vergessen: *so wird das endgültige Vergessen paradoxerweise zur besten Medizin gegen das Vergessen.* Der unbewußte Vorwurf: «Du hast mich vergessen» muß Aggressionsmengen freimachen; dasselbe geschieht – auf dem Umweg der Gewissensangst, die auch abgewehrt werden muß – mit dem unbewußten Selbstvorwurf: «Ich habe ihn verlassen.»

Unbeschadet des praktischen Wertes einer energetischen Libido-Hypothese läßt sich die Liebe – schon wegen ihrer mannigfachen Überdetermination – wohl nicht leicht quantifizieren. Dazu fehlt es an einem brauchbaren Parameter [11]. In der Phantasie schafft jede individuelle Konstellation der zugrundegehenden Dualunion einen scheinbar *mehr* liebenden

---

[11] Auch der letzte uns bekannte Versuch, den Parameter etwa in der Lidschlagfrequenz zu suchen, scheint uns nicht überzeugend zu sein (MORTIMER OSTOW, *Psychopharmaka in*

und einen scheinbar *weniger* liebenden Teil. Daraus resultieren Unterschiede etwa im Tempo des «Heilungsprozesses», wobei hiermit selbstverständlich nicht einfältig gemeint ist, daß derjenige, der länger trauert, auch immer «mehr» liebt. Mitunter liebt er *sich* mehr. Ist aber der primäre Narzißmus nicht die Ausgangsform der vollkommenen Dualunion? Und weshalb wird von der Liebe verlangt, daß sie sich in der Opferung des Ichs begründet, da sie dem Liebenden Entfaltung und Befriedigung bringen möchte?

Aus dieser Auseinanderentwicklung der beiden Iche der Getrennten erwächst die große Schwierigkeit der brieflichen Korrespondenz. Man kann von Glück sprechen, wenn die zerrissene Dualunion durch geistiges, beispielsweise durch berufliches Interesse, wenigstens in sublimierter Form bis zu einem gewissen Grade aufrechterhalten werden kann. In unserem Material finden sich mehrere Fälle einer durch Korrespondenz erhaltenen Freundschaft, die durch regen Austausch von Meinungen und Nachrichten, insbesondere auf geistigem oder wissenschaftlichem Gebiete, noch eine Zeitlang bewahrt werden konnte. Der Beruf braucht starke libidinöse Investitionen, so daß gemeinsame berufliche Interessen für den Briefaustausch, der aus einer unmittelbaren Libidokatastrophe entstanden ist, wichtig sind.

Was aber, wenn eine vielleicht lebensfähige oder so scheinende Dualunion nicht an gemeinsamen sublimierten Zielen – wie etwa an geistigen Ansprüchen – aus der Ferne ernährt werden kann? Oder was dort, wo die Es-Anteile überwogen haben und sich nicht in sublimierter schriftlicher

---

*der Psychotherapie,* Hans Huber, Bern, und Ernst Klett, Stuttgart, 1966). Zu beachten ist andererseits das Prinzip der von Ostow aufgestellten Ich-Libidoskala:

| Position | Merkmale |
|---|---|
| 0 | Tiefe, träge Melancholie oder Katatonie |
| 1 | Wahnhafte Melancholie |
| 2 | Heftige Selbstverdammung und Pessimismus |
| 3 | Schuld, Pessimismus, primäre Selbstbeobachtung |
| 4 | Ich-Bezogenheit, Gefühl der Entkräftung |
| 5 | Keine hervorstechenden Kennzeichen |
| 6 | Objektorientiertheit |
| 7 | Mäßiges Objektstreben mit Optimismus |
| 8 | Deutliches Objektstreben, vielleicht mit Angstgefühl oder mit tertiärer Selbstbeobachtung verknüpft |
| 9 | Beziehungsgedanken, aber mit ausreichender Realitätsprüfung |
| 10 | Wahnhafte Manie oder Schizophrenie |

(a. a. O., eb., S. 124). – Die Leidenschaft findet nur schwer einen eindeutigen Platz auf dieser Skala; zumal sie, wenn sie mit der Trennung verbunden ist, durch überaus starke Ambivalenz gekennzeichnet ist.

Form mitteilen lassen? Unruhige Fragen über das Leben des anderen, über seine Entwicklung, nähren die Eifersucht, den Zweifel und führen zu Pflichtantworten, zur Hemmung. «Beschreibe mir genau alles, was Du machst», «Beantworte auch die kleinsten Fragen!» – das und ähnliches mehr sind Versuche, sich der Entwicklung, die nun auseinanderläuft, entgegenzustellen. Diese Versuche allein genügen nicht, um das Verhältnis aufrechtzuerhalten, da sie eher eine Mischung aus Es- und Überichansprüchen darstellen, welche Mischung nicht fähig ist, die Union auf der Ich-Ebene zu ersetzen. So läßt sich die Entwicklung nicht zum Stillstand bringen: sie hätte höchstens – und das auch nur im hypothetisch besten Falle – in Gemeinschaft mehr oder minder synchron verlaufen können. Geht sie nun auseinander, so ist dies weiterhin eine Lebensverminderung, und als Symbol dafür stirbt im allgemeinen auch der Briefwechsel.

Vorläufig aber kann letzterer ein Medium der Restbindung sein: ein Versuch, den menschlichen Kontakt noch aufrechtzuerhalten, und zwar ein symbolischer, sublimierter Versuch, die realistische Form der Liebesbeziehung durch eine mehr ideelle zu ersetzen. In einer noch weiter abgewandelten Form ist Briefeschreiben Ersatz und Symbol für den Liebesakt selbst.

101. Dem oft erwähnten Dr. C. D. fällt spontan der Symbolwert des Briefeschreibens für den Koitus ein. Er berichtet, wie die libidinöse Spannung in der Erwartung eines Briefes von L. wächst und unerträglich wird. Nach einem erhaltenen «befriedigenden» Brief und nach «gelungener» Beantwortung tritt eine (allerdings ziemlich kurze) Entspannung ein, eine Art «sexueller Befriedigung». «Man bildet sich ein, jetzt sei alles besser und ruhiger, wie nach einem beglückenden Geschlechtsverkehr, und daß man den nächsten Verkehr ja eigentlich nicht brauche, daß die Trennung eigentlich fast erträglich sei. Es ist allerdings nicht immer so, es gibt zwiespältige, unruhige, an Ausflüchten reiche Briefe von ihr, dann ist die Antwort auch entsprechend, es ist wie ein mißlungener Geschlechtsverkehr.»

Diese Beobachtung Dr. C. Ds. erlaubt uns – wie manche anderen Äußerungen dieses talentierten Analysanden – in die Problematik der durch die Trennung verklemmten Triebe näher vorzudringen. Wir konnten beispielsweise in zwei Fällen beobachten, daß sich getrennte Geliebte weniger vergeistigte Briefe schrieben als vielmehr im Gegenteil stark «obszöne». Diese Freude am «Obszönen» war wiederum ein Versuch, die Trennung zu überwinden, und zwar durch Isolierung eines Merkmals: letzteren Vorgang können wir bedingt «Perversion» nennen. Das «Obszöne» ist Protest gegen den Druck der Gesellschaft und des eigenen Überichs und zugleich Abwehr der Angst vor diesem Druck. Es stellt einen Versuch dar, die gewaltsame Libidoverschiebung, die von der Gesellschaft in Form von Sublimierung verlangt wird, auf freie Bahnen zu lenken; insoferne liegt diese Pervertierungstendenz ganz in der Nähe der Sublimierungstendenz. Schon im Jahre 1905 formulierte FREUD in den *Drei Abhandlungen zur Sexual-theorie* in einer streng konservativ-bürgerlichen Diktion eine recht revolutionäre Erkenntnis: «Vielleicht gerade bei den abscheulichsten Perversionen muß man die ausgiebigste psychische Beteiligung zur Umwandlung des Sexualtriebes anerkennen. Es ist hier ein Stück seelischer Arbeit geleistet, dem man trotz seines greulichen Erfolges den Wert einer Idealisierung des Triebes nicht absprechen kann. Die Allgewalt der Liebe zeigt sich vielleicht nirgends stärker als in diesen ihren Verirrungen. Das Höchste und das Niedrigste hängen in der Sexualität überall am innigsten aneinander (,vom Himmel durch die Welt zur Hölle')» (S. FREUD, *Drei Abhandlungen zur Sexualtheorie* [1905], Ges. W., V, S. 61) [12].

Das «Obszöne» weist zwar eine schillernde und sich widersprechende Verdinglichungsneigung auf, die aber noch lange nicht von der Deutung, die eine konformistische ununterdrückende Gesellschaft dem «Obszönen» zuordnet, enthüllt wird (vgl. hierzu LUDWIG MARCUSE, *Obszön. – Geschichte einer Entrüstung*, Paul List, München, 1962). Das «Obszöne» ist «obszön» *nur* als Protest gegen eine Ordnung, welche die Liebesbelange verhüllt und unterdrückt und sie zu «bösen Sachen» herabwürdigt. Mit einem besonderen Scharfsinn wurden diese Tatbestände von GEORGES BATAILLE untersucht. Reste des Sakralen werden durch die nicht mehr sakrale Moral ausgenützt und die Übertretung des Tabus, die Rebellion gegen das

---

[12] Daß Sublimation und Perversion polarisierte Aspekte der nämlichen «vertikalen» Partialisierung in der Ontogenie der Libido darstellen, wurde von uns bereits andernorts beschrieben: «Sublimierung und Pervertierung sind aber spezielle Vollzüge eines einzigen dynamischen Vorgangs, nämlich der Übertragung der Libido: das energetische Quantum, das einem Partialtrieb zukommt, wird unter dem Druck der Umstände oder der inneren Forderung auf ein analoges Objekt übertragen; diese analogen Objekte können nun entweder der weiteren Entwicklung förderlich sein oder hinderlich. Im ersten Fall sprechen wir von Sublimierung, im zweiten Fall von Pervertierung. Beide sind aber einander ausschließende Aspekte eines einzigen dynamischen Vorgangs, nämlich der Übertragung des Quantums der Energie, das dem Partialtrieb zukommt. In den Abschnitten über die Gestalt und über die auslösenden Schemata haben wir bereits gesehen, daß die spezifische Gestimmtheit des lebendigen Organismus sich gewisser Signale und Symbole bemächtigt, um mit ihnen eine Wirkeinheit zu bilden. Weisen nun diese Signale und Symbole in eine Richtung, die der Reifung und dem Fortkommen des Organismus förderlich sind, so wird die Gestimmtheit des Organismus auf ein Objekt übertragen, das eine Weitung und Vertiefung der Bezüge für den Organismus bedeutet. Wird nun die Gestimmtheit des Organismus ebenso auf analogem Wege auf ein Objekt übertragen, das eine Verengung und Verkümmerung der Bezüge, die dem Organismus zukommen, bedeutet, dann können wir von Pervertierung sprechen. Wie wir sehen, sind das Phänomen der Übertragung und die daraus folgenden Phänomene von Sublimierung und Pervertierung außerhalb einer Symbollehre schier unverständlich. Weiter merken wir, daß die bindenden Forderungen, deren sich das Über-Ich bemächtigt wird, entwicklungsgemäß vorgegeben sind und einer Hierarchie entsprechen, die selbst in der Reifung des Organismus verankert ist und für den

«Sublimierte», legt Zeugnis für den Aufstand wider die Unterdrückung ab. «Eine anständige Frau, die während der Umarmung ihrem Geliebten sagt: ‚Ich liebe deinen…!‘ könnte mit BAUDELAIRE erklären: ‚Die einmalige und höchste Lust der Liebe besteht in der Sicherheit, Böses zu tun.‘ Doch hat sie bereits auch erfaßt, daß das Erotische nicht an sich das Böse ist… (…) Sie leiht sich das wahrheitsbringende Wort von denen aus, die sich in der Abscheulichkeit des Bösen aufhalten… (…) Sie benützt die Gewalttätigkeit derer, die alle Verbote und jede Scham leugnen, und die diese Leugnung durch Gewalttätigkeit kundtun» (GEORGES BATAILLE, *L'érotisme*, Le Monde en 10/18, Paris, 1957, S. 152–153).

Zurück zum Briefwechsel: dieser steht also stellvertretend für den (offiziell nicht mehr existierenden) Liebeskontakt. Aber der Briefwechsel ist kaum dazu angetan, diesen Kontakt nach der Trennung jeweils zu retten. Die Briefe werden seltener, der briefliche Ausdruck verfällt auf alle Fälle entweder der erwähnten Pervertierung, und somit einer Art phantastischen Verdinglichung, oder – was die Regel ist – einer für den eigentlichen Liebeskontakt doch tödlichen Sublimierung und Gleichgültigkeit.

101. Dr. C. D. schildert uns, wie er die Briefe von Fräulein L. anfangs besonders gespannt erwartete, so daß er sich eigentlich «vor dem Briefträger fürchtete», und zwar, weil er selbst merkte, daß die Liebesbeziehung auf dem Umweg über den Briefwechsel scheinbar weiterging und damit die Trennung in Frage gestellt war, während die Dualunion doch nicht unversehrt bleiben konnte. Dr. C. D. dachte sehr viel über die Bedeutung

---

Organismus die Weitung und Vertiefung der Weltbezüge gewährleisten soll» (I. A. CARUSO und Mitarbeiter, *Bios, Psyche, Person*, Karl Alber, Freiburg i. Br./München, 1957, S. 259–260; vgl. oben Fußnote S. 88–89).

Von den älteren Psychoanalytikern hat Lou ANDREAS-SALOME die Verwandtschaft zwischen Sublimation und Perversion deutlich erkannt: «Es macht nachdenklich, daß Perversionen, gleichviel wie wenig angenehm manche aussehn, so ganz nahe am Weg zur Libidosublimation sich aufhalten: ja die ‚Verschiebbarkeit‘ des Triebes, die ihn erst sublimationsfähig macht, läßt ihn häufig auch erst perversionsfähig werden; wogegen die Objektliebe (insbesondere die altmodische ‚wahre‘ der Leute) sich nicht gern vom Platz rührt und hinter ihrem Sexualziel, wie hinter einem braven warmen Ofen, allmählich jede Beweglichkeit einbüßt. Allein, da ist ein Grund, warum man sie den Perversionen immer wieder mit Recht ganz unvergleichlich vorzieht: und das ist der Umstand, daß nur sie uns aus uns selbst in die Realität hinausrückt. (…) Indem perverse Zärtlichkeiten, fein oder grob, lieber über die Körperfläche hinspielen (…), ist es fast als glitten sie (…) mit tastenden Fingern vergebens sich zu halten suchend, irgendwohin entgleitend – ins Nichts» (LOU ANDREAS-SALOME, *In der Schule bei Freud*, Max Niehans, Zürich, 1958, S. 129–130).

Das Zitat FREUDS im Text und die zwei Zitate in der Fußnote stehen für den moralischen, philosophischen und poetischen Konformismus, der dazu dient, die Erkenntnis abzuwehren, daß die *Wertung* des angeblich «Perversen» eine *soziale* ist, so wie auch der Druck, der die Perversion erst konstituiert, ein *sozialer* ist. Wir wissen jetzt, daß gerade FREUD dieser Erkenntnis nahe gekommen war. Dort, wo die Sublimation als ein durch das Leistungsprinzip bedingter Konformismus geahnt wird, kann gerade die Perversion einen Durchbruch zu der «Vertiefung der Weltbezüge» bedeuten.

und die Eigenschaften des Briefwechsels mit der getrennten Geliebten nach. Wie schon vermerkt (s. oben S. 37 f. und 62 f.), bemühte er sich stets, zumal nachdem sie einen Freund gefunden hatte, seine Briefe an sie auf einem ausgeglichenen und doch innigen Niveau zu halten. In diesem konkreten Fall erwies sich der bewußte Versuch, den Trieb gewaltsam auf Sublimierungsbahnen zu lenken, vorläufig als verfrüht und wenig wirksam. Das heißt, daß dieser sublimierende Vorgang durch Leidenschaftsausbrüche (Eifersucht, Beschwören erotischer Erinnerungen u. dgl. m.) überwuchert wurde. Dr. C. D. bemühte sich aber unaufhörlich, seine brieflichen Beziehungen zu Fräulein L. unter bewußte Kontrolle zu bringen und den Sublimierungsweg offen zu halten. In seinen Privatnotizen schreibt er zu der Zeit, als Fräulein L. einen Freund traf, ungefähr: «Briefe an sie schreiben, Briefe von ihr erwarten, ist zwecklos. Nach der verkrampften Befriedigung stellen sich noch größere Schmerzen ein: meine Eifersucht, ihre Beziehungen zu dem andern usf. Die unstillbare Sehnsucht im Briefwechsel entspringt dem ebenso unstillbaren Wunsch, miteinander zu sein; gerade das aber ist unmöglich. Die Briefe sind bloß Ersatz, der das eigentliche Bedürfnis nicht befriedigen kann. Das Warten auf ihre Briefe, die vermeintliche Notwendigkeit, ihr Wichtiges sagen und erklären zu müssen – das alles ist neurotische Illusion. Das alles betont meinen Wunsch, mit ihr zu sein. Auf der Ebene des Logos wurde schon alles gesagt; das Bedürfnis nach Briefen ist nunmehr eine Art Zwang, der zu kurzer und trügerischer Entspannung führt. Gewiß, es bleibt immer etwas zu erklären, richtigzustellen usf., doch dieser Prozeß der Kommunikation würde kein Ende nehmen.»

Auch hier zeigt sich Dr. C. D. als guter Diagnostiker. In der Tat haben die Briefe nach der Trennung nur soferne einen «Sinn», als die Libidomengen, die in ursprünglicher Form der unmittelbaren Befriedigung zugeführt wurden, nun auf Sublimationsziele gelenkt werden, etwa – wie oben erwähnt – auf dem Wege einer beruflichen Zusammenarbeit oder eines Gedankenaustausches – kurzum auf Tätigkeiten, die eine Ersatzbefriedigung vermitteln. Doch ist es soweit, dann ist die Trennung *auch* vollendet und der Briefwechsel war eigentlich der Ausdruck gut funktionierender Abwehrmechanismen, von denen noch die Rede sein wird.

125., 126., 127. Ihr kluger Instinkt bewog drei Frauen, deren Geschichte als Probandinnen oder Analysandinnen wir in unsere Kasuistik aufnahmen, dazu, die Liebesbeziehungen nicht nur durch geographische Entfernung zu brechen, sondern auch ohne Anschriftsangabe abzureisen, so daß ein weiterer Briefwechsel unmöglich war. (Vgl. hierzu auch S. 92.) Indes, nicht alle Getrennten haben diesen Mut oder diese konkreten Möglichkeiten.

106. Die Probandin IVA (siehe S. 42) erzählt uns: «Er (der getrennte Geliebte) schreibt mir; ich ihm nicht, denn die Briefe treffen nicht mehr den Menschen, der in meiner Erinnerung lebt».

101. Fräulein L. sagte zu Dr. C. D., als dieser sie zum Zug nach Rotterdam brachte: «Wenn ich mir vorstelle, daß die Briefe immer seltener und seltener werden, packt mich das Grauen»; dabei schrieb sie selbst seltener und seltener, und wir wissen bereits, wie sehr Dr. C. D. bemüht war, den gegenseitigen Briefwechsel zu erhalten und gleichzeitig auf eine neue Ebene zu führen.

Es sei hier nur der Vollständigkeit wegen kurz erwähnt, daß die nämliche Problematik, die sich beim Briefwechsel zwischen den Getrennten einstellt, mit einigen Abwandlungen auch für die Geschenke gilt. Es ist hier tatsächlich nicht der Ort, die Psychoanalyse des Geschenkes zu unternehmen, die vermutlich die gleichen ambivalenten Faktoren wie in jedem psychoanalytischen Befund erhellen würde: Identifikation und Aggressivität zugleich, Austausch und Abwehr, Angst und Abwehr der Angst. Die von uns manchmal beobachtete Überhäufung mit Geschenken in der ersten Zeit der Trennung wiederholt in spezifischer Form die Ambivalenz aller Beziehungen, die wir analysierten: Wunsch nach Besitz und nach Zerstörung des Objektes, Trauer und Todeswunsch (symbolische Opferung), Angst vor der Erhaltung des Objektes und gleichzeitig vor dessen Verlust. Interessanterweise steht die Häufung der Geschenke in einem scheinbaren Widerspruch zu einer früher verbreiteten bürgerlichen Sitte, welche – in einer für die kapitalistische Gesellschaft charakteristischen verdinglichten Weise – das *Zurücknehmen der Geschenke* nach vollzogener Trennung verlangte. Das Gegensatzpaar Geben–Nehmen offenbart sich in beiden Arten, die zerstörte Dualunion durch materielles Geben bzw. materielles Zurücknehmen zu dokumentieren und zu verarbeiten.

101. Dr. C. D. vermerkt, daß er seiner Geliebten L. vor der Trennung «normale» Geschenke machte (Blumen, bescheidenen Schmuck usw.), sie aber *nach* der Trennung mit Geschenken überhäufte, die seine materiellen Mittel überstiegen; es dauerte ungefähr zwei Jahre lang, bis die Geschenksendungen nach Rotterdam seltener wurden. Hier sehen wir wieder den Versuch, die lebendige Bindung durch Geschenke zu ersetzen, d. h. sie in einem zu zerstören und zu bewahren.

112. Frl. DOA (siehe oben S. 49 f.) sagt in ähnlichem Zusammenhang: «Briefe schreiben, Geschenke wählen, Pakete senden, alle diese Fürsorge artete bei mir in eine zwangsmäßige Gesetzlichkeit aus. Das Zwangsdenken wurde unerträglicher, wenn ich zu halbwegs vernünftigen und zugleich symbolischen Handlungen überging (Geschäfte absuchen, Geschenke einpacken und auf die Post bringen). Diese Handlungen verschafften mir dann eine Art symbolischer Befriedigung, so etwas wie Ersatz für Kontakt, Liebesakt mit dem Abwesenden.»

Wir können unschwer erraten, daß das Geben und das Nehmen Abhängigkeitsverhältnisse zwischen den Menschen schaffen. Claude Lévi-Strauss zeigte, daß das Eigentliche der sozialen Struktur – von den archaischen bis zu den neuesten Formen – auf dem Austausch der reellen und später symbolischen Güter fußt. Die soziale Struktur ist ein Netz von Geben und Nehmen, wobei das Geben und Nehmen manchmal erst in einem komplizierten Überbau zum Ausdruck gelangt. Die Gesellschaft, die schon an sich ein kompliziertes Zusammenspiel von gebenden und nehmenden Menschen darstellt, ist notwendigerweise insofern auf der Abhängigkeit gewisser Individuen – und noch mehr gewisser Klassen – von den anderen aufgebaut, als sie eine Teilung zwischen produktiver und administrativer Arbeit aufweist. Noch mehr: es handelt sich hierbei nicht mehr nur um eine produktive Arbeitsteilung, sondern um das Herausbilden von Kasten und Klassen, deren Zweck die Selbsterhaltung der gegebenen – und zwangsläufig parasitären – Herrschaftsform mit ihren spezifischen Abhängigkeitsverhältnissen ist (HERBERT MARCUSE, *Eros und Kultur,* Ernst Klett, Stuttgart, 1957). Auf der anderen Seite konnte auch DANIEL LAGACHE auf Grund psychoanalytischer Befunde darauf hinweisen, daß die Bitte um etwas sowie die Gewährung der Bitte ein ähnliches Abhängigkeitsverhältnis schaffen: Macht des Menschen über den Menschen, Aggressivität, Schulderlebnis und Ambivalenz (DANIEL LAGACHE, *La condition humaine vue par un psychanalyste,* in: Vortragauszüge des III. Weltkongresses für Psychiatrie, 4.–10. Juni 1961). Jeder weiß, daß – sogar auf der Ebene des Bewußten – die Erfüllung eines Wunsches durch den Mitmenschen (und daher auch die Möglichkeit, diese Erfüllung abzuschlagen) ein Macht- und Erpressungsmittel werden kann.

Die implizite Entfremdung durch Geben und Nehmen schließt – zumindest theoretisch – nicht die Möglichkeit aus, eine Struktur zu verwirklichen, in welcher die Arbeitsteilung grundsätzlich abgeschafft wird (und zwar nicht in regressiver Form, sondern in Form der Bewältigung der Natur durch die Allgemeinheit), und somit auch die damit zusammenhängende Beherrschung und Ausbeutung des Menschen durch den Menschen. In einer solchen hypothetischen Struktur fände ein *gemeinsames* Geben und Nehmen statt, also in bezug auf Allgemeinheit, ohne daß Klassen oder Individuen daraus einen *zusätzlichen* Vorteil ziehen könnten: auf diesen zusätzlichen Vorteil in Form von Macht kommt es ja auch in unseren Ausführungen an.

Diese sozialpsychologischen Ausführungen schließen aber keineswegs die genetische Betrachtungsweise FREUDS aus. Bekanntlich hat FREUD das Nehmen vor allem dem oralen und das Geben dem analen Entwicklungsbereich zugewiesen. Hier liegt eine gewisse, vielleicht künstlich oder heuristisch aufgestellte Unterscheidung vor. In der psychoanalytischen Bearbeitung unseres Untersuchungsgegenstandes glauben wir feststellen zu können, daß die analen Züge mit den oralen engstens verflochten sind. *Orale* Schädigungen waren in dem uns zugänglichen psychoanalytischen Material über die Trennung vorherrschend; doch in bezug auf die Geschenke zwischen Getrennten waren auch die *analen* Züge deutlich bemerkbar. FREUD vermutet hinter seinem Entwicklungsschema ein vorwiegend biologisches Geschehen; da aber der Mensch kein rein biologisches, sondern ein vorherrschend vergesellschaftlichtes Wesen ist, sind diese beiden Aspekte – der biologische und der soziale – auch hier ineinander verschränkt. FREUD selbst schreibt: «Der Kot ist das erste *Geschenk,* das erste Zärtlichkeitsopfer des Kindes, ein Teil des eigenen Leibes, dessen man sich entäußert, aber auch nur zu Gunsten einer geliebten Person» (S. FREUD, *Aus*

*der Geschichte einer infantilen Neurose* [1918], Ges. W., XII, S. 113).
Freud fügt hinzu, daß durch die sozial bewirkte Verdrängung die erste
kindliche Bedeutung des Kotes – des ersten Geschenkes also – eine grund-
sätzliche Verneinung erfährt, so daß dem Geschenk später auch eine
«offensive Bedeutung» zukommen wird. Da «die Wertschätzung des Kotes
auf das ,Geschenk' und auf das ,Geld'» übertragen wird, können diese auch
eine «offensive», aggressive – und dadurch wohl eine besonders ängsti-
gende – Rolle spielen (S. Freud, eb., *loc. cit.,* S. 143; Derselbe: *Vorlesungen zur Einführung in die Psychoanalyse* [1917], Ges, W., XI, S. 326).

Wie dem auch sei, das Geben und das Nehmen sind auch ein *Sich-Hin-
geben* und ein *Sich-des-anderen-Bemächtigen!* So neigen die getrennten
Liebenden mitunter merkwürdigerweise dazu, Ersatzpersonen zu «geben»
und zu «nehmen». Für das «Nehmen» liegt die Sache ziemlich klar: man
sucht nach bewährtem Rezepte einen Ersatz für den Abwesenden. Das
«Geben» fällt in dieser Hinsicht der Verdrängung viel mehr zum Opfer,
da es dem Ichtriebe zuwiderläuft. Wir konnten jedoch beobachten, wie
getrennte Liebende – trotz ihrer Eifersucht – gleichsam ein Geschenk zu
machen wünschten in Form von «Gewährung» der Liebesbeziehungen zwischen dem Partner und einem anderen Objekt. Sie konnten ihren eigenen
«Nachfolger» durch Übertragungsliebe akzeptieren und somit ihre Eifersucht verneinen und sublimieren; ja, sie bemühten sich in Einzelfällen sogar darum, eine solche Ersatzperson zu «verschaffen». In seltenen Fällen
abortiver Trennungen – wir meinen hiermit Trennungen, die nicht vollständig vollzogen wurden – kam es zwischen dem neugebildeten Paar und
dem früher getrennten Partner zu sogenannten triolistischen – also «perversen» – Praktiken. Wir können hier nicht näher auf diese Ersatzhandlungen
und «perversen» Praktiken eingehen, doch dürfen wir auf Grund des vorher Gesagten vermuten, daß es sich auch hier um die Bewältigung großer
Angstmengen handelte.

Wir wollen diese beschreibenden Ausführungen mit dem erneuten Hinweis auf die *Angst* des verlassenen Ichs schließen. Gewissensnot und
Trauer vermischen sich in eigenartiger und durchaus peinigender Weise in
der Tragödie der Trennung zwischen Liebenden.

### F. Der prekäre Sieg über den Tod

Das Ich ängstigt sich in der Trennung, aber das Ich wehrt auch die Angst
ab. Im Zuge dieser Überwältigung durch die Angst und der Verteidigung
gegen diese entsteht eine Reihe von Phänomenen. Es liegt nahe, diese –

ohne sie unbedingt in ein Schema hineinpressen zu wollen – mit dem System der Abwehrmechanismen des Ichs, wie sie von ANNA FREUD beschrieben worden sind, in Verbindung zu bringen (ANNA FREUD, *Das Ich und die Abwehrmechanismen*, Kindler, München, 1964). ANNA FREUD untersucht die Dialektik der Ichabwehr nach außen und nach innen. So, wie die Verdrängung bezweckt, den störenden inneren Triebdruck ungeschehen zu machen, bezweckt die Leugnung, äußere Realitätseinwirkungen unschädlich zu machen. Das Verdrängte wird durch die Reaktionsbildung von innen her in Schach gehalten, die Leugnung wird durch die Verkehrung ins Gegenteil verstärkt. Die Triebregungen werden durch die Hemmung bekämpft, die daraus entstehende Unlust durch die Icheinschränkung. Die Intellektualisierung verhütet die Gefahren nach innen, die Wachsamkeit des Ichs die Gefahren, die von der äußeren Realität kommen. Dieses etwas vereinfachte Schema läßt sich auf die Abwehr der Ich-Katastrophe in der Trennung anwenden. Die Verdrängung ist für die Beseitigung der Partialtriebe und die Isolierung, von der wir oben sprachen (vgl. S. 58 ff.), für die Entstellung des wirklichen Bildes des Liebesobjektes notwendig. Die Aggression sichert den Getrennten gegen die Rückkehr des Verdrängten, die Abwertung ist die entsprechende Manipulation der Wirklichkeit. Es geht uns hier nicht darum, eine Theorie der Abwehrmechanismen zu entwerfen, die übrigens nicht nur der Abwehr, sondern auch dem Austausch dienen (vgl. oben S. 33 ff.), sondern vielmehr darum, die Abwehr von seiten des Ichs in einer eng umschriebenen Situation zu skizzieren.

Am Beginn dieses Abschnittes (S. 27–30) zählten wir die mehr oder weniger künstlich isolierten Erlebnisarten der Trennung beiläufig auf. Als erste haben wir die *Ich-Katastrophe* genannt, welchem todesähnlichen Erleben ein Großteil des ersten Abschnittes (ja im Grunde genommen der ganze Essay) gewidmet wurde. Wir sprachen bereits von dem Erlebnismodus der Aggressivität, weil er eigentlich von der als tödlich erlebten Ich-Katastrophe nicht zu trennen ist.

Nun bleiben noch einige Worte über die anderen Erlebnismodi und Begleiterscheinungen des Trennungskampfes zu sagen, und zwar über die *Gleichgültigkeit, die Flucht nach vorne* und besonders die *Ideologisierung*, der wir ein wenig mehr Aufmerksamkeit schenken werden, weil sie die «Trennungsarbeit» gleichsam krönt.

Es sei an dieser Stelle noch folgendes vorausgeschickt: Wir sind bei der Beobachtung der Ausweich- und Abwehrmanöver, die das Ich zum Wiedererlangen seiner Lebensfähigkeit vollführt, ständig versucht, diese Manöver in «regressive» und «progressive» einzuteilen. Diese strategische Terminologie ist insoferne brauchbar, als das Ich seine Macht tatsächlich auf gewisse Bereiche einschränkt, um sich auf die dringendsten Aufgaben zu konzentrieren. Das Ich vollzieht – bildlich gesprochen – eine doppelte Bewegung: einen Rückzug und eine neue Expansion. Doch das Kriterium der «Progression» bzw. «Regression» selbst ist ein doppeldeutiges: Es ist sowohl vom genetischen als auch vom sozialen Standpunkt bedingt. Vom genetischen Standpunkt aus gesehen ist das Ich ständig in einer Entwicklung oder in einem Rückzug begriffen, doch bereits die Normen dieser ständigen Fluktuation sind gesellschaftlicher Natur, da das Realitätsprinzip letztlich in der Welt des Menschen inmitten seiner Mitmenschen verankert ist. Es ist außerdem zu bemerken, daß jede Abwehr vom Ich bezahlt werden muß, da sie eine Quantität der hypothetischen psychischen Energie verbraucht, und daß sie daher regressiv ist, auch wenn sie letztlich mit einer Progression des Ichs verbunden ist. Andererseits sind auch die stärksten Entstrukturierungen des Ichs – denken wir etwa an die Schizophrenie – wahrscheinlich verzweifelte Rückzüge auf sehr eng gesteckte Abwehrstellungen. Auch das aufs tiefste entstrukturierte Ich des Schizophrenen macht nichts anderes als «reculer pour mieux sauter», auch wenn es ihm nicht mehr gelingen sollte, in dieser Welt, die es ängstigt, doch noch «sauter». Dieses Zurückfluten der Libido und die Abwendung des Ichs von der Außenwelt – ja vom Kontakt zu sich selbst als Objekt – sind aber manchmal so massiv – etwa in der akuten tödlichen Katatonie oder auch in der sogenannten «pathologischen Trauer» der Melancholie –, daß sie doch einer bedingungslosen Kapitulation gleichkommen, also dem Tode. Dies alles müssen wir vor Augen haben, wenn wir von scheinbar regressiven Maßnahmen des Ichs (so vom Totstellreflex), von seinen Ausweichmanövern und auch – auf der anderen Seite – von scheinbar progressiven Maßnahmen (so von der Ideologiebildung, zumal wenn eine solche von der Gesellschaft gutgeheißen wird) sprechen.

In allen solchen Maßnahmen, ob sie nun vorwiegend «progressiver» oder «regressiver» Natur sind, ist nach mehr oder weniger tiefgehender Analyse immer die Suche nach einer neuen Identität des Ichs sichtbar. Wir sagen «neue» Identität, weil der alte Lebensmodus des Ichs in der Dualunion zerbrochen worden ist. Das Ich wurde isoliert und «ausgesetzt»: wir haben es also bis zu einem gewissen Grad mit einem «verstümmelten» Ich zu tun. Dieses muß nun einen hohen Preis zahlen, um sich in der Welt zurechtzufinden, welche ihm soeben ihre Feindlichkeit gezeigt hat, die es aber als Schirmherrin neu werten muß. Es muß neue Ideale aufbauen, neue Wege einschlagen und gleichzeitig – und das ist das schwierigste an dem ganzen Unterfangen – sich doch mit dem «früheren» Ich identisch fühlen, da eine zu tief gehende Zäsur das Ich in den eigenen Augen entlarven und es der Selbstachtung und des Selbstvertrauens berauben würde. So muß das Ich mit Hilfe der Verdrängung gerade das Wesentliche, das soeben in Brüche ging, als nicht zu ihm gehörend, ansehen.

*a) Gleichgültigkeit.* Inmitten stärkster Verzweiflung konnten wir in jeder von uns beobachteten Trennungsreaktion auch kurze Perioden oder ständig unterschwellig vorhandene Anzeichen von Gleichgültigkeit beobachten, die wir bei unserem Materialsammeln sogar unter dem Motto «Wurstigkeit» eingereiht hatten. Wir meinen hier nicht jene Gleichgültigkeit, die nach vollendeter Trennungsarbeit und nach Aufstellung von Ideologien zu einem Dauerzustand wird, sondern vielmehr jenes Element der Affektstumpfheit, das sich der Getrennte während der Trennungsarbeit nicht gerne eingesteht, da diese Stumpfheit sein eigenes Idealbild empfindlich stören würde. Bei näherer Analyse glauben wir, verschiedene genetische Faktoren dieser Gleichgültigkeit vermuten zu können.

Als erster Faktor kann wohl die affektive Erschöpfung gelten, die nun einmal bei überstarker affektiver Inanspruchnahme ein allgemeines Phänomen ist. Auch in der klassischen Trauerarbeit kommt es zu einer «Hemmung des Affektes». Diese entsteht nach FREUD dann, wenn «das Ich durch eine psychische Aufgabe von besonderer Schwere in Anspruch genommen ist, wie z. B. durch eine Trauer, eine großartige Affektunterdrückung, durch die Nötigung, beständig aufsteigende sexuelle Phantasien niederzuhalten» (S. FREUD, *Hemmung, Symptom und Angst* [1926], Ges. W., XIV, S. 117). So konnte FREUD eine «intensive Allgemeinhemmung» bei einem Kranken beobachten, «der in eine lähmende Müdigkeit (...) bei Anlässen verfiel, die offenbar einen Wutausbruch hätten herbeiführen sollen» (ebenda, *l. c.*). Trauer, Affektunterdrückung, Verdrängung sexueller Phantasien und aufsteigender Aggressivität – das alles ist für die Arbeit der Trennung charakteristisch. In solchen Schwierigkeiten «verarmt» das Ich «an der ihm verfügbaren Energie» so sehr, «daß es seinen Aufwand an vielen Stellen zugleich einschränken muß (ebd., *l. c.*).

Wir merkten ferner, daß mehrere Probanden das Wort «Totstellreflex» im Zusammenhang mit der Gleichgültigkeit gebraucht haben. Der Übergang zwischen der Affekthemmung und einem hypothetischen Überbleibsel des echten Totstellreflexes ist uns unklar geblieben. Wenn schon vom Totstellreflex die Rede sein kann, so scheint uns diese Abwehr im vorhandenen Material recht ambivalent zu sein. Die Starrheit des Todes kann auf der soeben angedeuteten affektiven Erschöpfung beruhen, sie ist aber zugleich eine deutliche Abwehr gegen die lebensbedrohende Unruhe der Leidenschaft, die zur Ich-Katastrophe führte.

128. Aus unseren Notizen sei hier folgender Fall angeführt, in dem von einem «Totstellreflex» am deutlichsten die Rede ist: SOR, eine 31jährige Soziologin, die sich von ihrem anderweitig verheirateten Geliebten trennte und von Paris nach Wien «flüchtete», träumt stereotyp von der schweren Erkrankung und vom Tod ihrer Mutter. Starke Identifikationsmomente (sehr ambivalent, mit beträchtlich aggressivem Anteil) mit der Mutter sind bei der Patientin vorhanden. Einmal träumte sie auch, daß sie selbst begraben wird. Nach diesem Traum überkommt die Patientin eine ganz auffällige Affektstumpfheit, über welche sie sogar klagt, weil diese ihr wie ein «Totstellreflex» vorkommt. Sie vermerkt aber selbst, daß ein Totstellreflex eben eine Verteidigung gegenüber dem Tode ist und fügt hinzu: «Ich beginne zu denken, daß das Leben stärker als der Tod ist. In den Aufzeichnungen VIKTOR E. FRANKLS über seinen Aufenthalt in einem Konzentrationslager steht – glaube ich – etwas ähnliches.» Über das Erlebnis der «Affektstumpfheit» eindringlich befragt, berichtet sie, daß diese Gleichgültigkeit durch das, was sie «ein schizophrenes Gefühl» nennt eingeleitet worden sei. Sie hätte manchmal das Gefühl des Fremdseins, alles wäre weit weg, entfernt, bizarr. Sie bemerkt an dieser Stelle: «Ich habe ähnliches als Kind erlebt und dann vergessen. Jetzt merke ich, daß diese Verfremdung eine Einleitung zur Gleichgültigkeit ist, eine Distanzierung zu dem tödlichen Erlebnis» (gemeint ist das Erlebnis der Trennung).

Die Gleichgültigkeit – affektive Hemmung und Unentschlossenheit –, die nach unserer Erfahrung die Trennungsarbeit mehr oder weniger deutlich begleitet, trägt Züge eines *Ausweichens:* Der Getrennte weicht einer bedrohenden psychischen Realität aus. Diese psychische Realität ist genetisch vermutlich mit der Imago eines Elternteils verbunden. FREUD erwähnt ein «Ausweichen» vor einem Elternteil, indem man das Streben nach einem Triebobjekt aufgibt, da dieses Streben «an der Mißgunst» von seiten dieses Elternteils «Schuld getragen hatte» (S. FREUD, *Über die Psychogenese eines Falles von weiblicher Homosexualität* [1920], Ges. W., XII, S. 286). In einer Fußnote hierzu vermerkt FREUD, daß ein solches Ausweichen «im Mechanismus der Libidofixierung überhaupt keine Erwähnung gefunden hat», und er schließt deshalb mit einer psychoanalytischen Beobachtung an, in der die Entsagung des Verkehrs mit Frauen einem «Ausweichen» vor dem Konflikt mit dem Vater gleichkommt (ebd., *loc. cit.*, Fußnote). Wie alle übrigen Phänomene der Trennung zeigt auch das «Ausweichen» recht ambivalente Züge: denn auch die Aktivität, die «Flucht nach vorne», von der noch unten die Rede sein wird, kann durchaus ein analoges Ausweichen vor einem Elternteil sein, *wie überhaupt das ganze Phänomen Trennung ein Ausweichen sowohl vor der Autorität des Überichs als auch vor der Inzestgefahr ist.*

Der Leser wird vermutlich bemerkt haben, daß auch die zuletzt beschriebenen Begleiterscheinungen der Trennung die ambivalenten Züge, denen wir seit dem Beginn der Untersuchung begegnet sind, zeigen. Die durch die Trennung aufgeworfene Frage ist nun einmal zwiespältig, und die Antwort kann nicht anders ausfallen. Wir hatten schon Gelegenheit zu vermerken, daß die zur Trennung bestimmte Bindung von Anfang an einen

Konflikt in sich trägt und stark ambivalente Züge aufweist. Die soeben angedeutete Gleichgültigkeit ist nach der inneren Logik des affektiven Lebens die folgerichtige Fortsetzung der Unentschlossenheit und Zweideutigkeit, die der Bindung innewohnten. Ehe sie getrennt wurden, glichen die Geliebten bis zu einem gewissen Grade dem scholastischen Esel von Buridan, der sich zwischen zwei Haufen Heu nicht entschließen konnte und verhungerte. Das Ich der Menschen, deren Beziehungen mit der Trennung schwanger sind, ist ein *unentschlossenes Ich;* unentschlossen nicht als negative Eigenschaft, sondern aus der unglücklichen Konstellation heraus, daß jedes Ich sowohl die Gesellschaft vertritt als auch die intimsten und verborgensten Lustansprüche des Individuums repräsentiert. FREUD hat zur Genüge gezeigt, wie schwierig es in der Praxis ist, dieses Gleichgewicht zu bewahren, und was dieses Gleichgewicht als Belastung für das Ich bedeutet. Im Grund genommen war die Bindung, die nun durch die Trennung in Brüche gegangen ist, nie ein «freier Entschluß»; nicht, daß wir sonst an die Möglichkeit eines nicht determinierten Entschlusses glauben, sondern in dem Sinne frei, daß sich die Determinationen ziemlich aufwogen. Wo lag die *Absicht* des Ichs: in der Bindung? In der Trennung?

129. Ein Proband berichtet von der konfusen und konfliktreichen Lage, welche kurz nachdem er die Bekanntschaft einer Dame gemacht hatte, entstanden ist. Beide Menschen sind anderweitig verheiratet und beide verfügen über eine ziemliche Liebeserfahrung. Nun zeigt sich der Proband – seinem eigenen Wunsch entgegen – plötzlich sehr unentschlossen, verspürt moralische Skrupel, von denen er bis dahin wenig belastet war, und gibt während der Analyse zu, daß er «aus Müdigkeit die Komplikationen fürchtet». Die Frau, der gegenüber er sich so zwiespältig zeigt, schreibt ihm einen Brief, der für ihn manche Fragen zu klären scheint. Sie schreibt ihm nämlich unter anderem folgendes: «Ich habe nicht den Mut, den Husarenritt gegen die Realität *und* das von Dir dazu Ergrübelte zu versuchen, weil ich weiß, wie vulnerabel ich bin. (...) Deine wünschenden intellektuellen Gedanken sind nur machtlos, weil Du Intellektueller sie nicht mehr zu realisieren beabsichtigst. Laß mich Dir und mir das wieder zurückwünschen!»

Nun ist das Ich die «Instanz», welche die «wünschenden intellektuellen Gedanken» auch «zu realisieren *beabsichtigt*» – oder nicht. Die Frau, deren Brief wir zitierten, hat in wenigen Worten eine kluge und exakte Formulierung gefunden. Was *«beabsichtigt»* indes das Ich, das zwischen Leidenschaft und Gesellschaft zerrissen ist? [13] Was *beabsichtigen* – um

---

[13] Daß die «mangelnde Absicht» des Ichs den Ablauf einer Instinkthandlung hemmen kann, wo doch auch die letztere einen «scheinbaren» Wunsch des Ichs darstellt, ist verhaltensphysiologisch gesehen ein komplizierter und wenig durchleuchteter Vorgang. Es ist nur zu hoffen, daß die Verhaltensforschung uns weitere Hypothesen zum Verständnis dieses Vorganges liefern wird. Sicher ist, daß der «Es-Anspruch» im Sinne FREUDS gewissermaßen «abseits» des stellungnehmenden Ichs ablaufen kann. Die implizite Stellungnahme des Ichs kann den «Es-Anspruch» hemmen, in Form von komplizierten Konflikten oder scheinbaren Potenzstörungen (s. S. 81 f.). Selbstverständlich muß hierbei vor der Hypo-

auf unsere Fälle zurückzukommen – etwa Dr. C. D. und seine Geliebte L., Dr. IBN und seine Geliebte MAI? Besteht nicht der hohe Preis für die Intellektualität in dieser theoretischen Ausklammerung der wirklichen *Absicht*, wo doch die Absicht zugleich intellektuell und triebhaft sein sollte? Ist die Trennung nicht selbst eine im Grunde genommen *unbeabsichtigte* Lösung?

---

stasierung eines scheinbar teleologischen Instinktablaufes gewarnt werden: die Teleologie kann höchstens im Ich liegen. KONRAD LORENZ hat nachdrücklich vor der Annahme «eines adaptiven Einflusses der Erfahrung auf die Instinkthandlungen» gewarnt (vgl. KONRAD LORENZ, *Über tierisches und menschliches Verhalten. – Aus dem Werdegang der Verhaltenslehre*, Piper, München, Band I., S. 286 ff.). In der Fußnote auf Seite 88 f. zitierten wir LORENZ, um die «Unbelehrbarkeit» des Instinktes zu begründen. Nun aber ist das menschliche Ich das Resultat einer «Selbstdressur», beziehungsweise einer Dressur von seiten der Gesellschaft; die «Absicht» des Ichs kann sich mit dem Trieb verschränken: wir sind hier in der Nähe der LORENZschen Hypothese über die «Trieb-Dressurverschränkung». Ferner ist hierbei noch die von LORENZ genau beschriebene *Intensität* im Ablauf der Instinkthandlungen zu berücksichtigen. Je nach dieser Intensität kann sich das Tier auch «mit der unvollständigen, keinerlei biologischen Sinn erfüllenden Handlungsfolge ganz ebenso zufrieden (geben) wie mit der biologisches Ziel erreichenden, vollständigen Handlungskette» (ebd., S. 290): dies spricht deutlich dafür, «daß dieses Ziel nicht der die Handlungen des Tieres unmittelbar bestimmende Faktor ist und nicht mit einem dem Tiere als Subjekt gegebenen Zweck gleichgesetzt werden darf» (ebd., S. 290–291). In solchen Fällen bricht das Tier die Handlung «*ganz knapp*» vor Erreichen des biologischen Zieles» ab; «solche sinnlosen, unvollständig bleibenden Instinkthandlungen» sind in der Gefangenschaft mitunter viel häufiger als die voll ausgebildeten. Ferner ist an das allmähliche Absinken der Reaktionsintensität durch Reizgewöhnung zu denken: «das Tier verhält sich im Laufe der Reizgewöhnung ganz genauso, als wäre es die Intensität der Reizung, die abnimmt» (ebd., S. 192). Der Ablauf einer Instinkthandlung wird nun tatsächlich *nur so weit* durch die individuelle Erfahrung beeinflußt. In einer auf ein arterhaltendes Ziel gerichteten Handlungskette können «instinktmäßig angeborene und individuell erworbene Glieder unvermittelt aufeinander folgen» (ebd., S. 194). Die Erfahrung übt also *unmittelbar* keinen Einfluß auf die Instinkthandlung, sondern letztere *verschränkt* sich mit dem Ergebnis einer Dressur (Trieb-Dressurverschränkung). Auch das «Appetenzverhalten» ist von der eigentlichen Instinkthandlung zu trennen. «Zweifellos ist nun das Dressurverhalten nicht der einzige Typus zweckgerichteten Verhaltens, der sich in Verschränkung mit Instinkthandlungen vorfindet» (ebd., S. 296). – In unseren Fällen zögert nun die denkende «Instanz», eine kongruente Intention in die Instinkthandlung hineinzutragen. Sie «beabsichtigt» nicht, letztere zu «verwirklichen». – So fragwürdig die «neopsychoanalytischen» Theorien THEODOR REIKS zum Teil auch sind, so zutreffend ist sein Hinweis auf die regelmäßig stattfindende «Verwechslung von Sexualität und Ichtriebe»: etwa in den von FREUD beschriebenen Phasen in der Sexualentwicklung des Kindes, die ebenso «als Phasen der Ich-Entwicklung gekennzeichnet werden können», oder auch in den «reifen genitalen» Beziehungen, sowie in solchen Erscheinungen wie Impotenz u. dgl. m. (THEODOR REIK, *Geschlecht und Liebe*, Kindler, München, 1965. – Vgl. hierzu I. A. CARUSO und Mitarbeiter, *Bios, Psyche, Person*, Karl Alber, Freiburg i. Br., 1957, S. 254 ff.). – So sind die Libidoschicksale rund um die Trennung weitgehend von der Lage der Ichtriebe abhängig – in sozialer Prägung, Macht, Angst, Rationalisierung und anderen Abwehrmechanismen gegeben. Hierin dürfen wir wahrscheinlich – auf humaner Stufe – eine gewisse, noch näher zu untersuchende Analogie zur Theorie von KONRAD LORENZ über Trieb-Dressurverschränkung vermuten; der Mensch ist das Lebewesen, das sich selbst dressiert.

Oftmals mag dies ein Zeichen für eine wirkliche und dauernde Affekthemmung sein. Was Wunder, daß wir die Affekthemmung in der Trennungsarbeit wiederfinden? Diese Gedanken enthalten kein Werturteil: Das Ich des denkenden Menschen ist vor eine unlösbare Aufgabe gestellt, sowohl der Bedrohung der Leidenschaft auszuweichen als auch der Unterdrückung durch eine dem Individuum feindliche Gesellschaftsordnung. Das Luststreben macht – wie FREUD es klar gesehen hat – einem resignierten Vermeiden der Unlust Platz.

*b) Flucht nach vorne.* Viel vordergründiger als die Gleichgültigkeit tritt in der Trennungsarbeit ihr Widerpart zutage, nämlich die «Flucht nach vorne», sei es in Form einer von der Gesellschaft und vom Überich bejahten Leistung oder aber, als Kompromiß zwischen Überich- und Es-Ansprüchen, in Form einer Art Vergnügungssucht. Das Gemeinsame ist jeweils eine Art Ablenkungs- bzw. Betäubungstendenz durch – zumindest sekundär – lustbringende Tätigkeit. Nun ist die oben beschriebene Gleichgültigkeit auch ein Art Betäubung, indem sie eine Hemmung des Affektes gewährleistet. Doch in einer Gesellschaftsstruktur, in der die Leistung die Stärkung des Ichs (teilweise illusorisch) als Ersatz für die libidinöse Befriedigung gewährleistet, wird neben der unterschwelligen Gleichgültigkeit der Tätigkeitsdrang nach außen hin mit Vorliebe als Abwehrmechanismus gewählt.

Nach Überwindung des ersten Verzweiflungsausbruches können einige unserer Probanden eine erstaunliche Leistungssteigerung demonstrieren. Wir dürfen vermuten, daß – um berühmte Worte zu paraphrasieren – eine solche Steigerung der Sublimation «der Seufzer der bedrängten Kreatur, das Gemüt einer herzlosen Welt» ist; mit anderen Worten – hier in unserer Untersuchung – Ausdruck der narzißtischen Kränkung und gleichzeitig Protest gegen dieselbe. So verschafft etwa der Arbeitsdrang, der sozial besonders lobenswert ist, sekundäre Lustgewinne; da unsere Gesellschaftsstruktur aber durch das Prinzip der Leistung dem Individuum jede Arbeit entfremdet, dürfen wir freilich im Hintergrund des Arbeitsdranges eine larvierte und kaum erkennbare Form des Selbstmordes ahnen. Oftmals ist die gesteigerte Leistung ein gutes Mittel der Verdrängung.

Weniger verdrängend, dafür unmittelbar kompensatorisch, ist der Tätigkeitsdrang, dessen Objekt noch immer der abwesende Geliebte ist. Zu einem solchen Tätigkeitsdrang als symbolische Kompensation der Trennung gehört wohl der Schreib- und Fürsorgezwang, von dem wir bereits oben gesprochen haben. In endlosen und zahlreichen Briefen und in Versuchen, etwa durch Geschenke, Ratschläge, Hilfeleistungen u. dgl. m., aus der Ferne in das Schicksal des Geliebten einzugreifen, wird die *Geschäftigkeit* als von uns beschriebene Abwehr gegen die Frustration auf eine eigenartige Weise mit der Protrahierung der Lust kombiniert. Wir meinen damit: Die Aktivität ist Abwehr gegen die Trennung, aber die Aktivität, deren Objekt noch immer das geliebte Wesen ist, ist symbolische Lusterfüllung, zumal die Lenkung des Lebens des anderen und insbesondere die Beschenkung des anderen symbolische Formen der Potenz sind. Somit erfüllt eine solche Tätigkeit einen doppelten Zweck: Abwehr gegen Ich-Bedrohung und symbolische Darstellung des Koitus. In einer weniger analytischen Sprache kann man hierin auch den Versuch erblicken, die plötzliche Leere der Existenz zu überbrücken.

128. SOR (siehe oben S. 104) sagt sehr treffend: «Ich beschäftige mich Tag und Nacht mit ihm. Ich schreibe ihm, ich denke an ihn, ich schicke ihm Bücher, die ihm gefallen mögen und manchmal kommt mir der Gedanke, er existiere mehr in meinem Bewußtsein als in Wirklichkeit. In der Wirklichkeit geht er seinen täglichen Geschäften nach, schläft, raucht, liest die Zeitung; in mir lebt er intensiv.»

Aber auch ein solcher Idealismus (Idealismus im philosophischen Sinne des Wortes – als durch Wunschdenken bedingter Ersatz für die Wirklichkeit) ist nicht imstande, über den realen Objektverlust hinwegzuhelfen, ebenso wenig wie jeder philosophische Idealismus.

Diese Geschäftigkeit nimmt insbesondere bei zwangsneurotisch disponierten Individuen Ausmaße einer vorübergehend zwangsneurotischen Reaktion an. Wir verweisen auf das Beispiel von Dr. C. D. (s. S. 62–63). Es ist eine allgemein bekannte Tatsache, daß das Zwangsdenken nach der Trennung bei allen Individuen zu wuchern beginnt, und bei manchen eben zu einem zwangsneurotisch anmutenden Tätigkeitsdrang auswächst.

101. In einem der anfangs noch täglichen Briefe an L. schreibt Dr. C. D. an die von ihm getrennte Geliebte: «Ich werde nun weniger schreiben. Glaube nicht, daß ich schreib- und gesprächsmüde bin, ich bin nur verzweiflungs- und erwartungsmüde.»

Das war wohl eine Rationalisierung und nur eine halbe Wahrheit. Gewiß wird man der Verzweiflung müde, aber auch die geradezu verzehrende Tätigkeit, so das tägliche Schreiben, kann zu einer Ermüdungserscheinung führen.

In einer nicht ohne weiteres durchsichtigen Analogie zu dem Tätigkeitsdrang – der ja vom Überich her im allgemeinen mit Wohlwollen betrachtet wird – steht unseres Erachtens nach sein Widerpart, nämlich die Flucht in die Vergnügungssucht bzw. in die mehr oder minder oberflächlichen erotischen Bindungen, die die zerbrochene Bindung ersetzen sollen.

Die Zuflucht in Versuche, die frei gewordene Libido zu investieren, erklärt sich weitgehend dadurch, daß eine totale Regression in den Narzißmus, d. h. die vollständige Besetzung des eigenen Individuums als Libido-objekt, wohl nur am Modell eines schizophrenen Schubes annähernd reali-sierbar ist. In Wirklichkeit gerät die frei gewordene Libido – um ein Bild zu gebrauchen – in eine ungeordnete Bewegung, in welcher zwei entgegen-gesetzte Richtungen gemischt sind, eine *«regressiv» narzißtische* und eine *«progressiv»* kompensatorische.

Eine plötzlich unterbrochene Liebesbeziehung stellt die Libidoökonomie vor eine katastrophale Situation. Je größer die Verliebtheit war, um so größer waren die durch das Objekt der Verliebtheit festgehaltenen Libido-mengen. Man hat die Verliebtheit in der psychiatrischen und psychoana-lytischen Literatur mit einer «überwertigen Idee» verglichen. Wiewohl wir in diesem Fall dem spezifischen Beigeschmack, der diesem Ausdruck an-haftet, ablehnend gegenüberstehen, weil er hier eine durchaus lustver-neinende und konformistisch-wertende Weltanschauung anzeigt, so läßt sich die Zuflucht zu neuen libidinösen Investitionen nichtsdestoweniger am Modell der «überwertigen Idee» einigermaßen erklären. Denn eine «über-wertige Idee» ist – energetisch betrachtet – eine außerordentlich starke In-anspruchnahme der Libido; topisch betrachtet ist sie eine Inflation des Ichideals. Die Libido wurde einem besonderen, einzigartigen Ichideal zu-geführt, das nunmehr in irgendeiner Form abgekapselt bzw. abgebaut wer-den muß. Der Versuch liegt dann nahe, in Eile Ichideale *per analogiam* zu bilden, die die vorhin investierte Libido notdürftig an sich heranziehen. Eine solche «überwertige Idee» könnte sich gewissermaßen auf Kosten einer «Ich-Entleerung» (FREUD) behaupten, da das Ich gleichsam im Dienste des Ichideals – hier des «überbesetzten» Liebesobjektes – stand. Dies deutet FREUD an, wenn er von der «Ich-Entleerung» sowohl in der Verliebtheit als auch in der Paranoia spricht und hierzu bemerkt: «Auf der Höhe der Verliebtheit droht die Grenze zwischen Ich und Objekt zu ver-schwimmen» (S. FREUD, *Das Unbehagen in der Kultur* [1930], Ges. W., XIV, S. 423). Diese Analogie zwischen der Paranoia und der Liebesidenti-fikation kann auch im Heilungsversuch beider Zustände beobachtet wer-den: «Auch die Heilung solcher paranoischer Anfälle dürfte weniger in einer Auflösung und Korrektur der Wahnideen als in der Entziehung der ihnen verliehenen Besetzung bestehen» (S. FREUD, *Der Humor* [1928], Ges. W., XIV, S. 387–388). Es ist übrigens bezeichnend, daß sich die Liebes-beziehung so leicht mit der Paranoia vergleichen läßt, denn beide bilden tatsächlich Systeme, und zwar *Systeme gleichsam privater Natur*. Es ist dabei allerdings die Frage berechtigt, ob das Realitätsprinzip nicht beson-ders stark in die Richtung des oppressiven «Leistungsprinzips» von seiten der Gesellschaft verschoben wird (HERBERT MARCUSE), mit anderen Worten, ob sich das «Krankhafte» einer Leidenschaft nur insoferne mit dem Krankhaften einer Paranoia vergleichen läßt, als beide im Gegensatz zu einem dominierenden Herrschaftssystem stehen.

124. Der uns schon bekannte Dr. LON, 49jähriger Facharzt für Psychiatrie und Neurologie, trennte sich von einer 19jährigen Verwandten, mit der ihn eine große Leidenschaft verband (siehe Seite 91). Dr. LON hatte zunächst die Absicht, eine andere junge Geliebte zu suchen. In der erotischen Freundschaft zu einer 20jährigen Freundin seiner Geliebten fand er jedoch keinen Trost. Er gab seinen Flirt nach mehreren Tagen auf. Dr. FON spricht selbst von «Selbstbestätigung» und «Ausprobieren». Er gibt allmählich zu, gegen seine getrennte Geliebte aggressiv zu sein, «weil sie ferne von ihm weiterlebt»; er sagt auch, daß seine getrennte Geliebte besonders hart getroffen wäre, wenn sie von der Geschichte mit dem anderen jungen Mädchen erführe. Er erkennt also selbst, daß er die Geliebte aus Rache für die erlebte Frustration treffen wollte. Sein «Don-Juanismus», wie er sein Verhalten selbst nennt, erfüllt ein doppeltes Ziel, nämlich eine Ersatzquelle für die Lust zu verschaffen und die Aggression gegen die abwesende Geliebte zu befriedigen. Der weitere Verlauf der Analyse führt zu sehr archaischen Motiven sowohl in der Liebe zu der 19jährigen als auch in der Trennung. Die Trennung wird von Dr. LON als einmalige Katastrophe erlebt; er meint aber, daß eine Trennung «normalerweise» keine Katastrophe sein sollte, denn letztere sei ein Zeichen dafür, daß man irgendwie «durch den anderen lebe», daß man noch völlig in der Kindheit stecke. Die Zweiheit wäre bereits einmal schmerzhaft unterbrochen worden (hier ödipale Assoziationen). So ist der «Don-Juanismus» für unseren Patienten auch im Abwehrversuch gegen die Tendenz, diese Zweiheit wieder einzusetzen, ist also *gleichzeitig Wiederholung der Bindung und Negation* derselben (hier reichliche ödipale, aber auch präödipale – vornehmlich orale – Assoziationen).

*c) Die Ideologiebildung.* Die Affekthemmung, das «Ausweichen», der Tätigkeitsdrang – alle diese Abwehrmanöver enthalten schon die Tendenz zu einer Rationalisierung des affektiven Geschehens, soferne sie nämlich unter dem Druck der sozialen Realität und zur Verteidigung des geschwächten Ichs eingesetzt werden und eine rationale Stellungnahme erfordern.

Die gesamte menschliche Tätigkeit steht in wesentlicher Beziehung zu der Spaltung zwischen der Welt des Subjektes und einer als Objekt wahrgenommenen Welt. Nicht nur HEGEL und MARX, sondern auch FREUD – in seiner Schrift *Die Verneinung* – zeigten uns, daß der positive Aufbau des Denkens eine Negation enthält. Als ständiger Versuch, das Nicht-Sein zu überwinden, weist die Gedankentätigkeit eine narzißtische Befriedigung auf, soferne sie das Nicht-Sein in ein ideelles Sein verkehrt und somit ein (mitunter recht unverbindliches) Projekt der Handlung und der Seins-Expansion darstellt. Auch das Denken ist ein Phantasieren, also zugleich ein Ausweichen vor den Bedrohungen der Welt und ein Entwurf, um diese Bedrohungen unschädlich zu machen. Zwar ist nach FREUD die «Allmacht des Denkens» ein Kennzeichen für die magische Welt des Kindes; doch auch das Denken des größten Philosophen ist noch ein Versuch, *Macht über die Welt zu gewinnen.* Der Kreis zwischen ursprünglich Magischem und künftig Utopischem schließt sich in der Forderung MARX' an die Philosophen, die bislang die Welt verschiedentlich interpretierten und nun vor der Aufgabe stehen, sie zu verändern.

Soferne das Ich in der Katastrophe der Trennung nicht zugrunde geht, kann diese Katastrophe die Gedankentätigkeit nur begünstigen, insbesondere selbstverständlich als eine solche Gedankentätigkeit die Katastrophe in der Welt der Ideen wettmacht und die Lücken der Ich-Integrität ideell schließt. Auch hier gilt es also, die Kluft zwischen Subjekt und Objekt – die relative Nichtexistenz des Subjektes also – durch Leugnung dieser Nichtexistenz zu überbrücken. Deshalb will es uns scheinen, daß die FREUDsche Kategorie der *Verneinung* im Versuch, die Trennung rationell zu überwinden, eine hervorragende Rolle spielt.

Nach der anfänglichen Periode, da die getrennte Beziehung idealisiert wurde, um dem Ich-Ideal Genüge zu tun, beobachteten wir oftmals die Leugnung der Tiefe und der existentiellen Bedeutung dieser getrennten Beziehung. Diese Leugnung fand nicht nur vor anderen Mitmenschen – gleichsam aus taktischen Gründen – statt, sondern auch im subjektiven Glauben, insbesondere dann, wenn der Getrennte bei nachfolgenden Bindungen behauptet, diese *neue* Bindung sei nun seine «erste große Liebe» und das *neue* Liebesobjekt sei «eigentlich der erste Mann (beziehungsweise die erste Frau)». Bei solchen Beteuerungen, die einer intimen Überzeugung entsprechen können, zeigt sich die Kürze des bewußten Gedächtnisses.

Es mag hier die gesellschaftliche Prägung, insbesondere bei der Erziehung junger Mädchen, zum Ausdruck kommen, welche innige Beziehungen von der Ehe, aber jedenfalls von einer «großen» und «einmaligen» Liebe abhängig sehen will. Die vorhergegangene Bindung muß jedenfalls möglichst bagatellisiert oder verkleinert werden, um die Integrität und die Identität des Ichs bewahren zu können – diese Rationalisierung geht übrigens mit der früher besprochenen aggressiven *Abwertung* einher. Es ist überhaupt von *scheinbarem* Vorteil, als Hilfsmittel für die Bewahrung der Integrität des Individuums die Intensität der getrennten Bindung bei Eingehen *neuer* Bindungen vor sich selbst zu leugnen. Daran kann die Selbstachtung – und daher die Stärke des Ichs – gewinnen. Auch der neue Lustgewinn ist größer, wenn die Unlustquelle der Erinnerung vermindert werden kann. Falls sich die Erinnerung nicht zur Gänze verdrängen läßt, so läßt sie sich durch Absprechen an Bedeutung doch bis zu einem gewissen Grad leugnen. Dieser Vorgang bietet noch einen Vorteil, den FREUD in scharfsinniger Weise erkannte: Die Erinnerung und der an sie geknüpfte Wunsch bleiben zwar bewußt, aber durch den Vorgang der Verneinung können sie unschädlich gemacht werden; das negative Vorzeichen erlaubt *gleich-*

*zeitig* die Kontinuität des bewußten Ichs in der Erinnerung und seine Entlastung durch die Leugnung (S. Freud, *Die Verneinung* [1925], Ges. W.,
XIV, S. 11–15). Oftmals wird die Verleugnung des Abwesenden vom
neuen Partner nicht einmal verlangt, dennoch «beichtet» der getrennte
Liebhaber mitunter zur Schuldentlastung aus freien Stücken, dabei wertet
er die beendete Bindung aber ab und negiert sie: Er hat, wie Freud in anderem Zusammenhang sagt, «keine Lust, diesen Einfall (voll) gelten zu
lassen» (ebd., S. 11).

101. Am Anfang seines Getrenntseins von Frl. L. schreibt ihr Dr. C. D. fast in jedem
Brief, sie solle sich frei fühlen, sie dürfe nicht «an ihm hängen bleiben»; gleichzeitig wiederholt sich wie ein Leitmotiv in seinen Briefen, sie dürfe ihn dabei aber nicht «verleugnen», sie möge nie – weder vor sich selbst, noch vor einem anderen Menschen – seine
Rolle in ihrem Leben abschwächen oder ihre Liebe zu ihm leugnen. Dr. C. D. erzählte uns,
daß er stolz und erfreut darüber war, als ihm L. einmal schrieb, sie hätte ihn nie «verraten», das heißt, nie die Tiefe ihrer Beziehungen zu ihm vor ihrem neuen Freund geleugnet.

Mit Hilfe der Leugnung wird der Widerspruch der Identität scheinbar
aufgehoben: Man ist das, was man nicht ist, beziehungsweise das, was man
nicht «mehr» ist; man ist noch das, was man eben vermindert oder negiert
und was man nunmehr als fremd empfindet. Auf diese Weise können Ich-
Bereiche vor pathogenen Verdrängungen bewahrt bleiben. Freud betrachtet die Verneinung als «Aufhebung der Verdrängung, aber freilich keine
Annahme des Verdrängten» (ebd., *loc. cit.*, S. 12). Im Gegenstand unserer
Untersuchung handelt es sich wohl eher um eine Halbverdrängung, deren
Inhalt rationell anwesend ist, aber nicht mehr bejaht wird. Das Geleug-
nete ist intellektuell angenommen, bleibt aber affektiv am Rande des Ver-
drängten (vgl. ebd., *loc. cit.*, S. 12). «Etwas im Urteil verneinen, heißt im
Grunde: das ist etwas, was ich am liebsten verdrängen möchte» (ebd., *loc.
cit.*), stellt Freud fest. Die Verleugnung ist ein unmittelbares Symbol der
Trennung, wie die Bejahung ein Symbol der in sich widerspruchsvollen
Einheit wäre. «Die Bejahung – als Ersatz der Vereinigung – gehört dem
Eros an, die Verneinung – Nachfolge der Ausstoßung – dem Destruktions-
trieb» (ebd., *loc. cit.*, S. 15).

Freud zeigte, daß im Unbewußten kein «Nein» zu finden ist, das «Nein»
ist «an der Wurzel des Urteils», hat also eine intellektuelle Funktion. Hier
liegt wieder die Ambivalenz des Rationalisierungsvorganges vor. In der
Verneinung drückt sich «die Anerkennung des Unbewußten von seiten des
Ichs» in negativer Form aus (ebd., *loc. cit.*, S. 15); dem vollen Bewußtwerden wäre vorbehalten, das Getrennte und Geleugnete voll anzuerkennen,
doch das Bewußtsein sträubt sich gegen diese Anerkennung, die es vor
einen unlösbaren Konflikt stellen würde. Es macht vielmehr das Seine dazu,

um im Vergangenen und Getrennten nur eine ziemlich unbedeutende Vorgestalt, vielleicht eine ziemlich unbedeutende Störung der neuen, nun «echten» Etappen des Lebens zu erblicken. Hier ist wieder einmal die Analogie zur Trauer und dem Glauben an die Existenz nach dem Tode gegeben, denn nicht nur eine erotische Bindung, sondern das ganze Leben schlechthin schrumpfen zu einer wenig bedeutenden Vorbereitung, sogar zu einer Störung, falls man den Blick auf ihre Vergänglichkeit richtet. Eine ähnliche scheinbare Überwindung der Todesgegenwart im Leben findet auch in der Rationalisierung statt, die das Vergangene als doch irgendwie unwesentlich oder vorbereitend betrachtet und an eine ungestörte und erfüllte Existenz *nach* der Trennung glauben muß. Hier besteht eine Parallele zu der Aussage FREUDS über den Glauben an die Nachexistenz nach dem physischen Tode: «Erst später brachten es die Religionen zustande, diese Nachexistenz [nach dem Tode, *I. A. C.*] für die wertvollere, vollgültige auszugeben und das durch den Tod abgeschlossene Leben zu einer bloßen Vorbereitung herabzudrücken. Es war dann nur konsequent, wenn man auch das Leben in die Vergangenheit verlängerte, die früheren Existenzen, die Seelenwanderung und Wiedergeburt ersann, alles in der Absicht, dem Tode seine Bedeutung als Aufhebung des Lebens zu rauben. So frühzeitig hat die Verleugnung des Todes, die wir als konventionell-kulturell bezeichnet haben, ihren Anfang genommen» (S. FREUD, *Zeitgemäßes über Krieg und Tod* [1915], Ges. W., X, S. 348).

Aber auch die «Akzeptierung» des Todes als «Steigerung» (?) des Lebens ist eine solche stoische Ideologisierung des Todes, die wir bei FREUD selbst finden. FREUD endet seinen Essay über Krieg und Tod mit dem durchaus religiösen Gebot: *«Si vis vitam, para mortem.* Wenn du das Leben aushalten willst, richte dich auf den Tod ein» (ebd., *loc. cit.,* S. 355).

Für die Verdrängung des Todes- und Trennungsbewußtseins ins Unbewußte gilt das, was FREUD über die Rationalisierung des Gefühlskonfliktes beim Tode geliebter Personen sagt, welcher Konflikt, wie er sich ausdrückt, «die Forschung der Menschen entbunden» hat (ebd., *loc. cit.,* S. 347).

Wie dem auch sei, an Stelle des Geliebten tritt ein *Bild* des Geliebten – ein verblaßtes Bild, ein aufgewertetes Bild, zugleich auch ein abgewertetes Bild, aber kein wirklich lebendiges mehr. Libidomengen, die noch im Idealbild des Abwesenden investiert sind, sind nicht mehr imstande, in einer personalen Beziehung von Mensch zu Mensch zur Befriedigung zu gelangen. Eine gewisse Sublimation kann hier unter glücklichen Umständen gleich einsetzen, und zwar vor allem dadurch, daß die im Idealbild entdeckten Merkmale nun als Leitbilder weitergelebt werden, also dem bewußten Ich zugeführt werden. Eine Trennung von einem Menschen, dessen Wert die Idealvorstellungen stark prägte, kann auf indirektem Wege das Ich des Getrennten bereichern. Die Aufgeschlossenheit des Abwesenden, etwa seine Ritterlichkeit, Aufrichtigkeit, Würde u. dgl. m. werden nach unseren Beobachtungen erst durch die Trennung bis zu einem gewissen Grade endgültig introjiziert: das nämlich, was ein Idealbild war, wird zum Ich. Hier ist der Prozeß sehr ähnlich demjenigen, welcher der Bildung eines Leitbildes in der Erziehung dient.

Aber hierin liegt auch die Gefahr der Ideologiebildung. Selbstverständlich werden mitunter auch die Ideologien des Abwesenden unverarbeitet introjiziert, beziehungsweise wird seine Abwesenheit in komplizierter Form mit Ideologiebildungen, die noch vom Idealbild abhängen, beantwortet. Eine auf das immerhin abgetrennte Idealbild gerichtete Sublimation enthält bereits potentielle Elemente der heteronomen Pseudosublimation.

Und schließlich wird die Ideologiebildung auf eine ganz subtile Weise durch die Trennung begünstigt. Das Ich wurde durch das Idealbild des Abwesenden geprägt, die Libido muß aber bis zu einem gewissen Grade vom Idealbild abgezogen werden, um dem Ich neue Ideale zu bieten. Solche Ideale können ohne weiteres auch in den Emanationen des Ichs gesucht werden. Wir meinen damit, daß Ich-Ideale nicht nur auf der Ebene der Es-Befriedigung gesucht werden, sondern auch direkt auf der Ebene der Ideologiebildung, zumal bei der Flucht in die Aktivität (s. oben, S. 107 ff.). Als solche Ideologiebildungen können Kunstwerke, soziale und politische Betätigungen, wissenschaftliche Untersuchungen und vieles andere eine Rolle spielen; sie können auch die Kritik der gewohnten Weltanschauung, ja eine revolutionierende Praxis, einleiten. Dennoch: dort, wo sich die Libido-Übertragung bereits sehr weit vom vermißten Objekt entfernt hat und vornehmlich unter dem Druck der früheren Prägungen und der notwendigen gesellschaftlichen Leistung rationalisiert wird, insbesondere also bei konformistischen Typen, wird auch die Investition der freigewordenen Energien in solchen Ideologien angestrebt, die die Trennung unbedingt als im Interesse der Sublimation notwendig hinstellen. Kurzum, es wird dann vornehmlich nach Ideologiebildungen gesucht, die den Druck des Überichs unter der Maske der Gesellschaftsordnung, der Reue, des philosophischen und religiösen Trostes, noch verstärken.

Es kommt in solchen Ideologiebildungen also sehr oft zu einem «falschen Bewußtsein», über das JOSEPH GABEL wichtige psychopathologische Untersuchungen anstellte (JOSEPH GABEL, *Ideologie und Schizophrenie. Formen der Entfremdung*, S. Fischer, Frankfurt a. M., 1967; vgl. DERSELBE, *For-*

men der Entfremdung. Aufsätze zum falschen Bewußtsein, S. Fischer, Frankfurt a. M., 1964). Das «falsche Bewußtsein» – ähnlich der «mauvaise foi» J. P. SARTRES – ist das Ergebnis der sozial bedingten Entfremdung des Bewußtwerdens zu dem Zwecke, die Unterdrückung zu rechtfertigen. Daß die Triebe durch die Trennung unterdrückt werden und zerfallen, wird nun als etwas gesellschaftlich Notwendiges und moralisch Wertvolles dargestellt und auch empfunden. Diesem Trugschluß steht ein großes Arsenal von Argumenten zur Verfügung (alles vergeht, Belohnung im Jenseits u. ä. m.). Die letzten Reste der zurückflutenden Libido werden in diese «Philosophie» investiert, und der erlebte Widerspruch wird wohl nicht inintegriert, sondern durch Kapitulation vor dem gesellschaftlichen Realitätsprinzip ersetzt. Das tragische Bewußtsein der Isolierung im Angesicht des Todes weicht vor dem tröstlichen Glauben an einen *Sinn* des Todes. Die individuelle Tragödie mag eine kathartische Wirkung haben, und als solche von der Gesellschaft als mahnendes Beispiel vor die Augen der Menschheit geführt werden; die Mythologisierung aber versucht, das tragische Bewußtsein durch die Hoffnung in eine Eschatologie oder auch in eine gesellschaftliche Utopie zu beruhigen und weiter zu sozialisieren [14].

130. Mag eine Ideologie auch einen tragischen Charakter aufweisen, so ist ihre Funktion doch letztlich eine tröstliche. Eine unserer Probandinnen, Frau ANG, eine 31jährige Ärztin (in deren Anamnese eine lebensbedrohende, noch immer in der Stimmungslage wie in der Lebenssituation nachwirkende Krankheit zu entdecken ist), schreibt zu unserer Enquete über die Trennung – ohne nähere Auskünfte über die eigene Lebensgeschichte zu geben – folgendes: «Das Thema der Trennung ruft in mir natürlich das Thema der Begegnung hervor, das Thema der Begegnungsqualität. *Diese ist doch brüchig und vorübergehend. Durch diese Flüchtigkeit gebiert sie Leiden und Schmerzen.* Weshalb? Weil die Annäherung und der damit verbundene Eindruck des Gefühls, der Beziehung, der Begegnung, welche uns vollständig erfüllen, sich selbst nicht gleichbleiben kann: Die Annäherung impliziert vielmehr eine Folge von Augenblicken in der Zeit, die nicht identisch sein können. (...) Ich denke hier an jenen Teil in uns, der durch die Vergangenheit geschärft und realistischer wurde und der die Fülle nur in Funktion eines Teils erfassen kann. Ich frage mich nicht einmal, ob das vollkommene Glück Bewußtseinsmangel ist: Ich glaube es so wenig, daß ich die trügerischen Bezeichnungen bewußt-unbewußt ablehne. *Wo liegt denn der wirkliche Unterschied zwischen Begegnung und Trennung? Vergiftet die Begegnung das Leben nicht ebenso stark wie die Trennung? Ist die Begegnung nicht der erste Akt der Trennung?* Leider stirbt das Bewußtsein in der Trennung nicht. Nicht das bestimmte, visuell aktualisierte Bewußtsein, Ergebnis eines gewissen Aufbaues der Werte, die ihrerseits verschiedenen Ursprungs sind. Ist die Trennung nicht eher eine Kapitulation vor dem Tode, eine Kapitulation vor jenen Mächten, die wir unserem Geiste

---

[14] Die Verheißung eines ewig währenden Lebens im Jenseits, in Einheit mit allen Menschen, ist ein solcher Versuch, das *Tragische* zu überwinden. KARL JASPERS sagt in einem anderen Zusammenhang: «Der Mensch will erlöst werden und wird erlöst. Er wird es nicht durch sich selbst allein. Die Last der unerfüllbaren Aufgabe ist von ihm genommen. (...) Dem Christen entgeht die Substanz (des) tragischen Wissens» (KARL JASPERS, *Über das Tragische*, Piper, München, 1961, S. 16–17).

und unserer Lebenserfahrung aufgezwungen haben? Wir werden die Fäden dieser Mächte nie völlig entwirren, *weil wir nicht einmal genau wissen, in welchem Maße wir wirklich leben wollen, in welchem Maße wir uns wirklich zu leben trauen.* Und weil wir nicht wissen, wo wir die Grenzen genau abstecken, die wir unserer Freiheit zumuten» (Hervorhebungen von uns – *I. A. C.*).

Es scheint uns, daß unsere Korrespondentin die Zuordnung der Trennung zu den Gewalten des Todes und der Unterdrückung richtig erkennt. Doch beobachten wir in ihrer Aussage, trotz deren Scharfsinn, den Beginn der Ideologisierung, die sowohl in die Richtung des relativierenden Trostes (vom Typus: «Alles ist ja vergänglich») als auch in die der relativierenden Hoffnungslosigkeit (vom Typus des Ausspruches Mephistopheles': «Vorbei! ein dummes Wort. Warum vorbei? Vorbei und reines Nicht: vollkommnes Einerlei!») weist. Die Haltung gegenüber einer möglichen *Kritik* des Bewußtseins, also eines fortschreitenden *Bewußtwerdens,* ist zögernd. Von vornherein wird resignierend angenommen, daß nicht nur die Begegnung mit der Trennung schwanger ist, sondern daß erstere eigentlich nur einen Übergang zur letzteren darstellt.

Da der Mensch aber *hoffen muß,* um in der Begrenzung und in der Trennung leben zu können, neigt er dazu, bei mangelnder Kritik der keimenden Ideologisierung, auch die «Mächte», die er sich aufgezwungen hat, in Mächte des Lebens umzudeuten. Wie in der Trauerarbeit muß er sich mit dem Objekt der Trauer desidentifizieren; er geht aber weiter: eine Desidentifizierung würde ihm Verrat am Leben erscheinen, wenn er nicht das Erlebte umzudeuten versuchte.

131. Ursprünglich erscheint die Trennung als Mord, ist sie doch die Desintegration der erotischen Einheit; doch indem der verzweifelte Mörder die abgründigste Tiefe der Verzweiflung überlebt, muß er sich nach Hoffnung umsehen. Der 40jährige SAQ schreibt acht Monate nach dem erzwungenen Abschied von der Geliebten: «Vor einem Monat brauchte ich sie noch, wie Luft zum Atmen. Heute – ich meine am heutigen Tag – brauche ich sie vielleicht nicht mehr. Wenn ich ein halbes Jahr ohne Atemluft leben konnte, dann war doch das Ganze eine Illusion? Ich brauchte sie sosehr, daß ich dachte: jetzt muß ich sterben. Wenn mir nur jemand hätte helfen können! *Ich bin aber nicht gestorben* (Hervorhebung vom Probanden, *I. A. C.*). Also brauche ich sie nicht zum Leben. Also liebe ich sie weniger. Weniger lieben aber ist: nicht mehr lieben. Lieben heißt: zum Leben brauchen. Jetzt bin ich unendlich traurig, das Getrenntsein überlebt zu haben. Was haben wir nur durch die Trennung angerichtet? Es war wie Mord – wir halfen uns gegenseitig nicht, die tödliche Gefahr zu überwinden. Jetzt ist es zu spät – monatelang brauchten wir beide Hilfe. Es ist traurig, doch das Leben treibt uns auseinander.»

Hier keimt bereits die Hoffnung, den Mord zu vergessen. Bald wird SAQ eine andere Sprache sprechen: die Sprache der Hoffnung. Entweder sprechen wir im Zustand der akuten Trennungstrauer, oder wir sprechen nicht im Zustand der akuten Trennungstrauer – und wir sagen jeweils anderes, wir reden an uns selbst vorbei. Die Hoffnung nach einem *anderen* Leben erhält paradoxerweise das Leben nach dem thanatoiden Erlebnis. Die Hoffnung ist wie ein Wachtraum, der vom Ich (Vertreter des «Realitätsprinzips!») bejaht wird, eine Wunscherfüllung also, wie jeder Traum. Allein, vom Ich bejaht, wird dieser Wachtraum zu einer «Utopie», die bei dem Menschen die Voraussetzung für die konkrete, reelle Erfüllung des Wunsches bildet.

So wenig stichhaltig alle Ideologien sind, die das Todeserlebnis der Trennung in einen Lebenssieg umzudeuten versuchen, so wichtig ist jedoch die Frage, ob dieses Todeserlebnis *als solches* erkannt wird, ob es eben Erkenntnis und daher Lebensmöglichkeit bedeuten könnte.

128. Die 31jährige Soziologin Dr. SOR (siehe oben S. 104 und S. 108) schreibt ihrem Geliebten, von dem sie sich getrennt hat und der über sein «Sterben» klagt: «Ob es der Tod ist oder nur ein scheinbarer Tod, ist gleichgültig: so, wie eingebildete Schmerzen doch eben Schmerzen sind. Wichtig ist, daß Du es so fühlst. Aber – erinnerst Du Dich an jenen japanischen Film, in dem der todkranke Mann sagt: ,Nur die Schmerzen erinnern mich noch daran, daß ich lebe' – und er war froh, diese Schmerzen zu fühlen. Ich glaube nicht, daß ich jetzt vom Masochismus spreche. Ich will nur sagen: nun bist Du ,tot'. Aber was lebt in Dir, daß Du des Todes bewußt bist? Vielleicht solltest Du untersuchen, was Dich konkret zur Akzeptierung des Todes zwingt, wer oder was Dich in diesem konkreten Fall gezwungen hat – Grundsätze, Vernunft u. dgl. m. Letztere solltest Du in Frage stellen und vielleicht wird diese Kritik dem Leben nützen.»

Hier soll die Trennung – obwohl Stellvertreterin des Todes – für das Leben von Nutzen sein, so hofft wenigstens die Schreiberin. Der Vergleich, den sie gebraucht, entlarvt jede Ideologie des Todes: sie spricht von einer Krankheit, von einem noch relativen Tod; sie hofft, daß das Leben – in der Geschichte ihres Korrespondenten – doch *stärker* sein wird als der Tod. Mit anderen Worten: *der Tod muß erkannt werden, um bekämpft werden zu können;* und wenn nicht im Leben *dieses* Kranken, *dieses* Menschen, so wenigstens im Leben anderer Menschen, die daraus Nutzen ziehen könnten, *um den Tod zu bekämpfen.* «Kämpfe so viel Du kannst; füge Dich, wenn der Kampf vergeblich war: er wird vielleicht anderen nützen, andere anspornen, fürs Leben zu kämpfen». Nur *so* ist der Tod annehmbar, nicht aber als Ungeschichtliches, Unvermeidbar-Schicksalhaftes.

# DIE TRENNUNG UND DIE TRIEBSCHICKSALE

# I. EIN VERZWEIFELTER VERSUCH
# DER SELBSTHEILUNG

## A. Die Rolle der Partialtriebe in der Entstehung eines prekären
## Ich-Ideals

Wir werden noch weiter unten die Hypothese näher betrachten, nach der die repressive Gesellschaftsordnung die Partialtriebe des Menschen zugunsten einer «reifen, genitalen Sexualorganisation» zu unterbinden versucht, damit – indem die erogenen Zonen des Körpers desexualisiert und der Lust entkleidet werden – die Entfremdung der Liebe und der Arbeit für die Herrschaftsform gewährleistet werde. Die Gesellschaft basiert auf der Leistung und muß also die prägenitalen Manifestationen des Triebes besonders radikal unterdrücken; sie erzwingt zwar einen beschleunigten Prozeß der Sublimierung, stört aber gleichzeitig die freie, allmähliche Selbstsublimierung des lustbesetzten Leibes und verurteilt die durchbrechenden Partialtriebe – noch bevor diese zur Sublimation gelangen konnten – zur Verkümmerung und zu einer antisozialen Pervertierung.

Nun spielen die Partialtriebe gerade in der Entstehung jener Liebesbeziehungen eine sehr bedeutende Rolle, die unter dem Druck des gesellschaftlichen «Leistungsprinzips» (HERBERT MARCUSE, o. c.) getrennt werden und den Gegenstand unserer Untersuchung bilden. Es ist von vornherein einsichtig, daß die sogenannte «freie» (hier asoziale) Liebe gerade durch die Konstellation des sozialen Druckes auf die Liebenden und, auf der anderen Seite, des sozialen Protestes der Liebenden einen ganz anderen «Geschmack» haben muß als eine sozial reglementierte. Es ist also *a priori* wahrscheinlich, daß zum Durchbruch kommende Partialtriebe solche Manifestationen am Rande der gesellschaftlichen Ordnung stark beeinflussen. Das Material, über das wir verfügen, weist auch regelmäßig in solchen Bindungen unverarbeitete ödipale, aber auch ganz besonders deutlich präödipale, insbesondere orale Verhältnisse auf. Sehr oft begegnen wir auch rein äußerlich einem bedeutenden Altersunterschied zwischen den Partnern sowie der Ausübung gewisser sexueller Praktiken, die als «pervers» gelten.

Nun aber entdeckt der Psychoanalytiker regelmäßig partial-triebhafte Komponenten in Verhältnissen, die als konfliktreich und gesellschaftlich verpönt erscheinen. Die Schlußfolgerung liegt auch für den Psychoanalytiker nahe, das «Realitätsprinzip» anzurufen, um solche Liebesverhältnisse als neurotische Bindungen und Fixierungen zu verdächtigen. Hierin kann aber der nicht erkannte gesellschaftliche Moralismus einer nicht kritisch genug angewandten Psychoanalyse liegen. Das sozial geprägte Überich übernimmt allzu oft den psychoanalytischen Jargon: statt «gut» und «böse», statt «ehrbar» und «verwerflich» sagt die moralisierende Psychoanalyse «reif» und «regressiv», «genital» und «partial». Mit solchen Maßstäben *muß* die «Norm» mit der sozialen Forderung zusammenfallen, das «Realitätsprinzip» wird unkritisch an Stelle des tatsächlichen «Leistungsprinzipes» angewandt. Dieselben «perversen» Praktiken, die wir in den illegitimen Bindungen beobachten, sind übrigens auch in den meisten Ehen gang und gäbe; mit nur wenigen Ausnahmen finden wir in unserem Material keine Bestätigung dafür, daß die ehebrecherischen Beziehungen nur deshalb aufgenommen wurden, um diese Praktiken – im Unterschied zur Ehe – ausleben zu können. Dieser Tatbestand scheint zunächst unsere Annahme des Auslebens der Partialtriebe zu widerlegen. Doch diese Widerlegung ist nur scheinbar; in Wirklichkeit widerspricht dieser Tatbestand der (bewußten oder unbewußten) Meinung derjenigen, die in der illegitimen Bindung eine *außerdem* sexuell-perverse oder unmoralische Bindung, zum Unterschied von der institutionellen Ehe, erblicken.

Denn die institutionelle Einehe ist nur scheinbar «frei» von Partialtrieben, sie ist sehr oft nur scheinbar «rein genital». Nur das falsche Bewußtsein – die Ideologie – hebt solche Fixierungen in der illegitimen Union hervor und übersieht sie in der (glücklichen oder unglücklichen) Ehe. Nur selten entsprechen Ehen dem moralistisch mißbrauchten «Ideal» der Psychoanalyse: dem «Ideal» reifer genitaler Beziehungen. Es sei hier festgehalten: Uns scheint es über jeden Zweifel erhaben zu sein, daß der Mensch im Laufe des historischen und personalen Reifungsprozesses zu einer Hauptehe tendiert, die wenig mit der «Natur», dafür aber viel mit der Kultur zu tun hat. Jede *institutionalisierte* Form der Vielehe kann historisch und personal nur regressiv und reaktionär gegenüber der *institutionalisierten* Form der Einehe sein. Allein, die *Institution* der Einehe ist an und für sich keine Garantie dafür, daß diese auch tatsächlich dem optimalen «Reifegrad» der Eheleute entspricht oder daß sie sich mit ihrem faktischen Reifegrad deckt. Im Gegenteil, so wie die Einehe nun einmal institutionalisiert ist (und zwar durch die *oppressive Gesellschaft,* die die Partialtriebe im Interesse der Entfremdung der menschlichen Leistung unterdrücken *muß*), ist sie kein Kriterium für die gesunde Entwicklung der Triebökonomie und der Selbstsublimierung.

Worauf es im «Heilungsversuch» durch «asoziale Bindungen» oft ankommt, ist jene «Atmosphäre» der Freiheit, des Nicht-von-außen-her-verpflichtet-Seins, des Nicht-durch-Institutionen-gezwungen-Seins, die in solchen «freien Bindungen» vorherrscht. Denn *konkrete* Freiheit ist die Freiheit des Lustgewinns aus menschlichen Beziehungen, auch wenn letztere nicht die «reifen» Formen erreicht haben. Nun aber besteht die Verliebtheit «in einem Überströmen der Ichlibido auf das Objekt. Sie hat die Kraft, Verdrängungen aufzuheben und Perversionen wieder herzustellen. Sie erhebt das Sexualobjekt zum Sexualideal» (S. FREUD, *Zur Einführung des Narzißmus* [1914], Ges. W., X, S. 168). Eben dadurch ist eine durch die Sozietät unkontrollierte «Verliebtheit» sozial gefährlich; aber auch deshalb werden die gleichen, den Partialtrieben entspringenden, «Perversionen» in der «illegitimen» Bindung ganz anders erlebt als in der institutionalisierten. Wenn die Partialtriebe auch in der Ehe aufgehoben werden, so meistens gerade in einer spezifischen Bedeutung des dialektisch-schillernden Wortes «Aufhebung». Durch eine lange Gewöhnung sowie durch die Unterordnung unter die sogenannten reifen «genitalen» – gesellschaftlich unterstützten und reglementierten – Beziehungen und «normalen» *Verpflichtungen* der Ehe sind nämlich die Partialtriebe allmählich ihrer Frische, ihrer Phantasie und ihrer Freiheit beraubt, so daß der Wiederholungszwang nach ihrem «Ausagieren» außerhalb der geregelten Beziehungen drängt. Dieser Tatbestand, den wir regelmäßig im Hintergrund der von uns untersuchten Fälle beobachten können, bestätigt uns in der Annahme, daß die Partialtriebe – *so wie wir sie kennen* – zwar in der biologischen Struktur der menschlichen Ontogenese verankert sind, aber vor allem gesellschaftlich manipuliert und überformt werden. Unter diesem Aspekt ist die anti- oder asoziale Bindung, die uns hier interessiert, im allgemeinen ein sehr weit gediehener und dennoch mißlungener Versuch der Selbstheilung, das heißt der Bejahung, Befreiung und hiermit der Überholung des geknechteten Partialtriebsystems.

Die Katastrophe der Trennung ist im allgemeinen noch dadurch verschärft, daß sie nicht nur die Frustration eines *Bedürfnisses* ist, sondern darüber hinaus auch die Frustration eines *Heilungsversuches* darstellt. Die Partner – oder einer der Partner – fühlen des öfteren mehr oder weniger deutlich, daß die Trennung unheilschwanger ist, weil sie eine Entstrukturierung der Persönlichkeit in irgendeinem Belange bedeutet. Sie ist dies nicht nur – wie man bei oberflächlicher Betrachtung geneigt wäre anzunehmen – durch die regressive Tendenz der durch die Trennung frei werdenden Libido. So wie die Trauer nach den Bemerkungen LAGACHES (DANIEL LAGACHE, *Le deuil pathologique*, in: La Psychanalyse, Vol. 2., Presses Universitaires de France, Paris, S. 45–74) nicht bloße Regression sein kann, so wenig und noch weniger ist dies bei der Trennung der Fall. Denn in der stattgefundenen Begegnung, die nun in Brüche ging, hat die Persönlichkeit eine Stufe der *fortschreitenden Personalisation* (vgl. I. A. Caruso und Mitarbeiter, *Bios, Psyche, Person*, Karl Alber, Freiburg i. Br., München, 1957) zu erklimmen versucht, und nun muß sie von dieser Stufe wieder herabsteigen. Dabei ist irrelevant, ob die Heilung bei überdauernder Bindung auch *objektiv* stattgefunden hätte oder ob dann eine ähnliche oder andere Regression eingetreten wäre. Relevant für unsere Untersuchung ist hier nur die unerträgliche Bedrohung des Ichs in seinem Heil durch die Trennung. In der Tat ziehen manchmal Trennungen – die ohnehin bei labilen, problematischen oder sogenannten neurotischen Individuen wahrscheinlich häufiger stattfinden als bei «angepaßten» Persönlichkeiten – ein Zurückfallen in die «Atmosphäre» des Zwanges nach sich, beziehungsweise in heimliche, sozial verpönte und als schuldhaft empfundene Versuche, die Partialtriebe auszuleben, wie zum Beispiel Homosexualität, Don-Juanismus, Onanie, neuerlicher Ehebruch, kurze und enttäuschende Abenteuer, Beziehungen zu Prostituierten u. dgl. m., während dieselben Manifestationen der Partialtriebe in der verunglückten Bindung in einer viel weniger brüchigen und vor allem in bejahender Form ausgelebt worden sind.

Man wird an dieser Stelle vermerken dürfen, daß das subjektive Gefühl der Partner, wegen der eingetretenen Trennung eine Heilung versäumt zu haben, *nicht ohne weiters als illusorisch oder neurotisch abgetan werden darf*. Dies nicht nur deshalb, weil wir die hypothetische Zukunft nicht kennen – und auch der Psychoanalytiker kennt sie nicht –, sondern auch aus der Überlegung heraus, daß im Partner gerade das ideale Objekt für eine enthemmte und bejahte Befriedigung sowohl der Es-Ansprüche zum Ausleben der Partialtriebe als auch der Ansprüche des Idealichs an ein konfliktloses und vom Partner anerkanntes Ausleben gesehen wurde[1]. Tatsächlich kann die Partnerschaft, die nun zugrunde ging, die latenten Perversionen in anderer Weise aufheben als eine lange dauernde und gesellschaftlich anerkannte Bindung, da die nicht institutionalisierte Part-

---

[1] So sehr eine solche Unterscheidung schwierig und unvollständig sein mag, sind wir der Meinung, daß wir zwischen dem Ideal-Ich und dem Überich strenger unterscheiden sollten. Letzeres ist eine introjizierte Wandlung und Verstärkung des ersteren. Es ist überhaupt wichtig, Ich-Ideal, Idealich und Überich zu unterscheiden, wie dies Freud in der genetischen Analyse des Entstehens des Überichs tat. In einer Fußnote von Bergler fanden wir den sehr interessanten Gedanken, daß die «echte» Liebe vor allem aus Projektionen des Idealichs, die «Übertragungsliebe» aber aus Projektionen des Überichs mit seinen wesentlichen Anteilen aus der Aggressivität besteht (Edmund Bergler, *The Basic Neurosis*, Grune & Stratton, New York, 1949, S. 73 n.). Daher fürchtet und haßt man das Objekt der Übertragungsliebe. Es wäre denkbar, dieses interessante Schema dahingehend zu korrigieren, daß in der «echten» Liebe auch echte Ich- und Ich-Ideal-Anteile projiziert werden, neben selbstverständlicher Projektion der Es-Anteile; in der Übertragungsliebe sind die unerkannten Es- und Überich-Anteile stärker am Werke.

nerschaft solche latente Perversionen außerhalb des Leistungsprinzipes – welches auch die Familie beherrscht – in einer symbolischen oder in einer manifest akzeptierten Art und Weise auszuleben erlaubt. Wer kann sich hier zum Richter darüber machen, wie oft man tatsächlich die Gelegenheit zur Lösung der Konflikte, wie oft man tatsächlich die Möglichkeit zum Glück und zur Erfüllung seiner Träume gefunden und wieder verloren hat?

*Doch gerade deswegen sind oft solche Partnerschaften prekär:* nicht, weil sie an sich «schlecht» oder «schwach» wären, sondern weil sie eben *am Rande der gesellschaftlichen Normen stehen*, das heißt in der oben angedeuteten Konstellation des Ehebruches, der Mesalliance, des skandalösen Altersunterschiedes, des rassischen, nationalen oder konfessionellen Unterschiedes u. dgl. m., aber vor allem in diesem kaum wahrnehmbaren und dennoch stärksten Zeichen der Auflehnung gegen das Leistungsprinzip und des Kampfes für die Freiheit der Lust. Besonders diese Freiheit wird weder durch die Gesellschaft noch im allgemeinen durch das Überich der Partner akzeptiert. Das *psychologische* Gefühl der Schuldhaftigkeit einer solchen Bindung ist im allgemeinen durch die *soziale* Schuld sorgfältig genährt; auch wird letztere fast immer als trennender Faktor erlebt.

Es ist daher die Frage durchaus berechtigt (und sie ist nicht von vornherein im Sinne der Gesellschaftsforderung zu beantworten), ob nicht gerade solche mißlungenen Proteste gegen den introjizierten gesellschaftlichen Druck tatsächliche *Heilungsmöglichkeiten* darstellen, die durch die Trennung zerstört werden und das Ich nun der Angst und der Verzweiflung ausliefern. Dies geschieht auch vor allem bei jenen scharfsinnigeren Partnern, deren Verdrängungsfähigkeit nicht dazu ausreicht, um sich vor dem Konformismus ganz zu beugen und die zerstörte Bindung vor sich selbst vollends zu verleugnen.

Der Heilungsversuch interessiert unmittelbar das Ich, dem er das beste Mittel hierzu bietet: die Realisierung des Ich-Ideals. Daß auch Es-Anteile in der Verliebtheit eine ausschlaggebende Funktion haben, versteht sich von selbst. Auch das Ich ist eine aus dem Es hervorgegangene «Instanz», desgleichen auch das Überich, so daß die Projektion aus dem Ich und dem Überich von ursprünglichen Es-Energien gespeist sind. Doch sind wir mit FREUD der Meinung, daß die Projektion des Ich-Ideals eine nicht zu unterschätzende Rolle in der Liebe hat. Das geliebte Wesen nimmt bis zu einem beträchtlichen Grade den Platz des Idealichs ein. Wir können insoferne von einer schweren Verletzung *des Ichs* durch die Trennung sprechen, als das Ich-Ideal eine Bildung ist, die das Ich seinerseits formt und allmählich zum Idealich wird und – durch vollständige Introjektion – nicht nur und nicht unbedingt zu einem heteronomen Überich, sondern eben zu einem entwickelteren Ich, wobei die Es-Anteile noch immer die Grundlage des neuen Überbaues bilden («Wo Es war soll Ich werden», meinte FREUD, und dieser Prozeß impliziert zuerst die Bildung des Idealichs). Es ist immerhin auffallend, daß ein Liebender seine Liebe als im Gegensatz zum Überich (oder zu einem vermeinten «Ideal») stehend empfinden kann. Er kann der Meinung sein, seine Geliebte sei leichtsinnig, untreu, nicht die Klügste, nicht die Hübscheste ..., und doch liebt er sie.

Wir sprechen nicht von Fällen der «Hörigkeit», die fast restlos auf das Ausleben verklemmter Partialtriebe zurückzuführen ist; es handelt sich eher – es sei hier eine Wortneubildung gestattet – um ein «Partialideal», um die Ergänzung, um die Kompensation dessen, was dem Liebenden fehlt und dessen er nur teilweise bewußt ist. So ist zum Beispiel bei alternden Menschen die manchmal verzweifelte, für die einen lächerliche, für die anderen rührende, Liebe zu einem jungen Menschen nicht *ausschließlich* ein Zeichen für die Enthemmung infantiler Es-Strebungen, sondern auch die – wohl sekundär durch das Infantile bedingte – Sehnsucht nach dem Fehlenden, nach dem unerreichbaren Ideal der Jugend, der Schönheit, der Frische, vielleicht sogar der «Unschuld» noch diesseits der «reifen» Moral, die in wohltuendem Gegensatz zu der «reifen Weisheit» des alternden Liebhabers steht. So wird das Verlorene – in einem verlorenen Menschen verkörpert – zum Ideal [2].

Ob nun richtig oder falsch (was kann im Gefühl «falsch» sein?), wurde der abwesende Partner als eine *Ergänzung des Ichs* gewertet. Je problematischer und konfliktreicher das Ich, beziehungsweise je bewußter dem Ich seine Vergänglichkeit und sein Bedrohtsein ist, um so notwendiger erschien diese Ergänzung, die nun nicht mehr da ist. So kommt es zu einer prekären Lebenssituation, in die sich das Ich bis zu einem gewissen Grade selbst begeben hat, da es sich selbst die Wunde zufügte. Das Bild des «ganzen Ichs», der «Identität» im Sinne ERIK H. ERIKSONS, – das heißt hier des Ichs *mit* seiner Ergänzung – stirbt im eigenen Bewußtsein und das Ich weiß, daß es auch als ergänzendes Ich im Bewußtsein des anderen stirbt. Das Ich ist

---

[2] Die Projektion der Ich-Ideal-Dynamismen erfolgt manchmal auf der einen Seite *intensiver* als auf der anderen Seite der Partnerschaft, denn in einem solchen Fall ist nur der eine durch die Feststellung der Unerreichbarkeit seines Ideals betroffen. Dies mag eine Teilerklärung für den zusätzlichen Schmerz vieler Trennungen sein, in denen ein Partner das Gefühl hat, weniger geliebt zu werden als er selbst liebt. Solche Gefühle können trügerisch sein. Sie entstehen wahrscheinlich oft nicht so sehr aus einem Unterschied in der «Quantität» (Intensität) der Liebe als vielmehr aus einem Unterschied in der «Qualität» (ohne Wertung dieser Seinsweise!), die ein sehr kompliziertes Produkt mannigfaltiger Projektionsanteile aus der existentiellen Lage des Liebenden ist (Erfahrung, Alter, spezifische Frustrationen u. s. f.).

sich selbst untreu geworden – dies ist wohl für die integrierende und lenkende Funktion des Ichs die schwerste Prüfung. (Nebenbei wird hier das nicht weiter zu behandelnde Problem der Eifersucht gestreift, da die Eifersucht immer die unbewußte – hinausprojizierte – Untreue im eigenen Ich bestraft.) Die bewußt oder unbewußt gestellte Frage: «Wie kann er leben ohne mich?» hat eine andere zum Widerpart, die fast immer noch weniger bewußt ist: «Wie kann ich nur leben ohne ihn?»

Um den gescheiterten Versuch der Selbstheilung durch die Befreiung der Partialtriebe wettzumachen, setzt hier ein neuer und gleichsam umgekehrter Versuch der Selbstheilung ein: nämlich die Selbstheilung durch die Verdrängung der Lust und die Akzeptierung der Trennung. Das Ich trachtet, mit dem drückenden Leistungsprinzip einen Kompromiß zu schließen, um die unerträgliche Unlust zu vermeiden. Das Es strebt unter allen Umständen die Lust an. Wenn also dem Ich eine lustvolle Veränderung der Realität mißlungen ist und die Es-Ansprüche einmal mehr abgewiesen worden sind, *so verbündet sich das Ich mit der Verdrängung – mit dem geistigen Tod also – um doch überleben zu können.* Immer wieder beobachten wir denselben Prozeß: Man glaubt, durch die Trennung alles verloren zu haben; in manchen Fällen sind sich die Probanden darin einig, daß diese Prüfung «schlimmer als der Tod» sei, und es wäre leichtsinnig, darin bloß eine Redewendung zu sehen. Nach einigen Monaten oder Jahren aber sagt man resignierend: «Ich *habe* ihn (sie) geliebt.» Man weiß, *etwas* verloren zu haben, aber man kann es eigentlich ebenso wenig nachempfinden, wie der remittierende Schizophrene die unmenschlichen Empfindungen während des schizophrenen Schubes wieder hervorrufen kann.

116. Dr. IBN erzählt uns über seine Bindung zu Frau MAI unter anderem auch folgendes: Diese Bindung bedrohte die gesellschaftliche Stellung und die (übrigens seitdem geschiedene) Ehe des Probanden. Sie wurde also aufgegeben und die Liebhaber trennten sich, wobei diese Trennung auch durch die geographische Entfernung unterstrichen wurde. IBN ist der Meinung, daß er, trotz zahlreicher Erfahrungen, nie mehr eine solche sexuelle Erfüllung und eine solche gegenseitige Zärtlichkeit wie mit dieser Frau wiedergefunden habe (möglicherweise spielt hier die Idealisierung eine Rolle). Deutlich suchte auch die junge Frau die oben geschilderte Art der Selbstheilung bei IBN. Nach mehreren unglücklichen Versuchen beging sie zwei Jahre nach der Trennung Selbstmord. Nun sagt IBN (und er leidet sichtlich unter dieser Feststellung): «Es ist kaum zu glauben und kaum zu verstehen: Ich *weiß,* daß ich zwei Jahre mit ihr glücklich war und daß ich in meinem Leben vorher und nachher nie so voll erleben konnte. Das ist ein *Wissen* um etwas, was dennoch gleichsam inhaltslos geworden ist, denn wenn Sie mich bitten würden, dieses Glück und diese Erlebnisse zu beschreiben, kann ich beim besten Willen nur einige unklare Bilder unseres Zusammenseins schildern.» Wir sehen hier, daß ein sensibler Mensch den geistigen Tod, den die Verdrängung bedeutet, mit Entsetzen feststellt.

101. Der so oft erwähnte Analysand Dr. C. D. sagt über seine Beziehung zu Frl. L.: «Ich könnte mich auch nicht mehr so recht daran erinnern, wieso ich eigentlich mit L. so

glücklich sein konnte. Es bleibt mehr das Schlechte im Gedächtnis, alle unsere Schwierigkeiten und so fort.» – Auch verweisen wir auf die Beobachtung von SAQ auf Seite 116.

Wir haben soeben gesagt, daß die Verdrängung in derselben Weise gegen die Gegenwart der Liebe gerichtet ist, wie etwa die Vergegenwärtigung der spezifischen Erlebnisse des psychotischen Schubes durch die Heilung unmöglich ist. Wieso? War also das Liebeserlebnis ein Wahnsinn, wie so viele Skeptiker behaupten? Freilich, insoferne die Gegenwart der Lust Wahnsinn ist in einer Gesellschaftsordnung, welche die Lust knechten muß, um Energien für die Erhaltung der eigenen Strukturen freizumachen. Der einfachste ideologische Ausdruck dieser Tatsache ist der Ausspruch, daß die Zeit alle Wunden – vornehmlich alle Liebeswunden – *«heilen»* werde. Nach der Aufgabe des einen Heilungsversuches zwingt die Trennung, zu einem anderen – umgekehrten – Medikament zu greifen. Dieses ist das Vergessen. Es ist einer der schwierigsten Widersprüche in der Dialektik Leben–Tod, daß abwechselnd nacheinander *das* als Leben erlebt wird, was bald tödlich erscheint, und umgekehrt. Wir stellen jedenfalls fest, daß die Verdrängung es erreicht, aus der Not eine Tugend zu machen, und zwar, um die Leiden vergessen zu lassen, mit denen die Lust bestraft wurde. Dieser Tatbestand wurde mit aller wünschenswerten Klarheit von HERBERT MARCUSE beschrieben: «Vergangene Leiden vergessen heißt den Kräften vergeben, die diese Leiden verursachten – ohne diese Kräfte zu überwinden. Die Wunden, die mit der Zeit heilen, sind auch die Wunden, die das Gift enthalten. Gegenüber dieser Ergebung in die Zeit ist die Wiedereinsetzung der Erinnerung in ihr Recht als Mittel der Befreiung eine der edelsten Aufgaben des Denkens. In dieser Funktion erscheint die Erinnerung als Abschluß der HEGELschen *Phänomenologie des Geistes,* in dieser Funktion erscheint sie auch in FREUDS Theorie» (HERBERT MARCUSE, *Eros und Kultur,* o. c., S. 223).

So sind wir gezwungen, den neuen Heilungsversuch, das heißt den, der durch die Trennung und durch die Verdrängung dargeboten wird, als eine Notlösung zu betrachten, die den ersten Heilungsversuch – den der Befreiung – weder wirklich aufhebt noch ihn ungültig macht. Auch der Tod ist Heilung aller Leiden. Hier sind wir im Herzen des Widerspruches, den der Konformismus durch Ideologien zu verdecken versucht. Indes müssen wir entweder die Sehnsucht nach Gegenwart des Geliebten und das Streben des Eros nach Lust dem Todestrieb zuschreiben – und das widerspricht den Tatsachen und der FREUDschen Theorie –, oder aber wir müssen umgekehrt das sozial angepaßte Vergessen, das paradoxerweise ein Weiterleben ermöglicht, viel eher dem Gesamt der Phänomene zuordnen, das FREUD «Todestrieb» nannte. Gewiß, dies kann nur *cum grano salis* geschehen, denn ein Weiterleben wird in der Tat durch Verdrängung ermöglicht; das Leben verarbeitet in erstaunlicher Weise jede Traumatisierung. Was also den Kräften des Todes hier zuzusprechen ist, ist vor allem ein mystifiziertes Bewußtsein, eine *Ideologie,* die diese Verdrängung fordert, gutheißt und wegerklärt.

Das Kennzeichen des falschen Bewußtseins ist die Rationalisierung, die das Gegenteil dessen zu beweisen trachtet, was in Wirklichkeit vorgeht. Es ist Sache der Ideologie, auch sämtliche nachteiligen Folgen einer «verbotenen Liebe» eben dieser zuzuschreiben, obwohl diese Folgen nicht so sehr der Liebe als solcher, als vielmehr dem Verbot entspringen. Diese Ideologie wird in der Regel von den Liebenden introjiziert und führt diese zur Trennung, da sich kein Mitglied der Gesellschaft – auch der Liebende nicht – von der Gesellschaft abstrahieren kann. Von einer Herrschaftsform, die die nivellierende Entropie in der Gesellschaft vermehrt, wird das Brandmal des Todesprinzips auf die negative Entropie der Lust übertragen. Schlechtes Gewissen und Aggressivität erlauben zwar das Weiterleben, vergiften aber radikal den sozialen Heilungsversuch.

Freilich müssen wir anerkennen, daß viele Bindungen, die in der Trennung untergehen, «neurotisch» waren: unter dem Wiederholungszwang entstanden, konnten sie nicht zu der Heilung der ihnen zu Grunde liegenden Neurose führen. Wir wollen nicht die freimütige Ausdrucksweise FREUDS vergessen, der vom Neurotiker schrieb, dieser suche «von seiner Libidoverschwendung an die Objekte den Rückweg zum Narzißmus, indem er sich ein Sexualideal nach dem narzißtischen Typus (wähle), welches die von ihm nicht zu erreichenden Vorzüge besitzt. Dies ist die Heilung durch Liebe, welche er in der Regel der analytischen vorzieht» (S. FREUD, *Zur Einführung des Narzißmus* [1914], Ges. W., X, S. 169). Daß die Idealisierung des Liebesobjektes eine narzißtische Operation zur Rettung des Ich-Ideals ist, wird im Laufe unserer Untersuchung oftmals gezeigt. Wir werden aber weiter unten sehen, daß der Wiederholungszwang auch einer positiven biologischen Funktion dient: nämlich, Es-Ansprüchen zur Befriedigung zu verhelfen und Frustrationen wettzumachen. Da das Individuum durch den Wiederholungszwang auch den ungünstigen Ausgang der Situation wieder ins Leben ruft, führt der erneute Versuch zu keinem befriedigenden Ziel; doch wir wollen nicht ganz den besonderen Aspekt aus den Augen lassen, der in dem Versuch besteht, die Wirklichkeit von neuem zu bewältigen. Über diese Ambiguität des Wiederholungszwanges sprechen wir noch weiter unten in diesem Abschnitt. Außerdem ermöglicht die konservative Tendenz des Triebes auch die Sublimation, die doch letztlich eine Wiederkehr des Verdrängten in einer symbolischen und sozial annehmbaren Form ist. Auch in der Sublimation ist das Element der Wiederholung vorhanden, und niemand sieht darin ein Krankheitssymptom. Die Gesellschaft verabreicht dem Menschen eine Medizin, die bis zu einem gewissen Grade homöopathisch ist, da sie Elemente der «Erkrankung» enthält.

### B. Die mißlungene Heilung und die unentmischte Aggressivität

Liebe deinen Nächsten, wie dich selbst. (3. Mos., XIX, 18)

Die Trennung der Liebenden – auch wenn sie in Liebe, sogar im Namen der Liebe vollzogen wird – offenbart aus ihrem Wesen heraus das unglückliche Sein des Menschen. Dieses Unglücklichsein weist darauf hin, daß dieser konkreten Liebesbeziehung liebesfremde, liebeskonträre Elemente innewohnen. Der Haß, um ihn beim Namen zu nennen, ist – zwar weder unbedingt bewußt noch ursächlich bestimmend – im Hintergrund mitwirkend; es muß so sein, da die Liebe sich nicht selbst vernichten kann.

Über das Verhältnis zwischen Liebe und Haß wurde sehr viel geschrieben und die am tiefsten reichenden Erklärungshypothesen kamen wohl von der Psychoanalyse her. FREUD selbst – insbesondere der «alte» FREUD – hat Jahrzehnte über dieses ihn quälende Problem nachgedacht. Seine «Metapsychologie» ist der Versuch, ein anthropologisches Modell zu entwerfen, in dem die entgegenwirkenden Kräfte der Liebe und des Lebens auf der einen Seite, des Hasses und des Todes auf der anderen Seite erklärt und in Zusammenhang zueinander gebracht werden sollten. Dieses Unternehmen konnte nicht restlos glücken. Nicht, daß FREUD unsere Erkenntnis nicht in tiefe und bis dahin nur geahnte Abgründe geführt hätte; aber – obwohl er unserer Überzeugung nach einer der größten Vertreter des dialektischen Denkens ist – wurde er sich über dasselbe nicht voll bewußt. Das Denken FREUDS schwankt ständig zwischen Monismus und Dualismus, auch zwischen mechanistischem Materialismus und erkenntnistheoretischem Idealismus, und die Widersprüche dieser Systematisierung konnten in einer wirklichen Synthese nicht aufgehoben werden. Die Hypothese des «Todestriebes» – eine der kühnsten anthropologischen Theorien, die je aufgestellt worden sind – wurde von den Epigonen entweder totgeschwiegen oder optimistisch verwässert. Gewiß konnte diese Hypothese weder biologisch noch philosophisch widerspruchslos begründet werden. Daß der *Tod* und seine Trabanten eine bestimmte Rolle im *Leben* spielen, ist eine Tautologie, die die Menschheit seit Jahrtausenden zur Verzweiflung, Mystifikation und Resignierung bringt. FREUD unternahm den Versuch, diese ineinander verwobenen Elemente, die sich – ohne Wortspiel – tödlich feindlich sind, zu scheiden und ihre besondere Wirkung zu untersuchen.

Allein, der Versuch mußte den allgemeinen Widerstand, nicht zuletzt selbst in konformistischen Kreisen einer mitunter institutionalisierten Psychoanalyse, mobilmachen. Es wurde alles über die angeblich zersetzende Kraft des analytischen Denkens FREUDS gesagt, das die Tabus des Sexus und des Todes attackierte – und alles, was bis jetzt gesagt wurde, bleibt noch diesseits der Wahrheit. FREUD rüttelte wahrlich an den Fundamenten der Scham, des Gewissens und der Sehnsucht nach Sicherheit bei dem mystifizierten und geknechteten Menschen. In der Kühnheit seiner Kritik an jedem menschlichen Selbstbetrug ist FREUD nur mit einem anderen totalen Revolutionär, mit MARX, zu vergleichen.

Jedoch auch ein Genie hat seine Grenzen und gehört seiner Zeit. So wie MARX in einem Aspekt seines Wesens ein verbitterter und verkannter deutscher Gelehrter, ein rebellierender Herr Doktor war, so war FREUD ein resignierender und tugendhafter Wiener Universitätsprofessor. Es fehlte ihm vielleicht gerade das, was MARX im Überfluß hatte: Einsicht in die Notwendigkeit einer umfassenden Umwälzung, um der Entfremdung des Menschen ein Ende zu bereiten. FREUD war ein Mensch der Liebe, und die Massen haben aus seiner Psychoanalyse eben nur die Entfesselung der Sexualität herausgelesen. Manche seiner «revisionistischen» Schüler beeilten sich auch, diese wieder zu zähmen. Die Tragödie FREUDS scheint uns darin zu bestehen, daß er die Liebe, die er liebte, dem Gesetz opferte; daß er als zwar rastloser und ungebrochener, doch auch müder und geschlagener Mensch im Tod und im Haß, in der Trennung und in der Resignation die *ultima ratio* der praktischen Anpassung an die gesellschaftliche Struktur sah. Denn trotz seiner prophetischen Gabe war in seiner sozialen Einstellung nichts anderes als diese Weisheit zu entdecken. «Ziel alles Lebens ist der Tod.» Dieser Ausspruch würde – konsequent verfolgt – das Lebenswerk FREUDS vernichten, das, wie wenige andere, im Dienste der Liebesbejahung und der Lebensbefreiung steht.

So finden wir bei FREUD erschütternde Ahnungen – wenn auch keine zwingenden Lösungen – zu dem Problem, das uns hier beschäftigt: Wieso ist es möglich, daß die Liebe sich selbst scheinbar umbringt, daß Haß und Aggressivität in der freiesten Liebeserscheinung zutage treten?

*a) Das Leistungsprinzip macht den Liebespartner zum Störenfried.* Vielleicht fehlt irgendein wichtiger Faktor in den dialektischen Hypothesen FREUDS über die Antinomie zwischen den Paaren Leben-Liebe und Tod–

Haß. Wahrscheinlich ist das fehlende Element in der historischen Struktur der Gesellschaft zu suchen. Nun wird letztere von FREUD – übrigens methodologisch verständlich, da es ihm vor allem um die Schicksale der Triebe zu tun ist – vom Psychischen her abgeleitet, wobei FREUD den dialektischen Widerpart der Erklärung außer acht läßt, nämlich den fälligen komplementären Versuch, die psychische Antinomie mit Hilfe der Soziogenese zu erklären. Wenn diese unsere Meinung einige Berechtigung haben sollte, wäre es auch verständlicher, wieso FREUD sich mit der Theorie des Todestriebes in fragwürdige, quasi-biologische Hypothesen begab und den Tod sowie seine Korrelate – Haß und Unterdrückung – als eine vorgegebene und daher unabänderliche Tatsache hinnahm. Obschon auch bei FREUD eine erstaunliche Stelle zu finden ist, die darauf hinweist, daß ihm der Gedanke kam, der Tod sei vielleicht gar kein unabwendbares Schicksal und müsse vom Menschen nicht erduldet werden [3], so ist doch der allgemeine Sinn seiner Gedankengänge über das Verhältnis zwischen Liebe und Haß, zwischen Leben und Tod, durch mehr oder minder geglückte biologische Konstruktionen bestimmt. Indes ist der menschliche Trieb – und das muß folgerichtig für die Libido sowie für den angenommenen Todestrieb gelten – nicht allein physikalisch, chemisch und biologisch zu bestimmen; denn der Trieb wird zu einer vergesellschaftlichten Komponente, zu einem sozialen Faktor, er wird durch die Reflexionsfähigkeit des Menschen und durch die Richtung, die diese Reflexionsfähigkeit von der Gesellschaftsstruktur erhält (so, wie umgekehrt letztere durch die erstere auch ausgerichtet wird), objektiviert, gelenkt, unterdrückt, verschoben, pervertiert, sublimiert, in seinen Auswirkungen völlig verändert.

Für die Frage der Aggressivität ist jedenfalls von Bedeutung, daß FREUD auf der einen Seite das dualistische Menschenbild aufrechterhielt und den Untergang des Eros im Thanatos und in der Zerstörung immer wieder betonte, daß er aber auch auf der anderen Seite eine andere Möglichkeit offen ließ, da er nie seine monistische Libidotheorie zur Gänze aufgab. Wenn Tod und Haß «primäre» Phänomene sind, so entspringen sie unter einem Aspekt der Unterdrückung und Bedrohung der Liebe. Und woher kommen diese?

Eine der letzten Aufzeichnungen aus FREUDs Hand ist folgende: «Schuld-

---

[3] «Wenn man schon selbst sterben und vorher seine Liebsten durch den Tod verlieren soll, so will man lieber einem unerbittlichen Naturgesetz, der hehren ‚Ανάγκη‘, erlegen sein, als einem Zufall, der sich etwa noch hätte vermeiden lassen. Aber vielleicht ist dieser Glaube an die innere Geszmäßigkeit des Sterbens auch nur eine der Illusionen, die wir uns geschaffen haben, ‚um die Schwere des Daseins zu ertragen‘.» (S. FREUD, *Jenseits des Lustprinzips* [1920], Ges. W., XIII, S. 47.)

bewußtsein entsteht auch aus unbefriedigter Liebe. Wie Haß.» (Aufzeichnung vom 3. August 1938, Ges. W., XVII, S. 152). Doch schon im vierten Kapitel seiner Abhandlung *Das Ich und das Es* (1923) fand sich eine Diskussion dieser Hypothese, die ihn bis in den Tod begleitete. FREUD führt unter anderen Beispielen das der Paranoia an, in welchem der Kranke eine überstarke homosexuelle Neigung dadurch abwehrt, daß die geliebteste Person zum Verfolger gemacht wird, gegen die sich die ganze Aggressivität des Kranken richtet. FREUD sagt hierzu: «Wir haben das Recht, einzuschalten, daß eine Phase vorher die Liebe in Haß umgewandelt hatte» (op. cit., Ges. W., XIII, S. 271–272). Interessanterweise sucht FREUD unmittelbar nachher eine Parallele zu dieser Hypothese in den «desexualisierten sozialen Gefühlen», in welchen er das Vorhandensein «von heftigen, zu Aggressionsneigung führenden Gefühlen der Rivalität» vermutet, «nach deren Überwindung erst das früher gehaßte Objekt zum geliebten oder zum Gegenstand einer Identifizierung wird» (ebd., S. 272). Da ist FREUD dicht an die mögliche Entschlüsselung des Geheimnisses herangekommen; denn er zeigt uns, wie Haß in Liebe umgewandelt wird, genau wie vorhin Liebe in Haß – nicht zuletzt unter dem Einfluß unklar umschriebener «sozialer Gefühle», *wobei er der Rivalität haßerzeugende Wirkung zuschreibt*. Letztere Erkenntnis ist für das Verständnis der entfremdenden Sozialstruktur grundlegend. Falls das soziale Gefüge eine interkollektive Gruppenstruktur *sui generis* ist, die nicht nur aus der psychischen Ontogenese heraus zu erklären ist und die im Interesse der Fortdauer einer unterdrückenden Herrschaftsform *gerade die «Rivalität» fördert,* dann beschwört sie die Kräfte des Hasses immer von neuem herauf, um sie als Werkzeug der Unterdrückung zu benützen. In derselben Abhandlung spricht FREUD weiter über den «desexualisierten Eros», der als indifferent gewordene *verschiebbare* Energie zu Aggressionszwecken verfügbar wird. Im fünften Kapitel derselben Abhandlung erhärtet FREUD diese Annahme durch die Beobachtung der «entlehnten Schuldgefühle»: «Eine solche Übernahme des Schuldgefühls ist oft der einzige, schwer kenntliche Rest der aufgegebenen Liebesbeziehung. Die Ähnlichkeit mit dem Vorgang bei Melancholie ist dabei unverkennbar» (ebd., S. 279, Fußnote 1). Er beschreibt sodann die sadistische Aggressivität, die durch Triebeinschränkung und erzwungene Desexualisierung zustandekommt und sich entweder gegen das früher geliebte Objekt oder gegen sich selbst richtet (ebd., S. 283–284).

Daß soziale Strukturen auch *libidinöser* beziehungsweise *aggressiver* Investition bedürfen, um überhaupt funktionieren zu können, versteht sich von selbst. Es handelt sich um die *menschliche* Gesellschaft (auch in einer unmenschlichen Form), die die psychischen Energien der Menschen für die

Aufrechterhaltung ihrer Funktionsweisen braucht. Sie lenkt also diese Energien vor ihren unmittelbaren Befriedigungsobjekten ab, desexualisiert sie und benützt sie für die Erhaltung ihrer spezifischen Herrschaftszwecke. Neben der «grundsätzlichen Unterdrückung» der Triebe, die möglicherweise jeder gesellschaftlichen Ordnung innewohnt[4], entsteht nach Herbert Marcuse die «zusätzliche Unterdrückung», das heißt jene mannigfachen Bedürfnisse, die von der Gesellschaft für ihr Unterdrückungswerk in Anspruch genommen wurden und zur Aggressivität werden. Nun aber hängt die konkrete Struktur einer historischen Gesellschaft kaum in größerem Ausmaße von der psychischen Ontogenese ihrer Einzelmitglieder ab, als etwa die Funktionsbereitschaft der angeborenen Mechanismen von derselben abhängt. Wohl werden gesellschaftliche Strukturen – wie auch das Funktionieren der Auslöser – von der individuellen Lebensgeschichte *ausgeprägt*, doch sind solche Strukturen und Auslöser der psychischen Ontogenese ja *vorgegeben* und bedingen letztere, wenn sie auch umgekehrt von dieser konkret geformt und dadurch wiederum bedingt und verändert werden. Psychische Strukturen und soziale Strukturen befinden sich zueinander in keinem linear-kausalen, sondern in einem dialektisch-komplementären Verhältnis. Auf diese Weise gelangen wir zu dem folgenden Paradoxon: Vom Standpunkt der Psychogenese aus gesehen, weist die soziale Struktur Aspekte eines Überbaues über derselben auf (nach Freud); vom Standpunkt der Soziogenese zeigen umgekehrt die psychischen Strukturen Charakteristiken eines Überbaues über den gesellschaftlich-ökonomischen Verhältnissen (nach Marx). Allerdings wußte Freud von diesem Henne-Ei-Verhältnis (siehe Fußnote S. 158–159).

Von diesen sich ergänzenden Gesichtspunkten aus gesehen wäre die Diskrepanz zwischen den psychogenetisch betrachteten Triebschicksalen und der geschichtlich gesehenen gesellschaftlichen Ideologie zu betrachten, die Freud zur Wahl des berühmten Mottos bewegte: *Flectere si nequeo superos, acheronta movebo*. Bei Freud führt die Perspektive vom Psychischen her, während bei Marx die Perspektive umgekehrt ist: hier gilt es, die Basis der gesellschaftlichen Struktur, und erst dadurch auch das individuelle Bewußtsein, zu erschüttern: Das Sein bedingt das Bewußtsein.

Nun also zurück zur Psychogenese des Haß-Liebe-Widerspruches. In der

---

[4] «Möglicherweise» deshalb, weil die Selbstsublimierung und die Gesellschaftsgründung im angeborenen auslösenden Mechanismus des *homo sapiens* begründet sind. Das historische Übel der gesellschaftlichen Unterdrückung ist in diesem Fall kein an sich notwendiges metaphysisches Übel. An diesem Zweifel ist jedes utopische Denken beteiligt. Auch die «Notwendigkeit» der «grundsätzlichen» Unterdrückung wird noch immer aus der Perspektive der waltenden «zusätzlichen» Unterdrückung angenommen!

pathologischen Trauer wie in der Melancholie wurde nach FREUD die Objektwahl «auf der narzißtischen Stufe getroffen»; letztere stellt einen Übergang zwischen dem Autoerotismus (dem eigentlichen Narzißmus) und der eigentlichen Objektbeziehung dar. Diese Hypothese erklärt den Vorgang der melancholischen Trauer nicht restlos, ist doch der Narzißmus an jeder Objektwahl mitbeteiligt: ohne die Übertragung – Verschiebung – der narzißtischen Libido wäre keine Objektbesetzung möglich. FREUD sagt es selbst mit aller erwünschten Klarheit: «Die Liebe stammt von der Fähigkeit des Ichs, einen Anteil seiner Triebregungen autoerotisch, durch die Gewinnung von Organlust zu befriedigen. Sie ist ursprünglich narzißtisch, übergeht dann auf die Objekte, die dem erweiterten Ich einverleibt worden sind . . .» usw. (S. FREUD, *Triebe und Triebschicksale* [1915], Ges. W., X, S. 231). Wer würde schon lieben, wenn keine Freude, nicht einmal eine bittere, darin enthalten wäre! Von dem autoerotischen Ursprung der Objektwahl her wird es verständlich, daß in gewissen Fällen von Frustration das Objekt fixiert und einverleibt wird, es entsteht eine Identifizierung – genau: eine Introjektion – als Vorgestalt einer «freieren» Objektwahl. Freilich «schluckt» hier das Ich das Objekt; aber es eignet sich das «Geschluckte» so restlos an, daß auch das Objekt das Ich gleichsam überwältigt. Die psychische Nähe des Vorganges zu dem Narzißmus mobilisiert auch die oralen und analen sadistischen Komponenten, so daß diese «narzißtische Objektwahl» besonders ambivalent sein muß – sie ist vom Haß nicht entmischt; genauer: die Versagung wird mit der Verschärfung einverleibender Mechanismen beantwortet, die Liebe selbst wird aggressiv. Nach dem Verlust des Objektes wütet das Ich gegen das geliebte Objekt – also auch gegen sich selbst, da eine primitive Identifikation besteht. Das erklärt gut die (verborgene oder manifeste) Aggressivität und Zerstörungstendenz gegenüber dem Objekt und gleichzeitig den gegen das Ich gerichteten Sadismus, welcher Masochismus genannt wird (S. FREUD, op. cit.; S. FREUD, *Trauer und Melancholie* [1916], Ges. W., X).

Solange die Trennung ein nicht bewältigter (das heißt ein extreme Trauer bringender) Versuch ist, der nach Desidentifikation (das heißt nach Aufhebung der ambivalenten narzißtischen Objektwahl) strebt, ist es anzunehmen, daß dieser Versuch durch beträchtliche – im allgemeinen unbewußte, zum Teil auch bewußte – Mengen von Aggressivität gekennzeichnet ist. Wir glauben, diese Hypothese im Abschnitt I hinlänglich belegt zu haben.

FREUD hat aber darüber hinaus unter dem Einfluß W. STEKELS in *Triebe und Triebschicksale* die These aufgestellt, daß der Haß «früher» war als die Liebe. Doch bereits dort sieht er im Haß keine echte Antinomie zur

Liebe, der Haß existiert neben der Liebe als Abwehr gegen die Ichbedrohung (op. cit., Ges. W., X, S. 230–231). Hier wird auch festgestellt, daß die
Trennung offenbar eine Abwehr gegen die Ichbedrohung im besonderen
Maße mobilisieren muß und somit Haß hervorruft (loc. cit., S. 232). FREUD
vermag die Beimengung des Hasses zur Liebe – zunächst ohne den Begriff
des «Todestriebes» einzuführen – zufriedenstellend zu zeigen. Die erste,
auf narzißtischer Stufe getroffene Objektwahl (die in unserer Kasuistik
eine besondere Rolle spielt) ist also durch *«Einverleiben»* oder *«Fressen»*
charakterisiert – «eine Art der Liebe, welche mit der Aufhebung der Sonderexistenz des Objekts vereinbar ist, also als ambivalent bezeichnet werden kann» (loc. cit., S. 231) [5]. Die unglückliche Liebe, die uns beschäftigt,
vermag die «Aufhebung» – im positiven dialektischen Sinne des Wortes –
nicht reibungslos zu vollziehen. Dann tritt für FREUD «auf der höheren
Stufe der prägenitalen sadistisch-analen Organisation (...) das Streben
nach dem Objekt in der Form des Bemächtigungsdranges auf, dem die
Schädigung oder Vernichtung des Objekts gleichgültig ist. Diese Form
und Vorstufe der Liebe ist in ihrem Verhalten gegen das Objekt vom Haß
kaum zu unterscheiden. Erst mit der Herstellung der Genitalorganisation
ist die Liebe zum Gegensatz vom Haß geworden» (op. cit., ebenda).

Aus diesem Entwicklungsschema zieht FREUD den Schluß: «Der Haß ist
als Relation zum Objekt älter als die Liebe, er entspringt der uranfänglichen Ablehnung der reizspendenden Außenwelt von seiten des narzißtischen Ichs» (ebenda). Diese Ablehnung bleibt immer «in inniger Beziehung» zu den Trieben der Icherhaltung (die, wie wir später sehen werden,
von FREUD dem «Todestrieb» zugeordnet werden). «Wenn die Ichtriebe
die Sexualfunktion beherrschen wie auf der Stufe der sadistisch-analen
Organisation (wie bis zu einem gewissen Grad auch wahrscheinlich vorher auf der Stufe der oral-kannibalistischen Organisation – *I. A. C.*), so
leihen sie auch dem Triebziel die Charaktere des Hasses» (ebenda).

Die Behauptung, daß «der Haß als Relation zum Objekt älter sei als die
Liebe», ist problematisch. Die vorgeschlagene Erklärung, daß der «ältere»
Haß «der uranfänglichen Ablehnung der reizspendenden Außenwelt von
seiten des narzißtischen Ichs» entspringe, bildet eine leicht erkennbare
Vorstufe zu der späteren Erklärung, daß nämlich «das Leblose früher da
war als das Lebende» (S. FREUD, *Jenseits des Lustprinzips* [1920], Ges. W.,
XIII, S. 40), und auf dieser ergänzenden Erklärung wird bald die An-

---

[5] Im Vorübergehen wollen wir an dieser Stelle den unbeabsichtigten Gebrauch des
dialektischen Terminus «Aufhebung» vermerken – wohl im Sinne von «Annullierung»,
doch im ganzen Zusammenhang der FREUDschen Libidotheorie (das Es ist «zeitlos» und
«vergißt» nichts) auch im Sinne des «Verwandelns» und des «Aufbewahrens».

nahme eines Todestriebes von FREUD aufgebaut werden. Trotz der plausiblen Hypothese über die «konservative», ja «regressive» Natur der Triebe (S. FREUD, op. cit.), sollte man sich vor Augen halten, daß die «Natur» selbst des Lebens – seine Bezogenheit auf die Außenwelt, die es aktiv benützt und verändert – ex definitione auf das Verarbeiten, sogar auf die Neuschaffung der «reizspendenden Außenwelt» angelegt ist. Der Unterschied zwischen dem Anorganischen und dem Organischen liegt gerade in dieser aktiven Veränderung der Außenwelt[6], und es geht wahrscheinlich nicht ganz an, die spezifischen Charaktere des letzteren durch diejenigen des ersteren in ihrer Spezifität erklären zu wollen. Sobald die Quantität in eine neue Qualität übergegangen ist, ist eine mechanistisch-quantitative Totalinterpretation der neuen Qualität durch die spezifischen Eigenschaften der aufgehobenen Qualität unzulässig geworden. Sicherlich sind die Beziehungen des Menschen zu der «reizspendenden Außenwelt» zutiefst *ambivalent* und sie sind nicht von der «Ablehnung» entmischt. Dies wahrscheinlich nicht so sehr wegen der «konservativen Natur» der leblosen Spuren im Lebendigen, sondern vor allem wegen des dialektisch notwendigen «konservativen» Aspektes *jeder* Entwicklungsetappe der Materie, die sich nur aus inneren Widersprüchen mittels quantitativer Sprünge *entwickeln* kann.

Schon der primäre Narzißmus ist keine totale «Ablehnung der Außenwelt» durch ein (noch nicht einmal wirklich vorhandenes, sondern nur durch spätere Entwicklung aktualisierbares, vorläufig potentielles) «narzißtisches Ich». Der primäre Narzißmus ist *auch* eine fast vollkommene Dualunion, die in jeder später geglückten *Objekt*beziehung «aufgehoben» sein wird. Auch die Partialtriebe dienen der «Gewinnung der Organlust» und dadurch der Anknüpfung der Beziehungen des Ichs (welches sich eigentlich erst durch diese Beziehungen bildet) zur Welt der Objekte.

*b) Heilungsversuch der Trennung gegen Heilungsversuch der asozialen Liebe.* Die Einsicht FREUDS ist hier von großer Bedeutung, weil sie die unlustbetonten und ich-bedrohenden Aspekte der Regression beleuchten

---

[6] Was die Tendenz, die gewohnte Außenwelt zu konservieren, nicht ausschließt. Auch der Mensch, der die Natur besonders aktiv und bewußt verändert, erweitert im Grunde genommen die Wirkung jener Bedingungen der Außenwelt, die sein Leben gewährleisten. Wir wollen nur andeuten, daß die Bestimmung der Triebe nur von ihrer «konservativen» Neigung her unvollständig ist. Den Lebensbedingungen einer Spezies sind tatsächlich «konservative» Grenzen gesetzt, gleichzeitig aber sorgen die Triebe für die Veränderung der Außenwelt bis zum Erreichen dieser Grenzen; hypothetische biologische Mutationen sowie «psychische Mutationen» des Menschen verändern übrigens die Grenzen selbst. Darüber mehr unten, im Abschnitt über den Wiederholungszwang.

kann, die durch die *Trennung* eingeleitet wird. Die Regression, durch die Ich-Katastrophe der Trennung hervorgerufen, stellt keineswegs einen ungehinderten geradlinigen Rücklauf bis zu dem primären Narzißmus dar (dies würde höchsten Lustgewinn bedeuten!), sondern vielmehr eine komplizierte und *widerspruchsvolle* Entstrukturierung einer Objektbesetzung, wobei letztere bereits außerordentlich ambivalent sein mußte und nun im Prozeß ihrer Desintegrierung die Konflikte der Ambivalenz noch auf das höchste verschärft[7].

Die Ambivalenz und die darin wirkende Haßkomponente bei der Trennung entspringen vielleicht doch nicht nur der Regression auf eine «Vorstufe» der Liebe, sondern auch den verwickelten – auch ambivalenten – Beziehungen der Getrennten zu dem Realitätsprinzip, das nun einmal die Trennung enthält und dem mit Ängstlichkeit und Auflehnung begegnet wird[8]. Sicher aktiviert die Trennung der Liebenden die *erste* Trennungs-

---

[7] Hierzu FREUD selbst: «Die Entstehungs- und Beziehungsgeschichte der Liebe macht es uns verständlich, daß sie so häufig ‚ambivalent', d. h. in Begleitung von Haßregungen gegen das nämliche Objekt auftritt. Der der Liebe beigemengte Haß rührt zum Teil von den nicht völlig überwundenen Vorstufen des Liebens her, zum anderen Teil begründet er sich durch Ablehnungsreaktionen der Ichtriebe, die sich bei den häufigen Konflikten zwischen Ich- und Liebesinteressen auf reale und aktuelle Motive berufen können. In beiden Fällen geht also der beigemengte Haß auf die Quelle der Icherhaltungstriebe zurück. Wenn die Liebesbeziehung zu einem bestimmten Objekt abgebrochen wird, so tritt nicht selten Haß an deren Stelle, woraus wir den Eindruck einer Verwandlung der Liebe in Haß empfangen. Über diese Deskription hinaus führt dann die Auffassung, daß dabei der real motivierte Haß durch die Regression des Liebens auf die sadistische Vorstufe verstärkt wird, so daß das Hassen einen erotischen Charakter erhält und die Kontinuität einer Liebesbeziehung gewährleistet wird» (S. FREUD, *Triebe und Triebschicksale*, loc. cit., S. 232). – Man merkt die Bedeutung dieser klassischen Analyse für unseren Untersuchungsgegenstand. Besonders hervorzuheben ist die Stelle über die «Kontinuität der Liebesbeziehung» dank dem «erotischen Charakter», den die Haßregungen erhalten.

[8] In einer Reihe von wertvollen Untersuchungen konnte J. BOWLBY folgerichtig die Trennungsangst und die Trauerarbeit vielmehr mit den angeborenen auslösenden Mechanismen der «Verbundenheit» als mit einem etwas abstrakten isolationistischen Narzißmus in Zusammenhang bringen. Arterhaltende Verhaltensweisen der «Verbundenheit» (Schreien, Lächeln, Saugen, Sich-Anklammern u. s. f.) sind angeboren und warten auf «Aktivierung». Sind sie aktiviert und die Mutter vorübergehend nicht erreichbar, *folgen Protest-Verhalten und Trennungsangst.* Neurotische Patienten weisen die Trennungsangst in einem «beeindruckend hohem Maße» auf, und auch «normale» Menschen sind von ihr im Alltagsleben keineswegs frei. Bleibt nun die Mutter-Figur dauernd unerreichbar, folgen gewöhnlich noch dramatischere Prozesse von Kummer *(grief)*, Trauer und Abwehr (JOHN BOWLBY, *Grief and Mourning in Infancy and Early Childhood*, in: Psycho-analyt. Study of the Child, XV [1960], S. 9–53); J. BOWLBY, *Processes of Mourning*, in: Intern. J. of Psycho-Analysis XLII [1961], IV–V, S. 317–340; J. BOWLBY, *Die Trennungsangst*, in: Psyche, XV [1961], 7, S. 411–464, dortselbst wichtige Bibliographie von rund 90 Titeln in bezug auf die Trennungsarbeit). – Vgl. selbstverständlich auch RENE A. SPITZ, *Die Entstehung der ersten Objektbeziehungen*, Ernst Klett Verlag, Stuttgart, 1957.

angst und den *ersten* Protest, von denen wir jetzt sprachen und die sich noch auf der narzißtischen Stufe bewegen. Doch ist diese Regression keine einfache *restitutio ad integrum* des primär narzißtischen Zustandes, es sind neue Erfahrungen dazu gekommen, die nicht nur das Bewußtsein des Menschen bereichert, sondern auch sein Unbewußtes verändert haben. Protest und Haß richten sich nicht *nur* gegen das verlorene Objekt und gegen das mit ihm identifizierte Ich, sondern *auch* gegen die Realität, die hier vor allem durch das «Leistungsprinzip» im Sinne HERBERT MARCUSES repräsentiert ist und das «gute Objekt» verbietet, es sogar zum «bösen» macht. Gewiß, es wäre nicht zur Trennung der Liebenden gekommen, wenn nicht die Ambivalenz der Beziehung bereits vorhanden gewesen wäre (siehe Abschnitt I); diese Ambivalenz ist aber nicht nur Widerholung der «narzißtischen Objektbeziehung», sie entspricht ebenso der Wirksamkeit des Leistungsprinzips, das bereits *vor der Trennung* auf die Liebesbeziehung seine Schatten geworfen hatte.

Schon die Liebesbeziehung, die zu der untersuchten Trennungsituation führte, war ein *Protest* gegen die Allmacht des Leistungsprinzipes; dieser Protest mißlang, das Leistungsprinzip erwies sich als das stärkere – und dies vertieft zunächst den Haß und die Auflehnung gegen die Imagines, die das versagungsfordernde Leistungsprinzip vertreten. Die Liebe war hier Rebellion, die Trennung aktiviert die Rebellion und kann durchaus zu einer gewissen Bewußtmachung der sozialen Mystifikationen und Entfremdungen beitragen. Und doch vollzieht sich diese kritische und rebellierende «Revision der Realität» nicht auf der Ebene der Liebespraxis, da die Trennung ein Beweis des Sieges von seiten des Leistungsprinzipes ist. Somit ist das letztere – trotz Protest – doch stark und tief genug introjiziert, um zwar *unter Umständen* bei *manchen* besonders bewußten Individuen eine fruchtbringende kritische Auseinandersetzung zuzulassen, an erster Stelle jedoch Aggressivität gegen den Partner und gegen sich hervorzurufen – sonst gäbe es nicht die Trennung. Wir sehen, daß die Rolle des Überichs und der – aus seinem Druck auf das Ich resultierenden – Schuldgefühle in der Trennungsaggressivität viel wichtiger sein muß, als dies die Theorie der einfachen «Regression» vermuten ließe. Auch D. LAGACHE hat die Funktion des Überichs in der Trauerarbeit erkannt (op. cit.). So können wir an dieser Stelle die Förderung, die das Überich dem Sadomasochismus in der ambivalenten Lage der gebrochenen Liebesbeziehungen angedeihen läßt, bereits ausdrücklich mit dem prägenden Druck des gesellschaftlichen Leistungsprinzipes in Beziehung setzen.

Indem die Getrennten vor dem Druck des Leistungsprinzipes durch das Medium des Überichs kapitulieren, werden ihnen das eigene Ich und das des Partners Objekte der Enttäuschung und des Hasses. Es gibt Schuldgefühle vom Überich her – vor diesen kapitulieren die Getrennten; aber das Ich vertritt ja auch die Forderung des Es und wird somit zum Regulativ der Selbstbehauptung. *Die Getrennten wissen, daß sie dem Anderen untreu geworden sind.*

Die Aggressivität wird also in der Trennungssituation mehrfach gefördert: einerseits vom Leistungsprinzip durch die Stellvertretung des Überichs, und andererseits von den Abwehrmechanismen im Ich gegen die Ichentleerung in der asozialen Liebe und gegen die Ichbedrohung in der sozialisierten Trennung. Das ist, zugestandenerweise, eine ungemein komplizierte und vieldeutige Lage. Von allen Seiten wird das eigene Ich in die Verzweiflung und Trauer getrieben, und das Bild des Partners wird symbolisch durch das Vergessen getötet. Das Bewußtsein dieser Ausweglosigkeit tut hierzu das Seine: es weiß, daß auch im Ich des abwesenden Partners ein paralleler Prozeß des Mordens stattfindet.

Diese verzweifelte Lage, die mit besonderer Schärfe die ambivalente Vermengung der Liebe mit dem Haß wieder aktiviert, ist vielleicht ein Indiz dafür, daß hier nicht so sehr ein «Todestrieb» primär und in unmittelbarer Weise am Werke ist, sondern viel eher das Rückfluten der Libido auf frühere, besonders ambivalente Stadien, sowie die durch den Druck der «Realität» wiederbelebte Aggressivität; mit der Rolle des vermeintlichen «Todestriebes» im Drama der Trennung werden wir uns noch weiter unten befassen müssen.

Nun will diese verwickelte Arbeit eine restitutive, eine heilende sein, genau wie die Trauerarbeit. Hier – auch in der Vernichtung des Objektes durch die Trennung! – sind ebenfalls die selbstheilenden, progressiven Tendenzen des Ichs am Werke, die wir oben (S. 121 ff.) im Versuch der Idealbildung von den Partialtrieben her sahen; doch befinden sie sich diesmal, *post festum*, im Kampf gegen die durch das Objekt provozierte «Ichentleerung». Das Ich sah sich durch den Sog der archaischen Objektbeziehung bedroht und versucht nun, eine radikale «chirurgische» Kur durchzuführen, die eine Abtrennung des Objektes und der mit ihm identifizierten Anteile im Ich notwendig zum Ziele hat. Die archaischen Wurzeln dieser Operation reichen wahrscheinlich bis zu der – in der Phylogenese belegten – Fähigkeit zur *Autotomie* zurück: diese heilbringende Selbstverstümmelung findet man bekanntlich noch bei den Amphibien.

Ich fürchte, die komplizierte psychische Situation wird uns jetzt als vollends undurchsichtig vorkommen. Wir müssen nämlich dessen eingedenk sein, daß das, was als Rettung galt, nun als Krankheit gilt und daß sich demnach die Medizin änderte. Erinnern wir uns, daß die Reaktivierung der Partialtriebe in der «asozialen» Liebe ein Versuch der Heilung und der Ich-Integrierung war. Dieser Versuch mißlang aber durch das im Überich vertretene Verbot von seiten des gesellschaftlichen, desexualisierenden Leistungsprinzipes. Daraus ergab sich ein neues Trauma für das Ich. Der mißlungene Heilungsversuch durch die «archaische» Liebe mußte einem neuen, diesmal von den Forderungen des Leistungsprinzipes gutgeheißenen, Gegenversuch weichen.

Freilich sind diese Heilungsetappen nur künstlich zu isolieren. Wir sagen es wiederholt: die «infantile» Liebe und die Ermordung dieser Liebe bilden eine Einheit, die – wenigstens zum Teil – fraglos unter dem Zeichen des Wiederholungszwanges steht. Daher auch die unvermeidlichen Wiederholungen in unseren Ausführungen. Auch der zweite «Gegenversuch» der Heilung ist der Wiederholung unterworfen: der Wiederholung einer frühkindlichen Weise, mit Versagungen fertig zu werden. Diesem zweiten Moment des Wiederholungszwanges – dem Moment der eigentlichen Verzichtsituation – wollen wir nun einige Bemerkungen widmen.

Die Katastrophe der Trennung wiederholt alle früheren Trennungen des Menschen stellvertretend und totalisierend. Deshalb «regrediert» auch der von ihr Betroffene auf jene Stufen, wo die erste, noch unbewußte und auf alle Fälle schlecht verarbeitete Trennung das entstehende Ich für alle Zeiten verwundete – und möglicherweise ist die Ur-Trennung beim Menschen mit seiner Geburt identisch (O. RANK, G. H. GRABER)[9]. So ist die Katastrophe der Trennung nicht unabhängig von der Vereinigung zu betrachten, die durch sie in Brüche gegangen ist. Der Wiederholungszwang ist am Werke: wurde die neue Dualunion nicht «deshalb» herbeigeführt, um durch die neue, stellvertretende, symbolische Katastrophe eine ältere zu verarbeiten? Gilt die «Trauerarbeit» der letzten manifesten Trennung, oder – durch sie hindurch – früheren, deren Verarbeitung durch Sehn-

---

[9] Die Hervorhebung einer Traumatisierung durch den *Vorgang* der Geburt, in dem auch FREUD eine Quelle der Angst sah, wurde durch die Betonung der *Urtrennung* bei der Geburt ersetzt, so besonders bei G. H. GRABER. – HERMANN NUNBERG kritisiert die RANKsche Theorie vom «Geburtstrauma» insoferne, als es ihm «im Gegensatz zu RANK zweifelhaft erscheint, daß die Geburtsangst einen psychischen Inhalt hat»; demgegenüber nimmt er aber an, daß die Geburtsangst sich «doch sicher später zu einer psychischen Angst» gestaltet. «Der Fötus ist mit narzißtischer Libido an die Mutter gebunden. Wird diese Einheit durch die Geburt zerstört, das Kind von der Mutter getrennt, so wird das Streben des Eros, alles zu vereinigen und zu verschmelzen, unterbunden. Auf Grund des allen organischen Wesen eigentümlichen Wiederholungszwanges kann man annehmen, daß sich gleich nach der Geburt eine rückläufige Tendenz einstellt, eine Tendenz also, sich mit der Mutter wieder zu vereinigen. (. . .) Die *Geburtsangst ist also eine Trennungsangst.* Sie ist biologisch, wird aber zum typischen Vorbilde der psychologischen Angst» (HERMANN NUNBERG, *Allgemeine Neurosenlehre*, Verlag Hans Huber, Bern und Stuttgart, 2. Aufl.,

sucht, Verzweiflung und Verdrängung uns nie gelungen ist? Die «objektive» Unmöglichkeit, die Dualunion aufrechtzuerhalten, war auch vor dem Eingehen der neuen Bindung im allgemeinen vorhanden. Die Leidenschaft sowohl wie ihr Todesurteil, stehen im Zeichen des von FREUD entdeckten Wiederholungszwanges, zu welchem wir in Kürze vorstoßen werden.

J. BOWLBY liefert Beweise dafür, daß die gewöhnliche Reaktion eines Kleinkindes, das seine Mutter verliert, genau dieselbe ist, die für die pathologische Trauer des Erwachsenen typisch ist. Mehr als das: Kinder, die solche Verluste erleben, neigen dazu, nicht nur später Persönlichkeitsstörungen zu entwickeln, sondern sind auch bei weiteren Verlusten leicht anfällig für pathologische Trauerreaktionen. Für BOWLBY ist das hartnäckige Suchen nach Wiedervereinigung mit dem einst verlorenen Objekt das Hauptmotiv der pathologischen Trauer, obwohl dieses Motiv durch Hemmung *(repressing)* oder Ablenkung und Aufspaltung *(splitting)* in bezug auf das Triebziel verschleiert und verändert ist (JOHN BOWLBY, o. cit., siehe Fußnote auf Seite 188–189). An dieser Stelle denken wir an den unheimlichen Eindruck, den wir aus dem Studium unserer Trennungsgeschichten gewinnen: daß nämlich die Liebe hier auf die Trennung förmlich wartet, daß sie sich nur durch die Trennung zu bestätigen sucht.

Was wiederholt die Trennung und die daraus resultierende Trauer? J. SHOR unterscheidet drei Arten von ungelösten Traumen, die im Wiederholungszwang immer wieder aktiviert werden, und die dieser Autor drei verschiedenen Aspekten der Triebökonomie zuordnet (JOEL SHOR, *Charles Darwin, Grandfather of Modern Psychotherapy*, in: Internat. Mental Health Research Newsletter, V [1963], 1–2, S. 11–13):

a) Der *Verlust (deprivation:* eigentlich Entbehrung, Mangel, Abwesenheit) ist vor allem der Triebquelle zuzuordnen, das heißt dem primären *narzißtischen* Anspruch, der unbefriedigt blieb. Hier ist ein deutlicher Unterschied zur Auffassung FREUDS gegeben, der unter «Triebquelle» einen

---

o. D., S. 229; hervorgehoben von NUNBERG). – Wir sind ganz der Meinung, daß auch folglich *die Trennungsangst letztlich auf die Wiederholung der Geburtsangst hinweist.* Letztere wird allerdings durch sämtliche Erlebnisse des Getrenntseins und der Frustration überformt. Auch die Ödipussituation ist in bezug auf diese Wiederholungsreihe zu verstehen. Die Einreihung des Ödipuskomplexes in die Kontinuität der frühkindlichen Erlebnisse ist sehr prägnant in einer Studie von HELIO PELLEGRINO dargestellt: «Die inzestuöse Fixierung ist also in ihren verschiedenen Komponenten – genitale Impulse zur Mutter und destruktiver Haß gegen den Vater – bedingt und bestimmt durch die erste Objekt-Beziehung. Die späteren inzestuösen Impulse gegenüber der Mutter haben eine Ersatz- und Ausgleichsfunktion» (HELIO PELLEGRINO, *Versuch einer Neu-Interpretierung der Ödipussage,* in: Psyche, XV [1961], 4, S. 475–485; wir zitieren S. 478). Die Vorbedingung und Vorbestimmung späterer Objektbeziehungen durch das uterine Vorleben und durch die Geburt sollten in dieser Reihe der «Trennungen» nicht vergessen werden.

physiologischen, gleichsam vorpsychologischen Tatbestand verstanden wissen wollte [10].

b) Die *Hemmung (suppression:* eigentlich Entzug, Unterdrückung) ist dem *Triebziel* zugeordnet, d. h. der «Ausdrucks-Funktion des *Körper-Ichs*».

c) Die *Versagung (frustration)* ist dem *Triebobjekt* zugeordnet, d. h. der Beziehung zur *Außenwirklichkeit*. Auch hier ist eine Weiterentwicklung der FREUDschen Gedanken unverkennbar, der das Triebobjekt nur wenig vom Triebziel unterschied [11].

J. SHOR bringt sein Schema in Zusammenhang mit den phasenspezifischen Trauerrelationen, die von MELANIE KLEIN entworfen wurden. Der Verlust der Triebquelle wird mit der Oralität, die Frustration mit der phallisch-hysterischen Phase gekoppelt; die intermediäre Hemmung wird zwar nicht ausdrücklich mit einer Phase verbunden, doch vermutlich be-

---

[10] «Unter der Quelle des Triebes versteht man jenen somatischen Vorgang in einem Organ oder Körperteil, dessen Reiz im Seelenleben durch den Trieb repräsentiert ist. Es ist unbekannt, ob dieser Vorgang regelmäßig chemischer Natur ist oder auch der Entbindung anderer, z. B. mechanischer Kräfte entsprechen kann. Das Studium der Triebquellen gehört der Psychologie nicht mehr an; obwohl die Herkunft aus der somatischen Quelle das schlechtweg entscheidende für den Trieb ist, wird er uns im Seelenleben doch nicht anders als durch seine Ziele bekannt. Die genauere Erkenntnis der Triebquellen ist für die Zwecke der psychologischen Forschung nicht durchwegs erforderlich. Manchmal ist der Rückschluß aus den Zielen des Triebes auf dessen Quellen gesichert» (S. FREUD, *Triebe und Triebschicksale* [1915], Ges. W.,X, S. 215–216).

[11] «Das *Ziel* eines Triebes ist allemal die Befriedigung, die nur durch Aufhebung des Reizzustandes an der Triebquelle erreicht werden kann. Aber wenn auch dies Endziel für jeden Trieb unveränderlich bleibt, so können doch verschiedene Wege zum gleichen Endziel führen, so daß sich mannigfache nähere oder intermediäre Ziele für einen Trieb ergeben können, die miteinander kombiniert oder gegeneinander vertauscht werden. Die Erfahrung gestattet uns auch, von ,*zielgehemmten*' Trieben zu sprechen bei Vorgängen, die ein Stück weit in der Richtung der Triebbefriedigung zugelassen werden, dann aber eine Hemmung oder Ablenkung erfahren. Es ist anzunehmen, daß auch mit solchen Vorgängen eine partielle Befriedigung verbunden ist.» (Dies eröffnet Perspektiven über die «partielle Befriedigung» des Triebanspruches durch Wiederholung der Dualunion trotz Ablenkung und Hemmung der Trennung, *I. A. C.*) «Das *Objekt* des Triebes ist dasjenige, an welchem oder durch welches der Trieb sein Ziel erreichen kann. Es ist das variabelste am Triebe, nicht ursprünglich mit ihm verknüpft, sondern ihm nur infolge seiner Eignung zur Ermöglichung der Befriedigung zugeordnet. Es ist nicht notwendig ein fremder Gegenstand, sondern ebensowohl ein Teil des eigenen Körpers. Es kann im Laufe der Lebensschicksale des Triebes beliebig oft gewechselt werden; dieser Verschiebung des Triebes fallen die bedeutsamsten Rollen zu. Es kann der Fall vorkommen, daß dasselbe Objekt gleichzeitig mehreren Trieben zur Befriedigung dient, nach ALFRED ADLER der Fall der *Triebverschränkung*. Eine besonders innige Bindung des Triebes an das Objekt wird als *Fixierung* desselben hervorgehoben. Sie vollzieht sich oft in sehr frühen Perioden der Triebentwicklung und macht der Beweglichkeit des Triebes ein Ende, indem sie der Lösung intensiv widerstrebt.» (S. FREUD, a. a. O., ebd., S. 215) – Vgl. auch: S. FREUD, *«Psychoanalyse» und «Libidotheorie»* [1923], Ges. W., XIII, S. 230–231.

ginnt die «Ausdrucks-Funktion des Körper-Ichs» mit dem Ende der oralen und dem Einsetzen der analen Phase. Weiter will J. Shor seine Unterscheidung zwischen den phasenspezifischen Ursprüngen des Ich-Versagens mit den von Bowlby beschriebenen Phasen der Trauer in Zusammenhang bringen: J. Bowlby unterscheidet *(Processes of Mourning,* loc. cit.) bei physischer Trennung und Tod drei Etappen der Trauerarbeit, nämlich:

a) Kummer, Kränkung *(grief)* und Trennungsangst *(separation anxiety)*, die während der ersten Etappe dominieren; das Weinen und *die aggressiven Handlungen* gehören hierher;

b) die Entstrukturierung *(disorganization)* des Ichs;

c) die Neustrukturierung *(reorganization)* des Ichs.

Für Bowlby ist der Kummer die Ursache für das lange anhaltende Verlangen nach dem verlorenen Objekt und für den Zwang, die Enttäuschung des Verlustes zu wiederholen [12]. Zerstörungswünsche gegen das verlorene Objekt und die daraus entstehende Schuld verschlimmern den Kummer, sind aber für Bowlby nicht die Hauptfaktoren der Trauer (wohingegen wir sie regelmäßig im Trennungskummer vorzufinden glauben). Alle beschriebenen Etappen der Trauerarbeit sind für Bowlby *Anpassungsversuche* an die Realität.

Die von J. Shor heuristisch eingeführte Unterscheidung zwischen dem Verlust, der an der Quelle des Triebes selbst ansetzt, der Hemmung, die das Triebziel unerreichbar macht, und der Versagung vom Triebobjekt her, ist u. U. nicht immer durchführbar. Dennoch hat sie unbestreitbar einen analytischen Wert. Je tiefer das Trennungstrauma, um so eher wird auch versucht, gegen das Todeserlebnis des primären Verlustes die sekundären Erlebnisse der Hemmung (Unerreichbarkeit des Zieles) und der Versagung (durch das «böse» Objekt) auszuspielen – nach dem Prinzip des geringeren Übels. Das kann an den Rationalisierungen der Trennung, an der Phase der Ablösung, gut beobachtet werden, wie J. Bowlby richtig merkte. Wenn sich die Trennung von einem Objekt vollzieht, das auf der phantastischen Ebene des Wiederholungszwanges den primären Verlust besonders getreu reproduziert, eignet sich das Objekt für die neue Herausprojektion der Introjektionen, dem das erste Objekt verfiel. Es wird besonders heftig auf das Objekt projiziert, und Hemmung, Ablenkung, Verschränkung u. dgl. m. spielen hier die Rolle der Abwehr gegen das unerträgliche Todeserlebnis. In dieser Ich-Katastrophe werden Abwehrmechanismen mobilisiert, durch welche der Verlust erträglicher werden soll: die

---

[12] Somit läge der Trennung eine melancholieähnliche psychische Verfassung zugrunde; über die melancholische Komponente der Trennung siehe am Ende unseres Essays. – Vgl. auch S. Biran, *Melancholie und Todestriebe,* E. Reinhardt, München/Basel 1961.

Hemmung, um eine Distanzierung, ein «*Disengagement*» zu erleichtern; das Erlebnis der Frustration wird – vergessen wir es nicht – immer in irgendeiner Weise provoziert. Diese Abwehrmechanismen sind *Sicherungen* gegen die Katastrophe und in einem *Symptome* der Trauer – also des Verarbeitens. Es wird dadurch versucht, die Reaktivierung des primären Objektverlustes, die durch die Liebestrennung und den Untergang der Dualunion wiederkehrt, durch Reaktivierung oberflächlicherer Mechanismen wettzumachen. *Hemmung und Versagung sind gleichsam Heilungsversuche gegen das Todeserlebnis des totalen Verlustes.* Dieser Prozeß manifestiert sich in der unlustbetonten (Hemmung) und aggressiven (Versagung) Stellungnahme zum verlorenen Objekt: wir sahen im ersten Abschnitt, wie stark das Ressentiment (*grief* nach Bowlby) gegen den Partner ist, wie intensiv alle Hemmungen und Versagungen, deren Ursprung ihm zugeschrieben und ihm nachgetragen wird. Der *Trost* des Alleingelassenen (der ja den anderen selbst allein ließ) ist: *die verlorene Mutter ist eine böse Mutter* (weil verloren). Die Aggressivität ist so bedeutend, gerade weil die verlorene Mutter zu einer bösen wurde, zu einem ungeeigneten und schlechten – wiewohl stark begehrten – Objekt: der Weg zum neuerlichen Wiederholungszwang ist somit übrigens offen ... So sehen wir besonders deutlich die Ambivalenz der Trauerarbeit (hier der Trennungsarbeit).

Ambivalenz deshalb auch, weil die Mutter zwar «böse» ist, die narzißtische Dualunion aber nur die Phantasie der *guten Brust* kennt, die introjiziert wurde und dadurch zur Identität selbst des Kindes ward. In seinen letzten Aufzeichnungen schreibt Freud darüber: «Haben und Sein beim Kind. Das Kind drückt die Objektbeziehung gern durch die Identifizierung aus: ich bin das Objekt. Das Haben ist das spätere, fällt nach Objektverlust ins Sein zurück. Muster: Brust. Die Brust ist ein Stück von mir, ich bin die Brust. Später nur: ich habe sie, d. h. ich bin sie nicht ...» (S. Freud, *Aufzeichnung vom 12. Juli 1938*, Ges. W., XVII, S. 151.) Ich *habe* sie nicht mehr, ich *bin* sie nicht, *ich bin nicht ich*, ich bin *nicht*. Meine Identität – in jenem Sinne, der den Begriff der «Identität» mit sich selbst, der «Identität» der Person nach Erik H. Erikson bereits im Keim enthält – ist verloren und zerbrochen, so daß die Trennung von der guten Brust eine «Selbst-Trennung», Selbstentfremdung und Selbstverstümmelung ist; vielleicht zwar eine Art Autotomie, da diese auch einen Heilungsversuch intendiert, aber zunächst ist sie der Verlust seiner selbst [13].

---

[13] Es ist eine Tautologie zu vermerken, daß die Aggressivität nun um so mächtiger zur Abwehr gegen den Schmerz der Trennung eingesetzt wird, je größer ihre Rolle in den

So muß der Schmerz der Trennung ein ganz entsetzlicher sein: *denn sie ist Trennung von sich selbst.* Sie ist die Zerreißung eines Ichs, das mit dem Objekt und sich selbst scheinbar identisch war; und nun geht das Ideal des Ichs zugrunde [14], und die Ansprüche der Partialtriebe, die nach diesem Ideal streben und es libidinös investieren, sind wieder einmal um das Objekt betrogen. Gewiß, diese Liebe war durch den Wiederholungszwang von vornherein der Zerstörung geweiht. Aber sie war nicht totaler Wahn, der kein reales Objekt mehr braucht. Sie war im Gegenteil ein wieder und wie-

---

Beziehungen der Liebenden war. Insbesondere bei oralen Typen spielte die Aggressivität eine beträchtliche Rolle in ihrer «infantilen» Liebe, wobei sie aber nicht unbedingt zu bewußten Manifestationen kommen mußte, weil diese teils verdrängt, teils in gegenseitiger komplementärer Oralbeziehung unbemerkt bleiben konnte. Jetzt werden diese Mengen der oralen Aggressivität frei und daher eine ebenso bedeutende Rolle bei der Abwertung (aber auch bei der «Vergöttlichung») des Liebesobjektes spielen. Die Trauer einer solchen affektreichen, oral gefärbten Trennung ist besonders dramatisch. Die Getrennten sprechen oft von einem «Verhungern», «Verdursten» nach dem Geliebten, sie schwanken oft auch zwischen Zorn gegen den Abwesenden, der ihnen entgleitet, und einer sehnsüchtigen Vergötterung, also Verabsolutierung der fehlenden Nahrung, der entzogenen Brust.

Diese Sachlage offenbart die ausschlaggebende orale Komponente der Trennungssituation. Mit gewissen Einschränkungen können wir die Meinung EDMUND BERGLERS teilen, der in der oralen Erfahrung des Kindes das Paradigma seiner sämtlichen späteren Erfahrungen sieht: diese wird später in eine anale, urethrale, phallische usf. «Sprache» übersetzt (EDMUND BERGLER, *The Basic Neurosis*, Grune & Stratton, New York, 1949). Demgegenüber scheint uns allerdings, daß ein «glücklicher» Ödipus die oralen Schwierigkeiten weitgehend wettzumachen vermag und so möchten wir nicht die orale Genese *aller* Neurosen mit BERGLER überbetonen. Doch hat BERGLER feinsinnig vermerkt – und dies ist im Zusammenhang mit unserem engeren Thema von Bedeutung –, daß die orale Erfahrung der Neurose im Grunde genommen masochistisch ist: der Säugling erlebt ja die Mutterbrust vorwiegend passiv in der Art eines empfangenen oralen Koitus; diese passive Befriedigung wird ihm dann versagt. BERGLER spricht, sich auf A. STÄRKE berufend, von einer «oralen Kastration», Prototyp späterer Kastrationsgefahren. Die neurotisch orale Erfahrung soll daher im übrigen nicht nur in Termini der Libido, sondern auch in Termini des «Todestriebes» analysiert werden. Die Rolle des primären Masochismus als Folge des oralen Traumas scheint uns scharfsinnig beobachtet, doch möchten wir wieder einmal die Bedeutung der Ambivalenz hervorheben. Schließlich liegen beim Säugling latente Verhaltensschemata bereit, die auch in aggressiver Weise funktionieren. Außerdem neigt das Kind dazu, passiv erlittene Erfahrungen auch aktiv zu wiederholen: das ist ein wesentlicher Aspekt des FREUDSchen Wiederholungszwanges. Der primäre neurotische Masochismus kann also, in Verbindung mit individuell eingeübter Abwehr, in Destruktion umgewandelt werden, die BERGLER «neurotische Pseudo-Aggressivität» nennt – die wir aber als den anderen Pol der neurotischen Ambivalenz ansehen. Diese Aggressivität wird ihrerseits die durch die «orale Kastration» genährten masochistischen Schuldgefühle von neuem aktivieren. In unserer Kasuistik konnten wir verschiedene manifeste Verschiebungen der oralen Ambivalenz beobachten: bei manchen Personen mehr in die Richtung der masochistischen «oralen Passivität», bei anderen mehr in die Richtung der sadistischen «oralen Aktivität», doch war überall die grundlegende sadomasochistische orale Ambivalenz vorhanden.

[14] Wir glauben mit E. BERGLER (o. cit.), daß die Liebe eine Projektion des Ichideals ist, und auch in einer Übertragungsliebe findet diese Projektion doch statt.

der aufgenommener Versuch der Ich-Heilung, ein Versuch der Selbst-Heilung. Die Trennung hat wieder einmal das Heil – die Integrität – des Ichs in Frage gestellt und die Heilung wurde, so nahe am Ziel, zur Katastrophe.

### A. Wiederholungszwang, Haß und Tod

Im Laufe unserer Ausführungen über den «verzweifelten Versuch der Selbstheilung» (erstes Kapitel dieses Abschnittes) begegnete unsere Bemühung um das Verständnis und die Klärung des klinischen Materials über die Trennung der Liebenden (dem der erste Abschnitt gewidmet war) einem geradezu verwirrenden und paradoxen Tatbestand. Der Kampf zwischen dem Lustanspruch des liebenden Menschen und dem Leistungsanspruch seines – durch die Gesellschaft gelenkten – Gewissens ließ bald die Liebesbeziehung, bald deren Zerstörung, einmal als Bedrohung der Ich-Integrität, einmal als deren Rettung erscheinen. Freilich: wir waren im Laufe des Exposés bemüht, die mannigfaltigen Wurzeln der Ambivalenz, die das menschliche Leben zerreißt, bloßzulegen. Allein, die Feststellung dieser erschreckenden Ambivalenz würde, ohne den Versuch, sie einem umfassenden und gleichsam gerichteten Prozeß zuzuordnen, nur die Unmöglichkeit einer Sinngebung aufzeigen. Indes bemüht sich der Mensch, Sinn dort – und besonders dort – zu stiften, wo die Ausweglosigkeit am stärksten zu sein scheint, ist er doch nicht mehr von der Natur, sondern von seiner kulturellen Leistung, also von sich selbst getragen.

Die Ambivalenz fand ihren Ausdruck in der Wiederholung vergangener Frustrationen und in der Abwehr derselben. Die Einsamkeit und Fragwürdigkeit des Ichs und die Suche nach dessen Reife, Entfaltung, Identität und Integrität verursachen eine Mischung zwischen Leben und Sterben, in welcher keines der beiden Elemente eindeutig vorherrscht. Die Wiederholung der Ur-Trennung und der Ur-Bindung – des frühkindlichen Narzißmus – ist ein immer zweideutiger Dialog zwischen den Lebenstrieben und – sollen wir mit FREUD sagen? – dem Todestrieb, zwischen Fortschreiten zur Reifung und Rückschritt ins Unbewußte und Infantile.

Das Thema des Todes und der durch den Wiederholungszwang vereitelten Reife kommt unweigerlich auf uns zu, sobald wir in das Phänomen der Trennung tief genug eindringen. Man möge uns bei der Bearbeitung dieses Themas einige Wiederholungen – mehr scheinbare Wiederholungen, da es sich hierbei hoffentlich doch um eine gewisse *Vertiefung* des wiederholten Stoffes handelt [15] – verzeihen. Es ist hier notwendig geworden, im

---

[15] Und das gerade ist eine passende Illustration zu den schillernden Eigenschaften des Wiederholungszwanges: man taucht nie zweimal in denselben Fluß!

Interesse unserer Untersuchung über das tödliche, zerstörerische Element in der Trennung Liebender, die FREUDsche *Hypothese vom «Todestrieb»* etwas systematischer zu betrachten.

Im Jahre 1913 schrieb FREUD einen psychoanalytischen Kommentar zu zwei Szenen aus dem *Kaufmann von Venedig* von SHAKESPEARE. Er schloß seine Untersuchung mit folgenden Worten: «Man könnte sagen, (die drei Frauengestalten dieser Szenen, *I. A. C.*) seien die drei für den Mann unvermeidlichen Beziehungen zum Weibe, die hier dargestellt sind: Die Gebärerin, die Genossin und die Verderberin. Oder die drei Formen, zu denen sich ihm das Bild der Mutter im Laufe des Lebens wandelt: Die Mutter selbst, die Geliebte, die er nach deren Ebenbild gewählt, und zuletzt die Mutter Erde, die ihn wieder aufnimmt. Der alte Mann aber hascht vergebens nach der Liebe des Weibes, wie er sie zuerst von der Mutter empfangen; nur die dritte der Schicksalsfrauen, die schweigsame Todesgöttin, wird ihn in ihre Arme nehmen» (S. FREUD, *Das Motiv der Kästchenwahl* [1913], Ges. W., X, S. 37).

Diese schöne Stelle, ein Muster des illusionslosen Wissens und des schriftstellerischen Könnens eines alternden genialen Menschen, entwickelt sich während der fünfundzwanzig Jahre, die FREUD noch zu leben und in denen er die einsamen Höhen einer einzigartigen Anthropologie noch zu erreichen hatte, zu einem grandiosen und düsteren System, das von der Hypothese des «Todestriebes» beherrscht ist. Und im *Motiv der Kästchenwahl* ist in zusammengeraffter Form die Begründung dieser späteren «metapsychologischen» Hypothese bereits fertig aufgestellt. «Vergebens hascht der alte Mann nach der Liebe, wie er sie zuerst von der Mutter empfangen». Es ist die Mutter Erde, die ihn zuletzt aufnimmt. Das «Weib», die «Genossin», ist nach dem Ebenbild der ersten Schicksalsfrau gewählt; «vergebens» sucht der Mann in ihr jene Wiederholung der *ersten* Liebe, die ihm am Ende die «schweigsame Todesgöttin» wieder gewähren wird. Der Kreis wird sich schließen. Der Mann, der vergebens – und blindlings – nach seiner Gebärerin suchte, um diese nur ebenbildlich in der Genossin wiederzufinden, wird nicht mehr enttäuscht: die Todesgöttin – aber warum nur ist sie auch Verderberin? – wird ihn endlich, wie einst die Gebärerin, in ihre Arme nehmen. Sie wird ihn in ihren Schoß aufnehmen: wiederaufnehmen, denn sie *ist* die wiedergefundene Mutter. Die erste Vereinigung, die unter unerbittlichem Zwang der Wiederholung in symbolischer Form immer von neuem versucht wurde, wird erst im Tode wiederkehren. *Der Tod ist der letzte Inzest*, der alle unbefriedigenden Versuche, den ersten Inzest wiederzuerleben, durch die letzte und auslöschende Vereinigung aufhebt und vollendet. Im Tod – dieser endgültigen Trennung von sich selbst und von den geliebten Menschen – wird paradoxerweise jede Trennung aufgehoben; was Wunder, wenn die Trennung liebender Menschen eine Offenbarung des Todes ist?

Der ganze Weg der Psychoanalyse ist der Weg nach Entdeckungen alter Spuren, die lebenslänglich wiederkehren – in verkleideter, in abstruskrankhafter, in sublimer, in perverser Form wiederkehren, mit unerbittlicher Monotonie, mit unerfüllbarer Enttäuschung. Der Eros spielt in der Existenz des Menschen eine ständige Tragikomödie, die dann ihr Ende erfährt, wenn, von Wiederholung zu Wiederholung, von Wandlung zu Wandlung, von Symbol zu Symbol, der Eros endlich im Tode seine Erfüllung findet, indem er zugrunde geht.

Aber Freud war weder Mystiker noch Poet. Die Hypothese des Todestriebes – obwohl nach seinen Worten dem spekulativen Denken verpflichtet – ist aus der klinischen Beobachtung entstanden. Diese klinische Erfahrung kann nicht bezweifelt werden, und Generationen von Psychoanalytikern haben sie täglich bestätigt gefunden: unter tausend Larven, deren die einen entsetzlich und destruktiv wie das Antlitz der Gorgone, andere aber wunderbare Ergebnisse einer nie endenden Sublimation sind, meldet sich fortwährend die nämliche Erscheinung im Leben des Menschen. Das ist der Wiederholungszwang. Das, was am Anfang einer Entwicklung steht, begleitet diese stets und scheint auch an ihrem Ende auf. Das Leben ist nicht nur vorbestimmt durch unzählige Determinationen, die es zu einer je individuellen Variation machen; das Leben ist gerade die Variation eines nämlichen Grundthemas. Das Thema kann verschiedentlich interpretiert werden, aber es kehrt unumgänglich wieder. Im Wiederholungszwang ist das Thema erkennbar, das der *Tod* unserem *Leben* durch alle Variationen des Eros hindurch aufzwingt.

Der Wiederholungszwang ist der Schlüssel zur Hypothese des Todestriebes. Die Gedankengänge Freuds sind in dieser Hinsicht von einer erstaunlichen Konsequenz. Sie sind nicht immer eindeutig, sie sind sogar des öfteren in sich widerspruchsvoll, und die Hypothese des Todestriebes wurde von ihrem Urheber selbst verschiedentlich ausgelegt und erhärtet. Aber der Grundgedanke wiederholt sich unverändert, als ob er selbst unter der Wirkung eines Wiederholungszwanges stünde: Es ist ein psychologisches Gesetz, daß alle psychischen Dynamismen nach der *Wiederherstellung eines anfänglichen Status* streben. Es genügt, den Anfang zu bestimmen, und man entschlüsselt das Thema.

Bekanntlich ist die Theorie des Todestriebes erst im Jahre 1920, in der berühmten Abhandlung *Jenseits des Lustprinzips*, zur vollen Entfaltung geführt worden. Seitdem erfuhr sie keine wesentliche Änderung mehr. Die verschiedenen Interpretationen – so in bezug auf die Anteile der Ich-Triebe, der Es-Triebe, der Aggressivität und des Hasses im Todestrieb – können noch ein wenig variieren (ganz eindeutig wurde das System nie), aber die Theorie selbst wurde zu einem strengen Syllogismus: Am Anfang war der Tod. Das Leben strebt die Wiederkehr des Anfanges an. Also ist der Tod das letzte Streben jedes Lebens.

Wie erwähnt, geht FREUD von den Erfahrungen der psychoanalytischen Klinik aus. Die ganze psychoanalytische Methode dient dem Bewußtwerden, das heißt dem «Erinnern» – dem im Rahmen der Kur verbalisierten Wiedererleben – verdrängter Erlebnisse, die vornehmlich dem Bereich der infantilen Sexualität angehören und deren Gedächtnisspuren im Konflikt mit dem von der Kultur geforderten Normensystem des Überichs unterlegen sind. «Alle diese unerwünschten Anlässe und schmerzlichen Affektlagen werden nun vom Neurotiker in der Übertragung wiederholt und mit großem Geschick neu belebt. Sie streben den Abbruch der unvollendeten Kur an» (S. FREUD, *Jenseits des Lustprinzips* [1920], Ges. W., XIII, S. 19). Die Kunst des Arztes wird es nun sein, «möglichst viel in die Erinnerung zu drängen und möglichst wenig zur Wiederholung zuzulassen» (ebd., S. 17); er hat dafür zu sorgen, daß dieses verdrängte «Stück der Vergangenheit», das zur unbewußten Wiederkehr drängt, «doch immer wieder als Spiegelung einer vergessenen Vergangenheit erkannt wird» (ebd., S. 16 und 17)[16].

Allein, wie ist dieser Zwang zur Wiederholung des Verdrängten zufriedenstellend zu erklären? Der Analysierte stürzt sich durch die Wiederkehr des Verdrängten in immer neue Konflikte, er gelangt immer wieder in ausweglose Lagen, er belebt schmerzliche Frustrationen. Und doch verteidigt er die Möglichkeit dieser Wiederholung mit unwahrscheinlicher Zähigkeit: der «Widerstand» in jeder psychoanalytischen Kur ist auf den Abbruch letzterer angelegt, nur mit dem Zweck, die Wiederholung beibehalten zu können. Zwar will die Kur die Vergangenheit neu erleben lassen, aber nur um diese begrifflich *als* Vergangenheit zu überwinden. Der «Widerstand» des «Agierens» will das nämliche, jedoch in der elementar triebhaften Welt einer phantasmagorischen Wiederkehr. Durch diese Tendenz des Triebes ist die Vergangenheit insoferne stärker als die Gegenwart, als

---

16 Es sei hier nur beiläufig erwähnt, daß also in der Psychoanalyse wohl ein dialektischer Widerspruch zwischen «Agieren» und «Verbalisieren» (Erinnern) besteht, doch keine wirkliche Antinomie. Das analytische Erinnern ist eine begriffliche, verbale Wiederholung, wohingegen das Agieren eine symbolische präverbale Wiederholung der nämlichen verdrängten Vergangenheit ist. Das alogische, schicksalhafte Symptom soll in logische, geschichtliche Sprache *übersetzt* werden.

sie die letztere zwingt, sich an das Vergangene starr zu fixieren und sich in einer regressiven Bewegung zu wenden. Der Anfang wird zur Zukunft des Triebes. Letzterer ist zutiefst *konservativ*, und das Bewußtwerden selbst – Ziel der Psychoanalyse – ist nur dank einer «Erinnerungsspur» möglich (vgl. ebd., loc. cit., S. 25), so daß auch das Bewußtsein eine Art des Umweges ist, zu einer «normalen», sozial annehmbaren Form der Wiederholung (vgl. S. Freud, *Die Verneinung* [1925], Ges. W. XIV). «Diese Auffasung des Triebes klingt befremdlich, denn wir haben uns daran gewöhnt, im Triebe das zur Veränderung und Entwicklung drängende Moment zu sehen, und sollen nun das gerade Gegenteil in ihm erkennen, den Ausdruck der *konservativen* Natur des Lebenden» (S. Freud, *Jenseits des Lustprinzips*, loc. cit., S. 38; Hervorhebung von Freud). Dieses Beobachtungsergebnis kann nur eine Erklärung zulassen: *«Ein Trieb wäre also ein dem belebten Organischen innewohnender Drang zur Wiederherstellung eines früheren Zustandes,* welchen dies Belebte unter dem Einflusse äußerer Störungskräfte aufgeben mußte, eine Art von organischer Elastizität, oder wenn man will, die Äußerung der Trägheit im organischen Leben» (loc. cit.; Hervorhebung von Freud).

Und nun kommt die verblüffende und in ihrer Einfachheit grandiose Folgerung aus diesem Tatbestand: nämlich die Umstülpung der Entwicklung von der scheinbaren Ausrichtung auf die Zukunft hin zu der darunter wirksamen Ausrichtung auf die Vergangenheit hin. Wir dachten selbst früher (I. A. Caruso, *Bemerkungen über den sogenannten «Todestrieb»*, in: Schweizer Arch. f. Neurologie und Psychiatrie, LXX [1952], 2, S. 245 bis 258), daß die Freudsche Todestrieb-Hypothese nur die resignierende Feststellung der Vergänglichkeit bedeutet, welche für den kühlen Verstand jede Bewegung nach vorne, jeden Fortschritt *letztlich* in Frage stellt. Wir erinnerten uns damals an die bitter-höhnische Frage von Mephistopheles:

> Vorbei! ein dummes Wort. Warum vorbei?
> Vorbei und reines Nicht: vollkommnes Einerlei!
> Was soll uns denn das ew'ge Schaffen?
> Geschaffenes zu Nichts hinwegzuraffen?
> «Da ist's vorbei!» Was ist daran zu lesen?
> Es ist so gut, als wär es nicht gewesen,
> Und treibt sich doch im Kreis, als wenn es wäre!
> Ich liebte mir dafür das Ewigleere.
>
> *(Faust* II, 5, 11596–11603)

Doch scheint es uns jetzt, daß Freud im Todestrieb mehr sah als nur Vergänglichkeit und Vergeblichkeit (obwohl diese Erkenntnis selbstverständlich mitbestimmend sein mußte, wie wir aus einigen seiner Schriften sehen können, so aus *Zeitgemäßes über Krieg und Tod, Vergänglichkeit,*

*Das Ich und das Es* usw.). Es geht jedoch grundsätzlich um mehr, es geht um eine grundlegende *Umkehrung der Zeitperspektive,* und in der neuen Perspektive ist dem Nichts eine aktive, positive Wirksamkeit in der menschlichen Psyche zugebilligt; um sich mit einem modernen Terminus auszudrücken: dem FREUDschen Nichts kommt eine *nichtende* Wirksamkeit zu, die aktive Teleologie des «Bösen» [17]. Jetzt verstehen wir, warum die «schweigsame» – und barmherzige – Todesgöttin auch «Verderberin» genannt wurde.

Zum Aufbau der Todestrieb-Hypothese haben – wie wir schon erwähnten – recht heterogene Elemente (Hypothesen des Narzißmus, der Ich-Triebe, der primären Aggressivität usw.) beigetragen. Wenn nicht unbedingt «essentiell», so doch «existentiell», war die Gleichsetzung des Todestriebes mit einem Destruktionstrieb unvermeidlich. Wir müssen an dieser wesentlichen Stelle um Geduld und um die Erlaubnis bitten, breite Zitate vorzulegen.

Zunächst zur «Notwendigkeit» eines Todestriebes. FREUD schreibt: «Wenn also alle organischen Triebe konservativ, historisch erworben und auf Regression, Wiederherstellung von Früherem, gerichtet sind, so müssen wir die Erfolge der organischen Entwicklung auf die Rechnung äußerer, störender und ablenkender Einflüsse setzen. Das elementare Lebewesen würde sich von seinem Anfang an nicht haben ändern wollen, hätte unter sich gleichbleibenden Verhältnissen stets nur den nämlichen Lebenslauf wiederholt. Aber im letzten Grunde müßte es die Entwicklungsgeschichte unserer Erde und ihres Verhältnisses zur Sonne sein, die uns in der Entwicklung der Organismen ihren Abdruck hinterlassen hat. Die konservativen organischen Triebe haben jede dieser aufgezwungenen Abänderungen des Lebenslaufes aufgenommen und zur Wiederholung aufbewahrt und müssen so den täuschenden Eindruck von Kräften machen, die nach Veränderung und Fortschritt streben, während sie bloß ein altes Ziel auf alten und neuen Wegen zu erreichen trachten. Auch dieses Endziel alles organischen Strebens ließe sich angeben. Der konservativen Natur der

---

[17] Diese psychische Zeitlichkeit ist eine – um wieder mit moderner Terminologie zu operieren – *räumlichende* Zeitlichkeit. Eine der letzten Aufzeichnungen FREUDS zeigt, daß er dieses zentrale Problem der psychischen Ausdehnung ahnt: «Räumlichkeit mag die Projektion der Ausdehnung des psychischen Apparats sein. Keine andere Ableitung wahrscheinlich. Anstatt KANTS a priori Bedingungen unseres psychischen Apparats. Psyche ist ausgedehnt, weiß nichts davon» *(Aufzeichnungen vom 22. August 1938,* Ges. W. XVII, S. 152). Nun ist diese «Ausdehnung» der Psyche eine «zeitliche», und diese «Zeitlichkeit» ist für FREUD die Wiederkehr. Zum Problem der «Räumlichung der Zeit» vgl. JOSEPH GABEL, *Ideologie und Schizophrenie. Formen der Entfremdung,* S. Fischer, Frankfurt a. M., 1967.

Triebe widerspräche es, wenn das Ziel des Lebens ein noch nie zuvor erreichter Zustand wäre. Es muß vielmehr ein alter, ein Ausgangszustand sein, den das Lebende einmal verlassen hat, und zu dem es über alle Umwege der Entwicklung zurückstrebt. Wenn wir es als ausnahmslose Erfahrung annehmen dürfen, daß alles Lebende aus *inneren* Gründen stirbt, ins Anorganische zurückkehrt, so können wir nur sagen: *Das Ziel alles Lebens ist der Tod,* und zurückgreifend: *Das Leblose war früher da als das Lebende»* (S. FREUD, *Jenseits des Lustprinzips,* loc. cit., S. 39–40; Hervorhebungen von FREUD) [18].

Der Todestrieb mag also zunächst rein passiv, «stumm» (Ges. W., XIII, S. 275), «geräuschlos» (Ges. W., XIII, S. 232) in Erscheinung treten. Doch dem ist in der menschlichen Existenz nicht so. FREUD scheint das Problem, das ihm durch den offenkundigen *Widerstreit* zwischen den «aufgenommenen» Abänderungen und den «inneren» Gründen des Sterbens aufgegeben wurde, nie in einer für ihn selbst zufriedenstellenden Weise gelöst zu haben. Der Wiederholungszwang bringt keine Eindeutigkeit in die Existenz, er bringt eine bis in die Wurzel derselben reichende *Ambivalenz.* Die Ursache der Ambivalenz ist in dem soeben zitierten Satz angedeutet: «Die konservativen organischen Triebe haben jede dieser aufgezwungenen Abänderungen des Lebenslaufes *aufgenommen* und zur Wiederholung *aufbewahrt* und müssen so den täuschenden Eindruck von Kräften machen, *die nach Veränderung und Fortschritt streben,* während sie bloß ein altes Ziel auf *alten* und *neuen* Wegen zu erreichen trachten» (Hervorhebungen diesmal von uns). Hier ist übrigens noch vieles dem «Eindruck» überlassen. Wäre zum Beispiel nicht eine Definition denkbar, nach der die organischen Triebe die «aufgezwungenen Abänderungen des Lebenslaufes» *aufgenommen* haben, um sie *aufzubewahren,* das heißt um den Organismus diesen und anderen Abänderungen aktiv anzupassen? Das «alte Ziel» wäre die Erhaltung der Energie auf der neuen Stufe, und somit zwar wieder die Ambivalenz und der Wiederholungszwang, dennoch ohne das Ziel des Lebens *außerhalb* des Lebens, im Nicht-Leben, im Tod, suchen zu müssen? Doch darüber noch mehr unten. Tatsache ist, daß das befriedigende Ziel

---

[18] Die Wiederherstellung des leblosen Zustandes ist nicht einfach durch «Stillstand» der Lebensprozesse zu erreichen. Der Tod ist nicht nur *Aufhören* der Lebensprozesse, die mit dem Eiweißkolloiden, Fermenten, Hormonen, Salzen und anderen Wirkelementen des Organismus verbunden sind. Ein solches Aufhören wäre die perfekte Anabiose, mit der man gerade zum Zwecke der Lebensverlängerung und Todesbekämpfung experimentiert. Der Tod ist vielmehr eine *Zerstörung* der Lebensmechanismen, eine irreversible *Entstrukturierung* des lebenden Stoffes. Der echte Tod ist unbedingt *Verwesung.* Die Aufhebung der Lebensprozesse, die Anabiose ohne Zerstörung, ist grundsätzlich nicht mit dem Tod gleichzusetzen, sie ist noch latentes Leben.

im Tode weder so friedlich erreicht wird, noch sich so friedlich offenbart, wie wir dies nach der Hypothese «Ziel alles Lebens ist der Tod» vielleicht annehmen könnten. Es ist jedenfalls auch eine Tatsache, daß der lebensbejahende Eros – durch eine lebensgeschichtliche Perversion, welche auch unter die Herrschaft des Wiederholungszwanges gelangt – die Ziele des Todestriebes libidinös besetzen (das allerdings – wie es scheint – nur in der Gattung Mensch mit ihrer Kultur) und die Befriedigung in aktiver Lebensverneinung suchen kann. «Die Spekulation läßt dann diesen Eros vom Anfang des Lebens an wirken und als ,Lebenstrieb' in Gegensatz zum ,Todestrieb' treten, der durch die Belebung des Anorganischen entstanden ist. (...) An seine Stelle (= an Stelle des Gegensatzes Ich- und Sexualtriebe, *I. A. C.*) trat aber ein neuer Gegensatz zwischen libidinösen (Ich- und Objekt-) Trieben und anderen, die im Ich zu statuieren und vielleicht in den Destruktionstrieben aufzuzeigen sind. Die Spekulation wandelt diesen Gegensatz in den von Lebenstrieben (Eros) und von Todestrieben um» (S. FREUD, *Jenseits des Lustprinzips,* loc. cit., S. 66, Fußnote). Der Weg zur antinomischen Auffassung des Trieblebens ist zurückgelegt worden: «Die einen Triebe, die im Grunde geräuschlos arbeiten, verfolgten das Ziel, das lebende Wesen zum Tode zu führen, verdienten darum den Namen der ,*Todestriebe*' und würden, durch das Zusammenwirken der vielen zelligen Elementarorganismen nach außen gewendet, als *Destruktions-* oder *Aggressions*tendenzen zum Vorschein kommen. Die anderen wären die uns analytisch besser bekannten libidinösen Sexual- oder Lebenstriebe, am besten als *Eros* zusammengefaßt, deren Absicht es wäre, aus der lebenden Substanz immer größere Einheiten zu gestalten, somit die Fortdauer des Lebens zu erhalten und es zu höheren Entwicklungen zu führen. In den Lebewesen wären die erotischen und die Todestriebe regelmäßige Vermischungen, Legierungen, eingegangen; es wären aber auch Entmischungen derselben möglich; das Leben bestünde in den Äußerungen des Konflikts oder der Interferenz beider Triebarten und brächte dem Individuum den Sieg der Destruktionstriebe durch den Tod, aber auch den Sieg des Eros durch die Fortpflanzung» (S. FREUD, *«Psychoanalyse» und «Libidotheorie»* [1923], Ges. W., XIII, S. 232–233).

Dem Leser ist vielleicht die schwache Stelle der lückenlosen «Spekulation» nicht entgangen. Die Indizienkette, die FREUD zur Aufstellung der Todestrieb-Hypothese zusammenstellte, könnte – eine gewisse Vereinfachung vorausgesetzt – wie folgt beschrieben werden: Der Wiederholungszwang beweist, daß das Ziel der Triebe ist, frühere Zustände wiederherzustellen; die Triebe streben nicht nach neuen Zuständen; der früheste Zustand ist der Tod; die Triebe streben demnach nach der Rückkehr zum Anorganischen; dennoch gibt es auch dem Todestrieb entgegengesetzte Triebe, die wir Libido oder Eros nennen; diese streben nach neuen und höheren Zuständen. Das «Positive» wird aus dem Negativen heraus definiert, weil das «Negative» (wohl doch vom Standpunkt des Positiven aus gesehen?) «früher da war».

Den nämlichen dialektischen Sprung können wir im früheren Schaffen FREUDS entdecken, und zwar an einer besonders bedeutungsvollen Stelle. Nicht von ungefähr werden jetzt Todes- und Destruktionstriebe als einziger Trieb erkannt; denn bereits im Jahre 1915, als die Hypothese des Todestriebes noch nicht aufgestellt war, hatte FREUD das nämliche Denkmodell verwendet, um die «Priorität» des Hasses (der Destruktion also, des späteren libidinös besetzten, «vermischten» Todestriebes) vor der Liebe zu beweisen [19].

Einige Jahre vor der Todestrieb-Hypothese entstand – *und zwar nach genau demselben Muster* wie diese – nämlich die Theorie über das Verhältnis des Hasses zur Liebe. Dieses Stück des FREUDschen Lehrgebäudes ist für sein Verständnis von eminenter Bedeutung; im Rahmen unserer heutigen Untersuchung müssen wir uns aber auf folgenden Hinweis beschränken. In *Triebe und Triebschicksale* (1915) analysiert FREUD den Werdegang der «reifen» Genitalorganisation der Liebe aus dem Narzißmus heraus. In den Partialtrieben ist der narzißtische Ursprung der Liebe deutlich sichtbar; da der Narzißmus autoerotisch ist, so wiederholen die ersten Beziehungen zum Liebesobjekt viele Merkmale der Ablehnung, des Hasses [20]. «Die Liebe stammt von der Fähigkeit des Ichs, einen Anteil seiner Triebregungen autoerotisch, durch die Gewinnung von Organlust zu

---

[19] Bereits 1913 beruft sich FREUD mit einem gewissen Zögern auf einen Satz von W. STEKEL, «der mir seinerzeit unfaßbar erschien, daß der Haß und nicht die Liebe die primäre Gefühlsbeziehung zwischen den Menschen sei» (S. FREUD, *Die Disposition zur Zwangsneurose* [1913], Ges. W. VIII, S. 451). Es ging hier darum, die zwangsneurotische «Übermoral» als einen Versuch, die dahinter lauernde Aggressivität durch Verdrängung wettzumachen, zu erklären.

[20] Dies ist eine Erfahrungstatsache: die Ambivalenz begleitet ständig die Ausreifung der Liebe aus dem Narzißmus heraus. Letzterer ist jedoch *keine* Ablehnung des Liebesobjektes, sondern primär eine vollkommene «Dyade» oder Zweiheit mit der Mutter. Bezeichnenderweise ist der Terminus «Dyade» (Mutter–Kind), *als Stufe der Vergesellschaftung*, durch RENE A. SPITZ von GEORG SIMMEL – aus der Soziologie also – entlehnt (GEORG SIMMEL, *Soziologie. Untersuchungen über die Formen der Vergesellschaftung*, Duncker und Humbolt, München/Leipzig, 1908, zit. in RENE A. SPITZ, *Die Entstehung der ersten Objektbeziehungen*, Klett, Stuttgart, 1957). – Die Ablehnung des Objektes ist sekundär, als Antwort auf die unvermeidlichen (und vermeidlichen) Frustrationen. Sonst würde sich der Mensch nicht «nach der Gebärerin» sehnen, welche Sehnsucht sein Liebesleben bestimmt. Dieser Widerspruch zu der Primär-Haß-Hypothese scheint uns bei FREUD nicht genug ausgeleuchtet zu sein.

befriedigen. Sie ist ursprünglich narzißtisch, übergeht dann auf die Objekte, die dem erweiterten Ich einverleibt worden sind ... (...) Das sich *Einverleiben* oder *Fressen* (ist) eine Art der Liebe, welche mit der Aufhebung der Sonderexistenz des Objekts vereinbar ist, also ambivalent bezeichnet werden kann. (...) Diese Form und Vorstufe der Liebe ist in ihrem Verhalten gegen das Objekt vom Haß kaum zu unterscheiden. Erst mit der Herstellung der Genitalorganisation ist die Liebe zum Gegensatz vom Haß geworden. Der Haß ist als Relation zum Objekt älter als die Liebe, er entspringt der uranfänglichen Ablehnung der reizspendenden Außenwelt von seiten des narzißtischen Ichs. Als Äußerung der durch Objekte hervorgerufenen Unlustreaktion bleibt er immer in inniger Beziehung zu den Trieben der Icherhaltung, so daß Ichtriebe und Sexualtrieb leicht in einen Gegensatz geraten können, der den von Hassen und Lieben wiederholt. Wenn die Ichtriebe die Sexualfunktion beherrschen (...), so leihen sie auch dem Triebziel die Charaktere des Hasses» (S. Freud, *Triebe und Triebschicksale* [1915], Ges. W., X, S. 231).

Wir sehen es: formal und inhaltlich ist die Hypothese der Priorität des Destruktionstriebes vor dem Eros mit der Priorität des Todestriebes vor dem Eros eng verbunden: letztere ist eigentlich eine Wiederholung, und zwar eine erweiterte Wiederholung der ersteren. Der Haß ist der verkleidete Abgesandte des Eros in Thanatos, oder umgekehrt: «Nach unserer Auffassung sind ja die nach außen gerichteten Destruktionstriebe durch Vermittlung des Eros vom eigenen Selbst abgelenkt worden» (S. Freud, *Das Ich und das Es* [1923], Ges. W., XIII, S. 275, Fußnote). Der Kreis hat sich wiederum geschlossen: Der Wiederholungszwang sorgt für die Wiederherstellung des Ursprungs. Der Ursprung ist indes nicht der «lärmende Eros»: «Der Haß ist als Relation zum Objekt älter als die Liebe, er entspringt der uranfänglichen Ablehnung der reizspendenden Außenwelt von seiten des narzißtischen Ichs» und: «Die konservativen organischen Triebe haben jede dieser aufgezwungenen Abänderungen des Lebenslaufes aufgenommen und zur Wiederholung aufbewahrt ... Das Ziel alles Lebens ist der Tod. Das Leblose war früher da als das Lebende ...».

So unanfechtbar die Erkenntnis über die konservative Funktion des Wiederholungszwanges sein mag, so einleuchtend das Vorhandensein der radikalen Ambivalenz der Existenzspannung zwischen Liebe und Haß, zwischen Leben und Tod – so unsicher ist die Aufstellung einer Art negativer Finalität, die Freud daraus ableitete. Sie scheint eine eschatologische Funktion unter dem Schein des Positivismus zu übernehmen: denn sie führt die verjagte Transzendenz in die Erklärung des Lebens und der Liebe wieder ein. Es wird nach Zielen geahndet, die für die Liebe *außer-*

*halb* des Eros, für das Leben *außerhalb* des Bios liegen. Es mag sehr anmaßend klingen, doch hier scheint uns FREUD, dieser Meister des echt dialektischen Denkens, zu wenig dialektisch und zu sehr metaphysisch zu sein.

Ihm selbst sind verständlicherweise Zweifel über die sich abzeichnende Teleologie gekommen. «Die Behauptung des *regressiven* Charakters der Triebe ruht allerdings auch auf beobachtetem Material, nämlich auf den Tatsachen des Wiederholungszwanges. Allein vielleicht habe ich deren Bedeutung überschätzt. Die Durchführung dieser Idee ist jedenfalls nicht anders möglich, als daß man mehrmals nacheinander Tatsächliches mit bloß Erdachtem kombiniert und sich dabei weit von der Beobachtung entfernt. Man weiß, daß das Endergebnis um so unverläßlicher wird, je öfter man dies während des Aufbaues einer Theorie tut, aber der Grad der Unsicherheit ist nicht angebbar» (S. FREUD, *Jenseits des Lustprinzips*, loc. cit., S. 64). Und FREUD diskutiert lange die Zulässigkeit der Annahme, daß «es außer den konservativen Trieben, die zur Wiederholung nötigen, auch andere gibt, die zur Neugestaltung und zum Fortschritt drängen» (ebd., S. 39, 43 ff.); diese Annahme glaubt er allerdings entschieden verwerfen zu müssen: «Was man an einer Minderzahl von menschlichen Individuen als rastlosen Drang zu weiterer Vervollkommnung beobachtet, läßt sich ungezwungen als Folge der Triebverdrängung verstehen, auf welche das Wertvollste an der menschlichen Kultur aufgebaut ist. (. . .) Der Weg nach rückwärts, zur vollen Befriedigung, ist in der Regel durch die Widerstände, welche die Verdrängungen aufrecht halten, verlegt, und somit bleibt nichts anderes übrig, als in der anderen, noch freien Entwicklungsrichtung fortzuschreiten, allerdings ohne Aussicht, den Prozeß abschließen und das Ziel erreichen zu können» (ebd., S. 44–45)[21].

Drei Jahre nach der Veröffentlichung von *Jenseits des Lustprinzips* wird das Hauptgewicht der Gedankengänge FREUDs hinsichtlich des Todestriebes ein wenig von der Wiederholung der ursprünglichen Zustände auf den uranfänglichen Dualismus zwischen Eros und Thanatos verschoben; beide Triebarten ergeben das eigentliche Leben, sind miteinander vermischt und

---

[21] Mit ätzender Ironie schildert FREUD die Ratlosigkeit ALFRED ADLERS über die Wechselwirkung von Kultur und Verdrängung: «In einer Wiener Diskussion äußerte er bald darauf: ‚Wenn Sie fragen, woher kommt die Verdrängung, so bekommen Sie die Antwort: Von der Kultur. Wenn Sie aber dann fragen: Woher kommt die Kultur?, so antwortet man Ihnen: Von der Verdrängung. Sie sehen also, es handelt sich nur um ein Spiel mit Worten!' Ein kleiner Bruchteil des Scharfsinnes, mit dem der ADLER die Verteidigungskünste seines ‚nervösen Charakters' entlarvt hat, hätte hingereicht, ihm den Ausweg aus diesem rabulistischen Argument zu zeigen. Es ist nichts anderes dahinter, als daß die Kultur auf den Verdrängungsleistungen früherer Generationen ruht, und daß jede neue Generation aufgefordert wird, diese Kultur durch Vollziehung derselben Verdrängungen zu er-

erzeugen durch diese Vermischung die Ambivalenz. In seinem großen Werk *Das Ich und das Es* schreibt FREUD: «Die zweite Triebart aufzuzeigen, bereitete uns Schwierigkeiten; endlich kamen wir darauf, den Sadismus als Repräsentanten derselben anzusehen. Auf Grund theoretischer, durch die Biologie gestützter Überlegungen supponierten wir einen *Todestrieb*, dem die Aufgabe gestellt ist, das organische Lebende in den leblosen Zustand zurückzuführen, während der Eros das Ziel verfolgt, das Leben durch immer weitergreifende Zusammenfassung der in Partikel zersprengten lebenden Substanz zu komplizieren, natürlich es dabei zu erhalten. Beide Triebe benehmen sich dabei im strengsten Sinne konservativ, indem sie die Wiederherstellung eines durch die Entstehung des Lebens gestörten Zustandes anstreben. Die Entstehung des Lebens wäre also die Ursache des Weiterlebens und gleichzeitig auch des Strebens nach dem Tode, das Leben selbst ein Kampf und Kompromiß zwischen diesen beiden Strebungen. Die Frage nach der Herkunft des Lebens bliebe eine kosmologische, die nach Zweck und Absicht des Lebens wäre *dualistisch* beantwortet» (S. FREUD, *Das Ich und das Es*, loc. cit., S. 269). Dieser Dualismus ist etwas anders gestaltet als in *Jenseits des Lustprinzips*. Dort schien noch der Eros – nicht viel anders als im *Motiv der Kästchenwahl* – nach Befriedigung im Thanatos zu streben; hier strebt er dem Thanatos gegenüber antagonistische Ziele an. Obwohl konservativ, ist «das Leben die Ursache des Weiterlebens» (Weiterleben ist aber *Entwicklung*, also auch Übergang zu neuen Qualitäten?). Die beiden Arten der Triebe sind also strenger geschieden, obschon sie sich «regelmäßig und im großen Ausmaß (...) miteinander verbinden, vermischen, legieren» (ebd., loc. cit.). Der Todestrieb wird «durch Vermittlung eines besonderen Organs» – «dies Organ wäre die Muskulatur» – als «Destruktionstrieb gegen die Außenwelt und andere Lebewesen» abgeleitet (loc. cit.). Nach innen hin wird sich der Todestrieb im Über-Ich ablagern: «Was nun im Über-Ich herrscht, ist wie eine Reinkultur des Todestriebes» (ebd., S. 283); wir können uns allerdings fragen, durch Vermittlung welches Organs?

---

halten.» Und FREUD setzt seine Antwort mit dem bekannten Apolog über die Henne und das Ei fort. (S. FREUD, *Zur Geschichte der psychoanalytischen Bewegung* [1914], Ges. W. X., S. 101) – ADLER hatte insoferne unrecht, als die Relation zwischen Verdrängung und Kultur kein «Spiel mit Worten» ist. Er hätte indes weiterfragen können: Ruht denn die Kultur *nur* auf der Verdrängung? Woher kommt dann die *erste* Verdrängung, die *erste* kulturelle Forderung in der spezies homo sapiens? Es müsse neben und hinter der Verdrängung so etwas wie eine primäre Fähigkeit des Menschen zur Selbstsublimation geben? Ist die Kultur nicht auch eine *Antwort* auf die Verdrängung, wenn sie auch zugleich ihr *Produkt* ist? Ist die Psychoanalyse z. B. nicht kulturelles Erzeugnis und zugleich Antwort auf die Verdrängung?

Ein dialektischer Fortschritt in dieser korrigierten Auffassung ist die betonte Hervorherbung der Ambivalenz: «Haben wir einmal die Vorstellung von einer Mischung der beiden Triebarten angenommen, so drängt sich uns auch die Möglichkeit einer – mehr oder minder vollständigen – *Entmischung* derselben auf. (. . .) Es erhebt sich (. . .) die Frage, ob nicht die reguläre *Ambivalenz,* die wir in der konstitutionellen Anlage zur Neurose so oft verstärkt finden, als Ergebnis einer Entmischung aufgefaßt werden darf; allein diese ist so ursprünglich, daß sie vielmehr als nicht vollzogene Triebmischung gelten muß» (ebd., S. 269–270). Die Kernbedeutung der Ambivalenz wird hier zweifellos richtig gesehen, obschon diese unseres Erachtens noch «ursprünglicher» angesehen werden könnte, als Manifestaion der nach Aufhebung strebenden Anfangs- und Entwicklungsetappen in jedem Augenblick des sich entfaltenden Lebens.

Tod und Haß als *innere* Notwendigkeit des Menschen wurden jedenfalls von Freud immer wieder bezweifelt: «Vielleicht ist dieser Glaube an die innere Gesetzmäßigkeit des Sterbens auch nur eine der Illusionen, die wir uns geschaffen haben . . .» (S. Freud, *Jenseits des Lustprinzips,* loc. cit., S. 47). Hierzu gehört auch eine dunkle Stelle in den letzten Aufzeichnungen, «daß das Individuum an seinen inneren Konflikten zugrunde geht» (Ges. W., XVII, S. 152). Niemand zeigte klarer als Freud, daß der Mensch ein Konfliktwesen ist. Deshalb aber kann es scheinen, daß die Eindeutigkeit seiner regressiven Teleologie der Ambivalenz zu wenig Raum läßt. Er sollte allerdings noch in *Das Ich und das Es* den Gedanken über eine «ursprüngliche» Ambivalenz aus den nicht vollständig entmischten antagonistischen Trieben zum Ausdruck bringen.

Der Begriff des Todestriebes fußt auf einer Deutung der Triebdynamik, wonach angenommen wird, letztere strebe nach dem spannungslosen Zustand, der *vor* der Entstehung der Spannung herrschte. Diese Auffassung Freuds erlaubte zum erstenmal, den ambivalenten Charakter jedes Triebes (und die zahllosen daraus resultierenden Erscheinungen der Triebmischungen) zu erklären. Sie ist also durchaus dialektisch, aber noch nicht dialektisch genug. Denn aus der konservativen Natur des Triebes wird der Wiederholungszwang abgeleitet, und das ist *richtig.* Aus dem Wiederholungszwang wird die Zuordnung der nach außen «fortschrittlichen» Triebe einem radikal «regressiven» Ziel gefolgert, und das kann in dieser eindeutigen Form *falsch* sein (obschon in *Das Ich und das Es* die grundlegende Ambivalenz stärker hervorgehoben wurde). Gewiß strebt jeder Trieb nach Wiederherstellung einer *relativen* Spannungslosigkeit. Doch strebt er danach dergestalt, daß – wie Freud es selbst mehrmals vermerkt – diese Wiederherstellung *nie* zur Gänze erfolgt. Auf diese Weise wird der Organismus auf eine *neue* Stufe der Entwicklung gebracht, die ihrerseits ihre eigenen Spannungen hervorruft, welche wiederum durch einen *analogen* Entspannungsversuch *nie* vollends befriedigt werden u. s. f. Hätte FREUD die Versuche mit den «Attrappen» bereits gekannt, die seitdem die Verhaltensforschung pflegt, hätte er vielleicht feststellen können, daß jedes Triebobjekt eine Art neuer *Attrappe* für die Triebziele aus der Vergangenheit ist, genau so, wie die Person des Analytikers in der psychoanalytischen Situation eine «Attrappe» für frühere Triebobjekte darstellt, und durch diesen zweideutigen Attrappe-Charakter die unvollständige Triebbefriedigung auf neue analoge Ziele lenkt. Sehr anthropomorph-bildlich ausgedrückt, würde ein Trieb nie auf Objekte zielen können, die ihm *völlig* neu sind. Er kann also nur solche Zustände wiederherstellen, die die Notwendigkeit der Befriedigung an einem einigermaßen «bekannten» Objekt wiederholen; dann tritt ein Zustand ein, der *weder* die restlose Befriedigung bedeutet (die mit der vollendeten Rückkehr zu einem *status quo ante* gleich wäre!), *noch* an eindeutigen Objekten befriedigt werden kann; die neue Entladung wird also der alten Entladung *analog* sein (Wiederholungszwang), aber nie mit dieser *identisch*. Wenn schon das Leben eine «Störung» im Reiche des Anorganischen ist, wie sich FREUD ausdrückt, so vereitelt diese Störung jeweils die einfache Wiederherstellung der alten Zustände; wenn man weiter bildlich zu sprechen geneigt ist, so ist diese «Störung» eine *unheilbare Sucht, die durch kein Objekt zum dauernden Gestilltwerden gebracht werden kann*. Die Dialektik des Lebens ist dadurch nicht verständlicher, als FREUD sie in genialer Weise darstellte, sondern sie ist sogar noch komplizierter: die «konservative Natur» der Triebe mit dem daraus entspringenden Wiederholungszwang steht faktisch im Dienste eines ständigen Betruges an dem Organismus. Letzterer strebt die Wiederherstellung früherer Zustände *scheinbar* an, um auf diesem Wege zu Zuständen zu gelangen, die immer wieder *neue* Spannungen hervorrufen, woraus immer weiter unvollkommene Triebentladungen auf Objekte übertragen werden. Letztere «wiederholen» zwar alte Objekte, aber dies nur in der Weise von zweideutigen «Attrappen» – so daß die restlose Befriedigung und somit der vollkommene Stillstand im Leben nicht eintreten können.

Wir finden im FREUDschen anthropologischen Modell alle dialektischen Eigenschaften, die dem naiv-mechanistischen Menschenbild entgegengesetzt sind: wir sehen die regressive Tendenz des Wiederholungszwanges am Werke in der unwahrscheinlichen Progression der Lebensentwicklung. Daher verstehen wir auch die im Lebensprozeß fortwährend wirkende Ambivalenz. Doch FREUD selbst sah die Ambivalenz vor allem in der ursprünglichen Mischung zweier antagonistischer Triebe, wobei das Leben auch nur als «konservativ» betrachtet wurde (S. Freud, *Das Ich und das Es*, loc. cit., S. 269 f.). So ist dieses Modell noch immer zu sehr eindeutig: das Leben ist «doppeldeutiger», als man dies aus der Hypothese des Todestriebes als Widerpart der Libido und «Sieger» über dieselbe folgern könnte. Die nach dem zweiten Satz der Thermodynamik statistisch unwahrscheinliche «Störung» des Lebens im Bereich des Todes wuchert tatsächlich aus der Grundlage des Anorganischen heraus, sie benützt tatsächlich alle Eigenschaften der anorganischen Materie, sie benützt also auch die Trägheitskraft, sie ist nie creatio ex nihilo. Nirgends scheidet sich das Leben *total* von seinem prävitalen Anfang. Ständig wiederholt es Motive des Anfangs.

Der Wiederholungszwang ist ständige *Aufhebung des Anfangs:* Aufhebung im vieldeutigen dialektischen Sinne des Wortes «aufheben», aus dem wir eine These, eine Antithese und eine Synthese herausarbeiten können.

Zum ersten: Der Anfang ist in jeder Entwicklung aufgehoben, das heißt, er ist in jedem neuen Schritt gegenwärtig; er wirkt in jedem Prozeß nach; er kehrt auf jedem erreichbaren Stadium in der eigentümlichen Art, die diesen Anfang von jedem anderen Anfang unterscheidet, wieder. Zum Beispiel: die kindliche Sexualität ist für das ganze Leben des Menschen bestimmend, weil dieses Leben kein menschliches im gegenwärtigen Sinne wäre, wenn es nicht von dem Sexualakt der Eltern, von der Geburt aus dem Genitalapparat der Mutter, von der primären Triebbindung zu ihr u. ä. m. bestimmt wäre.

Zum zweiten: Der Anfang ist in jeder Entwicklung aufgehoben, das heißt, er ist durch letztere überholt und verabschiedet, er ist im jeweiligen Stadium nicht mehr vorhanden – im Gegensatz zu der soeben formulierten Begriffsbestimmung. Wäre er noch als solcher vorhanden, so gäbe es keine Entwicklung, kein neues Stadium, ja, es gäbe nicht einmal ihn selbst: denn sein Wesen ist es, eine Fortentwicklung einzuleiten; der Anfang ist im Angefangenen sofort und eo ipso annulliert – dieses Charakteristikum ist für den Anfang wesentlich. Somit muß die im ersten Punkt hervorgehobene Wiederkehr des Anfangs eine qualitativ veränderte sein, sonst gäbe es *weder* Anfang *noch* Fortsetzung. Aus dem Widerspruch: (Der Anfang ist im Prozeß gegenwärtig und aktuell) – (Der Anfang ist durch den Prozeß annulliert) gibt es nur einen Ausweg: deshalb –

zum dritten: Der Anfang ist in jeder Entwicklung aufgehoben, das heißt noch erkennbar und nicht mehr vorhanden, er ist durch die Entwicklung transzendiert. Er ist zwar wiederholt (noch vorhanden), aber zugleich in der Wiederholung überholt (nicht mehr vorhanden als solcher, wie er war, sondern in einer analogen Form, die ihn zu einem *neuen* Anfang bestimmt, falls die Entwicklung nicht zu Ende ist, in welchem Falle das Ende homologe Züge in bezug auf den Anfang trägt). Jedes Fortschreiten ist selbst Anfang im Verhältnis zu dem Ziel, zu der Vollendung, zu dem Ende, falls das Ende kommt. Somit wird der Anfang ebenbildlich wiederholt, aber in einer neuen Qualität[22].

Es ist eine Beobachtungstatsache, daß die Reihe der Wiederholungen im Laufe der Biogenese keinen geschlossenen Kreis (einfache Reproduktion) ergibt, sondern – wohl der passendste Vergleich – eine Spirale; die Projektionsfläche derselben ergäbe einen Kreis, doch durchlaufen die lebenden Organismen in jedem Punkt der Spirale einen ähnlichen Zustand, wie der einmal bereits durchlaufene, jedoch auf einer anderen Ebene, das heißt im Zusammenhang mit anderen, neuen Organisationsformen. Auf den neuen Ebenen der Organisation vollziehen sich übrigens die Wiederholungen in einer durch die neuen Situationen abgewandelten Form. Diese verschiedenen Formen der *abgewandelten Wiederholung* bilden jene Qualitäten, die in der Biologie «Analogien», «Homologien» und «Konvergenzen» genannt werden und die – nebenbei gesagt – ihrem Entstehen nach manchmal sehr unterschiedlich sind. So bedeuten die wiederholten Entwicklungsformen nicht mehr, wie auf einer unteren Stufe, das vollendete «Erwachsene», sondern nur ein rasch überholbares fötales Stadium. Auf dem Gebiet des Verhaltens wird die Wiederholung in der Regel verwandelt und bloß angedeutet: sie wird zum Beispiel ritualisiert, oder ersetzt, symbolisiert u. ä. m. Der biogenetische Satz ERNST HAECKELS besagt nicht nur, daß frühere Ahnenformen aus der Stammesgeschichte ontogenetisch wiederholt werden, sondern noch, daß diese Formen angedeutete Vorstufen und Durchlaufstadien auf dem Wege der ontogenetischen Reifung bilden. Der Wiederholungszwang ist zwar unverkennbar, aber er führt *de facto* zu neuen Integrationsformen, schon deshalb, weil die Zahl der Determinanten und ihrer möglichen Kombinationen, die der neuen Etappe zugrunde liegen, dauernd wächst. Die nämliche Zweideutigkeit des Wiederholungszwanges ist auch in der vergleichenden Verhaltensforschung zu beobachten: die im

---

[22] Im Lichte dieser dreifachen Bestimmung des Aufhebungs-Begriffes wäre etwa der Gedanke zu entwickeln, wieso gerade *traumatische* Situationen zu ihrer Aufhebung durch Wiederholung streben. Ein schlichtes Beispiel: HANS ZULLIGER berichtet von einem kleinen Mädchen, das das Trauma der Entwöhnung durch stereotypes Wegwerfen und erneutes Ergreifen einer Holzkugel «aufzuheben» versuchte. Diese Tätigkeit – dieses Spiel – war dazu bestimmt, *aus dem passiven Objekt* einer erlittenen Veränderung *ein agierendes Subjekt der Entwicklung* zu machen und dadurch *neue* Lebenswerte zu verwirklichen (HANS ZULLIGER, *Bausteine zur Kinderpsychotherapie und Kindertiefenpsychologie*, Hans Huber, Bern-Stuttgart, 1957, S. 26 f.).

Verhalten des Menschen wiederholten angeborenen auslösenden Mechanismen aus seiner Ahnenreihe ergeben Kombinationsmöglichkeiten, die über die analogen Mechanismen aus der Ahnenreihe weit hinausragen. Man kann vielleicht den angedeuteten Weg der Entwicklungswiederholungen dergestalt bildlich darstellen, daß zur Reife kommende und absterbende Formen der Entwicklung jeweils am Zustandekommen neuer Entwicklungsstadien mitbeteiligt sind.

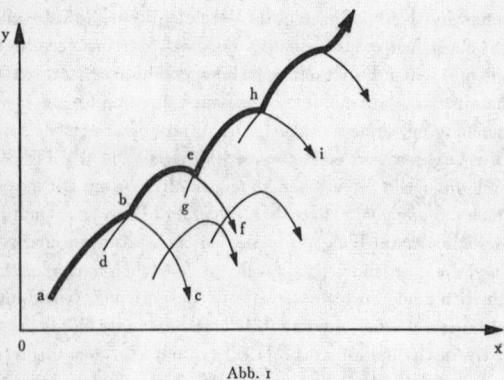

Abb. 1

Ox = Zeitachse. Oy = Organisationsachse. abc, def ... = durchlaufende Organisationsformen in der Ahnenreihe. abeh ... = durch Wiederholungsetappen laufende Entwicklung.

So erscheint die Entwicklung als ein stets neues Produkt der sich mehrenden und neu gestaltenden Wiederholungen. Die *regressive* Tendenz des Triebes wird faktisch zu einer progressiven Entfaltung der Strukturen benutzt, und es ist nicht einzusehen, wieso die *tatsächlich* progressive Organisation bloß ein Durchgang für die radikale Wiederherstellung der Ausgangssituation sein muß. FREUD behält mit seinem Satz recht: «Der konservativen Natur der Triebe widerspräche, wenn das Ziel des Lebens ein noch nie zuvor erreichter Zustand wäre» (*Jenseits des Lustprinzips*, loc. cit.., S. 40); und: «Höherentwicklung wie Rückbildung könnten beide Folgen der zur Anpassung drängenden äußeren Kräfte sein und die Rolle der Triebe könnte sich für beide Fälle darauf beschränken, die aufgezwungene Veränderung als innere Lustquelle festzuhalten» (ebd., S. 44). Wird aber «die innere Lustquelle» *aus der aufgezwungenen Veränderung* einmal festgehalten – und sie muß offenkundig gleichzeitig mit der Belebung der organischen Materie in Erscheinung treten – so wird sie ihrerseits durch

Wiederholung angestrebt und zu immer komplizierteren Organisationsformen führen. Deshalb geht es nicht an, dem Rückfall in die prävitale Qualität die Bedeutung des vorherrschenden Zieles des Triebes zuzuschreiben, da letzterer seine immer unvollständige Befriedigungsquelle in der «aufgezwungenen» (von wem aufgezwungenen?!) Veränderung und in der Wiederholung derselben Veränderung (mit anderen Worten: in neuen Veränderungen) sucht[23].

FREUD beruft sich bei der eben zitierten Aussage auf folgende Äußerungen von SANDOR FERENCZI: «Bei konsequenter Durchführung dieses Gedankenganges muß man sich mit der Idee einer auch das organische Leben beherrschenden Beharrungs-, respektive Regressionstendenz vertraut machen, während die Tendenz nach Fortentwicklung, Anpassung usw. nur auf äußere Reize hin lebendig wird» (SANDOR FERENCZI, *Entwicklungsstufen des Wirklichkeitssinnes* in: Intern. Z. f. PsA., I [1913], S. 137. Zitiert in: FREUD, Ges. W., XIII, S. 44, Fußnote). Indessen ist jede Bewegung und Organisation auch der unbelebten Materie sowohl von der ihr innewohnenden Energie als auch von einer Kombination «äußerer Reize» abhängig. Aktion und Reaktion sind hier dialektisch nicht zu trennen. Auch das Leben entstand aus den Eigenschaften der innewohnenden Energie, einem Stadium, in dem die «äußeren Reize» dem «inneren Zustand» entsprachen. Das FREUDsche Wort von «aufgezwungener» Veränderung ist affektiv überbetont und im Grunde genommen unbeweisbar. Es können vielmehr zwei «Richtungen» in der Materie festgestellt werden, eine, die nach der Wiederkehr der statistisch wahrscheinlicheren und weniger organisierten, eine andere, die nach der Schaffung einer statistisch weniger wahrscheinlichen und mehr organisierten Form streben. Darüber wollen wir weiter unten einiges sagen.

An dieser Stelle aber wollen wir uns dem von FREUD zitierten SANDOR FERENCZI zuwenden und auf ein anderes Werk dieses kühnen Forschers aufmerksam machen: auf seinen *Versuch einer Genitaltheorie* (SANDOR FERENCZI, *Versuch einer Genitaltheorie,* Intern. PsA. Verlag, Leipzig/ Wien/Zürich, 1924). FERENCZI befaßt sich hierin nicht unmittelbar mit der FREUDschen Theorie des «Todestriebes», bringt aber mit seinen Hypothe-

---

[23] Nach Fertigstellung dieses Kapitels lernten wir eine Abhandlung EDUARD GRÜNEWALDS kennen *(Tiefenpsychologische Aspekte zur Situation der Versuchung,* in: *Gott in Welt,* Festschrift für Karl Rahner, Herder, Freiburg-Basel-Wien, 1964, S. 568–578), in welcher der Autor höchst interessanten Zusammenhängen zwischen Suchen–Versuchen–Versuchung–Sucht nachgeht; ihm geht es – genau wie auch uns an dieser Stelle – darum, die primäre Ambivalenz zwischen dem «Versuchen» als «Hoffnung auf Finden» einerseits und als wiederholte Sicherung andererseits aufzudecken.

sen etwas Licht in die mögliche Interpretation dieser Theorie. In einem Konzept, das zugleich überwältigender und wissenschaftlicher anmutet als die Jungschen Spekulationen vom «kollektiven Unbewußten», bezieht Ferenczi das ganze Werden des Kosmos in das Unbewußte des Menschen ein, welches letztere die *Rekapitulation* (Wiederholung!) der Entwicklung des Universums, insbesondere des Lebens ist. Dabei bezieht sich Ferenczi auf die biogenetische Theorie Haeckels. Für Ferenczi wiederholt die ontogenetische Entwicklung der Libido – so wie sie von Freud beschrieben worden ist – die phylogenetischen Anpassungsversuche als Antworten auf die Entwicklungskrisen vom Anorganischen bis zum Humanen. Die Ontogenese wiederholt die Katastrophen der Phylogenese, vom prävitalen Zustand bis zur genitalen Sexualorganisation, und versucht jeweils, die neue Stufe durch die symbolisch angedeutete Wiederholung der archaischen Stufen zu erklimmen [24]. In jedem Stadium waltet einerseits die Tendenz, die vorhergegangenen Stadien zu verdrängen, und andererseits die Tendenz, zu diesen zurückzukehren. Tatsächlich scheint uns, daß die «reife Genitalorganisation», von der in der Psychoanalyse so viel die Rede ist, die Negation und zugleich die Überformung von verschiedenen «partiellen» Triebzielen darstellt, die jedes auf seine Art einen Aufhebungsversuch der primären Frustration darstellen. Der Koitus ist wirklich das Zeichen für den Verlust und die Verdrängung der früheren Befriedigungsmöglichkeiten und zugleich auch das Zeichen für die «Aufhebung» und Integrierung derselben. Doch wissen wir, daß diese «Integrierung» eine nie vollends geglückte sein kann, gerade wegen der sich ständig wiederholenden infantilen Tendenzen der menschlichen Sexualität [25]. Die «reife» Genitalorganisation der Sexualität ist auch noch ein regressiver Versuch, das «Intrauterinleben» nach Freud und das «ozeanische Urleben» nach Ferenczi wiederherzustellen.

---

[24] Im einzelnen entwickelt Ferenczi eine Anzahl von Hypothesen, die zunächst phantastisch anmuten können, aber durchaus denkwürdig sind. Er stellt zum Beispiel den phylogenetischen Beginn der geschlechtlichen Art der Vervielfältigung in Zusammenhang mit der Zeugung in der Ontogenese; die Entwicklung des Lebens im Meereswasser mit der Entwicklung des intrauterinen Lebens; das Verlassen des Ozeans und die Anpassung an die Lebensbedingungen auf dem Festland mit der Geburt; das Entstehen eines koitusfähigen Genitalapparates bei den Tierarten mit dem Übergewicht der Genitalorganisation beim Menschen u. ä. m.

[25] Freud wird nicht müde, uns auf diese «Unvollkommenheit» der menschlichen Sexualität aufmerksam zu machen. Um so fragwürdiger erscheint der Versuch einer abstraktmoralisierenden Psychoanalyse, die angeblich «reife» genitale Organisationsstufe der menschlichen Sexualität zu einem Paradigma der gesunden Integration zu erheben, dies zweifellos unter dem Einfluß einer desexualisierenden und unterdrückenden Kultur, mit ihrem «Leistungsprinzip» an Stelle des «Realitätsprinzips» nach Herbert Marcuse.

Das Leben ist durch Wiederholungszwang und Regression gerade dort in besonderem Maße gekennzeichnet, wo es neue Entwicklungsetappen bewältigt. Es wiederholt das *Alte* noch mehr dort, wo es gilt, sich jeweils dem *Neuen* anzupassen, oder, was dasselbe ist, dieses *Neue* der *alten* Erfahrung anzupassen. Alles Lebendige *lernt,* und es lernt durch «Versuch und Irrtum»: durch Wiederholungen also, die teils regressiv und der neuen Lage inadäquat, teils aber progressiv und adäquat sind. Um Neues zu bewältigen, muß ich das Alte eingeübt haben und dieses bis zu einem gewissen Grad im Neuen wiedererkennen, sonst verfüge ich über keine Organe zur Wahrnehmung der neuen Information. Die Beharrungstendenz im Leben schafft Wiederholungen, durch welche das Lebendige das Diskontinuierliche, das Sprunghafte, Kritische, «Katastrophale» der Entwicklung zu meistern versucht. Das Neue wird auf das Alte rückgeführt, gleichzeitig wird auf diese Weise ein Schritt vorwärts getan; das Neue ist dann weder restlose Wiederholung, noch ist es restlos neu, sondern eine Synthese der beiden: Neu-Alt, Wiederholungszwang und Ausgangspunkt für neue Veränderungen [26].

Der Wiederholungszwang entpuppt sich doch als ein *Aspekt* der aktiven *Anpassungsfähigkeit,* die alles Lebendige kennzeichnet; denn wo es «Anpassung» gibt, ist auch ein «Trauma der Anpassung», ist auch ein Versuch, das Neue und «Katastrophale» zu integrieren. Psychoanalytisch ausgedrückt, ist die Anpassung ein nie zur Gänze glückender Versuch, die Realität dergestalt zu verändern, daß daraus ein Lustgewinn möglich wäre. Das Realitätsprinzip wird zum Teil in das Lustprinzip umgewandelt, indem die Wirklichkeit in der Wiederholung zur Lustquelle verarbeitet wird. Dies ist die charakteristische Eigenschaft der Lebensentwicklung, und sie erlaubt uns nicht, in undialektischer Überdehnung eines Begriffes die Hypothese aufzustellen, daß dies eine «von außen aufgezwungene» Eigenschaft sei, die dem primären Luststreben des Lebendigen radikal widerspricht. Durch den Wiederholungszwang trägt die Libido alle ihre Entwicklungsspuren in sich, nicht nur ontogenetische Spuren, sondern auch die

---

[26] Daher ist jede «pathologische» Regression ein (manchmal aussichtsloser) Versuch, das «Katastrophale» neu zu bewältigen, wobei «bewältigen» hier «aufheben» heißt: sozusagen inexistent zu machen – zumindest als Katastrophales –, und zugleich wiederholen um es zu überholen. Auch die psychoanalytische Methode kann nicht umhin, diesen Weg für die Bewältigung pathogener Situationen einzuschlagen. – Ferner ist zu bedenken, «daß eine Frustration, zum Beispiel die Liebestrennung, zwar die früheren Frustrationen wiederholt, aber dadurch auch die ursprünglichen Lebens- und Abwehrmechanismen. Zu diesen gehören etwa die Autotomie, die weit bis in die Vertebrata hineinreicht sowie noch ursprünglicher die parthogenetische Teilung» (O. H. Arnold, *Allgemeines Seminar des Wiener Arbeitskreises für Tiefenpsychologie,* Sitzung vom 25. Oktober 1966).

phylogenetischen und die prävitalen. Der Kampf gegen den Tod, gegen diese letzte Katastrophe, wird für FERENCZI erst dann ausgekämpft, wenn die Qual der Agonie in die Befriedigung, in die Lust an der neuen Zuständlichkeit übergeht; indes verfolgt FERENCZI diesen Gedanken nicht weiter, und dies ist schade. Denn konsequent weitergeführt, würde gerade das System FERENCZIS in dem Versuch münden, auch den Tod «aufzuheben», auch sich dem Tod «anzupassen», indem dieser in den Prozeß der kosmischen Entwicklung als neue Qualität *bewußt* eingebaut werden sollte. *Bewußt* deshalb, weil – wie FERENCZI richtig vermerkt – die psychische Verdrängung nur eine Folge der *biologischen Verdrängung* im steten Anpassungskampf sein kann (ein Gedanke, der auch FREUD kam): frühere Zustände werden durch neue, «katastrophale», teilweise verdrängt und aufgehoben. So ahnt FERENCZI ein «kosmisches» Bewußtsein des Menschen, eine bewußte Wiederholung des ganzen Werdens der Natur. Diese bewußte Wiederholung müßte alle Verdrängungen aufheben. FERENCZI verfolgt sein Schema nicht weiter; er vertieft nicht die geniale Intuition der veränderten Wiederholung aller Natur-, Stammes- und Individuumgeschichte, welche dem Menschen eigen ist, weil dieser ein *bewußtes* Wesen ist, in dem die Natur sich ihrer bewußt wird. Vielleicht nur in einer solchen «Anamnese» kann eine Annäherung zu der Synthese zweier Grenzsituationen geahnt werden: der natürlichen (entfremdenden) Grenzsituation des Todes und der bewußten (spezifisch-menschlichen) Grenzsituation der Unsterblichkeit.

Und noch eine letzte Bemerkung zu der Zweideutigkeit und Ambivalenz des Wiederholungszwanges. Gerade die von FREUD selbst aufgestellte unverkennbare Analogie zwischen der Entwicklung der Liebe aus dem Narzißmus (das, was er überbetont als Primat des Hasses darstellt) und der Entwicklung des Lebens aus der Wiederholung (worin er ein Primat des Todestriebes sieht) – wir haben diesen FREUDschen Parallelismus oben auf Seite 156 ff. kurz skizziert – bringt unweigerlich auf den Gedanken, daß das Anfängliche, Konservative, Regressive durch *Übertragung* auf neue Objekte und neue Zustände [27] eine neue Qualität erreicht, die alle alten Qualitäten überholt und aufhebt.

Die Entwicklung ist – dies sei nochmals ausdrücklich betont – kein eindeutiger Prozeß. Sie setzt Widersprüche auf allen ihren Etappen voraus. Deshalb ist es sicher, daß die *Ambivalenz,* als psychische Widerspiegelung dieser der Entwicklung innewohnenden Widersprüche, allem Lebendigen

---

[27] Die *Übertragung* ist ja nichts anderes als eine *Wiederholung* mit Hilfe *neuer* Bezüge, eine Wiederholung, die sich an analogen oder homologen Objekten vollzieht.

anhaftet, und dies nicht nur als «Legierung» zwischen Eros und Thanatos, sondern auch als *conditio sine qua non* eines Fortschreitens (also nicht nur als ursprünglicher Widerstreit zweier antagonistischer Triebe, wie in *Das Ich und Es,* sondern als ständiger Widerspruch innerhalb der Entwicklung). Es ist bedauerlich, daß die Ambivalenz der Triebe bei den Tieren noch so gut wie unerforscht bleibt. Allein, die Ambivalenz erreicht erst bei homo sapiens eine einmalige und fast unerträgliche Intensität, da sie sich im Bewußtsein des Menschen widerspiegelt und steigert; auch verwandelt sie sich qualitativ zur Notwendigkeit der Entscheidung. Es ist wahrscheinlich, daß wir an diesem Punkt einen Ansatz haben könnten, den alten Streit darüber, ob die Dialektik nur im Bewußtsein des Menschen oder schon in der Entwicklung in der Natur waltet, zu einer Lösung voranzutreiben. Wir dürfen annehmen, daß die Dialektik der gesamten Entwicklung der Materie innewohnt, aber auf der menschlichen Stufe *sich ihrer selbst bewußt wird* und dadurch zu dem unauslöschlichen Merkmal des menschlichen Daseins, zu seinem Anliegen und seiner Geschichte wird. Es wäre einer Überlegung wert, ob nicht jede Verirrung des menschlichen Bewußtseins, jede Entstrukturierung des menschlichen Geistes, mit dem Abgleiten in eine minder dialektische Bewußtseinshaltung identisch ist [28]. Die Dialektik, durch das Bewußtsein auf die sich immer überholende Spitze getrieben, ist in der Tat mitunter schwer zu ertragen, sie verlangt viel vom Menschen.

Auf den kommenden Seiten werden wir sehen, daß der Mensch tatsächlich ein besonders widerspruchsvolles Wesen sein *muß,* um aus der konservativen und regressiven Natur der Triebe auch fortschreitende Geschichte machen zu können.

### B. Ist die Kultur todbringend?

In der Entwicklungsreihe des Lebenden ist der Mensch ein ganz besonderes Wesen. Er hebt sich von der Natur ab. Nicht so, wie dies in naiver Verkennung seines Verhaftetseins in der Natur die Idealisten aller Art glauben. Als Anfang und Ursprung ist die Natur im Menschen stets *gegenwärtig,* doch transzendiert sie sich im Menschen stets in die Kultur. Der regres-

[28] Vgl. J. GABEL, op. cit. – Von unserer Seite glauben wir hinzufügen zu dürfen, daß die «Ambivalenz», die zuerst von E. BLEULER als schizophrenes Syndrom beschrieben worden ist, in Wirklichkeit der menschlichen Existenz anhaftet und durch die dialektische Weltschau zufriedenstellend verarbeitet wird; erst beim Schizophrenen (und bis zu einem gewissen Grade in jeder neurotischen sowie psychopathologischen Reaktion) wird die Ambivalenz durch Ausfall des dialektischen Denk- und Gefühlsvermögens überbetont und durch inadäquate Abwehrmechanismen undialektischer Art notdürftig bekämpft. Jede totalitäre Weltschau weist die Entstrukturierung des dialektischen Bewußtseins auf.

sive Aspekt des Wiederholungszwanges – und folglich auch des «Todestriebes» – ist im Menschen als reflexivem Wesen in ganz besonderem Maße
wirksam; die Frage lautet nur, was er daraus in seinem spezifischen Milieu, in welchem die Natur ständig durch die Geschichtlichkeit des Menschen kulturell verändert wird, machen kann und wird.

Viele Anthropologen der Gegenwart – darunter insbesondere Psychoanalytiker – kamen auf die Spur der arteigenen Wechselwirkung zwischen
den regressiven Kräften des hypothetischen «Triebes» zum Tode und denen
der sich fortentwickelnden Kultur. Die Fortführung dieser Gedankengänge
scheint – wenigstens zum goßen Teil – durch die berühmte Hypothese
Louis Bolks über die «Retardation» des Menschen gefördert worden zu
sein, wiewohl sich diese Hypothese weder mit Kultur noch mit Tod befaßte.

Die Hypothese Bolks rief großen Widerhall hervor, wenn sie auch nicht
ohne Widerspruch blieb. Für L. Bolk unterscheidet sich die menschliche
Konstitution gegenüber der seines nächsten Verwandten, des Menschenaffen, in erster Linie dadurch, daß sie infantile, sogar embryonale, biologische Merkmale bewahrt. In der Entwicklung des Menschen, verglichen mit
der der übrigen Primaten, ist eine *Retardation*, sogar eine *Fötalisierung*,
feststellbar. Die Mutation, die zwischen dem Menschenaffen und dem Menschen liegt, besteht in der *Neotenie*, das heißt im Eintritt der Geschlechtsreife
in einem noch infantilen, in gewisser Hinsicht sogar embryonalen, Stadium.

Bei dieser rein biologischen Hypothese der «Fötalisierung» beziehungsweise «Retardation» (welche durch Neotenie zum Erbmerkmal des homo
sapiens wurde) konnten tiefgreifende anthropologische Folgerungen nicht
ausbleiben. Mittelbare und unmittelbare Verbindungen zu der Retarda-
tions-Theorie finden sich in den Überlegungen zahlreicher Anthropologen.
So sieht Arnold Gehlen im Menschen ein «Mängelwesen», dessen natürliche, biologische «Mittellosigkeit» sich vor allem – im Gegensatz zu dem
engen biologischen Spezialistentum der Tierarten – in seiner «Unspeziali-
siertheit» kundtut. Der Mensch ist *offen* für das Schaffen vielseitiger künst-
licher Hilfsmittel, und dieser Vorzug erwächst einem einmaligen Mangel.

Von einem anderen Gesichtspunkt aus hat Adolf Portmann den Menschen als «hilflosen und abhängigen Nestflüchter» und als «physiologische
Frühgeburt» beschrieben. Der Mensch erreicht den Ausbildungsgrad, den
ein höheres Säugetier zur Zeit der Geburt verwirklicht, erst nach einem
Jahr extrauterinen Lebens. Diese biologische Retardation hat eine kulturelle Konsequenz: ein «sozialer Uterus» ersetzt die zu kurze biologische
Embryonalexistenz des Menschen und prägt ihn als jugendhaft-wißbegie-
riges und seine Hilflosigkeit kompensierendes Wesen.

Aber schon Freud – im selben Jahr 1926, in dem L. Bolk seine revolutionierende Theorie veröffentlichte – hob die kulturschaffende (und zugleich neurotisierende!) Bedeutung der menschlichen Retardation hervor: «Die Intrauterinexistenz des Menschen erscheint gegen die der meisten Tiere relativ verkürzt; er wird unfertiger als diese in die Welt geschickt. Dadurch wird der Einfluß der realen Außenwelt verstärkt, die Differenzierung des Ichs vom Es frühzeitig gefördert, die Gefahren der Außenwelt in ihrer Bedeutung erhöht und der Wert des Objektes, das allein gegen diese Gefahren schützen und das verlorene Intrauterinleben ersetzen kann, enorm gesteigert. Dies biologische Moment stellt also die ersten Gefahrsituationen her und schafft das Bedürfnis, geliebt zu werden, das den Menschen nicht mehr verlassen wird» (S. FREUD, *Hemmung, Symptom und Angst* [1926], Ges. W., XIV, S. 186–187). Mit zwei Sätzen öffnete FREUD die Tür für wichtige anthropologisch-psychoanalytische Untersuchungen und Hypothesen, die zwar Jahrzehnte auf sich warten ließen, aber wirklich fruchtbringend zu sein scheinen. Für FREUD verdankt der Mensch dem Neotenie-Prinzip *sowohl* seine infantile Fixierung und sein unstillbares Liebesbedürfnis *als auch* die «Differenzierung des Ichs vom Es» und somit die rationale, kulturell-geschichtliche Begegnung mit der Außenwelt. Die Kultur ist ein – nicht abzuschließender – wiederholter Versuch, die Spannungslosigkeit des «Intrauterinlebens» wiederherzustellen. Eine Reihe von Psychoanalytikern leisteten nun einen Beitrag zur Vertiefung dieses Themas; das sind nicht – wie man hätte erwarten können – die sogenannten «Kulturalisten» in der Psychoanalyse, sondern gerade die, die dem *Todesmotiv* des Meisters treu geblieben sind. Ihre Bemühungen bringen nun dieses Motiv dem feststellbaren Zusammenhang zwischen der Retardation des Menschen und seiner Kultur näher. FREUD selbst sah in der Kultur ein Ergebnis der Verdrängung, und in der Verdrängung ein notwendiges Produkt der Kultur, was – wie wir sahen – ALFRED ADLER veranlaßte, ihm ein Kreisdenken vorzuwerfen. Da die Verdrängung die vollständige Befriedigung der Triebe nicht zuläßt, und da andererseits die restlose Befriedigung der Triebe – wegen ihrer «konservativen Natur» – nur im Tode stattfindet, ist die Kultur diejenige soziale und Überich-bildende Instanz, die den Tod abwehrt, aber gleichzeitig durch die Unterdrückung des Eros den Bereich des Todes mehrt.

Vielleicht ist GÉZA ROHEIM einer der bedeutendsten Forscher in der psychoanalytischen Anthropologie. Dem Neotenie-Prinzip entsprechend ist für ROHEIM der Mensch ein ewiges, an die Mutter fixiertes Kind. Die Antwort auf das Kindbleiben ist eine mediatisierende, entfremdende: die Kultur. In der Ödipus-Situation ist die Menschheit mit der Notwendigkeit des Fortschreitens, der Ablösung – mit dem Gesetz – konfrontiert. So bedingt das unvollendete Wesen des Menschen sowohl den regressiven Wunsch nach der narzißtischen Einheit mit der Mutter als auch den Versuch, sein Menschwerden durch den Aufbau der sittlichen und kulturellen Norm zu gewährleisten (GÉZA ROHEIM, *Psychoanalysis and Anthropology*, International Universities Press, New York, 1950). SIMON WEYL vermag den Widerspruch klar zu formulieren: Die unaufhaltsame Entfachung der Kultur ist die Antwort auf das von BOLK in der Neotenie-Theorie aufgestellte Retardationsprinzip; WEYL erblickt hierin die «organische Basis» des Widerstreites zwischen Libido und Todestrieb (SIMON WEYL, *Retardation, Acceleration and Psychoanalysis*, in: J. Am. Psychoanal. Assoc., VII [1959], 2, S. 329–349). ROBERT PARIS knüpft ebenso an die Neotenie-Theorie in der Sicht L. BOLKS an; der Mensch ist wesentlich «zu jung und unvollendet»; die Kultur ist seine Antwort auf die «nichtende» Begrenztheit seines Wesens, sie offenbart den ständigen Versuch, sich zu «vollenden» und somit das ihm anhaftende «Nicht-Sein» zu überwinden (ROBERT PARIS, *Psychanalyse, culture et néoténie*, in: Rev. Franç. d. Psychanal., XXVI [1962], 6, S. 731–737).

Dem Denken von MELANIE KLEIN verpflichtet – anscheinend unabhängig von den letzten drei Autoren und sich doch auf einer gemeinsamen Linie mit ihnen bewegend – ist der uruguayanische Psychoanalytiker GILBERTO KOOLHAAS. Genau wie für G. ROHEIM gibt auch für G. KOOLHAAS Ödipus die einzig mögliche Antwort auf das Rätsel der Sphinx, indem er das Menschsein behauptet und interpretiert. KOOLHAAS sieht in der Geschichte die Antwort des Menschen auf den Tod, in Eros die Antwort auf Thanatos[29]. Das Erkennen des Realitätsprinzips basiert auf der Ek-sistenz des Körper-Ichs. In der Begegnung mit dem Anderen und der Welt wird das Einssein mit der Mutter dialektisch aufgehoben (G. KOOLHAAS, *Las Raíces de la Conciencia*, in: Rev. Uruguayana de psicoanal., IV [1961–1962], 4, S. 666–725).

---

[29] Wir möchten solche Gegenüberstellungen etwas nuanciert wissen. Eros wird durch den Bios zum Träger einer grundsätzlichen *Qualität*, die dem prävitalen Zustand abgeht; und der Widerstreit zwischen Eros und Thanatos soll in einer neuen Synthese aufgehoben werden. In der Tat bekämpft Eros unaufhörlich den Seinsmangel, wehrt die Bedrohung des Menschen ab, die wegen der Gegenwart des Todesprinzips eigentlich noch nicht ganz geschichtlich, sondern bis zu einem gewissen Grade noch «vorgeschichtlich» ist. Doch scheint dies im Grunde genommen auch der Leitgedanke von G. KOOLHAAS zu sein. Er unterscheidet zwischen verschiedenen «Zeitlichkeiten». Der Todestrieb erfährt eine Abwehr im Erlebnis der Liebe. Die geschichtliche Existenz des Ichs behauptet sich in der erotischen Kommunikation, die allein Werte stiftet (vgl. GILBERTO KOOLHAAS, *El tiempo de la disociación, de la represión, de la reparación*, in: Rev. Uruguayana de Psicoanal., II [1957], 1–2, S. 33–149).

Ganz abseits von dieser faszinierenden psychoanalytischen Todes- und Kulturtheorie (von diesem «echten Kulturalismus im Gegensatz zur kulturalistischen Schule in der Psychoanalyse», wie sich ROBERT PARIS ausdrückt, die den Ödipuskomplex und die Todeswirksamkeit in der Kultur unterschätzt) steht die Theorie KONRAD LORENZ' über die Verbindungen zwischen Kultur und Tod. Von der Akribie des Naturforschers getragen, von Skepsis gegenüber der Psychoanalyse gekennzeichnet, ergänzen dennoch die Hypothesen LORENZ' vortrefflich die soeben skizzierte psychoanalytische «Metapsychologie». Wir denken in erster Linie an seine Abhandlung *Die angeborenen Formen möglicher Erfahrung*, die zu einer der Grundlagen der modernen Verhaltensforschung wurde (KONRAD LORENZ, *Die angeborenen Formen möglicher Erfahrung*, in: Z. f. Tierpsychol., V [1943], 2, S. 235–409. [Wir benützten den unveränderten Neudruck von 1961]). Als Verhaltensbeobachter streng objektiver Schule lehnt LORENZ verständlicherweise die Hypothese eines «Todestriebes» rundweg ab (ebd., S. 380) [30]. «Kein ‚untr¨glicher Instinkt' sagt dem Tier, was ein Artgenosse und was ‚Töten' sei, aber ein leistungsfähiges und genügend regulatives Aktionssystem verhindert jeden die Art ernstlich schädigenden Waffengebrauch zwischen den Individuen» (ebd., S. 376) [31]. Dieses Aktionssystem versagt nun auf der humanen Stufe. Der Abbau der angeborenen Schemata, die «Verjugendlichung» des Menschen (Neotenie), die deswegen bleibende jugendliche «Neugier» des Menschen – sind die Voraussetzung der Kulturentwicklung. LORENZ weist darauf hin, daß die Unwirksamkeit der Tötungshemmung eine Kulturerscheinung – eine der ersten Kulturerscheinun-

---

[30] Die Ablehnung des «Todestriebes» durch den Biologen ist verständlich, muß aber nicht die einzig mögliche Reaktion sein. Die letztlich noch nicht erklärte Wirkung des Alterns im Individuum und in einer Spezies ließe sich hypothetisch auf einen «Todesinstinkt» (Korrelat zur Entropie?) im Organismus zurückführen. In diesem Sinne und unabhängig von FREUD schuf ELIAS METSCHNIKOW eine Hypothese über das Walten eines Todesinstinktes in der Biologie des Menschen (ELIAS METSCHNIKOFF, *Studien über die Natur des Menschen*, Verlag von Veit & Comp., Leipzig, 1910). Über das Altern in der Phylogenese siehe das (freilich äußerst einseitige) Buch von HENRI DECUGIS, *Le vieillessement du monde vivant*, 13e éd., Plon/Masson et Cie, Paris o. D. (1945). – LORENZ hatte bei seiner Kritik von vornherein die *Aggressivität* im Auge, also nur einen besonderen und unentmischten Aspekt des FREUDschen «Todestriebes»; dadurch sind die negativen Schlußfolgerungen leichter zu ziehen. – Über die zweifellos in der Aggressionslehre K. LORENZ' enthaltene Einseitigkeit siehe ROBERT MARKOVICS, *Wiener Arbeitskreis für Tiefenpsychologie*, Allgemeines Seminar vom 21. April 1964.

[31] Es handelt sich um «natürliche» vererbbare «Waffen» der Tiere (Organe). Auf der menschlichen Stufe sind die Waffen durch Objektivierung und Reflexion künstlich geworden – obwohl noch immer Verlängerungen des Körperschemas – und sind als solche nicht vererbbar, sondern werden durch die Kultur im Zuge eines Prozesses, den wir «progressive Instrumentalisation» nennen, tradiert und vervollkommnet.

gen! – ist: Die Erfindung der Waffen (der instrumentellen, nicht mehr organischen Waffen wie bei den Tieren) und die Entdeckung des Feuers
führten zum Kannibalismus. Prometheus und Kain waren dieselbe Person
(ebd., S. 377) – ein Bild, das uns fragwürdig zu sein scheint. Die Kultur-
werte werden also dadurch gefährdet, daß die angeborenen sozialen Ver-
haltensmechanismen auf Grund ihrer konservativen, sozusagen naturgebun-
denen Beschaffenheit gerade den Anforderungen der Kultur mit ihrem
Überragen über die Natursituation nachhinken. Dieser Gedanke, der zwanzig Jahre später von LORENZ weiterentwickelt wird *(Das sogenannte Böse)*,
ist eine genaue Parallele zu dem Gedankengang FREUDS, nämlich, daß die
individuelle Sublimation den Anforderungen der Kultur gegenüber ständig zurückbleibt. Der Mensch – meint LORENZ – stellt Fragen an die Natur,
er schafft Kultur, und die Antworten der Natur genügen hier nicht. Der
Mensch ist ein Wesen, das nicht «böse», sondern, wie LORENZ sich ausdrückt – und er wird auf diesen Gedanken später zurückgreifen – «noch
nicht ganz gut genug» für die heutigen Anforderungen der Gesellschaft ist
(ebd., S. 380).

Indem LORENZ die Hypothese des «Todestriebes» ablehnt, scheint er anzunehmen, daß die tödliche Aggressivität des Menschen eine kulturelle Erscheinung ist; zwar keine essentielle und ewige, ist sie dadurch entstanden,
daß die Kultur zunächst zu viel Distanz zu den natürlichen Auslösern (hier
etwa als Beispiel die Demutstellung als Auslöser der Tötungshemmung)
vorauseilend schafft. Aber die Diskrepanz zwischen der Kulturforderung
und dem nachhinkenden Ich ist auch dialektischer Ansporn zum Weiter-
schaffen der Kultur: doch *zugleich und in einem* ist diese Diskrepanz daran
schuld, daß der Mensch *die Tötung des Artgenossens vollbringen, ja ins
Unermeßliche steigern kann.* LORENZ deutet an, daß dies ein «vorgeschicht-
licher» Übergang sei – ein Gedanke, der uns sehr fruchtbringend zu sein
scheint.

In der verhaltensphysiologischen Betrachtungsweise LORENZ' ist potentiell eine Dialektik enthalten, die eine Versöhnung des uns begegneten Widerspruches einleitet: die Kultur erscheint als positive Antwort auf einen
Seinsmangel, auf ein relatives Nichtsein, aber zugleich als eine Ver-
ursachung des Seinsmangels, des relativen Nichtseins, des sogenannten
«Todestriebes» (diese Bezeichnung wird, wie oben vermerkt, von LORENZ
abgelehnt). Nun hat LOERNZ diese Dialektik weiterentwickelt. Zwanzig
Jahre nach den oben zitierten Ausführungen schrieb er folgende Prognose
nieder: «Ich glaube keineswegs, daß die großen Konstrukteure des Arten-
wandels, Mutation und Selektion, das Problem der Menschheit dadurch
lösen werden, daß sie deren intraspezifische Aggression *ganz* abbauen. Dies

entspräche gar nicht ihren bewährten Methoden. Wenn ein Trieb beginnt, in einer bestimmten, neu auftretenden Lebenslage Schaden zu stiften, so wird er nie als Ganzes beseitigt, dies hieße auf alle seine unentbehrlichen Leistungen verzichten. Es wird vielmehr stets ein besonderer Hemmungsmechanismus geschaffen, der, an jene neue Situation angepaßt, die schädliche Auswirkung des Triebes verhindert. Als in der Stammesgeschichte mancher Wesen die Aggression gehemmt werden mußte, um das friedliche Zusammenwirken zweier oder mehrerer Individuen zu ermöglichen, entstand das Band der persönlichen Liebe und Freundschaft, auf dem auch unsere menschliche Gesellschaftsordnung aufgebaut ist. Die heute neu auftretende Lebenslage der Menschheit macht unbestreitbar einen Hemmungsmechanismus nötig, der tatsächliche Aggression nicht nur gegen unsere persönlichen Freunde, sondern gegen alle Menschen verhindert» (KONRAD LORENZ, *Die Hoffnung auf Einsicht in das Wirken der Natur*, in: *Die Hoffnungen unserer Zeit*, R. Piper & Co. Verlag, München, 1963, S. 158 bis 159).

Dieser ein wenig rätselhafte Text LORENZ' bringt anscheinend die Hoffnung zum Ausdruck, daß der Mensch imstande sein wird, die durch die Kultur lahmgelegte intraspezifische Tötungshemmung wieder aufzurichten. *Wie* dieser Prozeß vor sich gehen soll, bleibt unausgesprochen. Es ist wohl erlaubt anzunehmen, daß hier ein *kulturelles* Bewußtwerden die biologischen Faktoren zu überformen beziehungsweise in zweckmäßiger Form zu entfalten vermag – ob im Sinne einer bewußten Praxis oder einer Art neolamarckistischer Veränderung bleibe hier dahingestellt. LORENZ spricht nur von der Tötungshemmung, die durch den homo sapiens enstrukturiert wurde, aber von ihm auch wieder errichtet werden soll. Dieser angeborene auslösende Mechanismus der Tötungshemmung ist aber ein *biologisches* Faktum, das durch die Kultur sowohl verschleiert wie verstärkt werden könnte; das ist er, wie jeder andere biologische Verhaltensmechanismus auch. Die Aggressivität des Menschen im LORENZschen Sinne ist nicht die Ursache jedes Todes, aber sie verursacht tatsächlich unzählige Tötungen; und die *kulturelle* Überformung der menschlichen *biologischen* Funktionsweisen könnte schließlich am Problem *jedes* Todes angesetzt werden, genau wie sie LORENZ am Problem der Tötungshemmung angesetzt wissen will. Denn die Kultur vermag natürliche Fakten aufzuheben – nicht bloß zu annullieren, sondern zu transzendieren.

KONRAD LORENZ hat übrigens – wie sein Buch *Das sogenannte Böse* (K. LORENZ, *Das sogenannte Böse: Zur Naturgeschichte der Aggression*, Borotha-Schoeler, Wien, 1963) zeigt – sein Verhältnis zur Psychoanalyse revidiert und verbessert. Unseres Erachtens kam er sogar von allen Gelehrten, die sich mit der Frage des Todestriebes befassen, einer Lösung des Problems am nächsten. Die intraspezifische Aggressivität ist für ihn keine «Reaktion», sondern eine spontane und notwendige Verhaltensweise, die im Interesse der Arterhaltung steht: «Als gute Darwinisten (...) fragen wir zunächst nach der arterhaltenden Leistung, die das Kämpfen gegen Artgenossen unter natürlichen, oder besser gesagt, vor-kulturellen Bedingungen vollbringt und die jenen Selektionsdruck ausgeübt hat, dem es seine hohe Entwicklung bei so vielen höheren Lebewesen verdankt» (ebd., S. 48). «FREUD darf den Ruhm für sich beanspruchen, die Aggression erstmalig in ihrer Eigenständigkeit erkannt zu haben, auch hat er gezeigt, daß der Mangel am sozialen Kontakt, vor allem sein Verlorengehen (Liebesverlust) zu den stark begünstigenden Faktoren zählen» (ebd., S. 80). Wir sehen das Schema: die Aggression ist arterhaltend, als «Dienerin» der natürlichen Zuchtwahl; sie hat phylogenetische Wurzeln, kann aber durch Versagung ontogenetisch gezüchtet und gefördert werden. Hier scheint für LORENZ mit einer gewissen Berechtigung ein Schritt zur «Enträtselung» des Todestriebes vorzuliegen: «Unüberbrückbare Meinungsverschiedenheiten erwarte ich in Hinsicht auf den Begriff des Todestriebes, der nach einer Theorie FREUDS allen lebenserhaltenden Instinkten als zerstörendes Prinzip polar gegenübersteht. Diese der Biologie fremde Hypothese ist in den Augen des Verhaltensforschers nicht nur unnötig, sondern falsch. Die Aggression, deren Auswirkungen häufig mit denen des Todestriebes gleichgesetzt werden, ist ein Instinkt wie jeder andere und unter natürlichen Bedingungen auch ebenso lebens- und arterhaltend» (ebd., S. X). Es kommt LORENZ auf den eigentlichen Terminus «Todestrieb» an – vom Standpunkt des Biologen ein verständliches Anliegen –: «Zur Zeit, da ich dies schrieb, gab es schon Psychoanalytiker, die durchaus nicht an den Todestrieb glaubten, sondern die selbstvernichtenden Auswirkungen der Aggression ganz richtig als Fehlleistungen eines an sich lebenserhaltenden Instinktes deuteten» (ebd., S. 363). «Die Selektion selbst ist es, die sich hier in verderbenbringende Sackgassen verirrt. *Sie tut dies immer dann, wenn der Wettbewerb der Artgenossen, ohne Beziehung zur außer-artlichen Umwelt, allein Zuchtwahl treibt*» (ebd., S. 65; Hervorhebungen von LORENZ). Wir fassen zusammen: Die Aggression ist lebens- und arterhaltend, da sie Werkzeug der natürlichen Zuchtwahl ist. Auf der menschlichen Ebene führt sie zu «selbstvernichtenden Auswirkungen», sie verirrt sich in «verderbenbringende Sackgassen», *weil* sie zu einer «Fehlleistung» geworden ist, und zwar weil der Mensch offenkundig keinen Wettbewerb mit «außerartlicher Umwelt», sondern einen Wettbewerb mit Artgenossen betreibt. Letzteres ist aber ebenso offenkundig eine Folge der Kultur. Der «Todestrieb» ist kein Trieb «vom Tode her», aber ein Trieb, der sich verirrt hat; da der Mensch ex definitione ein Kulturwesen ist, muß man sich dennoch fragen, ob die «selbstvernichtende Fehlleistung» der Aggression nicht etwas in besonderem Maße Humanes ist. Jedenfalls nimmt beim Menschen die Aggressivität eine spezifische Färbung an: was «unter natürlichen, oder besser gesagt vor-kulturellen, Bedingungen» (ebd., S. 48) noch lebens- und arterhaltend war, ist in kulturellen Bedingungen todbringend. Und das Bild kompliziert sich dadurch, daß die Aggression (die zum sogenannten «Todestrieb» – oder zur todbringenden «Fehlleistung» beim Menschen aus-wächst!) phylogenetisch älter ist als die Liebe; das meint auch LORENZ. «Die intraspezifische Aggression ist um Millionen Jahre *älter* als die per-sönliche Freundschaft und Liebe. Es hat durch lange Epochen der Erdgeschichte Tiere gegeben, die ganz sicher außerordentlich böse und aggressiv waren. Fast alle Reptilien. . . (. . .) Es gibt also sehr wohl intra-spezifische Aggression ohne ihren Gegenspieler, die Liebe, aber es gibt um-gekehrt *keine Liebe ohne Aggression*» (ebd., S. 328; Hervorhebungen von LORENZ). Darum mischt sich aggressives Verhalten in das Liebesverhalten ein; eine gewisse Ambivalenz kann man auch bei den Tieren beobachten. Das aggressive Verhalten in der Liebe ist um so stärker, je mehr Versagung dem Sexualtrieb auferlegt worden ist (vgl. ebd., S. 322 ff.). LORENZ will den Haß streng getrennt von der Aggression wissen (vgl. ebd., S. 328), aber auch hier sehen wir vor allem eine terminologische Frage.

Die Evolution der Gedankengänge KONRAD LORENZ' brachte ihn – wie wir durch lange Zitate belegten – in die unmittelbare Nähe der psycho-analytischen Gedankenwelt. Seine Hypothese, daß die tödliche, unterdrük-kende, intraspezifische Aggressivität des Menschen in Relation zu un-natür-lichen, kulturellen Bedingungen der menschlichen Existenz stehe, scheint uns besonders wichtig zu sein.

### C. Das Unvollendetsein des ewigen Kindes

Die so nüchternen Theorien LORENZ' offenbaren aber vollends eine un-beantwortete Frage. LORENZ selbst appelliert an die *Vernunft* – also auch an die *Kultur* – des Menschen, um diese tödlichen «Fehlleistungen» zu kor-rigieren (K. LORENZ, ebd., S. 393 ff. sowie die oben zitierte Schrift *Die Hoffnung auf Einsicht* usw.). So unsinnig die Frage auch klingen mag, soll sie uns nun – und sei es bloß in Form eines Gedankenspieles – gestattet werden: Ist es also unbedingt die *kulturelle* und *vernünftige* Bestimmung des Menschen, natürlich zu sterben (wenn nicht schon gar zu töten und getötet zu werden)? Ist der Tod für den Menschen *unbedingt* «das Ziel alles Lebens», die Vollendung, die letzte Grenze: ist er, mit anderen Worten, unbedingt Aufgabe, letzte *Reife* des menschlichen Lebens? Der Tod ist eine Tatsache – und ein Ärgernis. Der Mensch ist angehalten, aus der äußersten *Not* eine erhabene *Tugend* zu machen, um das Ärgernis wegzurationalisieren. Derselbe Mensch schafft aber Geschichte, Kultur: er stiftet Werte, er überhöht den Zwang der Natur im Entwurf eines freien Telos. Telos, Wert, spezifisch *menschliches* Ziel ist indessen freie Verfügung über die Natur. Die schicksalhafte «Reife» des Todes ist in dieser Sicht Unreife des historischen Menschen.

Die «Reife», die uns die Gesellschaft vor Augen hält, ist ein Zustand, mit dem es für den Menschen übel bestellt ist. Es zeigt sich vielmehr, daß die uns vom Tod als Krönung aufgezwungene und von der Gesellschaft sanktionierte «Reife» schwerwiegende Elemente der sozialen Entfremdung und der heuchlerischen Mystifikation enthält. FREUD sah sehr klar, daß der Mensch zur «Reife», die libido-ökonomisch durch die *genitale* Sexualorganisation (im Unterschied zu den «unreifen» prägenitalen Stadien) gekennzeichnet wird, *gezwungen* wird. Für FREUD bleibt die «Sexualorganisation» des Menschen im Grunde genommen wesentlich *unvollendet;* sonst wären weder die Fixierung noch die «so weit reichende Regression» denkbar (S. FREUD, *Hemmung, Symptom und Angst* [1926], Ges. W., XIV, S. 186–187). Die unter dem Druck der Gesellschaft «überholten» Stadien der Sexualorganisation sind in der «reifen», gesellschaftlich-annehmbaren «genitalen Sexualorganisation» sozusagen «aufgehoben»: sie sind glücklich aufgehoben, falls diese «genitale Sexualorganisation» sich nicht um die sexuellen Tabus kümmert, sie ist aber im allgemeinen außerordentlich verkümmert und fristet ein unglückliches und mystifiziertes Dasein des Kompromisses, das Moral und Verzicht geheißen wird: «Kein Wunder, wenn unter dem Druck dieser Leidensmöglichkeiten die Menschen ihren Glücksanspruch zu ermäßigen pflegen, wie ja auch das Lustprinzip selbst sich unter dem Einfluß der Außenwelt zum bescheideneren Realitätsprinzip umbildete, wenn man sich bereits glücklich preist, dem Unglück entgangen zu sein, das Leiden überstanden zu haben, wenn ganz allgemein die Aufgabe der Leidvermeidung die der Lustgewinnung in den Hintergrund drängt. (...) Uneingeschränkte Befriedigung aller Bedürfnisse drängt sich als die verlockendste Art der Lebensführung vor, aber das heißt den Genuß vor die Vorsicht setzen und straft sich nach kurzem Betrieb» (S. FREUD, *Das Unbehagen in der Kultur* [1929], Ges. W., XIV, S. 435). Man könnte schwerlich ausdrucksvoller jene Quadratur des Zirkels beschreiben, die im Verhältnis zwischen dem weiterlebenden *Bedürf-*

*nis* des Menschen, «das Intrauterinleben zu ersetzen» und der *Trennung* (um bei unserem Untersuchungsthema zu bleiben), die die Vorsicht vor den Genuß, die Leidvermeidung vor die Lustgewinnung setzt, besteht.

Die «Unterordnung» der Partialtriebe unter «das Primat der Genitalien» hat sich in der Kindheit «nicht oder nur sehr unvollkommen durchgesetzt». Indes, «die Herstellung dieses Primats» steht «im Dienste der Fortpflanzung» und «ist also (! – *I. A. C.*) die letzte Phase, welche die Sexualorganisation durchläuft» (S. FREUD, *Drei Abhandlungen zur Sexualtheorie* [1905], Ges. W., V, S. 100). Im Jahre 1923 ergänzt FREUD diese etwas zu einfache Frühtheorie durch die Einführung einer «phallischen» Phase beim Kinde, die bereits die Bezeichnung einer *infantilen Genitalorganisation* (!) verdient, sich aber von der «reifen» Genitalorganisation dadurch unterscheidet, daß sie nur eine Art von Genitale kennt, nämlich das männliche (S. FREUD, ebd., Fußnote zu Seite 100 und S. FREUD, *Die infantile Genitalorganisation* [1923], Ges. W., XIII, S. 293–298). Die Folgerung ist unausbleiblich – und wiederum etwas konformistisch: Da die erste, infantile Genitalorganisation *nur* den Phallus kennt, lautet diese Genitalorganisation: *«Männliches Genitale oder – kastriert» (Die infantile Genitalorganisation,* loc. cit., S. 297) und die ausgereifte Sexualorganisation wird diese Antithese bloß variieren, und zwar in «männliche Aktivität» und «weibliche Passivität» (ebd., S. 298). Das alles setzt aber das tatsächliche *biologische* Vorhandensein des «Penisneides» bei der Frau voraus, mit dem wir uns noch im dritten Kapitel dieses Abschnittes, S. 221 ff. befassen werden, und der – so viel sei vorweggenommen – uns vor allem in Form eines soziologischen Kulturphänomens im Dienste des Leistungsprinzips mit seiner «Genitalorganisation», und nicht so sehr als biologisches *Bedürfnis* unter dem Zeichen des «Realitätsprinzips» erscheinen wird.

Abgesehen von dieser These der *biologischen* Kastration der Frau, behalten wir als wesentlich die Hypothese bei, die wie ein roter Faden durch das ganze Werk FREUDS hindurch zieht: nämlich «die merkwürdige und folgenschwere Tatsache des *zweizeitigen Ansatzes* der menschlichen Sexualentwicklung» *(Die infantile Genitalorganisation,* loc. cit., S. 293). Das ganze Werk FREUDS läßt die *«weitgehende Annäherung des Ausganges der kindlichen Sexualität* (um das fünfte Lebensjahr) an die Endgestaltung beim Erwachsenen erkennen» (ebd., S. 294–295). Sieht man nun einen Augenblick von den obligaten Konzessionen an das Leistungsprinzip mit seiner angeblich «reifen genitalen Sexualorganisation» ab, so bedeutet der «zweizeitige Ansatz» der menschlichen Sexualentwicklung mit seiner «weitgehenden Annäherung» der infantilen «Sexualorganisation» an die «Endgestaltung derselben beim Erwachsenen» – in einfacheren Sätzen ausgedrückt –, daß die «Endgestaltung» der menschlichen Sexualität die «infantile» Sexualität wiederholt, oder noch einfacher: daß *die «infantile» Sexualität eine artspezifische ist, die mit dem Reifekriterium und dem «genitalen Primat im Dienste der Fortpflanzung» sehr wenig zu tun hat.* Zoologische Kriterien verlieren auf der humanen Stufe weitgehend ihre Geltung, wie wir noch unten, bei der Erwähnung der Thesen Kinseys, beobachten werden.

Woher dieser Widerspruch? Weil das neotene *Tier* eine neue abgeschlossene Gattung bildet mit vollendeten Charakteristika, wohingegen das neotene Wesen Mensch – wie dies Freud selbst zur gleichen Zeit wie Bolk bemerkte – nicht nur einen neuen Sprung innerhalb der Natur, sondern einen Sprung aus dem Vollendetsein der Natur in das wesentliche Unvollendetsein des historischen Daseins vollzieht. Am klarsten von den modernen Autoren hat dies Georges Lapassade bemerkt (Georges Lapassade, *L'Entrée dans la Vie*, Editions de Minuit, Paris, 1963); er stellte die «Reife» des Menschen radikal in Frage. In den Versuchen Freuds, den Widerspruch zwischen der nie aufhörenden Kindlichkeit der Sexualorganisation und der geforderten Ausreifung derselben auf einen gemeinsamen Nenner zu bringen, ist noch die «Reife» in inkonsequenter Weise bemerkbar.

Für G. Lapassade zeigt die spezifisch-menschliche Neotenie zwei sich widersprechende Aspekte: der neotene Mensch *bleibt* immer «unreif» und zugleich erlangt er *verfrüht* die Reife (vgl. den Portmannschen Begriff des «abhängigen Nestflüchters»). Das *spezifische* biologische Wesen des Menschen besteht im Widerspruch zwischen Retardation und Akzeleration. Dies gilt für das Individuum wie für die Gattung: weder das eine noch die andere werden je vollendet sein. Das Fortbestehen juveniler und fötaler Gestalt geht mit dem ständigen Unvollendet-Sein des Menschen einher, der daher, unvollendet und infantil, nach dem Vollendet-Sein in der Geschichte strebt. Ein neotenes Tier kann eine juvenile Form der Vorfahren wiederholen, es bleibt aber in der neuen juvenilen Gestalt abgeschlossen; der Mensch bewahrt die Prägsamkeit, die extreme Plastizität und Entwicklungsträchtigkeit der juvenilen Stufe im Laufe seiner individuellen und seiner spezifischen Geschichte. Ein vollendetes Wesen – auch in einer nurneotenen Gestalt – kennt keine Geschichte. Ein solches Wesen erreicht eine (zwar neotene, aber abgeschlossene) Reife. Der Mensch aber nie. Die Geschichte setzt die Plastizität der neotenen Gestalt voraus, aber *sie erschüttert auch den normativen Begriff der menschlichen Reife.* Der Begriff des «Erwachsenseins» ist relativiert; die Plastizität der menschlichen Neotenie zwingt uns dazu, «die Unbestimmtheit der Jugend aufzuwerten und, kor-

relativ hierzu, die Bestimmtheit des Reifealters abzuwerten» [32]. LAPASSADE
bestätigt uns in unserer ständigen Weigerung während der letzten Jahre,
in der Anthropologie von einer «vollendeten Person» zu sprechen statt von
der *Personalisation,* von einer abstrakten «Freiheit» statt von der *Be-
Freiung,* von einer mystifizierten «Reife» statt von der *Reifung.*

LAPASSADE beschäftigt sich wenig mit dem Problem des Todestriebes.
Die ewig offene Personalisation des Menschen zwingt ihn zur Annahme,
daß jeder abgeschlossene Zustand, jedes fixierte Ziel, jede gesperrte
Grenze für den Menschen eine *Entfremdung* seiner Sexualität – im Sinne
FREUDS – und seines Schöpfertums – im Sinne MARX' – bedeutet. LAPAS-
SADE fordert ein «Bewußtsein des Unvollendetseins».

Alle Schlagwörter von der «offenen» Natur des Menschen, die von den
Spiritualisten gerne mißbraucht werden, verpflichten aber zum «Offen-
Halten» der menschlichen Natur auf jeder Etappe seiner kulturellen Entwicklung. Wenn dies kein sinnloses Kreisen ist, so bedeutet es aber wiederum den ständigen Kampf gegen die letzte Bedingtheit, die letzte Grenze,
die des Todes. Die Kultur ist Ausdruck dieses Kampfes, und doch ist auch
sie entfremdend. Die kindliche Sexualität ist durch sie zu einer unmög-
lichen Reife und zu einem tödlichen «Abschluß» gezwungen; indes ist das
infantile Streben nach Lust Ausdruck des nämlichen Kampfes gegen die
Gewalten des Todes.

---

[32] GEORGES LAPASSADE (op. cit., S. 30; vgl. S. 29 ff.) streift die Kritik des psychoanalytischen Revisionismus mit seinem «Erwachsenen-Ideal»; er analysiert auch die anthropologischen Hypothesen GEZA ROHEIMS und hebt die Bedeutung der Initiations-Riten als
*Wiederholung* und *Vorwegnahme* des Todes durch die Neugeburt hervor: dies entspricht
auch ganz der christlichen Dogmatik über das Sterben und die Wiedergeburt zu einem
ewigen Leben im Mysterium der Taufe. – Was nun das «Erwachsenen-Ideal» betrifft, so
hat E. H. ERIKSON den normativen Charakter der «genitalen Sexualität» klar erkannt: «Ein
System bedarf einer Utopie. Für die Psychoanalyse liegt die Utopie in der 'Genitalität'. Sie
wurde ursprünglich als Integration der prägenitalen Phasen (...) aufgefaßt» (ERIK H. ERIK-
SON, *Kindheit und Gesellschaft,* Ernst Klett Verlag, Stuttgart, 2. Aufl. 1965, S. 86). Die
Konzeption der «Genitalität» ist unersetzlich als Begriff für eine fliehende Integrations-
norm der persönlichen Identität – gleichsam *ex contrario:* «Tatsächlich erweisen sich alle
Neurotiker bei näherer Untersuchung als gehemmt in ihrem sexuellen Zyklus» (ebenda,
S. 87). Die Rolle des Genitalitätsbegriffes ist demnach eine sozial-normative: «Um wirklich
dauernde soziale Bedeutung zu haben, sollte die Utopie der Genitalität folgendes umfassen:
(1.) Wechselseitigkeit des Orgasmus (2.) mit einem geliebten Partner (3.) des andern Geschlechts (4.) mit dem man wechselseitiges Vertrauen teilen will und kann, (5.) und mit dem
man imstande und willens ist, die Lebenskreise der (a) Arbeit (b) Zeugung (c) Erholung in
Einklang zu bringen, um (6.) der Nachkommenschaft ebenfalls alle Stadien einer befriedigenden Entwicklung zu sichern. Es ist klar, daß solche utopische Erfüllung in großem
Maßstab weder eine einzelmenschliche noch auch eine therapeutische Aufgabe sein kann.
Außerdem ist sie keineswegs eine rein sexuelle Angelegenheit. Sie ist Teil und Ganzes des
Stiles einer Kultur in der sexuellen Wahl, im sexuellen Zusammenklang und im sexuellen
Wettstreit» (ERIK H. ERIKSON, op. cit., S. 260–261).

## D. Der psychoanalytische Versuch der Heilung

Der *neotene,* notwendigerweise *infantile* und *daher* naturverändernde homo sapiens strebt eine Grenzsituation an, die er freilich nicht sicher ist zu erreichen und in der «Reife» und Tod aufgehoben werden sollen.

Hier müssen wir uns noch einmal die Tatsache des Wiederholungszwanges vergegenwärtigen. Letzterer entspringt zwar der Seinsfrustration – also der Gegenwart des Todes im Leben des Menschen – und nötigt ihn zur Reifung durch ständige Einübung der Ersatzbefriedigungen, aber er funktioniert zugleich – in einer dialektischen Einheit – dergestalt, daß er den Menschen von der «endgültigen» Reife, von dem angeblichen «Vollendetsein» durch die Wiederkehr des Anfänglichen abhält. Eine der wesentlichen Schwierigkeiten für die strengere Bestimmung des dialektischen Verhältnisses zwischen dem Leben und dem Tod liegt in der geradezu unentwirrbaren *Ambivalenz,* die den Wiederholungszwang kennzeichnet und die wir am Beginn dieses Kapitels anzudeuten versuchten. Aber auch die Ambivalenz hat insofern «Grenzen», als sie – in der bewußten Spiegelung des menschlichen Geistes – nicht bloß ein leeres Spiel mit *grundsätzlich* sich widersprechenden Tendenzen, nicht nur ein «Spiel mit Worten» (wie Alfred Adler das unentmischte Ineinander der Kultur mit der Verdrängung bezeichnete), nicht lediglich ein relativistisches Hin und Her ohne ersichtlichen Sinn darstellt. Wäre dem so, so wären die menschliche Voraussicht, Planung und Praxis nicht nur überflüssig, sondern schlicht wahnwitzige Illusionen, weil von vornherein prinzipiell *unmöglich.*

Allein, gerade auf der Grundlage der psychoanalytischen *Praxis* hat der große Praktiker Freud sein Gedankengebäude vom Wiederholungszwang errichtet. Gerade am Gegenstand der heilenden psychoanalytischen Kur demonstrierte er das Walten des Wiederholungszwanges: «Der Kranke kann von dem in ihm Verdrängten nicht alles erinnern, vielleicht gerade das Wesentliche nicht, und erwirbt so keine Überzeugung von der Richtigkeit der ihm mitgeteilten (interpretativen, *I. A. C.*) Konstruktion. Er ist vielmehr genötigt, das Verdrängte als gegenwärtiges Erlebnis zu *wiederholen,* anstatt es, wie der Arzt es lieber sähe, als ein Stück der Vergangenheit zu *erinnern.* Diese mit unerwünschter Treue auftretende Reproduktion hat immer ein Stück des infantilen Sexuallebens, also des Ödipuskomplexes und seiner Ausläufer, zum Inhalt und spielt sich regelmäßig auf dem Gebiete der Übertragung, das heißt der Beziehung zum Arzt ab. Hat man es in der Behandlung so weit gebracht, so kann man sagen, die frühere Neurose sei nun durch eine frische Übertragungsneurose ersetzt. Der Arzt hat sich bemüht, den Bereich dieser Übertragungsneurose möglichst einzuschränken, möglichst viel in die Erinnerung zu drängen und möglichst wenig zur Wiederholung zuzulassen. Das Verhältnis, das sich zwischen Erinnerung und Reproduktion herstellt, ist für jeden Fall ein anderes. In der Regel kann der Arzt dem Analysierten diese Phase der Kur nicht ersparen; er muß ihn ein gewisses Stück seines vergessenen Lebens wiedererleben lassen und hat dafür zu sorgen, daß ein Maß von Überlegenheit erhalten bleibt, kraft dessen die anscheinende Realität doch immer wieder als Spiegelung einer vergessenen Vergangenheit erkannt wird. Gelingt dies, so ist die Überzeugung des Kranken und der von ihr abhängige therapeutische Erfolg gewonnen» (S. FREUD, *Jenseits des Lustprinzips*, loc. cit., S. 16–17). Diese widerspruchsvolle Wechselwirkung zwischen «Erinnerung» und «Reproduktion» nennt nun FREUD eine Zeile weiter unten *«Wiederholungszwang»;* daraus entfaltet er die im Laufe unserer Ausführungen wiedergegebene Begriffsbestimmung. In der analytischen Übertragung gilt die «Reproduktion» der vergangenen Frustration, der dem Kranken in seiner Kindheit «zugefallenen Verschmähung». Alle mit letzterer verbundenen «unerwünschten Anlässe und schmerzlichen Affektlagen werden nun vom Neurotiker in der Übertragung wiederholt und mit großem Geschick neu belebt. Sie streben den Abbruch der unvollendeten Kur an, sie wissen sich den Eindruck der Verschmähung wieder zu verschaffen, den Arzt zu harten Worten und kühlem Benehmen gegen sie zu nötigen» usw. (ebd., S. 19).

Die Wiederholung ist also ein Widerstand gegen die Entwicklung, die durch die Kur beabsichtigt ist. Allein – *sie ist auch die einzige Garantie für deren Erfolg.* Gewiß unterscheidet FREUD genau zwischen dem blinden und behandlungsfeindlichen Wiederholen, das er «Agieren» nennt, auf der einen Seite und dem «Erinnern», das sich auf der verbalen Ebene der Assoziationen vollziehen soll, auf der anderen Seite. *Der Unterschied ist aber vor allem ein ökonomischer.* Er besteht zwischen dem unbewußt wiederholten Agieren und dem bewußt wiederholten und begrifflich erhellten Wiedererleben. Der Unterschied ist gewaltig, er bezieht sich auf zwei verschiedene Signalsysteme im Sinne I. P. PAWLOWS, oder – um bei FREUD zu bleiben – auf zwei intrapsychische Systeme – das *Ubw* und das *Bw;* die ganze Kur besteht darin, die Wiederholung aus einem System in das andere (das nebenbei aus dem genetisch älteren entstanden ist) zu überführen. Dies kann dank der lenkenden Wirkung des Übertragungsobjektes – des Analytikers – geschehen, also dank einer «Attrappe», *diesmal aber einer therapeutisch positiven Attrappe.*

Die Übertragung – der treibende Motor, der aktive Mechanismus der Therapie – ist selbst nichts anderes als *Wiederholung,* nur vollzieht sie sich in der Kur zufällig (zufällig vom Standpunkt des Wiederholenden) an einem Objekt, das mit dieser Wiederholung ausnahmsweise etwas «anzufangen» weiß; dank der privilegierten psychoanalytischen Situation vermag der Analytiker die Wiederholung dem Bewußtwerden und somit der «Entzauberung» zuzuführen. Das ist alles, und das ist enorm viel; dadurch wird keine genetische, aber wohl eine praktisch qualitative Unterscheidungsmöglichkeit in der Bewertung der Wiederholung ermöglicht. Eine sogar nicht verbalisierte, aktive Wiederholung kann unter Umständen zum Heilmittel werden, und dies wieder nur kraft der Einstellung des Analytikers (als Objekt der Wiederholung): das ist deutlich in gewissen analytisch inspirierten psychotherapeutischen Techniken der Behandlung von Kindern und Psychotikern der Fall. Die Wiederholung *selbst* – ohne Bezug auf die *Realität* des gegenwärtigen Objektes – ist Katastrophe oder Wohltat, je nach der Art und Weise, wie sich das Objekt in dieser konkreten Situation benimmt. Die Wiederholung selbst ist also indifferent, oder besser gesagt, ambivalent: sie strebt nach der Wiederherstellung des prätraumatischen Zustandes und *zugleich* nach der Überwindung des Traumas. Vereinfachend ausgedrückt, ist diese Verhaltensweise eine «Wohltat» nur in der streng abgesteckten und sich selbst gleichbleibenden Situation der Psychoanalyse, in welcher der Partner des Kranken, statt seinerseits zu agieren – wie alle übrigen Partner – dem Analysierten stets einen Spiegel vorhält, bis dem Analysierten der automatisch verlaufende Wiederholungsmechanismus und dessen Zusammenhänge bewußt werden. Dieses Verfahren hat solange Aussicht auf Erfolg, als der Analysierte daran gehindert wird, außerhalb der Übertragung auf der Ebene des Wiederholungszwanges allzu aktiv zu «agieren»; im Gegenteil, er wird dazu angehalten, sein larviertes «Agieren» in Worte und dadurch in Begriffe zu kleiden.

*Grundsätzlich* aber ist der Übergang zwischen den beiden Arten der Wiederholung ein approximativer und fließender; wie schon gesagt, kann das Agieren in gewissen Formen der Therapie sogar überwiegen. Denn das Agieren selbst ist bereits eine geänderte, irgendwie der Situation (wenn auch sehr unvollständig) angepaßte Wiederholung: der Kranke kann in der Phantasie und mit Hilfe von symbolischem Verhalten noch so viel wiederholen, er kann nicht *wirklich* das Intrauterinleben oder das Brustsaugen an der «Attrappe» des Analytikers wiederherstellen. Die analytische Situation (sogar eine verhältnismäßig «aktive») demonstriert überzeugend die Doppeldeutigkeit des Agierens als einen regressiven und zugleich progressiven und anpassungsträchtigen Versuch. Und in jeder Analyse ist das (immer bereits gewandelte, symbolisierte) Agieren mit dem Erinnern (das sich keineswegs in der begrifflichen Verbalisation zur Gänze erschöpft) vermischt. «Es ist uns sehr unerwünscht, wenn der Patient außerhalb der Übertragung *agiert* anstatt zu erinnern; das für unsere Zwecke ideale Verhalten wäre, wenn er sich außerhalb der Behandlung möglichst normal benähme und seine abnormen Reaktionen nur in der Übertragung äußerte» (S. FREUD, *Abriß der Psychoanalyse* [1938], Ges. W., XVII, S. 103). Wo gibt es aber «ideales» Verhalten? Und gerade ein «Vorteil der Übertragung» ist es, «daß der Patient uns in ihr mit plastischer Deutlichkeit ein wichtiges Stück seiner Lebensgeschichte vorführt, über das er uns wahrscheinlich sonst nur ungenügende Auskunft gegeben hätte. *Er agiert gleichsam vor uns, anstatt uns zu berichten*» (ebd., S. 101; Hervorhebung von uns, *I. A. C.*)[33].

Es ging uns in diesem «technischen» Exkurs darum, aufzuzeigen, daß *die Geschehnisse in der psychoanalytischen Situation* wohl durch die Beschaffenheit dieser Situation therapeutisch «privilegiert», jedoch keineswegs ganz ausgefallen oder unverständlich sind, und daß sie vielmehr dem allgemeinen Gesetz der Ambivalenz im Wiederholungszwang entspringen[34]. Der Exkurs verfolgte das Ziel einer Demonstration: nämlich, daß die Psychoanalyse eine «Technik» ist, die die «Natur» des Wiederholungszwanges als Motor benützt, und zwar *als Motor eines Fortschrittes*. Der Wiederholungszwang wird hier in Bahnen gelenkt, die seine *Integration*, seine *Totalisation* im Bewußtwerden und somit in der fortschreitenden Geschichtlichkeit des Patienten erlauben.

Nun ist die Psychoanalyse zweifellos nicht nur eine «geschichtliche Er-

---

[33] Das «gleichsam» deutet darauf hin, daß der Patient vor allem verbalisieren soll, doch zugleich auf die Schwierigkeit des «Erinnerns», des «Berichtens». Kurzum: der Motor beider *(in praxi* immer vermischten) Verhaltensweisen ist die (symbolische) Wiederholung, die in einem regressiv und progressiv ist. – Vgl. auch S. FREUD, *Erinnern, Wiederholen und Durcharbeiten* [1914], Ges. W. X.

[34] Es sei uns erlaubt, uns hier selbst zu zitieren: «Doch ist die Ambivalenz der Übertragung nicht grundsätzlich von der Ambivalenz, die jeder Symbolbildung und jeder Existenz in der Zeit anhaftet, verschieden. Aus dem Wesen der Therapie heraus ist die Ambivalenz für die Entwicklungsstufe des Patienten im höchsten Grade sinnbildlich» (I. A. CARUSO, *Übertragung und Symbol*, in: Acta Psychotherapeutica, III [1955], 1, S. 227); «Die analytische Technik kann und soll eine ,existentielle' sein. (...) Sie ist wirkliche Praxis, indem sie auf der Übertragung des Erlebten in eine interpersonelle Situation hinein basiert. (...) Es bedeutet, daß die analytische Technik sich bewußt mit der Ambivalenz jeder anthropologischen Untersuchung auseinandersetzt: diese nämlich ist notwendigerweise sowohl regressiv als auch prospektiv, sie ist in sich selbst widersprechend und hebt die Widersprüche in provisorischen Synthesen auf. Somit will die analytische Technik realistisch und historisch sein, zum Unterschied zu manchen pseudo-existentiellen Techniken, die zwar die Welt verändern möchten, ohne aber in den Widerspruch und in die Doppeldeutigkeit der Geschichtlichkeit herabzusteigen» (I. A. CARUSO, *La technique analytique en tant que technique «existentielle»*, in: Acta Psychotherapeutica, VIII [1960], 1, S. 22).

scheinung» – was eine Banalität ist –, sondern *ab ovo* eine geschichtliche Praxis, eine bestimmte zwischenmenschliche Beziehung, die in den Dienst des Bewußtwerdens, somit der Kultur und des historischen Wirkens gestellt ist. Sie ist – und dies ist wichtig –, im Unterschied zu vielen *a priori* entworfenen Psychotherapiearten, denen die Machtlosigkeit des philosophischen Idealismus anhaftet, primär eine Praxis der Bewußtseinsmehrung und des sozialen Tuns, und ihr theoretisches Gebäude ist – mit allen seinen Mängeln und Widersprüchen – ein Versuch, diese Praxis sich selbst transparent zu machen [35]. Die Psychoanalyse ist – und will sein – ein Werkzeug im Dienste des Lebens, ein Werkzeug, das das gehinderte Fortschreiten der Personalisation wieder in Fluß bringt. Nun kann man die Psychoanalyse als eine Art Reaktionsbildung auf die Opazität und auf den Immobilismus der Neurose definieren. Daß sie «die Krankheit ist, die zu heilen sie vorgibt» (KARL KRAUS), ist eine sehr geistreiche, zum Teil sogar berechtigte Bosheit, die aber interessanterweise die eigenartige Umkehrung der Perspektive wiederholt, die FREUD eigen war. Denn FREUD sagte im Grunde genommen nichts anderes, nicht nur in bezug auf die Psychoanalyse, sondern auch in bezug auf das Leben selbst, *im Dienste dessen er die Psychoanalyse schuf und in den Dienst dessen er sie stellte*. Auch das Leben ist – in FREUDscher Perspektive – die Störung, die es selbst mit viel Aufwand zu beheben sucht. KARL KRAUS und SIGMUND FREUD waren Kinder desselben Kultur- und Klassengeistes.

KRAUS' Irrtum ist leicht erklärbar, da die Psychoanalyse tatsächlich mit den Kräften der Neurose operiert, um diese zu beheben; ja, sie beabsichtigt sogar – mittels des Wiederholungszwanges – eine *Übertragungsneurose* zu erzeugen, um sie sodann durch das Bewußtwerden geschichtlich zu integrieren. Zugespitzt ausgedrückt, ist auch FREUDS Irrtum auf die nämliche Weise erklärbar, da die Lebensentfaltung, das fortschreitende Bewußtwerden, auch mit Kräften operieren, die Symptome des Todes sind: mit dem Wiederholungszwang nämlich, aus dem es gilt, eine «Anamnesis» zu gewinnen.

Einigen wir uns auf diese unmerkliche und doch entscheidende Wen-

---

[35] Hier ist nicht der Ort, diesen dialektischen Gehalt der Psychoanalyse entgegen orthodox-marxistischen Einwürfen (und auch des öfteren orthodox-psychoanalytischen!) zu belegen. Eine gewisse «Schiefheit» in der Praxis und noch mehr in der Theorie der Psychoanalyse ist unleugbar; und wozu sie leugnen? Die Unfehlbarkeit ist keine dialektische Eigenschaft, auch keine marxistische. Wir erlauben uns, auf unsere Untersuchungen zu verweisen: I. A. CARUSO, *Soziale Aspekte der Psychoanalyse*, Ernst Klett Verlag, Stuttgart, 1962 und I. A. CARUSO, *Die interkollektive Dialektik in der psychoanalytischen Situation*, in: Z. f. psycho-som. Med., IX [1963], 3, S. 197–208.

dung: Verwandlung des Wiederholungszwanges in «Anamnesis» [36]. Wir deuteten bereits an, daß der Wiederholungszwang in sich ambivalent, doppeldeutig ist. Er ist aus der Unentmischtheit des Todes mit dem Leben entstanden. Die ganze Praxis der Psychoanalyse setzt nun an diesem undurchsichtigen Punkt an, sie müht sich, die Wiederholung *als solche* zu benützen, um an diesem Punkte der Un-Entschiedenheit eine Ent-Scheidung zugunsten des Lebens hervorzurufen, indem sie den oft mißglückten Versuch der Ent-Scheidung nun bewußt im Raum der Übertragung *wiederholt:* indem sie also, mittels der «Anamnesis», den nahezu erstickten Keim der Lebensentwicklung ausgräbt und *holt.* Die «Anamnesis» besteht somit im «wieder-Holen» des verschütteten Entwicklungskeimes; sie ist eine «Reise in die Vergangenheit», die diese verändert und aus der Veränderung heraus eine andere Gegenwart («Vergegenwärtigung») und eine neue Zukunft schafft. Dies vermag die «Anamnesis» dank dem bewußten «Wiederholen», dank dem «Erinnern» im Sinne FREUDS: die Psychoanalyse ist ein Versuch der geglückten «Anamnesis». *Nun ist aber die psychoanalytische Wiederholung grundsätzlich keine andere als die, die vom Analysierten vergeblich versucht wurde.* Auch die im Symptom gegebene «inadäquate, pathologische» Wiederholung ist nie eine «reine» Wiederholung (im Sinne der totalen Rückkehr, des verdoppelten Stillstandes): sie ist dies ebenso wenig, wie das wiederholte Tauchen in denselben Fluß – davon wußte schon HERAKLIT. Die Lage, in der sich der Wiederholungszwang vollzieht, ändert sich: daher gerade die «Inadäquatheit» des Wiederholungszwanges. Aber auch die «pathologische» Wiederholung ist nie Stillstand der Zeit, sie ist Versuch – mißlungener Versuch – der «Anamnesis». Warum wirkt aber die Wiederholung in der psychoanalytischen Situation heilsam? Die Psychoanalyse schafft durch ihre Technik eine «privilegierte Situation», in welcher der Übertragungsmechanismus, der die Wiederholung ermöglicht und hervorruft, an den gleichbleibenden Beziehungen zwischen Analytiker und Analysiertem aus der phantastischen Welt befreit und im Lichte der zwischenmenschlichen Situation der Psychoanalyse kritisch betrachtet werden kann. Der Wiederholungszwang wird, dank der analytischen «Anamnesis», aus einem fixierten, aktuell beziehungslosen und opaken Versuch zu einem «prozeßhaften und produktiven» Anliegen.

Letztere Worte sind einem Zitat von ERNST BLOCH entnommen: «Das

---

[36] Zu dieser Verwendung des ἀνάμνησις-Begriffes wurden wir durch die Ausführungen unseres Lehrers V. E. Freiherrn von GEBSATTELS angeregt: V. E. von GEBSATTEL, *Prolegomena einer medizinischen Anthropologie*, Springer-Verlag, Berlin-Göttingen-Heidelberg, 1954, S. 288 ff.

gesamte Anliegen der Dialektik ist prozeßhaft und produktiv»; die Dialektik kennt keine «restitutio in integrum»; der Anfang «ist überhaupt nicht ein lang Zurückliegendes, sondern in jedem Augenblick des Seins so treibend wie noch verschlossen». Der echte Rückgriff ist daher nicht eigentlich auf Vergangenes, «das als fertig und gelungen dreinsieht», bezogen, sondern er «geht vielmehr auf das noch Zukünftige, also Ungewordene im Vergangenen» (ERNST BLOCH, *Die Formel Incipit vita nova*, in: Merkur, XVII [1963], 186 [8], S. 742).

Diese dialektische Formel BLOCHS kann und soll zwanglos auf das «Anliegen» der psychoanalytischen «Anamnesis» angewandt werden. Trotz des «Rückgriffes», der dank der Ambivalenz des Wiederholungszwanges in der psychoanalytischen Regression vorliegt, gilt das Wirken der Psychoanalyse nicht dem konservativen Todesprinzip des Wiederholungszwanges, nicht einer vom Tode dahingerafften Vergangenheit, sondern dem «Prinzip Hoffnung» (um wieder mit BLOCH zu sprechen). Hier sehen wir wieder einmal den dialektischen Gehalt der Psychoanalyse, weil ihr «Anliegen» nicht dem Vergangenen als «Fertigem», sondern dem Vergangenen als noch «Ungewordenem» zugewandt ist; und jede Dialektik ist letztlich eine solche «Philosophie des Noch-Nicht» (ERNST BLOCH, *Das Prinzip Hoffnung*, 2 Bände, Suhrkamp Verlag, Frankfurt a. M., 1959) [37]. Die Vergangenheit wird vergegenwärtigt, sie wird «wieder geholt», um in ihr noch «nicht Gewordenes» zum Werden, das heißt – wie dies BLOCH scharfsinnig vermerkt – «auf das noch Zukünftige» hin in Fluß zu bringen.

Zahlreiche Psychoanalytiker hielten die Theorie des «Todestriebes» als mit dem nötigen Optimismus der therapeutischen Haltung unvereinbar [38]. Wir vermerkten schon oben, daß wir die Hypothese FREUDS für nicht genug dialektisch halten, doch nimmt die Kritik der «Revisionisten» an diesem Gebrechen teil und wird vollends undialektisch. Denn die Hypothese des Todestriebes setzt wenigstens am kritischsten Entwicklungspunkt an: am Punkt der Wiederholung und sie entwirrt praktisch diesen Knoten. Das Wieder-Holen der Psychoanalyse ist ein Holen des Vergangenen in seine Zukunftspotenz: das Vergangene wird «neu», es vollzieht sich eine Auf-Erstehung dessen, was *nicht mehr* ist, insoferne es *noch nicht* das ist, was

---

37 Vgl. insbesondere I, S. 129 ff., die «Entdeckung des Noch-Nicht-Bewußten», «Noch-Nicht-Bewußtes als neue Bewußtseinsklasse des Neuen», «Begriff der utopischen Funktion» usw.; auch I, S. 288 ff.

38 So etwa KAREN HORNEY, *Neue Wege in der Psychoanalyse*, Gustav Kilpper Verlag, Stuttgart, 1951, S. 131: «Die Annahme eines Zerstörungstriebes ist nicht nur unbegründet, nicht nur den Tatsachen widersprechend, sondern sie ist auch durchaus schädlich in ihren Auswirkungen» usw.

es neu werden wird. Das Verdrängte, das wir – einem verwesten Körper gleich – mitschleppen, «auf-ersteht» zu neuem Leben. Denkwürdig ist hierbei diese – wenn auch bescheidene – Integrierung der Zeitlichkeit durch die Psychoanalyse, trotz oder dank ihrer Hypothese des «Todestriebes». «Der Anfang», zitierten wir soeben BLOCH, «ist (in dieser neuen Perspektive) nicht ein lang Zurückliegendes, sondern in jedem Augenblick des Seins so treibend wie noch verschlossen». FREUD hätte diese Formulierung unterschreiben können. Für ihn war «Anfang» gleich «Tod». Doch arbeitete er in seiner *Praxis* mit einem anderen «treibenden und noch verschlossenen» Wirken des Anfangs in der Gegenwart: mit dem eben noch nicht Gewordenen und in die Zukunft weisenden Augenblick. Die *Praxis* der Psychoanalyse ist die Erschließung des «Anfangs» (vgl. oben S. 167 ff.), eine notwendigerweise ambivalente Praxis, die sowohl in den konservativen Pessimismus der FREUDschen Theorie als auch in einen kühnen Utopismus mündet.

Denn machen wir *ernst* mit der spiegelhaften Zweideutigkeit des Wiederholungszwanges, der immer das nämliche Thema zur Darstellung bringt, so müssen wir uns fragen, ob er nicht tatsächlich Versuch, Anliegen, Probe (Vergleich Theaterproben!) ist, und ob wir ihn nicht gewissermaßen «verkehrt» interpretieren, insoferne wir seine Erscheinung gleichsam im Spiegel des Rückgriffes betrachten. Ist dann nicht die Zeitlichkeit des Wiederholungszwanges das Umgekehrte dessen, was wir von ihm wahrnehmen? Ist nicht das Wiederholte vor allem Symbol dessen, was wird? [39] Ist also nicht das Todesprinzip – das Regressive, das Fixierte – das für uns Vergangene, das Nicht-mehr Symbol des Kommenden, des Noch-Nicht? Ist nicht die angebliche «Reife» eine Vorstufe des kindlichen Eros? Die Trennung eine Probe der Allgegenwart? Man hatte versucht, statt des Begriffes «Todestrieb» in der Psychoanalyse denjenigen des «Nirvanaprinzips» einzuführen (vgl. hierzu S. FREUD, *Jenseits des Lustprinzips*, loc. cit., S. 60). Wir mögen den dogmatisch-buddhistischen Beigeschmack des Wortes nicht. Doch ist nicht vielleicht das vermeintliche «Ziel» des Wiederholens erst eine «Generalprobe», ein Anfang des Vorausprobierens? FREUD

---

[39] So muß der «Reife»-Begriff, auf den Menschen angewendet, eine besondere Ambivalenz aufweisen, die wiederum mit dem Wiederholungszwang zusammenhängt. Weitergedacht, enthält die Fötalisations-Hypothese L. BOLKS zwei denkwürdige Korrelate: auf der einen Seite würde die Unterbrechung der Retardation und somit die Möglichkeit für den Menschen einer «vollendeten» Reifung seine phylogenetische Regression (!) zum Menschenaffen bedeuten (H. CONRAD-MARTIUS), weil auf der anderen Seite gerade die kindliche, ja fötale Entwicklungsform das «prospektive» Vorbild für fortschrittliche stammesgeschichtliche Veränderungen bietet (Proterogenese-Hypothese von O. H. SCHINDEWOLF)!

kam diesem – von uns hier stümperhaft unvollendeten – Gedanken in seinem *Motiv der Kästchenwahl* (s. oben, S. 149 ff.) erstaunlich nahe. Aber ist denn dann auch nicht das *Umgekehrte* möglich: ist nicht die Todesgöttin ein Bild, eine «Probe» der Gebärerin? Ist nicht die ganze Entfaltung der Wiederholungen im Leben einem verkehrt gedrehten Film ähnlich, der uns den Verlauf vom Tode her zur Geburt hin vorführen soll? Müssen wir nicht die Spirale der Reifung, des Fortschreitens, durchwandeln – nicht um des «Verderbens» aller dieser Mühsale willen, sondern um das Unbegrenzte, das wir im Wiederholungszwang spiegelhaft und im versuchten Durchbruch sehen, zu erlangen? [40] Nichts gibt uns Anlaß, eine einfache Zyklizität der Zeit, also den illusorischen Charakter einer sich im Kreis drehenden Wiederkehr, anzunehmen, wie dies das hellenistische Denken in Kombination mit dem orientalischen in der Gnosis tat.

### E. Zwischen Tod und Kultur: die Leidenschaft

Der psychoanalytische Heilungsversuch bedient sich bewußt des Wiederholungszwanges, den er aus der Zyklizität in eine sich entfaltende Spirale zu überführen trachtet. Wir haben schon gesehen (S. 121 ff.), daß die Leidenschaft auch ein Versuch der Überwindung des Wiederholungszwanges, ein Versuch der Heilung jener besonderen menschlichen «Krankheit zum Tode» ist. *Dieser* Versuch wird aber von der Kultur verurteilt.

Als reflektierendes, zugleich «offenes», unvollendetes, fixiertes und zerrissenes Wesen erlangt der Mensch das Bewußtsein seines Seinsmangels und schafft Kultur, wobei dieser das «Leistungsprinzip» innewohnt. Der Mensch objektiviert seine Prekarität und führt die Natur in die Kultur über; er schafft Geschichte. Seinen Mangel beantwortet er mit mehr Leistung für die ihn schützende Kultur: darüber hinaus verlangt aber die Verwaltung der Kultur ein Mehr an Leistung, um ihre eigene Herrschaft zu erhalten; so wird das Lustprinzip, im Namen dessen der Mensch seine Schöpfung begann, geknechtet. Der Mensch will «mehr» sein, «mehr» leben, «mehr» bewußt sein: das Mehr wird quantitativ verstanden, das Sein wird zum Haben. Daher wird seine Kultur eine, die die Zeit «räumlicht als Habe» (vgl. JOSEPH GABEL, *Ideologie und Schizophrenie. Formen*

---

[40] Das «Nirvana-Prinzip» statt des «Todestriebes» erinnert an die Lehre ANAXIMANDERS von Milet: «Anfang und Ursprung der seienden Dinge ist das Apeiron (das grenzenlose Unbestimmbare) ... Das Apeiron ist ohne Alter ... Das Apeiron ist ohne Tod und ohne Verderben» (vgl. HERMANN DIELS, *Die Fragmente der Vorsokratiker*, Rowohlt, Hamburg, 1957, S. 14). – Mit dem Todestrieb ist doch wohl anderes gemeint.

*der Entfremdung*, S. Fischer, Frankfurt a. M., 1967), sie wird eine Kultur des Mehrleistens, des Sammelns, des Behaltens. Die Geschichte ist Antwort auf den Seinsmangel, auf den lauernden Tod, aber durch die Leistung und die daraus entstehende Quantifizierung des Seins trägt sie Todeselemente in sich.

Noch immer greift der Mensch zu Mystifikationen, denn noch immer – und erst recht in der Geschichte – bleibt seine Lage prekär. Es könnte scheinen – und welch ein Sieg für die Kulturpessimisten – daß sein geschichtliches Werden vergebens ist. Ihm kommt die baldige Grenzsituation der totalen Entfremdung im Tod entgegen – Abschluß und Verdichtung aller übrigen Entfremdungen: Entfremdungen der Liebe im Haß, Entfremdungen des Schaffens durch die Ausbeutung und Unterdrückung. Er aber strebt unaufhörlich und mit allen Kräften (zumindest des Unbewußten) eine andere Grenzsituation an, die ihm ständig entflieht: die Unsterblichkeit und die Liebe. Mit zwei Waffen kämpft er sich zu dieser fliehenden Grenze hindurch: mit dem geschichtlich gewordenen Eros der Kultur und mit der ungeschichtlichen Aporie der Lust. Wo Es war, ward nun das Ich: zeitliches und geschichtliches Ich. Aber wo Ich bin, kehrt das Es immer wieder zurück, das zeitlose und lustheischende Es, sowie das sich ständig behauptende, noch so sehr verschüttete, aber immer wieder lockende Ich-Ideal, das ich liebe, in dem sich Es und Ich wiedervermählen und Geschichte erzeugen.

So zögert der Mensch ständig zwischen zwei möglichen Antworten auf den Tod, die beide gegen den Tod gerichtet, und doch vom Tode abhängig sind. Die erste Antwort ist die konsequent geschichtliche, die Antwort der Kultur mit ihrer Leistung, mit ihrem Verzicht, mit ihrer Unterdrückung – eine paradoxe Antwort, aber vom «Prinzip Hoffnung» (ERNST BLOCH) getragen; wir haben uns bemüht zu zeigen (S. 182–190), wie die Psychoanalyse FREUDS – eine der großartigsten kulturellen Leistungen – als solcher Zugriff zum «Prinzip Hoffnung» zu verstehen ist.

Die andere Antwort, der wir jetzt einige Betrachtungen widmen wollen, ist zunächst ein Gegensatz zu der ersten: sie ist die Antwort des Es im Ich, wir nennen sie – allgemein verständlich! – die Antwort der Leidenschaft. Wieso ist die Leidenschaft eine Antwort auf den Tod? Wieso ist sie dieser Frage zugeordnet und *wiederholt* die Frage im Versuch einer *aufhebenden* Beantwortung der Frage?

Im allgemeinen Sprachgebrauch ist Lĕiden – Passion – ein Sterben, eine Agonie. Tristan und Isolde *müssen* sterben, sie müssen dies als Archetypen der Passion. Was schert uns, daß sie sich vielleicht «in Wirklichkeit» fünfzig Jahre lang nach ihrer Passion zu Neujahr Postkarten geschrieben haben mögen? Diese «Herabminderung» der Passion würde nicht zu ihrer archetypischen Bedeutung passen! Ebenso sterben die Helden der griechischen Tragödie, die die Leidenschaften und somit das Schicksal herausgefordert und entfesselt haben. Aus Passion stirbt man, Leidenschaft führt zum Sterben.

Wieso das? Weil beim zeitlosen oder ewigen Menschen – *sub specie aeternitatis* – keine Leidenschaft eintreten könnte, da diese Zeichen der Vergänglichkeit und des Konfliktes ist. Sie stellt Ewigkeitsansprüche, aber sie erliegt der Welt in der Zeit. Sie ist Ausbruch aus der Zeit, also aus der Welt der Geschichte. In dieser Welt stellt die Leidenschaft einen Widerspruch dar. Sie ist ein Protest gegen die quantifizierte Leistung und das Sterben, welche im Historizitätsprinzip am Werke sind. Sie ist Versuch der Ewigkeit, sie ist in ihrer Intention daher ungeschichtlich oder übergeschichtlich – dialektisch ist sie nur in bezug auf die Welt.

Nach der Leidenschaft ist nur ein Absteigen aus dem Ewigkeitsversuch in die Alltäglichkeit der Geschichte möglich (Postkartenschreiben), oder aber der Tod. Der Augenblick selbst ist ein Ausnahmezustand. In ihm übergeht die Quantität der geschichtlichen Momente in eine neue Qualität: die Leidenschaft ist der privilegierte Augenblick.

Daher die unerreichbare Reinheit jeder Leidenschaft, ihre Kompromißlosigkeit und Keuschheit – auch der extrem sexuellen Leidenschaft. Denn sie bleibt ihrem Wesen nach der Unterdrückung und Ausbeutung fremd. Sie ist vor allem – weit abseits des «Leistungsprinzips» – auf die Befriedigung ihrer selbst gerichtet. Je reiner sie in Erscheinung tritt, um so reiner ist sie auch von allen Spuren der desexualisierten kulturellen Zweckmäßigkeit. Durch diese Eigenschaft der Nutzlosigkeit ist sie im geschichtlichen Äon ein augenblicklicher Versuch, den Utilitarismus der Kultur und somit den quantitativen Zweckcharakter derselben zu überwinden. Nicht von ungefähr sind Ausbrüche des Sexualtriebes eine gewohnte Antwort auf soziale Katastrophen und gesellschaftliche Bedrohungen – wiewohl inmitten solcher sozialer Ereignisse recht wenig von ihrer ursprünglichen «Reinheit» bleibt [41].

---

[41] Auf die metapsychologische Rolle des Orgasmus als Überwindungsmedium der ständigen Fixierung und Bedrohung in der menschlichen Existenz machte Freud kurz vor seinem Tode in einer recht nuancierten Formulierung aufmerksam: «Letzter Grund aller intellektuellen und Arbeitshemmungen scheint die Hemmung der kindlichen Onanie zu sein. Aber vielleicht geht es tiefer, nicht deren Hemmung durch äußere Einflüsse, sondern deren unbefriedigende Natur an sich. Es fehlt immer etwas zur vollen Entlastung und Befriedigung – en attendant toujours quelque chose qui ne venait point – und dieses fehlende Stück, die Reaktion des Orgasmus, äußert sich in Äquivalenten auf anderen Gebieten, Absencen, Ausbrüchen von Lachen, Weinen (Xy), und vielleicht anderem. – Die infantile

Und doch integriert die Leidenschaft sich wohl oder übel in die Geschichte. *Ex definitione* ist sie Leiden, Passion, Trägerin der Agonie: sie ist zum Tode verurteilt und wird von der Geschichte «verdaut». Sie ist gegen die Geschichte und nährt die Geschichte; das kann sie nur als privilegierte Aporie, die die Geschichte sprengt, aber zugleich als Katalysator, der die Geschichte ändert und vorantreibt.

Nicht anders ist der christliche Archetypus. Der ewige Gottessohn muß sterblicher Menschensohn werden und aus Leidenschaft sterben. Seine Passion, seine Leidenschaft, soll die Geschichte total verändern. Er ist durch den Tod besiegt und besiegt den Tod. Jede Leidenschaftlichkeit, jede Manifestation des Eros – je reiner, desto stärker – ist Protest gegen die Erscheinungen des Todes, gegen Schmerz, Trennung, gegen Tabus. Auch Christus wurde wegen Gotteslästerung und Hochverrats zum Tode verurteilt. Wo kein Tabu ist, ist auch keine Unterdrückung und daher keine sich auflehnende Leidenschaft. Daher ist die allgemein gültige Weisheit, daß die Leidenschaft den Tod bringt, wohl begründet [42].

Jeder Aufstand gegen die Unterdrückung ist von einer gewissen Zunahme an Unordnung begleitet, da die Unterdrückung Energien der Ordnung für ihr Todeswerk konfisziert. Die Leidenschaft schafft Unordnung, aber noch mehr: sie bringt tatsächlich den Tod, weil sie unter der Herrschaft des Todes nur sterben kann. Durch eine Umkehrung der Perspektive kann sie nur tödlich sein in Augen derjenigen, die das Leistungsprinzip mit seinen Todeskomponenten als Realitätsprinzip ansehen. So ist die Leidenschaft zwar in ihrer Intention unsterblich, weil sie aus dem Protest des Glücksbedürfnisses gegen den Tod entsteht, aber sie erliegt der Kraft des Todes.

---

Sexualität hat hier wieder einmal ein Vorbild fixiert» (S. Freud, *Aufzeichnung vom 3. August 1938*, Ges. W., XVII, S. 152). – Wäre die kindliche Sexualität weniger unterdrückt, würde vielleicht die Zuflucht zu den neurotischen und psychotischen Äquivalenten des Orgasmus und auch die kulturellen Äquivalente vom «Leistungsprinzip» her nicht so häufig sein. Auch die sogenannte «reife» genitale Sexualität wäre dann weniger zielgerichtet wie eine Arbeitsaufgabe, mehr kindlich-verspielt und etwas «homosexuell» im *positiven* Sinne des Wortes, das heißt in dem Sinne, daß die Kluft zwischen der «Aktivität» des Mannes und der «Passivität» des Weibes durch die bessere Integrierung der Partialtriebe möglicherweise leichter und lustvoller zu überbrücken wäre.

[42] «Eine leidenschaftliche und sozial verpönte Bindung stellt nicht nur positive Identifikation dar, sondern auch Gefahr für das Individuum, soferne sie die früher konstituierte Identität aufhebt. Die Trennung ist hier Abwehr gegen das Aufgehen des Ichs in einer totalen Identifikation. In einer ‚normalen‘ Bindung kommt es nach der Verliebtheit zur Distanzierung, in einer ‚pathologischen‘ kommt es zur abrupten Trennung – oder zu einem schwierigen sozialen Konflikt. Nicht nur die Trennung bedeutet Mord und Selbstmord, auch eine ‚antisoziale‘ Bindung bedeutet dasselbe» (Josef Shaked, *Wiener Arbeitskreis für Tiefenpsychologie*, Allgemeines Seminar vom 25. Oktober 1966).

Die Leidenschaft ist eine Auflehnung des Individuums gegen die faktische Ordnung der Unterdrückung, und – ohne es zu wissen – ist sie dies im Namen des Menschen, und zwar des konkreten Menschen. So ist sie Motor der Geschichte, obwohl von der Geschichte nicht erkannt.

Wir gelangen zu der paradoxen Feststellung: Gegen das Leistungsprinzip der Geschichte gerichtet, macht die Leidenschaft Geschichte. Sogar im Kleinen und Verborgenen macht jede intime Leidenschaft, macht auch die Trennung zweier Liebender Geschichte. Dies ist freilich kein Trost und keine Idealisierung, denn diese Feststellung findet auf einer anderen Ebene als der der Leidenschaft statt; nur die Konformisten versuchen durch diese Argumentation die Notwendigkeit der Trennung zu beweisen – als für die Geschichte notwendig –, bloß verstehen sie diese Notwendigkeit umgekehrt: denn auch die Trennung kann nur durch die Leidenschaft sein und letztere provoziert die Geschichtlichkeit, nicht die Trennung.

Die Leidenschaft ist immer Utopie, da Sprung aus der Zeit und Protest gegen Leistung und Tod. Leidenschaftliche Menschen sind Utopisten, und als solche kämpfen sie gegen die Geschichte – und machen Geschichte. Leidenschaftliche Menschen «brennen» – ein altes Bild für die Stärke des Lebens, aber auch für die Vernichtung, für die Einäscherung.

Ohne den Ansporn des Todes wäre die Geschichte nicht möglich: ohne den Tod gäbe es keine Zeit, also auch kein Fortschreiten, keine «Spirale» der Entwicklung, sondern ein ewiges Kreisen. Es gäbe keine Liebe in unserem aktuellen Sinne mit ihrer Prekarität, ihrem Kampf gegen den Tod und zugleich mit ihrem dem Tode Geweihtsein.

Wir kommen zu dem zweiten Aspekt des Paradoxons: Die Geschichte, die von der Leidenschaft bekämpft wird, ist ihrerseits selbst ein steter Kampf gegen den Tod. Um zu kämpfen aber braucht sie ihren Kampfpartner, ihren Feind – den Tod. Die Psychoanalyse entdeckte, daß man sich immer mit seinem Angreifer identifiziert. Die Geschichte greift den Tod an, wird vom Tode angegriffen und introjiziert den Tod. Sie ist wirklich tödlich: Aggression, Destruktion, Leistung, Unterdrückung. Es ist nicht sicher, daß ein Todestrieb existiert, es ist aber sicher, daß in der Geschichte ein Todesprinzip waltet. Um den Tod zu bekämpfen, greift die Geschichte zu tödlichen Waffen, so, wie eine Partei in unserer Welt immer mehr Kernwaffen produziert, um die Kernwaffen der anderen Partei aufwiegen zu können.

Obwohl Produkt des Kampfes gegen den Tod, ist die Geschichte mit dem Tod zuengst identifiziert, und zwar als *oppressive Kultur*. Zugleich desidentifiziert sich die Kultur fortschreitend mit dem Tod. Die ganze Geschichte ist todbringend und zugleich stetiger Kampf gegen den Tod: Lebensverlängerung, humanere Rechtsprechung, Schutz der Schwachen, Ächtung des Krieges usw. – wobei die Waffen dieses Kampfes des öfteren selbst tödlich sind.

Wird einmal diese Paradoxie aufgehoben werden? Vorläufig jedenfalls liegt die Lösung im utopischen Denken, vorläufig bekämpft die Utopie den Tod und alle seine Manifestationen. Die Utopie aber wird Geschichte, obwohl sie vielfach undialektische Züge trägt. Wie verhilft man dem utopischen Denken, realistisch zu werden? Das utopische Denken hat mancherlei Beziehungen zur Leidenschaft. Auch im utopischen Denken wird ein Ideal in die Zukunft projiziert, und zu gleicher Zeit drängen die mißhandelten Lustansprüche zur Befriedigung. Das utopische Denken kann aber, in einer optimalen Verbundenheit mit den kritischen Fähigkeiten des Ichs, eine gewisse Distanzierung zu dem blind nach vorne strebenden Trieb und dessen Unterordnung unter die planende Vernunft herstellen. Es handelt sich nicht nur um die «Analyse» des Widersachers, also des Todes, sondern auch um die Analyse eigener Ideologien, das heißt um die Erhellung und die Korrektur der eigenen Identifikationen mit dem Feind.

Das Ziel bleibt letztlich immer die Aufhebung des Todes, denn die Bemühungen, besser und länger zu leben, sind die ersten Schritte, die – konsequenterweise weitergeführt – eben die Aufhebung des Todes intendieren. Was ist jenseits dieses Zieles? Die Aufhebung der Geschichte in unserem Sinne, die Aufhebung der Leidenschaft – der Liebe in unserem Sinne?

## F. Ein Trieb zum Tode?

Die klassische – vor-FREUDsche – Psychologie beschrieb und beschreibt noch den Menschen als einen vermutlich Unsterblichen, jedenfalls als einen, der nichts vom Tode weiß, dessen Leben säuberlich vom Tode geschieden ist, als ob der Tod nicht allgegenwärtig *im Leben* sei. Während die idealistische Psychologie also den Tod nicht bemerkte und ihn ganz *außerhalb* des psychischen Lebens verbannte, war es das Verdienst des Arztes FREUD, der Wirksamkeit des Todes im Leben seine Aufmerksamkeit zuzuwenden und sie hypothetisch («metapsycholgisch») in einem «Todestrieb» dargestellt zu haben.

In unserer Untersuchung über die Trennung sahen wir die aktive Gegenwart des Todesprinzips im Leben; wir dürfen vermuten, daß die einfache Ignorierung oder sogar Leugnung der Todestrieb-Hypothese – selbst durch die Psychoanalytiker (viele «orthodoxe» und schon gar «revisionistische»

Psychoanalytiker machen daraus, nicht anders als K. LORENZ, lediglich eine Umschreibung der Aggression) – eine *Verdrängung* ist, deren Zweck es ist, die allgegenwärtige Wirksamkeit des Todes *in unserem Leben* – Trennung, Haß, Unterdrückung, Lüge, Irrtum, Unglück, Krankheit, Sterben – durch Verneinung abzuwehren. Indes ist der Tod nicht nur ein «Abfallprodukt» des Lebens, wie wir es selbst früher dachten[43]. Doch FREUD hat selbst seinen Begriff des «Todestriebes» nicht dialektisch genug bestimmt[44]: seine Definition erfolgte aus einer Perspektive heraus, die die Wirkung des Todes in der sich steigernden Lebensorganisation zur Eindeutigkeit verflachte und zu einem selbständigen «Trieb» machte. Vielmehr wirkt wahrscheinlich der Tod *im Leben* als ein «Nicht-Trieb», als eine Minderung, Hemmung und Hinderung des Triebes. Die Auswirkungen des Todes in der psychischen Entwicklung des Menschen reichen ver-

---

[43] Wir denken hier an unsere längst überholten *Bemerkungen über den sogenannten «Todestrieb»*, in: Schweiz. Arch. f. Neurologie u. Psychiatrie, LXX (1952), 2, S. 245–258. – Auch die Hypothese TEILHARDS DE CHARDIN über den Tod ist (obwohl mit unvergleichlich mehr Talent und Lyrismus vertreten als wir es in der zitierten Abhandlung zu tun vermochten) eine ebenso «optimistische»: in manchen seiner Ausdrücke scheint der Tod eine unvermeidliche Störung im Getriebe der fortschreitenden Organisation der Orthogenese zu sein. Hier klingen u. E. durchaus fragwürdige Motive einer *Theodizee* an; das Übel ist nicht nur eine *privatio bonum*, wiewohl es notwendigerweise ein Zeichen des Seinsmangels ist. – Für weitere stolpernde Schritte unserer Gedankengänge über den «Todestrieb» siehe etwa: I. A. CARUSO, *Zum Problem des Übels in der Tiefenpsychologie*, in: Jahrbuch für Psychol. und Psychotherap., IV (1956), 1–2, S. 79–91; ferner: I. A. CARUSO, *Werden und «Entwerden» im Handeln*, in: E. WIESENHÜTTER (Hsg.), *Werden und Handeln*, Festschrift für V. E. Frhr. v. GEBSATTEL, Hippokrates-Verlag, Stuttgart, 1963, S. 218–234. Darin ist der – tröstlich-ideologische – Gedanke eines «ausgereiften Todes» ausgesprochen. Die Trennung ist nicht weniger skandalös, wenn sie «ausgereift» ist . . .

[44] Es kann hier nicht unsere Absicht sein, die überaus schwierige Frage zu beantworten, was eigentlich unter dem dialektischen Denken verstanden werden kann. Da es sich um das dialektische Verständnis eines *anthropologischen Problems* handelt, begnügen wir uns hier damit, bloß eine exemplarische Definition PIERRE FOUGEYROLLAS' einer sich in unserer Zeit abzeichnenden «dialektischen Anthropologie» herauszugreifen: «Eine solche Anthropologie könnte sich als Grundlage die drei folgenden Bestimmungen geben:

1. Es gibt keine menschliche Natur als gänzlich vorgegebene. Denn die dialogische Natur des Menschen ist überdeterminiert durch einen kulturellen Prozeß der Menschwerdung, dem es nicht möglich ist, eine Grenze zuzuweisen.

2. Jedes menschliche Phänomen bezieht sich durch verschiedene Mittlerschaften hindurch auf die Entfremdung, in der sich die menschliche Wirklichkeit gründet.

3. Jedes menschliche Phänomen bezieht sich durch verschiedene Mittlerschaften hindurch auf die Integrität, zu der das menschliche Werden, wenn auch nicht immer wirksam, so doch wenigstens normativ, strebt» (PIERRE FOUGEYROLLAS, *Contradiction et totalité. – Surgissement et déploiements de la dialectique*, Les Editions de Minuit, Paris, 1964, S. 119).

Man beachte jedenfalls, daß in einer solchen Definition notwendigerweise auch die *Ambivalenz* begründet ist, da die flüssige Menschwerdung, zwischen Entfremdung und Selbstverwirklichung, die Natur überformt.

mutlich – durch den Wiederholungszwang hindurch – bis in die verborgensten Wurzeln des Menschseins hinein[45]. Durch eine Umkehrung der Perspektive sah FREUD in diesen Auswirkungen die grundlegende Erscheinung des Menschwerdens, wohingegen durch sie nur eine – wohl tragisch reale – dialektische Komponente desselben vorliegt: eine Komponente, die ihn zur Mehrung des Todes, aber auch zum Kampf gegen den Tod anstachelt.

Indes kann diese Synthese keine einfache «Annullierung» des Todes durch eine gleichsam überdimensionierte Erhaltung des Lebens sein. Das Leben nämlich ist nicht nur ein Prinzip, das die statische Selbsterhaltung – entgegen der Wirksamkeit der Entropie – anstrebt, sondern – und das ist wesentlich – ein Prinzip, das für diese Selbsterhaltung *notwendigerweise* Mehrung, besser gesagt *Übersteigerung in noch «lebendigere» Ordnungsqualitäten* benötigt. Diese Übersteigerung stellt eine strikte und unumgängliche Notwendigkeit dar, sie ist das *Eigentliche* des Lebens und offenbart sich in seinem *Primärbedürfnis* (= Libido); denn nur durch Selbstübersteigerung kann das Leben im Wettlauf gegen die in ihm wirkenden Kräfte der Verminderung und Entstrukturierung überhaupt bestehen. Schon so reich an Widersprüchen, bietet uns das Leben eine besondere Überraschung: um sich zu behaupten, *muß* das Leben notwendigerweise mehr als sein eigenes «Existenzminium» zum Inhalt haben, und das *auf der jeweiligen Entwicklungsstufe der lebendigen Materie*. Weil dem Leben eine Prekarität anhaftet, wird es durch Verschwendung, durch ein «Mehr» als das Notwendige gekennzeichnet, *und dieses «Mehr-als-das-Notwendige» ist gerade unbedingt notwendig*.

Sehr geistvoll und mit Nutzen für unsere Betrachtung unterscheidet WILHELM JOSEF REVERS zwischen der *Daseinsbewahrung* und der *Daseinssteigerung*, zwischen der *Dynamik der Bewahrung* und der *Dynamik der Mehrung, der Steigerung*. Appetit, sagt er etwa, ist nicht auf Hunger als

---

[45] Beachtenswert ist der geschichtliche Weg der Todestrieb-Hypothese: dem Todestrieb wurden die Ich-, also die eigentlichen Selbsterhaltungstriebe, die dem Hunger entspringen, zugeordnet. Es würde sich die Untersuchung lohnen, warum der Hunger in der Anthropologie FREUDS nur so weit erschien, um restlos im Todestrieb aufzugehen. ERNST BLOCH, *(Das Prinzip Hoffnung*, loc. cit.) macht FREUD den Vorwurf, er verkenne den Hunger als vorherrschendes Bedürfnis in seiner Anthropologie. SIMONE DE BEAUVOIR sieht ein Merkmal des bürgerlichen Weltempfindens darin, daß die bürgerliche Welt den Körper nur als Sexus und Tod wahrnimmt, nicht als Hunger und Arbeit (SIMONE DE BEAUVOIR, *La force des choses*, Gallimard, Paris, 1963, S. 351). Diese Hypothese verdient eine eingehende Überprüfung. Wir glauben jedoch, daß wir – insoferne wir die Analyse des Todestriebes auf seine Beziehungen zu dem Wiederholungszwang beschränken – auch nicht näher auf die «eigentliche» Beschaffenheit des Eros einzugehen brauchen, der in archaisch-unentmischten Formen sowohl «Hunger» im Sinne BLOCHS als auch «Arbeit» und «Libido» ist.

Bedürfnis zu reduzieren. «Die Dynamik der Steigerung ist nun zweifellos ein historisches Phänomen, ist sozusagen der psychologische Begriff der psychischen Energie, deren Auswirkung die Geschichtlichkeit des persönlichen (und kulturellen) Werdens betreibt. Es liegt die Vermutung nahe, daß schon HERAKLIT sie als die urtümlich psychische Kraft betrachtete in dem Fragment ψυχῆς ἐστὶ λόγος ἑαυτὸν αὔξων» (WILHELM JOSEF REVERS, *Die Zeitlichkeit der Motivation,* in: E. WIESENHÜTTER (Hsg.), *Werden und Handeln,* Festschrift für v. GEBSATTEL, Hippokrates-Verlag, Stuttgart, 1963, S. 205). Diese Unterscheidung zwischen der «konservativen Natur der Triebe» (um wieder mit FREUD zu sprechen) und einem «Trieb zur Höherentwicklung», «zur Neugestaltung und zum Fortschritt», den derselbe FREUD so benennt (S. FREUD, *Jenseits des Lustprinzips,* loc. cit., S. 43 f. und S. 39), um ihn sogleich zu leugnen, während ihn REVERS bejaht, unterschreiben auch wir. Das Dynamische par excellence der Steigerung ist eine andere Qualität als die Bewahrung: nur daß die Bewahrung selbst schon wahrscheinlich ein ambivalentes Ergebnis der Lebens- und Todesprinzipien ist, wie wir dies am Paradigma des Wiederholungszwanges im ersten Teil dieses Kapitels zeigten. Falls also REVERS meint, daß die Steigerung ein spezifisch *humaner* und erst in der *Geschichte* wirkender Dynamismus ist, so sollen wir seine Hypothese in Frage stellen[46].

*Alles Leben* nämlich ist ein sich mehrender, sich steigernder Seinsgrund. Der «Dynamismus der Mehrung und Steigerung» ist *die* Notwendigkeit *jedes* Lebens, eine Notwendigkeit, die der Aussichtslosigkeit und Unmöglichkeit der bloßen Bewahrung entspringt – wegen der Entropiemehrung. REVERS hat durchaus recht, uns darauf aufmerksam zu machen, daß die *menschliche* Selbstverwirklichung im Werden «weder pure Geschichte noch Resultante anderer Motivationskomponenten» sein kann und daß zur «Bewahrung» noch die «Steigerung» als «Entelechie des persönlichen Werdens hinzukommt» (W. J. REVERS, loc. cit., S. 210). Letzteres aber muß

---

[46] Wenn REVERS zum Beispiel schreibt, daß «die Motive der Steigerung genetisch später in Erscheinung treten» (ebenda, S. 210), so merkt er anscheinend nicht, daß diese seine Formel ein Duplikat des berühmten FREUDschen Argumentes zugunsten eines Primates des Todestriebes ist. Falls die Bewahrung «früher da war» als die Steigerung, dann ist auch mit eiserner Folgerichtigkeit «Ziel alles Lebens der Tod». Wahrscheinlich spielen hier in der Formulierung von REVERS zwei anthropologische Motive eine Rolle: Zum ersten der Essentialismus, als ob die «Essenz» der Ek-Sistenz vorangehen könnte, und zum zweiten die Gewohnheit der meisten Psychologen, die menschlichen Eigenschaften durchwegs essentialistisch von den tierischen abzusetzen. Indessen *müssen* alle menschlichen Eigenschaften vom Anbeginn an der Entwicklung des Lebendigen bereits vorgebildet sein (in dialektisch *anderen* Qualitäten), genau so, wie die ursprünglichen Eigenschaften des Lebens auch im Menschen nachgebildet sind (in dialektisch *anderen* Qualitäten).

außerdem von der ganzen Entwicklung des Lebendigen behauptet werden. Es würde *nichts* als *Organisiert-Strukturiertes* existieren, wenn es sich nicht vom Anbeginn an «steigern» würde, denn die «bloße» Bewahrung einer Organisation aus ihrem Eigenen ist schon physikalisch unmöglich (perpetuum mobile). Die Steigerung ist vom Biologischen her kein reiner «Luxus», wie man dies aus dem REVERSschen Beispiel des Appetits im Verhältnis zum Hunger vermuten könnte, sondern die *conditio sine qua non* der organischen und vielleicht bereits der prävitalen Prozesse schlechthin [47].

FREUD machte Ernst mit der Unmöglichkeit, ein Bedürfnis restlos zu stillen, und mit der Gegenwart des (konservativen) Todesprinzips im Leben: er folgert daraus das Primat des «Todestriebes»; jede «Steigerung» mußte in dieser Perspektive als ohnmächtiger, hochstaplerischer Luxus des Eros, als Illusion und Trugspiel erscheinen. REVERS macht auf den Vorsprung des Eros gegenüber dem bloßen Bedürfnis aufmerksam (dieser Tatbestand ist aber wohl die Kehrseite der nämlichen Medaille) und folgert daraus das Primat des Eros. Darin sind wir mit ihm einig. Nichtsdestoweniger möchten wir das durchgehende dialektische Verhältnis wiederherstellen und folgendes betonen: Der «Luxus» ist *absolute Notwendigkeit*, und zwar keinesfalls *nur* in der Kultur, keinesfalls *erst* in der Geschichte des Menschen, sondern überall in der Natur, in der φύσις, in der «Naturgeschichte». Auf der menschlichen Seinsstufe wird der «Luxus» personal und bewußt, wird über die Vererbung hinaus in geschichtlicher Weise grundsätzlich ins Unermeßliche gesteigert. Er wird auch als Notwendigkeit des Menschseins *erkannt;* aber auch umgekehrt: die Notwendigkeit wird als purer Luxus mißverstanden, beziehungsweise mißbraucht, während das Vorhandensein der nämlichen Notwendigkeit im Dasein der Tiere oft – zu oft – apologetisch verkannt wird.

Indes ergibt sich ein Argument gegen das Primat des «Todestriebes» mit einiger Wahrscheinlichkeit und Überzeugungskraft *nur* daraus, daß der Tod den «Luxus» nicht schaffen kann: Tod kennt keine Steigerung, keine

---

[47] Daß dieser Überschuß, dieser «Luxus» – wie Appetit zum Unterschied von dem Hunger, wie Spiel, wie Ritus, wie Prachtkleid usw. – alles Organische kennzeichnet, wurde von ADOLF PORTMANN hinlänglich belegt (vgl. A. PORTMANN, *Die Tiergestalt,* Friedrich Reinhardt, Basel, 2. Aufl., o. J.; A. PORTMANN, *Biologie und Geist,* Rhein-Verlag, Zürich, 1956). – Es würde uns zu weit führen, hier die Hypothese zu belegen, daß bereits prävitale Organisationsformen einen analogen «Überschuß» aufweisen. Die logische Notwendigkeit dieser Hypothese hat TEILHARD DE CHARDIN in genialer Weise durchschaut. – Erst in der Geschichte wird aber der Widerspruch, der zu einem geistigen Transzendieren der Natur führt, zu einer durch das Selbstbewußtsein tragischen Frage – zu der Frage Hamlets: Sein oder Nichtsein.

Ausfaltung neuer Qualitäten, keine Mutationen aus sich selbst heraus, keine Transzendierung seiner selbst. Er kennt nur die quantitative Ausdehnung. Der «Luxus» des Eros ist also kaum *nur* als Reaktion auf den Tod zu verstehen, obwohl er gerade durch die wirksame Gegenwart des Todes zu einer *Antwort* auf diesen wird: zu einer Antwort, die die immer bedrängte Hoffnung des Menschen dennoch als eine im Menschsein begründete Potenz erscheinen läßt.

Auch die Psychoanalyse in ihrer *Praxis* geht von dieser utopischen, wenn auch äußerst prekären Hoffnung aus. Sie setzt gerade an dem Punkt an, an dem der Tod im Leben des Menschen wirkt: am Wiederholungszwang. Sie scheint eine bloße Antwort auf das Todesprinzip der neurotischen Hemmung zu sein. Aber sie wirkt doch nur dank dem Überschuß an Leben sogar in jenem Knotenpunkt, in dem der Tod das Leben in Schach zu halten scheint. Die Kultur – und die Psychoanalyse *ist* Kultur – ist eine Antwort auf den Tod, gewiß: aber eine neue und sich übersteigernde Antwort des Lebens, obwohl noch nicht vom Tode ganz entmischt.

Falls es in der Wissenschaft eine «Taktik» gibt (und es muß sie unseres Erachtens geben, da die Wissenschaft nicht außerhalb der geschichtlichen zwischenmenschlichen Verhältnisse entstehen kann), so verwandelt sich mitunter der vom Standpunkt der Biologie zweifellos unglücklich gewählte Terminus «Todestrieb» zu einem taktisch nutzbringenden ... Zu einem gefährlichen, aber nutzbringenden Terminus. Auch das gibt es in der Wissenschaft. Sehr treffend schreibt darüber NORMAN O. BROWN: «Sogar FREUD selbst, vor allem aber die Psychotherapeuten nach ihm, trafen im Todestrieb auf ein unüberwindliches Hindernis ihrer Bemühungen, zu heilen. Da ihnen FREUDS stoischer Mut fehlte, ließen die Epigonen den Todestrieb fallen, ohne ihn durch ein andere Hypothese zu ersetzen. Doch wer die Augen schließt, um die Ursachen nicht zu sehen, die FREUD zu seinem Pessimismus führten, wird dadurch keine therapeutischen Möglichkeiten wiedergewinnen» (NORMAN O. BROWN, *Zukunft im Zeichen des Eros*, Günther Neske, Pfullingen, 1962, S. 99; vgl. oben S. 188 f.).

Gibt es also einen «Todestrieb», oder gibt es ihn nicht? Die Beantwortung dieser Frage würde noch ungeahnter Untersuchungen bedürfen. An Hand unserer begrenzten Problemstellung in bezug auf die Trennung Liebender vermuten wir lediglich, daß die Frage nach der «Existenz» des Todestriebes kaum mit Ja oder Nein zu beantworten sein wird. Dies vor allem deswegen, weil es überhaupt keinen «reinen» biologischen Trieb – einen Trieb, der nicht kulturell überlagert wäre – auf der menschlichen Ebene gibt; und umgekehrt wird auch eine kulturelle Erscheinung, eine allgemeine menschliche Erkenntnis, gleichsam zur treibenden Kraft des menschlichen Lebens, indem sie Triebe und Bedürfnisse überformt und sich ihrer bemächtigt.

Vermutlich – nur so weit können wir uns vorwagen! – ist der Terminus «Todestrieb» kein adäquater und sollte durch einen anderen (vielleicht «Todesprinzip») ersetzt werden. Dieses Todesprinzip (noch immer vermutlich) ist im psychischen Leben durch zahlreiche, mitunter sehr heterogene Quellen gespeist, zum Beispiel etwa durch das psychische Korrelat zur allgemeinen Wirksamkeit der Entropie im Organismus, ferner durch die libidinöse Besetzung der objektivierten Aggressivität («Destruktionstrieb» des Menschen) und nicht zuletzt durch die spezifisch-menschlichen Folgen des Wiederholungszwanges, nämlich, Tödliches zu rekapitulieren und vorwegzunehmen. Zu diesen möglichen «Komponenten» eines im menschlichen Leben wirkenden Todesprinzips wollen wir einige Bemerkungen machen, die im Zusammenhang mit unserem Hauptthema – der Trennung – stehen.

*a) Entropie und Psyche.* Schon FREUD setzte den Wiederholungszwang mit seiner scheinbar mechanischen, nivellierenden Wirkung in Zusammenhang mit der «psychischen Entropie». So sah er die Wirksamkeit der Entropie in der «Entdeckung, daß unter scheinbar gleichen Verhältnissen bei ihnen (bei den Neurotikern, *I. A. C.*) Veränderungen nicht rückgängig zu machen sind, die man bei anderen mit Leichtigkeit bewältigt hat. Es ist also auch bei den Umsetzungen psychischer Vorgänge der Begriff einer *Entropie* in Betracht zu ziehen, deren Maß sich einer Rückbildung des Geschehenen widersetzt» (S. FREUD, *Aus der Geschichte einer infantilen Neurose* [1918], Ges. W., XII, S. 151).

Das ist unbestreitbar; doch woher dann die therapeutische Funktion einer psychoanalytischen Regression, um nicht von den «neurotischen» Regressionen außerhalb der psychoanalytischen Kur zu sprechen, die jedoch auch einen «Heilungsversuch» darstellen? Auch FREUD kamen Zweifel über die Omnipotenz der «psychischen Entropie» und über die im Leben waltende innere Notwendigkeit, sich selbst im Todestrieb zu zerstören: «Wir haben (...) weitere Schlüsse aufgebaut, daß alles Lebende aus inneren Gründen sterben müsse. Wir haben diese Annahme so sorglos gemacht, weil sie uns nicht als solche erscheint. Wir sind gewohnt, so zu denken, unsere Dichter bestärken uns darin. Vielleicht haben wir uns dazu entschlossen, weil ein Trost in diesem Glauben liegt. Wenn man schon selbst sterben und vorher seine Liebsten durch den Tod verlieren soll, so will man lieber einem unerbittlichen Naturgesetz, der hehren ‚Ανάγκη', erlegen sein, als einem Zufall, der sich etwa noch hätte vermeiden lassen. Aber vielleicht ist dieser Glaube an die innere Gesetzmäßigkeit des Sterbens auch nur eine der Illusionen, die wir uns geschaffen haben, ,um die Schwere des Daseins zu ertragen'» (S. FREUD, *Jenseits des Lustprinzips*, loc. cit., S. 47; wir haben schon einmal – in diesem Abschnitt, in der Fußnote auf S. 132 – auf diese Aussage FREUDS hingewiesen). Im ganzen gesehen hielt FREUD aber an der Todestrieb-Hypothese unerschütterlich fest: den Schlüssel zu dieser Überzeugung glauben wir in seiner (vielleicht doch ungenügend dialektischen – wie wir schon oben andeuteten) Auffassung des Phänomens der Wiederholung zu finden. In der hier zitierten Stelle jedoch erkennen wir den mutigen Versuch des Wahrheitssuchers, auch die Möglichkeit einer Kritik an der eigenen negativen Teleologie (der Erklärung des Lebens aus einem lebensfremden Urgrund heraus) einzuräumen [48].

Hüten wir uns jedenfalls vor undialektischen Ableitungen im Denken. Auf der einen, undialektisch isolierten, Seite wird der Tod verdrängt – wie in der klassischen Psychologie und in der reformistischen Psychoanalyse –, oder zu einem das Leben beherrschenden Mythos mystifiziert – wie in allen Vorstellungen des Jenseits. Auf der anderen Seite – ebenso undialektisch – erscheint der Eros, der die Welt zusammenhält, als ein Traum, ein Gaukelspiel. Der alte Platonismus wird weder hier noch dort überwunden. Indes gilt überall im Leben – und somit auch im psychischen Leben – eine wirkliche und immerwährende Präsenz des Todes, weil auch überall in materiellen Systemen, zu denen das organisierte System Mensch gehört, die *Entropie* waltet. Auch an diesem Punkt müssen wir einige Überlegungen anstellen.

Es ist durchaus legitim, in Übereinstimmung mit der herrschenden Evolutionshypothese – der einzigen, die die Entfaltung der kosmischen Seinsmodi zufriedenstellend erklärt – anzunehmen, daß erstens das Entstehen des Lebens im Universum auf dem zufälligen Zutreffen statistisch wenig wahrscheinlicher Verbindungen anorganischer Materie und daß zweitens das fortschreitende Entstehen neuer Formen des Lebens auf der zufälligen Erscheinung neuer statistisch unwahrscheinlicher Zusammenstellungen der organischen Materie beruht. Einige wenige dieser Ergebnisse der unendlich variablen Kombinationen der Materie konnten sich, einmal entstanden, als den Bedingungen der Umwelt am besten entsprechend, erhalten; und diese Erhaltung ist kein Zufall mehr, sondern entspricht dem Gesetz

---

[48] Auch ist das subjektive Erleben der Entropiewirkung im Alter für die Rationalisierung dieses Erlebens von Bedeutung. FREUD selbst schreibt: «Zur grimmigen Götterzweiheit Logos und Ananke bekehrt man sich gewiß erst im Alter» (S. FREUD, O. PFISTER, *Briefe*, S. Fischer Verlag, Frankfurt a. M., 1963, Brief 60 vom 6. April 1922, S. 89).

der Auslese oder natürlichen Zuchtwahl höherer Ordnungsformen [49]. Und es ist andererseits sicher, daß unzählige andere Zufallskombinationen sich im Prozeß des Entropiezuwachses ereignen, aber die Entropie nur vermehren. Man denke an die letalen Mutationen. Nur solche Mutationen «überdauern», die nach Charles Darwin durch die natürliche Zuchtwahl der Gattungen gefördert werden; ihre Zahl ist gegenüber der der anderen verschwindend gering.

Mit Pierre Teilhard de Chardin – und auch mit den Marxisten – möchten wir vor dem Trugschluß warnen, der darin bestünde, die in Naturgesetzen zusammengefaßten biologischen *Ergebnisse* solcher Kombinationen als epiphänomenale und nebensächliche Erscheinungen im Universum zu betrachten, wie dies der Positivismus tut. Aus statistisch *unwahrscheinlichen* Ursachen entstehen *wesentliche* Grundgesetze. Es ist müßig, sich zu fragen, was gewesen wäre, wenn gewisse unwahrscheinliche Kombinationen nicht eingetreten wären; es ist denkbar, daß nicht ganz unähnliche spontan eingetretene Organisationen doch einmal vorgekommen und als Grundlagen weiterer Entwicklungssprünge festgehalten wären. Wie dem auch sei, Entwicklungssprünge kommen nun einmal vor und *werden* zu Naturgesetzen, das heißt, daß sie die statistisch wahrscheinlichen unorganisierten Zustände der Materie von Grund auf *qualitativ* und *irreversibel* ändern und gesetzmäßig zu Ursachen neuer Änderungen werden. Dieser Grundgedanke Teilhards de Chardin erlaubt ihm, eine Hypothese aufzubauen, die die kausal-wissenschaftliche Betrachtung des statistisch unwahrscheinlichen Entstehens fortschreitender Ordnungsformen voll übernimmt und zugleich die Irreversibilität der statistisch unwahrscheinlichsten Ordnungstendenzen als notwendig hinstellt. Die Dialektik Teilhards de Chardin zeigt die Entstehung fortschreitender Ordnungsformen aus anfänglichen, ursächlich begründeten und statistisch unwahrscheinlichen Ergebnissen auf; *ipso facto* werden fortschreitende Ordnungsformen *notwendig*, und zwar im stärksten Sinne des Begriffes «notwendig» [50]. Das po-

---

[49] Ein solches Zutreffen kann weltanschaulich verschiedentlich interpretiert werden, zumal der experimentelle Nachweis der transformistischen Hypothese aus naheliegenden Gründen noch ausbleibt. – Dieser doppelte Umstand ermöglicht Stellungnahmen vom Typus der Untersuchung: Paul Overhage und Karl Rahner, *Das Problem der Hominisation*, Quaestiones Disputatae 12/13, 2. Auflage, Herder, Freiburg-Basel-Wien, o. J.; dortselbst ausgezeichnete Bibliographie über die menschliche Phylogenese.

[50] So ist der Mensch auch Produkt dieser Notwendigkeit und gehorcht ihr: «Es ist, im Sinne einer ersten Approximation, völlig wahr, daß das Leben als einfaches Ergebnis des Wahrscheinlichkeitsspieles im Universum aufscheint. In nachhinein entdecken wir jedoch, daß das nämliche Leben in seiner ,reflektierten' Form, um funktionieren zu können, dieses Wahrscheinlichkeitsspiel zu seinen eigenen Gunsten muß zurechtbiegen können, damit es

sitivistische Weltbild kennt im Grunde genommen nur die eine Achse der kosmischen Bewegung, die der Entstrukturierung und Abnahme an Ordnung: das ist die Achse der Entropie; in jedem System degradiert sich die Energie dergestalt, daß eine stabile, statistisch homogene Verteilung der einfachen Partikel notwendigerweise erreicht werden muß. Die Tatsache der Entstehung des Lebens wird in dieser Vorstellung einfach nicht einbezogen. Nun aber erreicht *faktisch* die Ordnung der Materie im Laufe ihrer Organisation die Stufe der *Vitalisation,* und zwar als höhere, obwohl unwahrscheinliche, Etappe der Organisation; weiter erklimmt die lebend gewordene Materie faktisch eine noch höhere und unwahrscheinlichere Organisationsform, die der *Reflexion.* Sollte man diese tatsächlich vorhandenen Entwicklungsphänomene in das Weltbild der umschränkten Entropieherrschaft einbeziehen, so müssen wir neben der Achse der zunehmenden Wahrscheinlichkeit und Unordnung eine zweite Achse, die der zunehmenden Unwahrscheinlichkeit und Komplexität, d. i. die Achse der Negentropie (negative Entropie) herstellen. Das Bild der Lebensentwicklung wäre dann nach TEILHARD DE CHARDIN etwa folgendes:

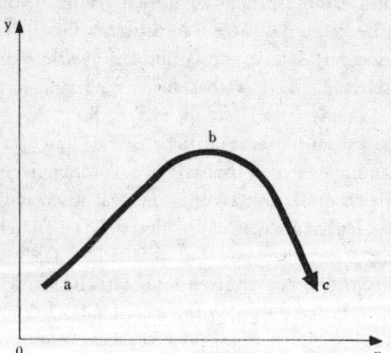

Abb. 2 (nach TEILHARD DE CHARDIN, loc. cit., S. 345)

Ox  = Achse der größten Wahrscheinlichkeit (Entropie);
Oy  = Achse der zunehmenden Komplexität;
abc = Kurve der kosmischen Energie.

dergestalt dem Tode entgehe, zu dem es ein blinder Determinismus führen würde» (PIERRE TEILHARD DE CHARDIN, *Œuvres,* Editions du Seuil, Paris, VII, S. 351). Freiheit bedeutet für TEILHARD DE CHARDIN keine unmögliche «Indetermination», sondern – genau wie für FREUD und MARX – das Bewußtwerden der Notwendigkeit: «Man kann keineswegs behaup-

Allein, dieses Bild, nach dem die höheren Organisationsformen einfach in globaler Rückentwicklung dem Entropietod ab dem Punkt (b) zustreben, ist unzureichend. Das ist aber das Weltbild FREUDS, für den das Leben eine von außen verursachte (?) Störung im Reiche des Todes ist und die Triebe die Wiederherstellung der früheren Zustände anstreben. TEILHARD DE CHARDIN hingegen hebt die qualitative Änderung hervor, die die Materie durch die Vitalisation erfährt; dieser Übergang der Quantität in Qualität macht das *Eigentliche* an der eingeschlagenen Entwicklung aus. In Wirklichkeit erreicht die Organisation qualitativ neue Stufen, die *nicht mehr* den Weg der zunehmenden Wahrscheinlichkeit einschlagen [51]. Das Entstehen dieser neuen Qualitäten (Vitalisation, Reflexion, Personalisation) ist irreversibel: Die Reversibilität dieser Qualitäten würde einen augenblicklichen Stillstand des Universums, das nun einmal so ist, wie es ist, bedeuten, da diese Entfachung neuer Qualitäten sein Wesen faktisch verändert hat. Das Weltbild der Entwicklung als Dialektik zwischen Entropie und Negentropie sollte etwa so aussehen (wir modifizieren hier die Skizze von TEILHARD DE CHARDIN):

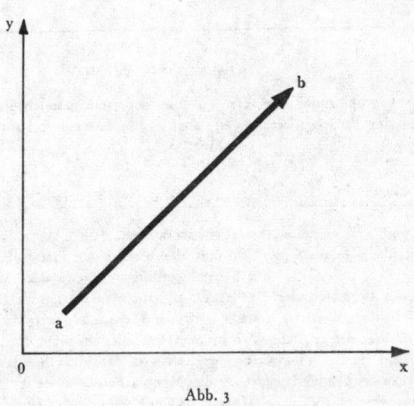

Abb. 3

Ox = Achse der Entropiezunahme; Oy = Achse der zunehmenden Komplexität; ab = Richtung der kosmischen Entwicklung.

---

ten, daß mit dem Erreichen des ersten Gipfels (d. h. des Bewußtwerdens, *I. A. C.*) der Determinismus zum Verschwinden neigen würde: ganz im Gegenteil! So ,frei' sich der Mensch fühlen oder wähnen mag, so wenig kann er sich der wirtschaftlichen und psychischen Notwendigkeit entziehen. Diese zwingt ihn unaufhörlich – individuell und kollektiv – zu mehr Bewußtwerden, zu mehr Selbstbewußtwerden auch. Der Mensch, nachdem er einmal zu

In Wirklichkeit aber ist die steigende Linie (ab) die Resultante unzähliger auf- und absteigender Kurven, die der allgemeinen Kurve (abc) auf der Abbildung 2 ähnlich sind. Man sollte sich dann die Entwicklung etwa so vorstellen, wie auf der Abbildung 4: Wir entwerfen eine Zeichnung, die TEILHARD DE CHARDIN nicht gegeben hat und die nicht zufällig die von uns auf Seite 164 vorgeschlagene Abbildung 1 graphisch wiederholt:

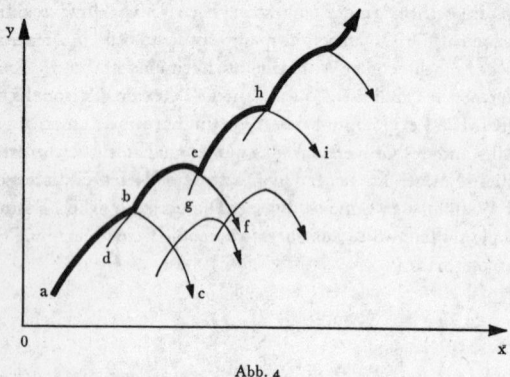

Abb. 4

Ox = Achse der Entropiezunahme; Oy = Achse der zunehmenden Komplexität; abc, def ... = Kurven der Einzelentwicklungen; abeh ... = Kurve der kosmischen Entwicklung.

denken begann, und weil er denkt, kann gewissermaßen nicht mehr aufhören zu denken, immer mehr zu denken» (ebd., S. 347). So muß der Mensch für TEILHARD DE CHARDIN die Notwendigkeit zu dem freien Ziel der Menschwerdung machen: «Der Mensch sieht sich durch die Kraft des Prozesses, der ihn erfaßt, zu einem Endzustand getrieben. Letzterer kann wie folgt bestimmt werden: Erstens wird der Mensch *organisch* die höchste Komplexität erreichen, über die er nicht wird hinausgehen können, nicht einmal als Kollektiv, also auch nicht mehr im Bewußtwerden. Zweitens wird der Mensch *psychisch* nicht mehr bereit sein, zurückzuweichen. Drittens wird der Mensch *kosmisch* nicht stehenbleiben können, denn – in unserem ‚entropischen' Universum – bedeutet der Stillstand einen Rückfall» (ebd., S. 151). Hierzu bemerkt noch TEILHARD DE CHARDIN: «Ein Stillstand würde die Menschheit töten» (loc. cit., Fußnote).

[51] So ist das Paradoxon der kosmischen Entwicklung darin enthalten, daß die wahrscheinlichsten Strukturen kraft ihrer statistisch erfaßbaren Determiniertheit voraussehbare Gesetze bilden, daß aber auf der anderen Seite solche Ordnungsformen gesetzmäßig eintreten, die viel schwerer oder nicht voraussehbar sind und ihre Determiniertheit erst *a posteriori* voll offenbaren. Dies ist u. E. kein Beweis für eine «Indetermination» in der Natur, sondern vielmehr ein Beweis – bereits auf der subatomaren Ebene – dafür, daß die *Entfaltung* der Natur durch determinierte, aber statistisch nicht im voraus bestimmbare Kombinationsmöglichkeiten hindurchschreitet. Auf der humanen Ebene wird *dieser*

Die Abbildung 4 versinnbildlicht in sehr vereinfachter Form das, was wir in Wirklichkeit beobachten: daß nämlich die Kräfte der Entropie als höchste Wahrscheinlichkeit (oder nennen wir sie mit FREUD «Todestrieb») tatsächlich in *jedem* Punkt der faktischen Entwicklung wirksam sind, daß aber diese Entwicklung dennoch eine Richtung einschlägt, in welcher die Kräfte der Entropie ständig durch die Wirkung der Negentropie mit Erfolg bekämpft werden. Auf diesem Wege wird die «Wiederherstellung früherer Zustände» unmöglich gemacht, sie wird vielmehr zu einer dynamischen *Komponente* der neuen Entwicklungsdialektik. Mehr als das: einmal der Punkt der *Reflexion* erreicht, werden nunmehr die Kräfte der Negentropie auch *bewußt* gelenkt, und zwar zu einem fliehenden Punkt der Kraftlinie abeh..., welcher Punkt für TEILHARD DE CHARDIN wohl mit dem Punkt Ω identisch ist. Hier zeichnet sich eine neue, bewußte Aufhebung der zwei antagonistischen Richtungen Ox und Oy ab: eine Aufhebung, die nicht das uns bereits bekannte Leben und nicht den uns bereits bekannten Tod darstellen kann, sondern eine neue, kommende Qualität, welche die in sich widerspruchsvolle Mischung zwischen dem Tod und dem Leben wird überholen müssen.

Wir sehen, daß die Hypothesen TEILHARDS DE CHARDIN keineswegs der FREUDschen Beobachtung über die Wirksamkeit eines «Todestriebes» im Wiederholungszwang widersprechen; auch rechnen sie mit der «konservativen Natur der Triebe», die zur Wiederherstellung früherer Zustände neigen. Aber diese Hypothesen führen eine neue Dialektik in das FREUDsche Weltbild ein: Die Zunahme der Entropie ist auf der Ebene der Bewußtseinsentwicklung durch die Zunahme an Negentropie (durch Organisation oder Information dargestellt) wettgemacht, obschon wir auch aus der Kybernetik wohl wissen, daß jede Zunahme an Information auch eine Zunahme an Entropie nach sich zieht [52]. Es ist also ein Wettlauf zwischen

---

«Trend» der Natur zu einem selbstreflektierenden, bewußten Sein. Die Natur hebt sich von sich selbst gleichsam ab und wird zur Kultur: in diesem Sinne ist Kultur *die bewußt gewordene geschichtliche Natur*, die sich hinfort aus dem «Noch-Nicht» überhöht. «Die Natur ‚wirkt' an sich, aber nicht für sich; die Wirkungen ihrer Ursachen existieren für sie ebensowenig wie diese Ursachen selbst; es sind für sie keine Meilensteine für Fort- oder Rückschritt; nur für uns, und in bezug auf unsere eigenen Absichten, erhalten sie einen Sinn – oder in Wirklichkeit eine Vielzahl von Sinnen» (FRANCIS JEANSON, *La Foi d'un Incroyant*, Editions du Seuil, Paris, 1963, S. 30 Fußnote).

[52] Nicht jede beliebige Speicherung von Information ist selbstverständlich einfach dem Zuwachs an Negentropie gleichzustellen. In einem gegebenen System kann die Aufnahme der Information die vorhandene Menge der Energie erschöpfen. Je mehr Information verarbeitet wird, um so mehr wird die Negentropie in Anspruch genommen. Außerdem wird bei Weiterleitung der Information ein Bruchteil derselben unweigerlich energetisch degradiert. In der Gesamtentwicklung der lebendigen Organisation, als Stammesgeschichte

Negentropie und Entropie, aber das Zustandekommen qualitativ neuer Ebenen der Ordnung macht die Zunahme an Negentropie und die Lenkung derselben durch das Bewußtsein unumgänglich und stellt somit den (vom Standpunkt der mechanischen Physik wahrscheinlichsten) letzten «Sieg» der Entropiezunahme in Frage. Die Entropie wirkt in jedem individuellen Dasein, doch «erfindet» das Leben aus sich selbst heraus überhöhere Ordnungsstufen (darüber siehe oben S. 197 ff.), auf welchen die Wirksamkeit der Entropie mehr und mehr überholt und aufgehoben wird – zumal auf der Stufe des bewußten Seins –, so daß der Weg zur Aufhebung des Todes eine durch das Vorhandensein des Lebens postulierte *Notwendigkeit* ist [53].

Diese sich überhöhende Ordnung des Lebendigen ist nicht einfach als *neben* oder nur *gegen* die zunehmende Entropie bestehend zu denken; sie

---

der Personalisation, haben wir jedoch mit wachsender Komplexität der Systeme zu tun, die immer mehr Information zu verarbeiten erlaubt und mit der Abnahme an Entropie in Verbindung zu stellen ist. «Die zwei Größen: Entropie und Information verwandeln sich teilweise ineinander. Sie folgen hierbei Mechanismen, die man erst zu erfassen beginnt. Ihr Äquivalenzkoeffizient in diesem Prozeß weist einen Wert von $k ln 2$ auf, wenn die Größen mittels ihrer jeweiligen natürlichen Einheiten ausgedrückt werden (Binäreinheiten und thermodynamische Einheiten: $k =$ BOLTZMANNsche Konstante; $ln =$ NEPERscher Logarithmus)» (O. COSTA DE BEAUREGARD, *Le second Principe de la science du Temps*, Editions du Seuil, Paris, 1963, S. 62). Das numerische Äquivalent einer Information $\Delta 1$ in physischen Entropieeinheiten ist $k ln 2 \Delta 1$. Es ist also insoferne legitim, Leben, Information und Negentropie in positive Relation zueinander zu stellen, als die Kybernetik annimmt, daß jeder verarbeiteten Information die Möglichkeit entspricht, *ein System in einen geordneteren Zustand zu versetzen, als der, in dem es sich vor der Aufnahme der Information befand* (op. cit., S. 65 ff.). Die Entropie ist für BOLTZMANN das Maß an Informationsmangel oder an Unordnung. Der aufgezeichnete Übergang der Negentropie in Information und umgekehrt impliziert eine wesentliche Wechselwirkung – eine Dialektik – zwischen den beiden Richtungen. Indessen ist die Zunahme an Information das Grundmerkmal der Lebens- und Bewußtseinsentwicklung. Man wird darüber das soeben zitierte Werk von O. COSTA DE BEAUREGARD mit Nutzen konsultieren können, wobei letzterer mit der Irreversibilität der lebendigen Information die zentrale Bedeutung der Zeitproblematik anknüpft, die im Rahmen unserer Ausführungen nicht angeschnitten werden kann. – Ferner wird man mit Interesse die allgemein-verständlichen Referate und Diskussionen lesen, die im Sammelwerk: *L'Energie dans la Nature et dans la Vie*, Presses Universitaires de France, Paris, 1949, enthalten sind.

[53] Die Kybernetik kann, dank dem Modell der Rückkoppelung, in die fortschreitende Organisation der Materie entscheidende Klarheit bringen. Diese progressive Organisation enthält notwendigerweise die Qualitätssprünge der Vitalisation und des Bewußtwerdens, einfach aus der Tatsache heraus, daß ein gewisser Grad an Organisation das Entstehen des Lebens bedeutet, ebenso wie ein gewisser Punkt der Lebensentwicklung das Bewußtwerden bedeutet. Diese Linie der aufsteigenden Ordnung wirkt *notwendigerweise* dem statistisch wahrscheinlichen Entropiegesetz entgegen, das in reiner Form nur auf ein isoliertes System anwendbar wäre, welches in keiner Wechselwirkung zum unendlichen Kosmos stünde. – Die im Text angestellten Erwägungen wurden im November 1963 niedergeschrieben, als der Verfasser noch keine Kenntnis von dem Buch ALBERT DUCROCQS hatte:

ist vielmehr ein Ergebnis der beiden Kräfterichtungen Ox und Oy (Abbildung 4). Die Welt ist *eins* und das Weltbild darf nicht manichäisch gespalten werden. Die Entwicklung des Bewußtseins ist eine Frucht der Dialektik zwischen der im Überschuß steigernden Information auf der einen Seite und der zunehmenden Entropie auf der anderen; aber beide Zunahmen *müssen* einmal, jenseits der uns aus der Vergangenheit bekannten Geschichte, in einer neuen Qualität des Menschseins aufgehoben werden (im dialektischen Sinne des Wortes «aufheben», siehe oben S. 162 ff.). Wir sprechen nicht gerne vom künftigen «Übermenschen», denn das Bewußtsein allein macht die grenzenlose Entwicklungsfähigkeit des *Menschen* aus, so daß der angeblich kommende «Übermensch» in Wirklichkeit *der zu sich selbst gekommene Mensch* sein wird. Der wichtige Gedanke, den TEILHARD DE CHARDIN andeutet [54] und der uns zu einer evidenten Einsicht wird, ist nämlich: *Wenn es überhaupt ein Leben gibt* – und sein Vorhandensein ist eine unwahrscheinlich gewesene, aber notwendig gewordene Tatsache –, ein Leben, das aus sich heraus das Bewußtsein entfachte, *so gibt es notwendigerweise eine Todesaufhebung* als Ziel der Selbstüberhöhung des Le-

---

*Cybernétique et univers. – Le roman de la matière*, René Julliard, Paris, 1963. DUCROCQ arbeitet darin scharf den Grundsatz heraus, daß die Berechnungen des Entropiegehaltes ihre Geltung nur für Systeme mit unbedeutenden Wechselwirkungen zu anderen Systemen haben. Demgegenüber ist die Organisation des Kosmos auf einer positiven Retroaktion aufgebaut, das heißt auf einer Rückwirkung der Ergebnisse auf die Ursachen. Dadurch sind aber die Gesetze des reinen Zufalls in Frage gestellt: die Bewegung erhält sich selbst, und das sogar mit ständigem Überschuß, was eben das Wesen der Evolution ausmacht. Gesetzt den Prozeß der Organisation, kann sich diese nur fortschreitend entwickeln. Die Retroaktion ist real wirksam, sie bestimmt die Evolutionsrichtung (S. 111, 114). «Die positive Retroaktion gebiert nicht nur die Ordnung, sondern ihr Wesen erlaubt ihr vielmehr nicht, von selbst haltzumachen. Das heißt mit anderen Worten und ganz allgemein gesprochen, daß der Prozeß der positiven Retroaktion in Mutation mündet» (S. 117): an solchen mutativen Punkten geht die Quantität in die Qualität über. Das alles bedeutet für DUCROCQ, daß die Ordnungssysteme, denen die Evolution ihre innere oder äußere Struktur aufzwingt, der Entropie nicht unterliegen können: «Sobald primäre Systeme erscheinen, werden ihre Stukturen neue Strukturen verursachen; sie werden wahrhaftig die Rolle von Maschinen übernehmen. Negative Retroaktionen (im Zusammenhang mit der Entropie, *I. A. C.*) sind hier wie Wände, welche die Gebiete abgrenzen, in denen sich die positiven Retroaktionen, die neue Ordnungsketten schaffen, entwickeln. Letzten Endes ist es die Unordnung, die dazu verurteilt ist, immer seltener zu werden, weil ein System nur dann außerhalb der Ordnungskette isoliert bleibt, wenn die äußeren Wirkungen nicht bis zu ihm vordringen» (S. 125). Nun ist die Entropie eines Systems ein Indikator seiner Unordnung und letztere wird zunehmen, wenn dieses System sich selbst überlassen ist. Dieses Gesetz hat also keine unbeschränkte Wirkung auf dem Gebiete der Biologie, da «es die Grundeigenschaft der Lebewesen ist, gegen den Zufall zu kämpfen; dieser Kampf wird von den Menschen in die Welt hinausgetragen: der Mensch ändert die Welt» (S. 7). – Vgl. auch: GEORG KLAUS, *Kybernetik in philosophischer Sicht*, Dietz Verlag, Berlin, 1961.
[54] Für P. TEILHARD DE CHARDIN entspringt die Notwendigkeit der Unsterblichkeit des

bensprozesses. Denn das Leben selbst ist der qualitativ neue Durchbruch aus dem mechanischen Walten der Entropie heraus; die neuen energetischen Ordnungsqualitäten bilden sich auf Ebenen, aus welchen die Entropie *allein* (sagen wir mit FREUD «Todestrieb») nicht mehr allmächtig sein kann. Und zwar kann sie dies nicht, weil – im Unterschied zur Entropie – die Negentropie sich selbst organisiert und übersteigert. Wir kommen wieder zu den «utopischen» Schlußfolgerungen, denen wir bereits auf S. 160 ff. anläßlich der Kritik des Wiederholungszwanges begegneten.

Muß es noch eigens gesagt werden, daß die Vergleiche der Libido mit der negativen Entropie uns nicht zu leichtfertigen Verallgemeinerungen verleiten dürfen? Es ist sicher, daß die Libido weder kurzerhand mit einem ubiquitären physikalischen Begriff gleichzusetzen, noch auf letzteren mechanistisch zu reduzieren ist; damit wäre ein ebensolcher Trugschluß vollzogen, wie wenn wir den zweiten Hauptsatz der Thermodynamik in seiner mechanischen Eigenschaft auf ein anthropologisches Geschehen par excellence, wie dies der menschliche Tod ist, schlicht übertragen würden.

Und doch ist es naheliegend, daß auch der «anthropologische» Tod

---

Menschen (als Gattung und als Person) der «Unumkehrbarkeit des Bewußtseins», dem «Grundsatz des Erhaltens des Bewußtseins»; sie entspricht «einer neuen psychischen Etappe», ähnlich denen, über welche die Menschheit im Laufe ihrer Geschichte mehrmals hinwegschritt. «Heute bilden sich vielleicht noch 99 % der Menschen ein, innerhalb einer unüberwindbaren Begrenzung durch den Tod frei atmen zu können: bloß daß der Tod noch weit weg bleiben möge! Morgen – dessen bin ich überzeugt, weil ich diese Angst mit vielen anderen bereits heute empfinde – wird sich der Menschheit eine panische Platzangst bemächtigen, beim bloßen Gedanken, daß sie in einer geschlossenen Welt ohne Ausbruchsmöglichkeiten eingesperrrt sein könnte» *(Œuvres*, VII, S. 425–426). Die Bestimmung, den Tod zu überwinden, ist für TEILHARD DE CHARDIN die notwendige Folge der *Kollektivierung* des Bewußtseins, in welcher Gattung und Person eins werden. Die neue Schwelle, «ähnlich denen, über welche die Menschheit im Laufe ihrer Geschichte mehrmals hinwegschritt», entsteht aus dem Übergang der Quantität in die Qualität: «Keine physische Wirklichkeit kann unbegrenzt zunehmen, ohne zu einer Phase ihrer Wesensänderung zu gelangen» *(Œuvres*, VI, S. 108). In diesem qualitativ neuen, kollektiv-personalen Universum wird anstelle des Todes eine «Metamorphose» eintreten (ebd., *loc. cit.).* Als «Wesensänderung» ist also diese «Metamorphose» eine *neue* Qualität gegenüber den uns jetzt zugänglichen Zuständen des Lebens und des Todes. Der *kollektive* Charakter der Unsterblichkeit, die der Mensch anstrebt, scheint uns die wesentliche Grundlage dieser Utopie zu sein – allein imstande, den magischen Zug ihrer Wunschdenkens zu entzaubern. Eine individuelle Unsterblichkeit, ohne daß die ganze Menschheit als Einheit dieselbe erreicht, wäre unerträglich (und undenkbar). Sie wäre ein Ausfall aus dem Menschsein (und das ist ein Beweis mehr, daß der «konkrete» Mensch kein «abstraktes Individuum» ist, wie sich MARX ausdrückt). Sie wäre eine wahnwitzige Annulierung (nicht «Aufhebung»!) aller menschlichen Wesenszüge, insoferne sie zu der Gattung gehören. Unsterblichkeit kann – wie TEILHARD DE CHARDIN richtig sieht – nur personal und kollektiv zugleich sein. Eine nur individuelle Unsterblichkeit würde der menschlichen Ethik widersprechen, ebenso wie sie den menschlichen Wesenszügen und dem menschlichen Glück widersprechen würde.

innige Zusammenhänge mit einem allgemeinen makrophysikalischen Gesetz aufweist, da die Menschen als Ganzes nicht außerhalb der ψυσις stehen; diesen Zusammenhang Schritt für Schritt näher aufzudecken, wäre eine schwierige und wichtige Aufgabe der genetischen Motivforschung (zu welcher die psychoanalytische Theorie ward). Denn die Wirksamkeit der Entropie im Makroorganismus – und zwar im komplexesten, lebenden, bewußten Organismus «Mensch» – muß *Erlebnismodi* erzeugen, die vergleichsweise ähnlich komplex und überdeterminiert sind, wie die libidinösen Erlebnismodi aus der untergründig wirkenden Negentropie. Die Begriffspaare *Negentropie/Libido* und *Entropie/«Todestrieb»* sind gewiß keine mathematischen Gleichungen, sie weisen jedoch auf tiefgreifende Zusammenhänge hin, die von FREUD teils erkannt, teils nur geahnt wurden; und diese Zusammenhänge werden durch die Tatsache, daß FREUD einem mechanistischen Weltbild verpflichtet war, noch keineswegs annulliert. Vorsichtig ausgedrückt: Der Tod wirkt im Ordnungssystem «Mensch» in etwa – sagen wir – homologer Weise, wie die Entropie in jedem Ordnungssystem bestimmter Größen wirkt. Sind wir berechtigt, diese Homologie mit FREUD unter dem Begriff eines «Todestriebes» darzustellen? Nun, der Tod ist de facto eine innere Notwendigkeit und muß – ähnlich einem Bedürfnis, wenn auch mit gleichsam umgekehrtem Vorzeichen – ein psychisches Korrelat aufweisen. Er ist wohl keinem einzelnen Organ zuzuordnen – in welcher Zuordnung FREUD das Hauptmerkmal des Triebes sieht –, aber doch dem Organismus in seinem Ganzen, der nicht mehr lebensfähig ist. Warum aber, abgesehen vom allmählichen Marasmus und vom kurzen Todeskampf, ist dieses psychische Korrelat nicht bei den höheren Tieren zu beobachten? Nirgends sehen wir bei den Tieren die Gegenwärtigkeit des Todes im Leben, verkleidet in der intraspezifischen Unterdrückung, in der Selbstzerstörung und in der aufgezwungenen Trennung. Alle diese Erscheinungen werden in das Kind des *homo sapiens* hineingetragen, hineingeprägt. Sie sind nämlich Kennzeichen der Kultur mit ihrer Geschichtlichkeit, sie sind eine *Antwort* auf das (nicht immer klare und gegenwärtige) *Bewußtsein* des Todes, das den Tieren offenkundig fehlt. Der Mensch lebt in einem Belagerungszustand, er ist von dem Tod belagert; die Kultur weiß davon – da sie eine Antwort auf den Tod ist – und zwingt den Menschen zu einem oft unmenschlichen Krieg gegen diesen Erzfeind.

*b) Libidinöse Besetzung der Aggressivität.* Der Mensch objektiviert sich und die Welt, im Unterschied zum Tier. Seine Libido besetzt wirklich «Objekte»: nicht allein lebendige Personen, sondern auch Eigenschaften des personalen Daseins, Manifestationen der persönlichen Aktivität, die von der Person selbst gleichsam getrennt und abstrahiert wird. Der Mensch kann nicht nur sich oder eine Person lieben, sondern zum Beispiel seine Liebe lieben, oder seine Gedankentätigkeit, oder sein Leiden (Masochismus), oder auch seine Aggressivität (Sadismus). Der Sadomasochismus ist eine solche, spezifisch menschliche Investition des Leidens und der Zerstörung durch die nach partiellen Objekten suchende Libido [55].

Der Wiederholungszwang ist auch ein Zwang zum Ausprobieren und zum Üben: indem man wiederholt, kann man das proben, einüben, was möglich oder künftig erscheint (vgl. S. 189 f.). Die Erwartungsangst ist andererseits auch ein Wunsch: da das Ende kommen wird, da es überhaupt möglich ist, liegt es nahe, diese objektivierte Zukunft von vornherein zu «wiederholen», zu «proben». Lieber ein Ende mit Schrecken als ein Schrecken ohne Ende: psychoanalytisch gesehen ist dieser Spruch sehr zutreffend und kennzeichnet die allgemeine Haltung des Menschen – im Unterschied zum Tier – gegenüber dem Kommenden, dem Vorgestellten, dem Geahnten, dem Gefürchteten. Da letzteres «irgendwo» ist – soferne die Zeit räumlich vorgestellt wird – und als bedrohlich oder gar unabwendbar erscheint, erweist es sich unter Umständen als richtiger, es herbeizusehnen: die Identifikation mit dem Aggressor spielt in all den Fällen eine Rolle, wo der Aggressor die objektivierte Welt selbst, ja der Aggredierte selbst mit seinen dunklen Ängsten und Trieben ist.

132. Die 30jährige Analysandin UNA berichtet, daß sie beim Betrachten einer Sammlung von Kinderzeichnungen aus deutschen Konzentrationslagern (INGE DEUTSCHKRON, ... *denn ihrer war die Hölle*, Verlag Wissenschaft und Politik, Köln, 1965), in welcher die entsetzlichsten Erniedrigungen und Qualen von den kleinen Opfern mit naivem Realismus dargestellt sind, mit Erschütterung eine Mischung zwischen unerträglicher Verzweiflung und sexueller Aufregung verspürte. Frau UNA war von sorgenden Eltern sehr bürgerlich – manchmal unnachgiebig-grausam – erzogen worden. Ihren sechsjährigen Sohn liebt sie leidenschaftlich, doch bringt sie ihm wenig Geduld und Verständnis entgegen. Ihren Gatten bewundert sie, wirft ihm aber zugleich Schwäche und Unzuverlässigkeit vor; sie scheint den Ehrgeiz zu besitzen, sich in der Familie zu «behaupten», obschon sie sich gleichzeitig nach einer «passiven, femininen» Rolle sehnt, die ihr in Wirklichkeit wahrscheinlich gar nicht liegen würde.

---

[55] Wir müssen annehmen, schreibt FREUD, «daß eine sehr ausgiebige, in ihren Verhältnissen variable Vermischung und Verquickung der beiden Triebarten zustande kommt, so daß wir überhaupt nicht mit reinen Todes- und Lebenstrieben, sondern nur mit verschiedenwertigen Vermengungen derselben rechnen sollten. (...) Wenn man sich über einige Ungenauigkeit hinaussetzen will, kann man sagen, der im Organismus wirkende Todestrieb – der Ursadismus – sei mit dem Masochismus identisch» (S. FREUD, *Das ökonomische Problem des Masochismus* [1924], Ges. W., XIII, S. 376 f.). – Über die hieraus entstehende Ambivalenz siehe LOU ANDREAS-SALOMÉ in: FREUD/ANDREAS-SALOMÉ, *Briefwechsel*, S. Fischer, Frankfurt a. M., 1966, S. 159.

133. Im Tiergarten von Schönbrunn hält ein 33jähriger Vater sein vierjähriges Töchter-
lein über die Grube mit den Krokodilen. Das Kind hatte darum gebeten, um die Bestien
besser sehen zu können. Ein Gedanke schießt dem Vater durch den Kopf, zwangsmäßig
und quälend: «Was wäre, wenn ich sie fallen ließe? Die Krokodile würden sie wohl gleich
auffressen!» Die Genese eines solchen Zwangsgedankens ist in der ganzen individuellen
Geschichte verankert, mit ihren Übertragungen, Identifikationen, Aggressionen und Ängsten. Dennoch ist ein solcher – mit Abscheu verworfener – Gedanke nur *möglich*, *weil* die
grausige Gefahr vorgestellt wird – als Möglichkeit, die man in magischer Weise auch ban-
nen oder «meistern» kann, indem man sich ihrer nicht passiv – wie einem Schicksal –
unterwirft, sondern sie hervorruft.

Es ist überhaupt wahrscheinlich, daß die ganze Kasuistik der Trennung
Liebender eine Vorwegnahme der geahnten und gefürchteten *langsamen*
Trennung *durch das Sterben der Liebe* ist. Die Liebe ist nicht so sehr durch
Gewöhnung und Alter gefährdet, als sie vielmehr durch die egoistische
Ängstlichkeit, durch die Vorurteile, durch die von der Gesellschaft aus-
gehende Aggression, durch den Moralismus geschändet und gemordet
wird. Die Liebenden wissen – oder glauben zu wissen –, daß ihre Liebe
nicht hinüber (wohin? über den Tod hinaus?) gerettet wird und nehmen
das Scheitern ihrer Liebe durch die Trennung vorweg. Dabei ist anzunehmen, daß der in das Liebesverhältnis hineingebrachte individuelle Sadomasochismus die Trennung in besonderer Weise gestalten wird: auch aus
der Katastrophe wird irgendein Quentchen Lust gewonnen (sonst wäre sie
nie herbeigeführt worden): auch das Sterben, die Zerstörung (hier der
Liebe) wird «geliebt», oder, fachsimpelnd ausgedrückt: die Destruktion
wird libidinös besetzt.

Es ist aber, so will es uns scheinen, eine Täuschung, im Sadomasochismus
(der – wenigstens soferne er eine libidinöse Objektivierung der Aggressivität darstellt – im Tierreich unbekannt ist) ein Stück «Natur» zu sehen:
höchstens ist er ein Stück *menschlicher* Natur, die sich von der übrigen abhebt und Kultur erzeugt. Wir haben gesehen, wie K. Lorenz den «Todestrieb» auf die Aggressivität (die noch für sich allein kein Sadismus ist)
reduziert; allein, somit schüttet er das Kind mit dem Bade aus. Die Lust an
der Zerstörung kann nicht restlos durch die erzwungene Wendung der Aggressivität von den zwischenspezifischen Beziehungen zu den intraspezifischen erklärt werden; sie wäre dann nur eine traurige Notwendigkeit, obwohl bereits die Hypothese Lorenz' die menschliche Destruktivität aus
einer bloßen «Naturerscheinung» zu einer – wie wir sahen – «Kulturerscheinung» erhebt.

Wir wollen in diesem Zusammenhang den Leser auf den Namenspatron
und großen Theoretiker des Sadismus, auf Marquis D. A. F. de Sade verweisen. Dieser geniale Dichter und verkannte Naturphilosoph beschäftigte
sich sein Leben lang mit dem Studium des Sadomasochismus als Ort des

Konfliktes zwischen Natur und Kultur. Sein Denksystem, dem von J. J. Rousseau nicht unähnlich, sah im Sadismus den Sieg der Natur über die Unterdrückung durch die Zivilisation: «Die Natur erschuf die Menschen lediglich dafür, daß sie auf dieser Erde ihr Vergnügen finden! Das ist das wichtigste Gesetz in der Natur, wie auch in meinem Herzen. Desto schlimmer für die Opfer: Opfer müssen sein; alles im Universum würde zugrunde gehen, wenn diese Gleichgewichtsgesetze nicht walten könnten. Die Natur kann nur dank unseren Verbrechen erhalten werden. Auf diese Weise gelangt sie zu ihrem Recht, das ihr durch die Tugend geraubt wurde. Wir gehorchen der Natur, indem wir uns dem Bösen ergeben; unser Widerstand gegen diese Forderung ist das einzige Verbrechen, das uns die Natur nie verzeihen wird» (Zitat aus: SADE, *Juliette*, in: GILBERT LELY, *Vie du Marquis de Sade*, Tome II, Gallimard, Paris, 1957, S. 553). Wir sehen, daß SADE etwas Wichtiges erkannte: das Lustprinzip (Vergnügen, amusement) ist asozial, die Sozietät ist «tugendhaft»; die Lust wird von der gesellschaftlichen Tugend als «das Böse» verdammt. Nun zog SADE daraus den Schluß, daß wir «das Böse» tun sollen, um uns zu befreien, ohne daß er dabei die dialektische Erkenntnis vollzogen hätte, daß das «Böse» *gerade durch den Druck der «Tugend» so wird wie es ist;* daß also Partei für das Böse *als Böses* ergreifen noch immer bedeutet, den *status quo* der Unterdrückung zu verewigen.

Marquis de SADE war daher für den Mord, aber gegen die Todesstrafe; die «libidinöse Besetzung der Aggressivität» schien ihm «natürlich» zu sein (er gebrauchte allerdings eine viel bessere Sprache!), nicht aber – und mit Recht – die kalte soziale Aggressivität: «Das an sich kalte Gesetz darf von den Leidenschaften nicht berührt werden, welche die Grausamkeit des Mordes verzeihlich machen. Der Mensch empfängt von der Natur jene Eindrücke, die eine solche Handlung entschuldigen können; im Gegensatz dazu steht das Gesetz notwendigerweise im Widerspruch zu der Natur und empfängt nichts von dieser; es kann sich daher keinesfalls solche Ausschweifungen erlauben; es entspringt nicht denselben Motiven und verfügt deshalb nicht über dieselben Rechte» (Zitat aus SADE, *Français, encore un effort . . .* ebd., S. 545 Fußnote). Für SADE bedingt das Interesse des Individuums die Annahme eines sozialen Vertrags (oder, wie MAURICE HEINE treffend sagt, «vielmehr eines sozialen Kompromisses»), der jederzeit gekündigt werden kann; «jede Gesellschaft, die diese Grundwahrheit vergißt, ist oppressiv und muß abgeschafft werden» (HEINE, Zit. ebd., S. 545). Hier erkannte SADE auch den Kompromißcharakter des Realitätsprinzips zwischen Gesetz und Lustanspruch; wie so oft hat er durch seine Theorien viele psychoanalytische und soziologische Hypothesen vorweggenommen. Sein Irrtum war es, zu glauben, daß der Einzelne die «reine» Natur erreichen und voll erkennen könne[56]; er wußte nichts von der Introjektion und der Identifikation mit dem Angreifer; diese Abwehr- und Austauschmechanismen aber verurteilen den individuellen Protest zur ewigen Zerrissenheit in der Ambivalenz. Der Sadomasochismus ist selbst ein unerkannter Kompromiß zwischen der «kalten Grausamkeit» des Gesetzes und der heißen Liebesregung der Person. Ein Rest des SADEschen Irrtums mag im Versuch FREUDS, einen «natürlichen» Todestrieb zu isolieren, leise nachwirken.

Indes verursacht die Identifikation mit dem (gewußten, geahnten) Tode als Angreifer die Vorwegnahme des Todes: – eine passive Vorwegnahme (etwa in der Art des Selbstmordes aus Angst vor dem Tode) als masochistische Komponente jeder Trennung; und eine aktive Vorwegnahme (Destruktion der Lust und der Liebe) als sadistische Komponente derselben. Der Mensch, der an einer Kultur verzweifelt, die den Tod und die Unterdrückung nicht abschafft, sondern noch mehrt, glaubt irrigerweise wie SADE, der wahren Natur im Morden zu begegnen. Da alles – auch die Liebe – zerstörbar ist, akzeptiert er die Zerstörung und wird selbst zu ihrem Vollstrecker.

*c) Faszination durch die Wiederholung.* Wir wollen uns die Frage vorlegen, ob der «Todestrieb» nicht zum Teil das spezifisch menschliche Erleben des Wiederholungszwanges ist, den FREUD fast ausschließlich in den Dienst des Todes («Rückkehr zum Anorganischen») gestellt wissen wollte.

Zweifellos muß die *einmal erlittene Trennung* (schon bei der Geburt und später bei jeder Frustration) den Menschen zur Wiederholung dieser Situation zwingen: «positiv», um sie aktiv «in den Griff» zu bekommen und sie dadurch wettzumachen; «negativ», um den *status quo ante* wiederherzustellen. Die «negative» Seite dieses Vorganges wurde von FREUD mit vollendeter Klarheit gesehen, wir brauchen hier die Analyse, die in diesem Abschnitt genau durchgeführt wurde, nur mehr zu erwähnen. Wer diese Aspekte des Wiederholungszwanges in jedem – auch «normalen» – Leben zusammenverflochten sind, belehrt uns die psychoanalytische Kasuistik, zum Teil schon die, die wir im ersten Abschnitt anführten.

---

[56] In seiner Studie über SADE hat MAURICE NADEAU den Widerspruch in der Naturauffassung SADES sehr klar aufgezeigt: SADE unterscheidet nicht zwischen der «allgemeinen Natur» und der menschlichen Natur; er spricht im Namen der ersten und meint doch die zweite; er will übrigens die erste «überholen», weil sie «an sich» hassenswert sei (MAURICE NADEAU, Vorrede zu: D. A. F. DE SADE, *Œuvres*, La Jeune Parque, Paris, o. D.).

101. Betrachten wir das Leben von Dr. C. D. (siehe S. 37 f., 45, 62 f. usw.) genauer, was wir im Laufe seiner Psychoanalyse konnten, so sehen wir, daß er nach seiner Trennung von L. nach neuen Bindungen suchte, diese aber auch sofort zerriß, als ob ihm der Glaube an eine tiefe und glückliche menschliche Beziehung verloren gegangen wäre. Das große Trauma verlangte nach Wiederholung: nicht nur in einem «masochistischen» Sinne, sondern auch «um es besser zu machen»; zugleich aber war seine zerstörende Wirkung so nachhaltig, daß es die neuen Beziehungen von vornherein zum Scheitern verurteilte. Aber dies waren die Folgen von einem Ereignis, das ja selbst die Folge von früheren Traumata war. Denn die Psychoanalyse zeigte, wie unsicher Dr. C. D. im Grunde genommen schon gewesen war, bevor er L. traf. Seine Haltung den Menschen gegenüber war ein Gemisch von überspannter Erwartung, «akzeptiert» zu werden, und von einer pessimistischen Skepsis. Immer wieder tauchten in der Analyse die längst vergessenen Motive aus seiner Kindheit auf, vor allem die liebende, aber unstete und periodenweise an ihrem Kinde nicht interessierte Mutter, der charakterstarke Vater, der aber die Familie verließ, als C. D. 5 oder 6 Jahre alt war, und vieles andere mehr, das zu den klassischen Daten einer Verlassenheitsneurose (GERMAINE GUEX, *La névrose d'abandon*, Presses Universitaires de France, Paris, 1950) gehört. C. D. berichtet über die sich ihm immer aufdrängende Frage: «Wozu?» Oft ist er wie von einer Lähmung befallen. Wozu die berufliche Bemühung? Wozu dieses Buch lesen? Wozu dieser Ausflug? Er dachte, bei L. Heilung gefunden zu haben. Wahrscheinlich sabotierte er aber selbst den Heilungsprozeß. «Alles hat ein Ende, alles wird zugrunde gehen; *lieber schon das Ende durch einen freien Willensakt herbeiführen*» (hervorgehoben von uns, I. A. C.).

Ganz ähnliche, obwohl verständlicherweise auf individuellen Lebensereignissen fußende Erscheinungen des ständig wiederholten und vorweggenommenen Endes beobachteten wir in zahlreichen psychoanalytischen und klinischen Geschichten, so etwa in den oben angeführten Nr. 104, 105, 106, 107, 108, 109, 116, 117, 119, 120, 124, 128, um nur die bei uns dokumentarisch belegten zu erwähnen.

Die Faszination durch die unvermeidliche Trennung – durch die Trennung als Büttel des Todes – führt also zur «Einübung» der Trennung. Gleichzeitig aber ist sie auch der Versuch, der Trennung Herr zu werden, sie «aufzuheben». Der Tod als letzte Vereinigung, wie es FREUD klar sah, muß also auch die Trennung nichtig machen. Hier klingt ein ambivalentes, also auch versöhnliches Motiv an, das sehr schwer zu fassen und doch oft in den Analysen fühlbar wahrzunehmen ist, etwa im folgenden Protokoll einer psychoanalytischen Sitzung:

134. Der 42jährige Lehranalysand Dr. URD schreibt über seine 142. Analysestunde: «In einem Artikel von Prof. C. habe ich gelesen: Der Tod ist der letzte Inzest. Das klingt absurd, entspricht aber der allgemeinen und meiner eigenen ärztlichen Erfahrung: viele Patienten rufen nach der Mutter, in Fieberphantasien, in der Nähe des Todes. Die Nähe eines mütterlichen Menschen wäre beim Sterben eine gute Hilfe. In den Notizen meiner ersten Lehranalyse bei Prof. F. lese ich: Wenn ich sterben müßte, sollten Prof. F., Erna, Otto und Pater N. da sein, wohl nicht alle zusammen, sondern einzeln. Heute, da ich meine zweite Analyse absolviere, sollte es von diesen nur Pater N. sein: er ist ein guter, mütterlicher Mensch. Es könnte auch eine vernünftige Krankenschwester sein, oder, noch besser, Eva T. Bei Krankenschwestern (falls es Ordensschwestern sind) besteht die Gefahr einer Frömmigkeit, die ich ablehne. Ich habe keinen Zugang zu den Bräuchen, wie sie so in den Klostergemeinschaften sind: das Sterben wird institutionalisiert und zum Kult. Ich will das nicht haben, dieses Dabeisein, diesen Altar im Zimmer, die Kerzen usf. Es soll

nicht mehr als einer im Zimmer sein. Wenn ich krank bin, möchte ich die Pflege durch eine Schwester. Der Ausgangspunkt war: Tod als Inzest, als Rückkehr zu der Mutter (zu den Müttern?) . . .».

Ist die nekrophile Beschäftigung mit dem Tode doch *auch* eine lebensbejahende Wiederholung zur Bewältigung der Lebensbedrohung?

Wir wollen die Kapitel über Wiederholungszwang und «Todestrieb» zusammenfassen. Die Erhellung des Wiederholungszwanges ist eine der bedeutendsten und folgeschwersten Erkenntnisse SIGMUND FREUDS. Im Wiederholungszwang erblickte FREUD den Beweis für die Tendenz des Triebes, ursprüngliche Zustände wiederherzustellen, zu dem Ausgangspunkt zurückzukehren. FREUD sah sich gezwungen, die Wirkung eines «Todestriebes» anzunehmen, welcher die – aus innerer Notwendigkeit entspringende – Strebung alles Lebendigen nach dem Tode bedeutet.

Die hier dargebotene Analyse des Wiederholungszwanges, die mit möglichster Sorgfalt – von den Hypothesen und Beobachtungen FREUDS ausgehend – durchgeführt wurde, scheint uns zu bestätigen, daß im Wiederholungszwang der Ursprung des Lebens aus dem Anorganischen immer gegenwärtig, aber auch dialektisch aufgehoben ist. Wir sind nicht berechtigt – wie dies die meisten Psychoanalytiker und alle Psychologen und Verhaltensphysiologen tun – die Todestrieb-Hypothese dergestalt zu verharmlosen oder zu leugnen, daß wir das Todesprinzip zu einem außerpsychologischen Gegenstand außerhalb des Lebens verniedlichen oder es lediglich mit der positiven Bedeutung der Aggressivität gleichstellen. Ein Todesprinzip waltet in der Existenz und offenbart sich am deutlichsten im Wiederholungszwang.

Doch der Wiederholungszwang ist von Grund auf ambivalent. Durch ihn wirkt auch die grundsätzlich neue Qualität des Lebensanfanges: das Eigentliche des Lebens, welches wir mit FREUD Eros nennen. Letzterer ist es, der das Leben als Lebendes ausmacht, und er besteht aus ständiger Übersteigerung, Transzendierung seiner selbst. Leben ist nicht nur Lebens*erhaltung*, sondern auch (um der Erhaltung willen) Lebens*überschuß*. Das Leben gebiert neue Qualitäten, während der Tod keine qualitative Steigerung und Ausfaltung kennt.

Daher grundsätzlich: «Ziele» des Lebens sind *nicht* außerhalb des Lebens mit seiner eigenen Selbstübersteigerung zu suchen. Und zweitens: Wo Leben ist, zumal ein sich selbst bewußtes, wird letztendlich die Aufhebung des Todes in einer neuen Synthese angestrebt. Wir können FREUD nicht in seiner Leugnung des positiven, fortschreitenden und sich qualitativ überhöhenden Ordnungsprinzipes des Lebens folgen. Eros kann nicht stillstehen. Wir dürfen und müssen die Utopie aufstellen, wonach der Eros seinen Widersacher Thanatos in einer neuen Zuständlichkeit des sich bewußten Seins besiegen und aufheben wird[57].

Und doch ist Thanatos im Leben gegenwärtig, stets belagert er die menschliche Existenz. Die jahrelang währende Sichtung des psychoanalytisch gewonnenen Materials und der Versuch seiner «metapsychologischen» Interpretation haben uns – zugestandenerweise – nicht allzu weit geführt, obwohl wir uns ursprünglich gegen die Präsenz des Todes in den Lebensäußerungen des Menschen ideologisch gesträubt haben. Die ständige Wirksamkeit des Todesprinzips *im Leben selbst des Menschen* ist für uns – nicht anders als für FREUD – eines der «rätselhaftesten Probleme» in der Psychoanalyse geworden. Die Forschung an dieser Todeswirksamkeit muß fortgesetzt werden und sich langsam gegen alle Verschleierungen der scheuen Rationalisierung durchsetzen. Vorläufig will uns scheinen, daß die FREUDsche Hypothese vom «Todestrieb» historisch und methodologisch notwendig war, obwohl sie vielleicht recht heterogene Elemente auf einen nicht sehr genauen Nenner bringt. Zu diesen Elementen – so haben wir angedeutet – gehört vielleicht die libidinöse Besetzung aggressiver Strebungen, dann die vorbewußte und unbewußte psychische Übersetzung der Entropiezunahme im Organismus, ferner auch die vorbewußte und unbewußte – spezifisch-menschliche – Einstellung zu den verwirrend ambivalenten Wirkungen des Wiederholungszwanges: letzterer offenbart sowohl die «konservative Natur der Triebe» als auch deren Lern- und Übungsfunktion (Trieb-Dressur-Verschränkung).

Alles in allem, ist der sogenannte «Todestrieb» wahrscheinlich ein Gesamt der artspezifischen Reaktionen des *homo sapiens* auf sein Wissen um den Tod. Dieses Wissen braucht nicht «vernünftig» zu sein – es fragt sich, inwiefern wir *unseren* Tod mit Vernunft erfassen können! –; vielmehr benützt dieses Wissen – ohne dieser Komponenten und Analogien bewußt zu sein – alle Erfahrungen der Frustration und des Bedrohtseins. Selbst die Rebellion gegen das Todesprinzip, ob anarchistisch und leidenschaftlich, ob organisiert und zivilisatorisch, kann – soweit sie nur «Antithese» zu dem Tode ist – sich nicht von den tödlichen Elementen freihalten. Der Mensch ist durch den Tod bedrängt und findet Analogien zum Tod – in seinem Leben. Den Tieren ist weder Wissen um den Tod noch die Rebellion dagegen gegeben.

---

[57] Dies gerade *weil* das lebende und bewußte Sein dem unbelebten und unbewußten entspringt, letzteres somit aufhebt. Vielleicht dachte FREUD etwas zu statisch, als er schrieb: «Ich habe viel Respekt vor dem Geist, aber ob ihn die Natur auch hat? Er ist doch ein Stück von ihr, das Übrige scheint ohne dieses Stück gut auskommen zu können» (S. FREUD, O. PFISTER, *Briefe*, a. a. O., Brief 92 vom 7. Februar 1930, ebenda, S. 145).

Wir sind allerdings auch weiterhin im Zweifel, ob die Wirksamkeit des Todes im menschlichen Leben zurecht mit dem FREUDschen Terminus «Todestrieb» belegt wurde. Die Triebe sind unmittelbar der Stoff des Sublimationsprozesses, die «natürliche» Aggressivität nicht ausgenommen. Ob dies auch der Fall ist für die spezifisch menschliche Destruktionstendenz, scheint uns höchst zweifelhaft zu sein. Die Sublimation benützt die positive Energie des Triebes, um sie auf ein anderes Ziel zu lenken; demgegenüber wird es sich doch dergestalt verhalten, daß es für jede «Übertragung» vom eigentlichen Todesziel auf ein destruktives *Lebensgeschehen* der Investition dieses Geschehens durch die abgelenkte und gebundene Libido bedürfen wird – auch für den Sadomasochismus, auch für die Trennung ... Vielleicht also – im Hinblick auf die Libido – ist die Destruktionstendenz schon eher eine Art besonderer nekrophiler «Perversion», die der Naturfremdheit des Menschen entspricht. Es wäre verhängnisvoll, die Bedeutung dieser allgemeinen menschlichen «Perversion» zu unterschätzen, und sie etwa mit der im Tierreich beobachteten Aggression gleichzustellen. Eine besondere Tragik liegt darin, daß die Geschichte zwar gegen das Todesprinzip gerichtet ist, dasselbe aber noch unentmischt vehikuliert und tradiert[58].

Die Kultur ist eine Abwehr gegen das Todesprinzip, sie ist eine Antwort auf den Tod und trägt Elemente des von dem Leben nicht geschiedenen Todes in sich. Jedoch: Diese Abwehr stellt eine *neue Qualität in der Naturgeschichte* dar: als Geschichte ist sie ein Sprung aus der Naturgeschichte heraus. Als Abwehr, als Antwort trägt sie notwendigerweise Eigenschaften des Todes in sich, zeigt aber eine qualitativ neue Dimension auf, nämlich die *bewußte* Mehrung des Lebens und Steigerung seiner Selbststeuerung. Das Es wird zum Ich, obwohl oder weil vom Untergang bedroht.

Die Praxis der Psychoanalyse ist selbst ein gutes Beispiel für diese Aufgabe der Kultur. Sie trägt Todeserscheinungen in sich, da sie als eine «Antwort» darauf entstanden ist. Doch ihre Praxis reduziert sich nicht auf die

---

[58] In einer interessanten Schrift, von der wir erst nach Fertigstellung unseres Manuskriptes Kenntnis erhielten, hat neuerdings ROLF DENKER darauf hingewiesen, daß es bei der Kritik der unterdrückenden Herrschaftsstruktur darauf ankommt, «auch die bisher nicht genau untersuchten Formen der Verdrängung und Abwehr des – zu entmythologisierenden – Todestriebes aufzudecken und den Kampf gegen den dann erkennbar werdenden menschenverschuldeten, vermeidbaren unzeitigen Tod aufzunehmen» (ROLF DENKER, *Aufklärung über Aggression. Kant, Darwin, Freud, Lorenz.* W. Kohlhammer Verlag, Stuttgart-Berlin-Köln-Mainz, 1966, S. 128). Inwiefern sind die Begriffe vom «vermeidbaren, unzeitigen» Tod relativ und durch den Menschen noch zu ändern? R. DENKER deutet die geschichtliche Dehnbarkeit der Antwort an, indem er den berühmten Satz MARX' paraphrasiert: «Die Menschen haben bisher den Tod nur verschieden abgewehrt, nicht aber den Kampf gegen ihn aufgenommen» (loc. cit., ebenda). Wir verweisen hier ausdrücklich auf die Abhandlung DENKERS.

Benützung des «Todestriebes»; im Gegenteil, ihr Rückgriff gehorcht dem «Prinzip Hoffnung» und gilt grundsätzlich der sich transzendierenden und überhöhenden Eigenschaft des Eros. Die Psychoanalyse ist auf dem Wiederholungszwang aufgebaut, jedoch auf der spezifisch-neuen Qualität dieser Erscheinung: nämlich auf dem «Noch-Nicht» der Wiederholung, auf dem in ihr enthaltenen Künftigen und Utopischen.

## III. GIBT ES IN DER TRENNUNG EIN
## PRIVILEGIERTES GESCHLECHT?

Trifft die Katastrophe der Trennung beide Geschlechter in ähnlicher Weise? Ist nicht der eine Partner aus der Tatsache seiner Geschlechtszugehörigkeit heraus eher bereit, die Trennung zu überwinden?

Selbst diese Frage weist auf ein *männliches* Vorurteil hin, da ein Vergleich nur – aus der Sachlage der wissenschaftlichen Untersuchungen heraus – die *männlichen* Verhaltensweisen als Maßstab setzen kann. Wohl ist die Zahl der ernsthaften Untersuchungen über das erotische Leben und Selbstverständnis der Frau schon unübersehbar, doch nicht einmal die Psychoanalyse konnte in dieses Problem entscheidende Klarheit bringen – nicht einmal die von weiblichen Psychoanalytikerinnen wie Lou Andreas-Salomé, Helene Deutsch, Françoise Dolto, Jeanne Lample de Groot, Marie Bonaparte, Melanie Klein u. a. m. angestellten Untersuchungen. Glücklicherweise ist es nicht unsere Absicht, uns auf dem Terrain einer differentiellen Studie der weiblichen Erotik zu versuchen: dieses Gebiet soll hier nur insoweit gestreift werden, als es mit dem, was wir untersuchen, zusammenhängt. Die Gefahr einer mehr differentiellen als vergleichenden Betrachtungsweise bei dem Studium der weiblichen Sexualität liegt darin, daß *Unterschiede* zwischen der männlichen und der weiblichen Sexualität mehr beachtet werden als Ähnlichkeiten. Die Wissenschaft, wie die ganze «abendländische» Kultur, von der sie eine vornehme Erscheinung ist, war und ist noch immer (zumal die Wissenschaft vom Menschen) zu einem beträchtlichen Teil eine Schöpfung des Mannes. So konnte die Frau nicht umhin – auch die Wissenschaftlerin nicht –, die männliche Betrachtungsweise zu introjizieren und sich selbst somit als «zweites» Geschlecht wahrzunehmen (Simone de Beauvoir); sei es nun, um ihre Sonderlage als ihr wesenhaft zugehörend zu rationalisieren, oder um aggressiv einen Rollenwechsel mit dem dominierenden Mann anzustreben. In beiden Fällen bleibt das Selbstverständnis der Frau bis zu einem gewissen Grad in den Kategorien alter Mystifikationen verhaftet, und der Mythos einer «arteigenen» Weiblichkeit kann noch immer Siege feiern. Die geheimnisvolle Opazität des «Weiblichen» bleibt nicht nur die nämliche, sondern sie wird durch empanzipierte Vertreterinnen des Geschlechtes mitunter noch bestätigt und sogar gesteigert. Hier wiederholt sich die Herr-und-Knecht-Dialektik Hegels: um eine Herrschaft zu brechen, ist man gezwungen, den Platz des Herrschenden einzunehmen, seine «Eigenschaften» für sich in Anspruch zu nehmen und somit die eigenen überlieferten «Eigenschaften» zu bestätigen – und sei es nur, um sie zu verdammen und zu leugnen. Ob konservativ oder rebellisch, muß die Frau in dieser Krise ihre «spezifisch weiblichen Kategorien» hypostasieren, indem sie sie mit dem Manne bejaht oder gegen den Mann leugnet. Zu diesen weiblichen Kategorien gehören unter anderem jene sprichwörtliche Gefügigkeit, jene Opferbereitschaft und Demut in der Liebe, die FREUD mit einem «primären Masochismus» der Frau in Verbindung setzte, ohne dabei der Frage nachzugehen, ob dieser Masochismus (der bekanntlich die notwendige Begleiterscheinung seines Widerparts, des Sadismus, ist) *nicht so sehr auf der biologischen Tatsache der Penislosigkeit, als vielmehr auf der soziologischen Tatsache des Penisprimates fußt.*

Das Erbringen des Beweises, daß die Frau in der Liebe «passiver» (demütiger, opferbereiter) ist als der Mann, würde folgerichtig bedeuten, daß sie sich notwendigerweise (aus ihrer Biologie heraus) an ihren Partner «mehr anpassen» müsse, als dies umgekehrt der Mann imstande oder gewillt ist zu tun. Das ohnehin schillernde Wort «Anpassung» würde daher eine gleichsam negative Bedeutung im Sinne einer leicht erreichbaren, immer erneuerten, oberflächlichen, gleichsam unverbindlichen – ja sagen wir «charakterlosen» – Beziehungsart erhalten, die zwar Anlehnungsbedürfnis, aber keine wirkliche Prägsamkeit bedeutete: «Schwachheit, dein Name ist Weib». Diese Passivität würde bedeuten, daß die Frau, auf Grund biologischer und unumstößlicher Ursachen, viel weniger der sexuellen Prägung zugänglich wäre als der Mann; mit anderen Worten (und nun sind wir *medias in res* beim Gegenstand unserer Untersuchung), daß die Frau gerade dank ihrer «Anpassungsfähigkeit» – in jener Mangelform, die wir soeben beschrieben haben – auch jeder *neuen* Anpassung gegenüber unverbindlich disponibel, verfügbar, offen bliebe. Damit wäre auch mit einem hohen Grad an Wahrscheinlichkeit vorausgesagt, daß die Frau in der Liebestrennung keineswegs dieselbe Art existentieller Katastrophe und Lebenszäsur erleben könne wie der Mann, beziehungsweise, daß sie eine solche Zäsur in «natürlicher» Weise durch neue Anpassungen und leichtere Verdrängung früherer – oberflächlicher – Prägungen zu überbrücken imstande ist. Und somit wird die Frau in der Trennung viel eher als der Mann dem Tode zu einem doppelten Sieg verhelfen: zum ersten, indem sie die Trennung im Zusammenwirken mit dem Mann aus «realistischen», sozial-konformistischen Gründen vollzieht, zum zweiten aber – und hier würde sie dem Mann «überlegen» sein, zumindest in der erfolgreichen Abwehr – weil sie den Eros gründlicher verraten und ihn erfolgreicher als der Mann der Verdrängung, dem Vergessen, überliefern wird.

Man sage nicht, das habe wenig mit dem sexuellen Habitus zu tun. Womit sonst, falls die Wurzel der weiblichen Erotik von *Natur* aus autoerotischer, narzißtischer, unprägsamer sein soll als die der männlichen? Die ewige Frage der Getrennten, nachdem die Katastrophe der Trennung über sie hereinbrach: «Hat sie, hat er mich geliebt?» wäre anders zu beantworten, *falls* die Liebe zweier Menschen *einen* von ihnen (und zwar die Frau, *weil* sie Frau ist!) notwendigerweise weniger tief und dauerhaft prägte als den anderen, falls die Trennung zweier Menschen bei *einem* von ihnen (bei der Frau!) weniger Spuren hinterließe als bei dem anderen, falls die Bindung zweier Menschen von dem *einen* (von der Frau!) dank einer besonderen «Anpassungsfähigkeit» leichter aus dem Bewußtsein verdrängt würde als von dem anderen.

Tatsächlich sprechen hierfür auch gewisse Beobachtungen. Vielleicht ist die Frau in jeder neuen Liebe gleichsam «jungfräulich» und steht der neuen Erfahrung viel offener als der Mann. Sie vermittelt vielleicht den Eindruck, frühere Beziehungen erfolgreicher zu «verleugnen», zu «verdrängen» als der Mann. Sie wäre somit an frühere Erfahrungen weniger fixiert und dank ihrer Art von «Passivität» für neue Erfahrungen freigehalten. Das leichte Vergessen alter Prägungen – deren Verdrängung (und FERENCZI bemerkte richtig, daß die psychische Verdrängung eine biologische Wandlungsfähigkeit voraussetzt) – wäre tatsächlich die Vorbedingung für die Verfügbarkeit, für das «disengagement», für die Bereitschaft gegenüber *neuen* Anpassungen, neuen (vielleicht ebenso oberflächlichen) Prägungen, die wiederum leicht ausgelöscht werden können. In der Tat sind die Männer jeweils stolz darauf, die Frau «geprägt» zu haben. Machen sie sich hierbei nicht Illusionen? Und bedenken sie auch genug, daß dieser schmeichelhafte Eindruck gerade die Wandlungsfähigkeit verbirgt, daß also die von ihnen vollbrachte Prägung wenig Chancen hat, tief zu reichen?

Daß die Passivität im sexuellen Verhalten gerade mit der geringen Prägsamkeit in direkter Relation steht, mag einen Mann, der darauf stolz ist, die «passive» Frau nach seinen Wünschen «geprägt» zu haben, verwundern; es ist indes einleuchtend, daß die aus der Erfahrung entstandenen Prägungen des sexuellen Verhaltens der Frau um so oberflächlicher und schwächer sind, je «passiver» diese in ihrem sexuellen Verhalten *tatsächlich* ist, da ja ein *stark* ausgeprägtes sexuelles Verhalten alles andere als passiv sein sollte.

In ihren geduldigen, statistisch breit und rigoros angelegten Untersuchungen haben KINSEY und seine Mitarbeiter zahlreiche Daten gesammelt, die – zunächst ungeachtet ihres historischen Kontextes – Beweise für die sexuelle Passivität und geringe Prägungsbereitschaft der Frau zu lie-

fern scheinen (ALFRED C. KINSEY, WARDELL B. POMEROY, CLYDE E. MAR-
TIN, PAUL H. GEBHARD, *Das sexuelle Verhalten der Frau*, S. Fischer Verlag, Berlin/Frankfurt a. M., 1963). Diese Untersuchungen zeigen, daß im
allgemeinen die Männer in ihrem sexuellen Verhalten viel stärker durch
frühere sexuelle Erfahrungen geprägt sind als die Frauen und daß das
männliche Sexualverhalten von einer größeren Anzahl zugeordneter Faktoren abhängig ist als das der Frauen. Mit anderen Worten: das sexuelle
Verhalten des Mannes wird im Durchschnitt durch frühere Erfahrungen
*stärker* bestimmt; oder anders ausgedrückt: das sexuelle Verhalten des
Mannes wird durch die Assoziationen mit früheren Erfahrungen viel tiefer
beeinflußt als das sexuelle Verhalten der Frau. Somit wird die Frau viel
seltener durch psychologische Faktoren (wie zum Beispiel Wirksamkeit
von Assoziationen mit früheren Erfahrungen) beeinflußt. Hiermit wäre
denn bewiesen, daß das sexuelle Verhalten der Frau viel weniger prägsam
ist, oder – besser gesagt –, daß bei ihr die sexuelle Prägung viel weniger
in die Tiefe geht als beim Manne; diese geringere Prägungsbereitschaft der
Frau erlaubt ihr, viel passiver und unbeeinflußbarer zu bleiben als der
Mann.

Der «KINSEY-Report» sammelt zahlreiche und sorgfältig durchgeführte
Massenstatistiken, die diese geringere Ansprechbarkeit der Frau zunächst
bestätigen. Diese Zahlen demonstrieren eindeutig die *faktisch* geringere
Prägsamkeit der Frau gegenüber dem Manne in bezug auf sexuelle Neugier, Vorstellungen, Phantasien und Abartigkeiten. Nun meint KINSEY
dazu, daß diese geringere Prägungsbereitschaft eine *biologische* sei, sozusagen der Frau «arteigen» und wesenhaft, und er erinnert zur Erhärtung
seiner These daran, daß auch bei höheren Säugetieren die Weibchen sexuell weniger prägsam zu sein pflegen als die Männchen.

Jede Statistik braucht eine nuancierte Interpretation, und das ist in ganz
besonderem Maße der Fall für das kostbare Material, das KINSEY und seine
Mitarbeiter auf dem tabuierten Gebiete der menschlichen Sexualität zu-
sammengetragen haben. Es sei darauf hingewiesen, daß die meisten der
von KINSEY und seinen Mitarbeitern zusammengetragenen statistischen
Daten – auch außerhalb des historischen Vergleiches, den wir weiter unten
mit den von KINSEY selbst indirekt gelieferten Auskünften anstellen werden (siehe unten Seite 227) – von KINSEY vornehmlich noch gleichsam im
Rohzustand verallgemeinert werden, sozusagen noch *vor* dem Versuch
einer *möglichen* Interpretation. Die Schlußfolgerung KINSEYS: «Diese Feststellungen weisen darauf hin, daß Frauen deswegen eher zur Akzeptierung
gesellschaftlicher Formen neigen, weil sie nicht so leicht wie der Mann
psychologisch stimuliert werden oder induzierten Reaktionen unterworfen

sind» (op. cit., S. 511) ist jedenfalls fragwürdig. Dieser vermeintliche Kausalzusammenhang läßt sich unter Umständen nur zu leicht umkehren: es wäre durchaus untersuchenswert zu erfahren, ob Frauen nicht auch deswegen weniger leicht als der Mann «psychologisch stimuliert werden oder induzierten Reaktionen unterworfen sind», *weil* sie durch die entsprechende Stellung in der Gesellschaft «eher zur Akzeptierung gesellschaftlicher Formen neigen».

Die Tatsache, daß die geringe psychosexuelle Prägsamkeit der Frau im Einklang mit dem analogen Phänomen bei den höheren Säugetieren steht, würde – wie wir noch unten ausführen werden – zwar den Ausdruck der weiblichen Sexualität mit Wahrscheinlichkeit beeinflussen, jedoch nicht unbedingt auf der unmittelbaren Ebene der sexuellen Praktiken. Diese Tatsache würde sich aber auch auf dieser Ebene auswirken, *falls* eine gewisse Form der kulturell geprägten zwischengeschlechtlichen Beziehungen das Verhalten als «Weibchen» *begünstigt;* andere Kulturformen *können* ebensogut ihre fortschreitende Befreiung von den tierischen Schemata fördern. *Unsere* Kulturform begünstigt auf der einen Seite das Wirken solcher «tierischen» Schemata dort, wo diese für die Erhaltung der Kulturform günstig erscheinen (zum Beispiel Passivität der Frau gegenüber dem rechtmäßigen Besitzer), *genau so,* wie sie auf der anderen Seite imstande ist, solche Schemata dort hart zu unterdrücken und gewaltsam zu sublimieren, wo sie dem herrschenden Leistungsprinzip widersprechen (zum Beispiel die nämliche Passivität gegenüber unrechtmäßigen Kandidaten). Die von unserer – trotz grundlegender Umwälzungen noch in der patriarchalischen Tradition verankerten – Kultur begünstigte und verstärkte Neigung der Frau zur Erschwerung und zugleich Einmaligkeit der Prägung fördert den Typus der «einmal liebenden Frau», der «guten Mutter für die Kinder», der «weiblich treuen Gattin», so daß die Frau von vornherein dazu neigt, ihre (teilweise auf angeborenen Schemata basierenden) Gefühle zu rationalisieren und widersprechende Erfahrungen und Wünsche zu verdrängen. So wird ein bürgerliches Mädchen, das von neuem eine sexuelle Bindung eingeht, dazu neigen, sich und den anderen weiszumachen, daß es *jetzt zum ersten Male* liebe und vorher Illusionen unterlegen wäre. Hier erkennt man noch den letzten Rest einer weit verbreiteten Auffassung der viktorianischen Zeit, daß eine weiße Frau aus bürgerlichen Kreisen in ihrem Geschlechtsleben – auch im ehelichen – frigid zu sein habe, wobei das Gegenteil als unanständig beurteilt wurde.

Unter dem Druck des Leistungsprinzipes wird also «Natürliches» verdrängt und – wie alles Verdrängte – in Form von Neurosen wiederkehren. Die verdrängten Wünsche der Frau nach geringerer erotischer Eintönigkeit und geringerem sexuellen Konformismus gehören hierher; dabei wird die Verdrängung durch den Wunsch des Mannes begünstigt, aber auch durch den unbewußten Wunsch, es ihm gleichzutun. Ferner kann die Frau auch einen Weg zur Sublimation in der Verwirklichung und Transzendierung des «passiven Schemas» finden; man sollte bei den Auswirkungen des «passiven Schemas» in der menschlichen Spezies nach Möglichkeit zwischen Verdrängung und Selbstsublimierung unterscheiden.

Bei den Vertretern der Gattung *homo sapiens* – auch und im besonderen bei den weiblichen Vertretern dieser Gattung, die mit ihrem Widerstreit zwischen neuer Bewußtseinslage und verstärkten Widerständen in ganz erhöhtem Maße an einem historischen Übergang zu neuen gesellschaftlichen Lebensformen beteiligt sind – lassen sich die «authentischen», «biologischen» angeborenen auslösenden Mechanismen auf der einen Seite, die Produkte der «gewaltsamen Sublimierung» unter dem Druck der Herrschaftsordnung und die reaktiven Bildungen auf diese auf der anderen Seite, und schließlich die Ergebnisse jener «Selbstsublimierung», die die spezifische kulturelle Verhaltensweise des Menschen ist, keineswegs mit Sicherheit entmischen und unterscheiden. Biologische Relikte, symbolische und sublimierte Ausdrücke derselben, Ergebnisse der gesellschaftlichen Unterdrückung, neurotische Reaktionen auf letztere sowie Konflikte zwischen den dergestalt widerstrebenden Tendenzen, alle diese dynamischen Faktoren sind auf dem Gebiete des sexuellen Verhaltens – zumal bei der Frau, die noch von der Gesellschaft mit einander widersprechenden Rollen belastet ist (Weibchen zur Ergötzung des Mannes – gleichgestellte Partnerin des Mannes, aber auch unerwünschte Konkurrentin – auf alle Fälle noch immer «das zweite Geschlecht» SIMONE DE BEAUVOIRS) – zusammen am Werke und es bedarf einer sehr starken Akribie, um eine bestimmte sexuelle Verhaltensweise der einen oder anderen Ebene zuzuordnen. Auch die vielgerühmte – oder vielgeschmähte – «Passivität» der Frau kann in einem nicht näher definierbaren Ausmaße Relikt der angeborenen auslösenden Mechanismen sein, zum Teil auch vielleicht Wiederholungszwang und Zuflucht im historischen Konflikt; zum Teil aber ist sie auch Ergebnis einer unterdrückenden Zivilisation. Auf alle Fälle beruht diese Vorstellung nicht nur auf eindeutigen biologischen Tatsachen, sondern vielmehr auf Vorstellungen, Erwartungen, Abwehrmechanismen, Vorurteilen und Wunschbildern von seiten des Mannes, von seiten der Gesellschaft, und auch – durch Introjektion – von seiten der Frau selbst.

Daß die Biologie der Säugetiere – und somit die biologische Grundlage der Frau selbst – dieser Passivität Vorschub leistet, ist so gut wie sicher. Doch paradoxerweise bedingt die Biologie des *homo sapiens* die fortschreitende Aufhebung – und zum Teil den zunehmenden Verfall – der biologischen Bedingtheit und die Ersetzung derselben durch die Weitung der Weltbezüge und durch das neue Verständnis seiner selbst. *Biologisch* ist der *homo sapiens* ein verfrüht geborenes und schlecht aufgerichtetes Tier; doch er ist das einzige Tier, das sich in der Luft, im Wasser, im Kosmos fortbewegt und sich auf der geistigen Ebene Götter schafft, um dann deren Platz einzunehmen.

Wollen wir einige von den statistischen Daten Kinseys in einen historischen Kontext einordnen, so zeigt sich jedenfalls, daß eine solche Zuordnung die von Kinsey selbst gezogenen Schlüsse in bezug auf die Frau in Frage stellt. Es stellt sich nämlich heraus, daß die statistischen Daten Kinseys von unschätzbarem Wert für die Diskussion über *das durchschnittliche Sexualverhalten der amerikanischen Frau in den Jahren 1940–1950* sind, keineswegs aber als wirkliche biologische und auch nicht als endgültige kulturelle Daten gelten können.

1. Wenn man diese Daten einer chronologischen Studie unterzieht – soweit dies aus den Mitteilungen Kinseys selbst möglich ist –, ist es fast sicher, daß sie das Nachwirken kultureller Änderungen widerspiegeln. Nehmen wir zum Beispiel die Ergebnisse Kinseys über die Häufigkeit der

| | Cunnilingus | Fellatio | Frau oben im Koitus | Nacktheit im Koitus |
|---|---|---|---|---|
| *1. Ledige Mädchen:* | | | | |
| Mädchen, die keinen vorehelichen Koitus gehabt haben .......................... | 3 % | 2 % | – | – |
| Dieselbe Kategorie: Akademikerinnen ..... | * | 5 % | – | – |
| Dieselbe Kategorie: vor 1900 geboren ...... | 1–2 % | 1–2 % | – | – |
| Mädchen, die irgendeine, wenn auch keine sehr ausgedehnte Koitus-Erfahrung hatten .. | 20 % | 16 % | * | * |
| Mädchen mit ausgedehnter Koitus-Erfahrung | 46 % | 43 % | * | * |
| Dieselbe Kategorie: Akademikerinnen ..... | * | 62 % | * | * |
| *2. Ehefrauen:* | | | | |
| Frauen im ehelichen Koitus .............. | 54 % | 49 % | * | * |
| Dieselbe Kategorie: vor 1900 geboren ...... | * | 29 % | 35 % | 67 % |
| Dieselbe Kategorie: zwischen 1920 und 1929 geboren ................................ | * | 57 % | 52 % | 92 % |

Das Sternchen (*) bedeutet, daß hierüber bei Kinsey keine Angaben zu finden sind [59].

[59] Ähnliche Angaben über die Veränderung der sexuellen Verhaltensweisen bei Frauen nach Bildungsgrad und Geburtsjahr sind indirekt durch die Daten über das sexuelle Verhalten des amerikanischen Mannes zu eruieren: siehe Alfred C. Kinsey, Wardell B. Pomeroy, Clyde E. Martin, *Das sexuelle Verhalten des Mannes*, S. Fischer Verlag, Berlin/Frankfurt a. M., 1964, insbesondere Tabelle 53 auf S. 334.

Kontakte zwischen Mund und Genitalien, über die Häufigkeit des Koitus, in dem die Frau *über* dem Manne liegt beziehungsweise sitzt, und schließlich über die Häufigkeit der Nacktheit während des Koitus. Ordnen wir – soweit es die Angaben KINSEYS selbst erlauben – diese Ergebnisse nach gewissen, von KINSEY erwähnten, sozialen Kategorien und geschichtlichen Momenten, so ergibt sich die – lückenhafte, und doch deutlich geordnete Tabelle, die wir oben aufstellen. Wir erinnern daran, daß die Untersuchungen KINSEYS und seiner Mitarbeiter zwischen 1938 und 1953 durchgeführt wurden; die benützten Daten finden sich auf den Seiten 212–213, 284–285 und 286–288 des oben zitierten Werkes.

Wir sehen also deutlich *die Zunahme gewisser sexueller Praktiken bei jüngeren Generationen und bei höherem Bildungsniveau*. Dies ist ein unverkennbarer Hinweis auf den Wandel der historisch-sozialen Situation der Probandinnen sowie auch auf den Wandel der Situation bei den Frauen, die bereits sexuelle Erfahrungen besitzen. Trotz der von KINSEY offengelassenen Lücken sprechen die Zahlen für sich selbst. Es ist dabei nicht anzunehmen, daß es sich bei dieser Zunahme der aktiven Praktiken ausschließlich – oder auch nur vorwiegend – um eine zunehmende «passive Anpassung» der Frauen an die Wünsche der *Männer* handelt. Im Gegenteil: die emanzipiertere, gebildetere und erfahrenere Frau sollte in diesem Fall insoferne weniger «passiv», weniger «anpassungsfähig» sein, als sie in zunehmendem Maße von ihrer weiblichen Eigenschaft Bewußtsein erlangt und sich nicht mehr mit der Rolle eines puren Lustobjektes (was man unverständlicherweise annehmen sollte) zufriedengeben kann. Vielmehr erscheint die Frau im Lichte dieser Angaben korrelativ zur zunehmenden Bildung und Selbständigkeit weniger gehemmt und sie zeigt – wiederum in positiver Korrelation zum Bildungsgrad und zur gesellschaftlichen Emanzipation – mehr Phantasie und mehr psychische Prägsamkeit. Es wäre nicht ganz abwegig anzunehmen, daß eine ähnliche Auflockerung in den Triebhemmungen der Frau und folglich auch in gleicher Weise in ihrer psychischen Abwehr gegen das Bewußtwerden der *eigenen* sexuellen Wünsche – wenn auch vielleicht langsamer – auf anderen sexuellen Gebieten stattfindet.

Es bliebe noch der mögliche Einwand, daß die soziale Entwicklung unserer Zeit den biologischen Eigenschaften der Geschlechter keine Rechnung trage und daß die moderne Frau in ihrem sexuellen Verhalten gleichsam in die Rolle des Mannes hineingezwängt sei. Diese Argumentation würde jedoch auch den Wert anderer statistischer Angaben über die Frau in Frage stellen, da auch die nicht emanzipierte Frau offenkundig zu einer bestimmten gesellschaftlichen Rolle gezwungen war. Vor allem aber läßt sich überhaupt fragen, inwieferne der *homo sapiens* ein «biologisches» Wesen ist; die Kultur siebt immer biologische Eigenschaften, einem Filter und Verstärker gleich, und behält und fördert nur diejenigen, die ihr geeignet erscheinen. So wird die Biologie immer durch die Kultur fast bis zur Unkenntlichkeit überformt.

2. Auch das sexuelle Verhalten des Mannes hat nach den Untersuchungen KINSEYS und seiner Mitarbeiter eine analoge Veränderung erfahren wie das der Frau, und KINSEY selbst zögert nicht, diese Veränderung des männlichen Verhaltens auf den Einfluß sozial-historischer Faktoren zurückzuführen (siehe darüber KINSEY, ebd., insbesondere Kapitel 10).

3. KINSEY weiß von der auffallenden Variationsbreite des sexuellen Verhaltens der Frau zu berichten, die die Variationsbreite des sexuellen Verhaltens des Mannes übersteigt. Wenn also die «durchschnittliche» Amerikanerin der fünfziger Jahre noch immer weniger «prägsam» war als der «durchschnittliche» Mann, so findet KINSEY selbst relevante Zahlen von Frauen, *die es doch noch mehr sind* als die Männer.

Bei Frauen wie bei Männern sind große individuelle Unterschiede des sexuellen Verhaltens zu beobachten *(Das sexuelle Verhalten der Frau,* op. cit., S. 499). Es gibt sogar mehr Frauen als Männer, die durch sexuelle Phantasien und Träume allein, also *ohne* physische Stimulierung, sondern durch psychische Prägung und Vorstellungskraft, zum Orgasmus gelangen. Die Variationsbreite der Frauen in ihren Reaktionen auf psychische Reize ist «viel größer» als die der Männer. Es gibt viele Individuen und «besonders viele Frauen», die stark von der Durchschnittsnorm abweichen.

Wie ist dieser Widerspruch zu erklären? Er legt viel eher Zeugnis ab für einen gerade in Gang befindlichen historischen Prozeß, für eine *Umprägung* der Frau, als für eine recht unerklärliche Anhäufung *biologischer Ausnahmen.* Ja, er spricht sogar unter Umständen dafür, daß die Frau *prägsamer* als der Mann sein könnte, da sie sich «passiv» in einer kulturellen Situation verhält, die ihre Passivität fördert, aber auch besonders «aktiver» Verhaltensweisen durchaus fähig ist, wobei letztere bei ihrer Emanzipation rasch zunehmen.

Die Beobachtung des sexuellen Verhaltens der Frau im klinischen oder psychoanalytischen Gespräch vermittelt uns ein viel komplizierteres und widerspruchsvolleres Bild als ein statistischer Durchschnitt. Der faktische Wert statistischer Ergebnisse ist durchaus nicht angetastet, erfährt aber eine Beleuchtung, die eventuell zur Revision der allzu einfachen Interpretationen führen kann. Jeder Praktiker der Psychoanalyse und angrenzender Disziplinen weiß außerdem, wie erstaunlich offen ein klinisches Gespräch sein kann, in welchem das Vertrauensverhältnis hergestellt wurde.

Und der Einwand, dem wir begegneten, unsere Probandinnen hätten manches dazuphantasiert, würde – falls ihm die geringste Berechtigung zukommen sollte – die Frage aufwerfen: durch welche geheimen Wünsche getrieben phantasiert denn die Frau über Beziehungen, in welchen sie gerade ihre Phantasie entfalten könnte? Sogar dieser Einwand würde noch die psychische Erregbarkeit der Frau belegen.

101. Der schon mehrmals erwähnte Dr. C. D. schildert, wie seine jugendliche Geliebte L. ihm sagte, sie traue sich nicht, mit ihm geschlechtliche Beziehungen einzugehen, da «sie so unerfahren» sei. Mit großer Begeisterung versuchte sie dann, sich diese Erfahrungen anzueignen. Sie fürchtete zuerst, etwas «ungeschickt zu tun», doch C. D. berichtet, sie hätte dabei rührenden guten Willen und große Neugierde gezeigt. Sie schien ihn als Meister zu betrachten, und nach der oben beschriebenen Trennung übertrug sie diese Einstellung auf eine geistige Ebene. Wir berühren hier die Frage der «geistigen» oder sublimierten Prägung, zu der wir noch unten zurückkommen werden (siehe Seite 242). C. D. ist der Meinung, daß L. sehr bald zur vaginalen Befriedigung gelangte, da er bei ihr sehr ausgiebige stoßartige Ergüsse des Sekrets und das Zusammenziehen der Muskulatur des Perineums und des Pelvis beobachtete. – Diese Beobachtung kann selbstverständlich im Sinne der Passivität der Frau interpretiert werden: letztere paßt sich den Wünschen des verehrten Mannes an. Uns scheint in dieser typischen Situation eine Ambivalenz am Werke zu sein: denn die junge unerfahrene Frau hat zwar den Wunsch, sich «anzupassen», aber hierin liegt auch ein psychischer Reiz, und *de facto* die Ausübung einer Aktivität.

135. Die Probandin NON, 20 J., erzählt uns von der Trennung von einem verheirateten Mann. Sie war mit ihm sexuell glücklich gewesen, und sie ist es auch mit ihrem gegenwärtigen Freund. Der verheiratete Mann scheint aber eine mehr «differenzierte» Sexualität gehabt zu haben. Oft nahm er sie für den Koitus über sich. «Ich hatte das Gefühl, er hält keine zu großen Stücke auf seine Männlichkeit. Er überließ mir die völlige Freiheit, in der Liebe so zu sein, wie ich gerade wollte. Warum wollen nur die Männer immer männlich sein? Unter dem Mann zu liegen, von ihm ganz abhängig zu sein, das freut mich auch, wissen Sie, aber schließlich nicht nur so.» Die junge Frau ist ganz bestimmt nicht frigid. Mag ihr Bedauern mit Penisneid u. dgl. m. interpretiert werden, Tatsache ist, daß sie sich mit den Praktiken ihres getrennten Partners in der Phantasie beschäftigt.

Wir beobachteten bei Frauen oft starke, manchmal eindeutig perverse Fixierungen auf orale oder anale Sexualpraktiken. Auch KINSEY räumt diese Möglichkeit ein. Doch unsere Beobachtungen gingen des öfteren dahin, daß die Lust an solchen Praktiken mit der Lust am «normalen» Koitus – bei Frauen mit vaginaler Orgasmusfähigkeit also – sehr gut einherging.

Wir haben auch öfter als man vielleicht vermuten würde von triolistischen Praktiken bei Frauen gehört. Dabei hatten wir das Gefühl, daß Frauen solche Praktiken wohl aus Liebe zum Manne akzeptieren, aber schließlich durch die Anwesenheit der anderen Frau angeregt sind und diese auch manchmal im «normalen» Koitus herbeiphantasieren. Wir erinnern noch unten (S. 237 ff.) an die Beobachtung FREUDS, daß die «bisexuelle Anlage» bei der Frau deutlicher hervortritt als beim Manne. Die Erklärung solcher Praktiken durch die «Opferbereitschaft» der Frau, die die Anwesenheit einer Rivalin zur Ergötzung des geliebten Mannes duldet, enthält sicher Elemente der Rationalisierung, die dem moralischen Alibi der Frau willkommen sind.

Manche Probandinnen, die eindeutig des vaginalen Orgasmus fähig sind, erzählten uns, daß der Anblick des errigierten Penis, des Urinierens, des Onanierens von seiten des geliebten Partners sie «furchtbar», «sehr stark», «außerordentlich» errege. Wir stellen selbstverständlich nicht den «infantilen» Charakter dieser sexuellen Reizbereitschaft in Abrede. Aber genau wie bei den oralen und analen Praktiken konnten wir des öfteren den

Eindruck gewinnen, daß die Frauen zwar durch diese Praktiken oder durch die Vorstellung von solchen wohl sexuell gereizt und auch zum vaginalen Orgasmus gebracht werden können, daß sie aber viel vorsichtiger in der Geheimhaltung derselben sind, beziehungsweise auf ihre Ausübung verzichten, wenn ihr Partner solche Praktiken nicht zu kennen oder nicht zu wünschen scheint. Ist dies ein Beweis für geringe Prägsamkeit und Passivität? In gewisser Hinsicht vielleicht, aber streng genommen nur in *sozialer* Hinsicht, da die Frau glaubt, auf dem Terrain der sexuellen Wünsche reservierter sein zu *müssen* als der männliche Partner. Die von der Frau verlangte oder bei ihr vorausgesetzte Passivität ist von ihr weitgehend akzeptiert – auch im Geschlechtsverkehr, insoferne dieser letztlich doch auch ein gesellschaftlicher Verkehr ist. – Auch haben wir den Eindruck, daß die Frau zwar sehr bereit ist, psychisch gereizt und durch verschiedene bis jetzt erwähnte Praktiken auch geprägt zu werden, daß diese Bereitschaft jedoch in höherem Maße als beim Manne das Vorhandensein echter Beziehungen voraussetzt. Wenn man hierin auch eine besondere Passivität zu erblicken gewillt ist, so ist diese eine höchst selektive Passivität, so daß sie eigentlich in ambivalenter Weise zur unterscheidenden Wahlfähigkeit, also zur aktiven Beziehungsgestaltung wird.

Wir konnten auch oft genug beobachten, daß fixierte «perverse» Prägungen gerade bei nicht-frigiden Frauen diese in ihren Wünschen und Erinnerungen ganz besonders an den getrennten Partner banden, wobei hier nicht nur die Rede von «Hörigkeit» ist, sondern auch von einer Art Sublimierung auf der geistigen Ebene. Wir konnten aber auch Fälle feststellen, bei denen die perversen Praktiken mit Frigidität einhergingen, um dann, zum Beispiel nach einer Analyse, sowohl einer «normaleren» Sexualität als auch einer vertieften geistigen Bindung an den Mann Platz zu machen. Die Selbstsublimierung scheint also nicht so sehr in die Richtung des Aufgebens solcher Praktiken im allgemeinen zu gehen, als eher in die Richtung des Aufgebens der Praktiken, wenn diese neurotisch bedingt sind. Daran ist auch nichts Unerwartetes, doch dadurch bedarf die Tatsache der «schwachen Prägungen» einer nuancierteren und jedem Fall adäquateren Deutung.

105. Frau RIK, 22 J., deren Bekanntschaft wir schon anläßlich der Schilderung der Liebestrennung gemacht haben (siehe oben S. 41 f.), klagt, daß ihr Gatte zu «keusch» in der Liebe sei, daß er sie mit zuviel «Respekt» behandle; RIK kommentiert ironisch: «Eine christliche amerikanische Frau hat sich im Bett nicht wie eine Hure zu verhalten». Sie sehnt sich nach Praktiken, die ihr erster Liebhaber NN. ihr beigebracht hatte (Cunnilingus und Fellatio als Präludium). Zugleich wird sie durch Männer erregt, die demselben Typus angehören wie ihr zweiter Liebhaber XX. (siehe ebenda). Sie erzählt, daß sie ihr Geschlechtsteil gerne zeigt und ebenso gerne das Genitale des Mannes sieht, vorausgesetzt, daß sie von diesem Manne stark angezogen wird. «Da liegt der Unterschied zu den Männern, die sich gerne das Geschlechtsteil jeder Frau ansehen!» Doch schwächt sie diese Unterscheidung sofort ab, da ihr gerade einfällt, daß sie gerne ihre Beine («bis ganz hinauf») demonstriert und auch gerne stark dekolletierte Kleider trägt. Bewundernde Blicke von Männern schätzt sie sehr.

106. Um dem Problem der Trennung näher zu kommen und dabei das Problem der «Passivität» anzuschneiden, fassen wir hier auch das Interview mit einer anderen Probandin, der 21jährigen Frau IVA (S. 42) zusammen. Frau IVA hat eine dramatische Trennung von einem sehr geliebten Mann erlebt. Sie sei daran «fast zugrunde gegangen». Sie versucht nun, die ihr vom Untersuchungsleiter gestellte Frage zu beantworten: Ist die Frau in ihrer Erinnerungswelt «treuer» oder «untreuer» als der Mann? «Vielleicht treuer und untreuer in einem ... Die Frau will in jeder Liebesaffäre ganz von neuem beginnen. Sie will alte Fehler ausradieren, alte Schmerzen über Bord werfen. Sie will nun glücklich sein, dazu muß sie ein neues Leben anfangen, sie muß wie ein Neugeborenes sein». Frage: Ja, warum will sie das? «Weil Liebe für die Frau Bereitschaft zu jedem Opfer ist.» Frage: Was bedeutet das? Was soll eigentlich geopfert werden? «Ach, da stellen Sie eine teuflische Frage! Eigentlich, wenn man so nachdenkt: der Andere. Wenn ich mir einrede, daß

frühere Bindungen eigentlich keine waren, so opfere ich den Anderen, den Früheren ...
Ja, das wird es sein: die Frau ist im allgemeinen aktuell treuer als der Mann, aber sie ist
sich weniger treu, da sie glaubt, man könne so ganz neu sein. Von daher gibt sie sich auch
der Selbsttäuschung hin, daß ein Flirt, eine neue Bindung, sozusagen die erste Liebe, *die
Liebe sei ...*» Und weshalb diese Selbsttäuschung? «Ach, *das ist so die alte Tradition,
die uns Frauen noch verpflichtet. Die Frau hat eben rein zu sein*, es ist doch noch immer
so, nicht? *Und wenn schon nicht mehr körperlich keusch, so wenigstens im Gefühlsleben.*
Daher ist alles, was früher war, sozusagen ein Irrtum gewesen, aber was jetzt ist, muß
Opfer sein, muß große Liebe sein. Es ist so eine Art Entschuldigung. Ich vermute, es sind
Reste der christlichen Erziehung, sogar bei uns Ungläubigen» (Hervorhebungen von uns,
*I. A. C*).

Die angeführten Beobachtungen helfen mit zum Verständnis und zur
qualitativen Erfassung und Interpretation statistischer Ergebnisse, denn sie
werfen neue Fragen auf, die in einer statistischen Studie entweder keine
Antwort finden können oder einfach nicht gestellt werden[60].

Erstens sollte man sich fragen, welche Wechselwirkungen zwischen dem
sexuellen Verhalten und dem *Selbstverständnis* besteht. Unter Selbstverständnis meinen wir hier nicht nur eine rationale Auffassung der eigenen
Rolle, sondern auch den mehr oder minder geglückten *Ausdruck* dieser
Rolle. Wie viele Neurotikerinnen finden sich zum Beispiel in der einen statistischen Gruppe, etwa der «wenig prägsamen» Frauen, oder in der anderen, der «stark geprägten»? Wie viele ganz frigide Frauen? Wie viele
relativ frigide Frauen, zum Beispiel mit vaginaler Frigidität behaftete
Frauen? Ist die geringe Prägsamkeit eher ein Anzeichen für ein glückliches und gesundes Sexualleben oder umgekehrt? Oder besteht hier keine
Korrelation, weder eine positive noch eine negative?

---

[60] Der Leser, der uns bis zu diesem Kapitel folgte, wird hoffentlich nicht argwöhnen,
wir machten uns hier zum Anwalt der sehnsüchtigen Illusion, die den phallischen Besitzer
kennzeichnet: nämlich, daß ein Mann die Frau eben selbstverständlich «prägt» und ihr
somit das Mal seines Besitzes fürs Leben hinterläßt, zum Leidwesen anderer Anwärter auf
den Besitz ... Mag dieser Wunsch unbewußt in jedem Mann vorhanden sein, als Erb-
schaft einer phallischen und auf Leistung aufgebauten Männerkultur, wir können in diesem
Selbstgefallen des Mannes nur narzißtischen Besitzerstolz erblicken. Uns geht es vielmehr
darum, die Prägungsideologien («positiver» Art, wie bei vielen Männern, und «negativer»
Art, wie bei KINSEY) zu relativieren und zu zeigen, daß die Prägung zum normalen Ablauf der menschlichen Erfahrung gehört. – Auch brauchen wir vielleicht nicht besonders zu
betonen, daß die gestaltende und entscheidende Vorgeschichte einer aktuellen Prägung,
zumal der Prägung eines «erwachsenen» Menschen, in der gesamten Vergangenheit seiner
Erlebnisse zu suchen ist. Es ist seit FREUD sicher, daß eine «erwachsene» psychosexuelle
Prägung die kindlichen Erfahrungen wiederbelebt und überformt. Es gäbe allerdings keine
Psychoanalyse des «Erwachsenen», wenn der Wiederholungszwang keine neuen Elemente
in die menschliche Existenz mit sich brächte. – Schwieriger zu begreifen, weil besonders
dialektisch, ist der Tatbestand, daß die Prägsamkeit (auch die relative, wiederholende
Prägsamkeit des «Erwachsenen») das Zeichen einer *Bereitschaft zur Entwicklung* und
gleichzeitig das Zeichen einer *Erstarrung der Entwicklung* ist. Die Prägung legt die Entwicklung fest, sie kann dabei auch in die Richtung eines Freiheitsgewinnes weisen. – Und

Zweitens wirft unser Material ein wenig Licht auf die Mechanismen der Prägsamkeit oder ihrer Abwesenheit. Wir begegnen hier sowohl «Neurotikerinnen» als «normalen» Untersuchungspersonen, die wir zum Zwecke unserer Materialsammlung zu einem klinischen Gespräch bewegen konnten. Frauen, die auf gewisse «perverse» Praktiken fixiert sind, sind in beiden Gruppen vertreten. Man wird vielleicht sagen, daß solche Praktiken Zeichen für eine infantile Sexualität sind, die die «genitale Organisationsstufe» nicht voll erreichte. Wir müssen uns an dieser Stelle fragen, ob die Sexologie oder die Psychoanalyse nicht mehr oder minder unbewußt Begriffe aus der Moral entlehnt. Ist es mit der «genitalen Organisationsstufe» so gut bestellt, wie uns dies die Fachleute glaubhaft machen möchten? Bleibt noch in dieser Auffassung, die ja vor allem äußere Kriterien beachtet, der FREUDsche Begriff der genitalen Sexualität enthalten, die den Menschen zur reifen Objektbeziehung befähigt? Mit anderen Worten: Was bedeutet noch die «genitale Organisationsstufe», wenn mit diesem Begriff etwa folgende Sachlage verdeckt wird: Eine neurotische oder frigide Frau gibt sich äußerlich mit genitalen sexuellen Praktiken zufrieden und verdrängt alle anderen Wünsche. Autoren wie NORMAN O. BROWN und HERBERT MARCUSE analysierten genau die Tendenz der unterdrückenden Herrschaftsstruktur, die erogenen Zonen des Körpers zu desexualisieren, um eine «genitale» Sexualität nach außenhin zwar zu erreichen, aber unter diesem Schein die freie Befriedigung der Sexualität im Interesse der Arbeitsleistung und der Zeugung zu unterbinden. Dies ist nur zum Schein

---

endlich noch eine verhaltensphysiologische Bemerkung zu dem Problem der Prägung. Eine wichtige rezente Arbeit von JACQUES DE LANNOY *(Zur Prägung von Instinkthandlungen. – Untersuchungen an Stockenten Ans platyrhynchos L. und Kolbenenten Netta rufina Pallas,* in: Zeitschrift für Tierpsychologie, XXIV [1967], S. 162–200) wirft ein neues Licht auf das Verhältnis zwischen der Prägung und dem Lernen des sexuellen Verhaltens. Die Prägung kann auch zu einer Zeit auftreten, zu der alle sexuellen Reaktionen schon ausgebildet sind. Die Prägung ist ein Spezialfall des Lernens, dem assoziativen Lernen durch *trials and errors* viel weniger entgegengesetzt, als bisher angenommen wurde. Die Dauer des Lernens hängt davon ab, was die Ente in bezug auf Triebobjekte schon gelernt hat und umlernen muß. Man darf annehmen, daß eine bestimmte zeitliche Grenze dieses Umlernens die Tiere hindert, die Niveaus von Reaktionen der auf bestimmte Objekte geprägten Ente zu erreichen. Das Lernen ist daher langsamer und weniger umfassend als das Prägen. «Die kurze sog. sensible Periode der Prägung bedeutete dann nur, daß das Tier bisher noch nichts in bezug auf soziale bzw. sexuelle Reaktionen gelernt hat und daher nichts umlernen muß. (...) Im Fall der sexuellen Prägung aber sitzt einfach das Erstgelernte fester als das Dazugelernte» (DE LANNOY, *loc. cit.,* ebd., S. 198). Es darf angenommen werden, daß in der viel komplexer[.] und überdeterminierten Sexualität und bei der unvergleichlich größeren Bedeutung des assoziativen Lernens für den Menschen (auch weiblichen Geschlechts . . .), der Gegensatz zwischen «Erstgelerntem» und «Dazugelerntem» noch weniger eindeutig ist als bei Stock- und Kolbenenten, die von JACQUES DE LANNOY untersucht wurden.

eine «genitale» Sexualität, sie beruht auf Verdrängung und strenger Repression sämtlicher sexueller Ebenen, die das Zustandekommen der reifen genitalen Sexualität erst einleiten. Sicher gibt es so etwas wie ein *persönliches Optimum* für die Entwicklung einer gesunden Sexualität. Man kann äußerlich «genital» eingestellt und doch frigid sein; man kann auch «perversen» Praktiken huldigen und ebenso frigid sein; nur gewisse Extreme in der Promiskuität oder in der Prüderie sprechen untrüglich dafür, nicht aber die «Mittelwerte». Vor allem: Ist nicht der «gesunde», «reife» Sexualakt in Wirklichkeit die Rekapitulation, die Wiederholung und zugleich die Integration der ganzen sexuellen Entwicklung mit ihren sämtlichen «infantilen» und «unspezifischen» Verästelungen? Dabei kommt es unvermeidlich auch bei dem «gesunden» Individuum zu elektiven Betonungen eines Stadiums, zu dauerhaften oder periodischen Neigungen, gewisse erogene Zonen mehr als andere zu befriedigen. Wenn wir berechtigt sind, im vaginalen Orgasmus eines der Kriterien (selbstredend nicht das einzige Kriterium!) der reifen «genitalen» weiblichen Sexualität zu sehen, so sind wir dennoch sicher, daß gerade zahlreiche Probandinnen, die *starke* sexuelle Prägungen aufwiesen und sich nicht allzu sehr vor gewissen «infantilen» Praktiken scheuten, ja sich mitunter danach sehnten, auch mit dem vaginalen Orgasmus vertraut waren. «Schwach geprägte» Frauen sind sicherlich in einer beträchtlichen Zahl auch «noch nicht geweckte Frauen». Es sei hier nicht zugunsten der männlichen Eitelkeit gesprochen, die sich gerne weismacht, Partnerinnen zu «wecken» und zu «prägen»! Es wird lediglich gefragt, ob eine Kultur, in der die Frau sexuell wenig prägsam und im Grunde genommen erotisch wenig interessiert ist, auch eine gesunde Kultur ist; und ob es logisch zulässig ist, aus diesem angeblichen Tatbestand auch Schlüsse auf die «Biologie» der Frau zu ziehen.

Drittens glauben wir, in unserem Material einige Hinweise darauf zu finden, daß viele der bis jetzt angestellten Untersuchungen der «weiblichen Sexualität» in einem *circulus vitiosus* befangen sein mußten: Die kulturellen Gegebenheiten sind noch dergestalt, daß sich die Frau bei solchen Untersuchungen als «Objekt», als «zweites Geschlecht» erlebt. Unausgesprochen schwingt nämlich in diesen Untersuchungen eine Frage mit, die die Antwort schon vorwegnimmt: Erlebt denn die Frau ihre Sexualität nicht «anders» (das heißt anders als der Mann, der doch Maß aller Dinge und somit der Sexualität ist)? Es war – fast möchten wir sagen leider – nicht in unserer Absicht, die Fragestellung umzustülpen und etwa eine Untersuchung darüber anzustellen, ob nicht der *Mann* die Liebestrennung «anders» erlebt als die Frau. Doch merkten wir in unseren Gesprächen das komplementäre und oft unbewußte Vorurteil bei den Frauen, die die kulturelle

Rolle des «zweiten Geschlechts» introjiziert haben. Abgesehen von leeren Behauptungen, die in Wirklichkeit ein Ressentiment verrieten (vom Typus: «Der Mann vergißt leichter», «Der Mann ist von Natur aus untreuer», «... aktiver», «... oberflächlicher» u. dgl. m.), bekamen wir Antworten wie zum Beispiel folgende zu hören:

«Der Mann hat's leichter nach der Trennung, er kann sich ja ohne weiteres in neue Abenteuer stürzen, er ist ja freier.»

«Der Mann hat seinen Beruf, den erlebt er, als ob der Beruf so eine Art Geliebte wäre.»

«Wir Frauen leiden unter der Trennung mehr, da wir leichter in einen schlechten Ruf kommen. Uns ist weniger als den Männern erlaubt, bei der Liebe müssen wir noch an's Kinderkriegen und ähnliches denken.»

«Wir sind einer alten Tradition verpflichtet: die Frau hat eben ,rein' zu sein, wenn schon nicht mehr körperlich keusch, so wenigstens im Gefühlsleben.»

Hier und in ähnlichen Äußerungen sind bereits in unbeholfener, aber deutlicher Form echte Ansätze zur soziologischen Kritik von seiten der Frau vorhanden: die Frau, die so antwortet, ahnt, daß sie nicht nur die Trennung ertragen muß, sondern dies außerdem als benachteiligte Partei in einer Kultur, die noch immer und trotz gegenteiliger Beteuerungen eine Kultur der Männer ist.

Viertens: Wenn schon von unbestreitbaren biologischen Unterschieden zwischen der männlichen und der weiblichen Sexualität der Rede sein soll, so ist doch die Frage berechtigt, ob es überhaupt eine weibliche Sexualität *im Gegensatz* zu einer männlichen gibt. Würde das nicht *zwei* «Libido» voraussetzen? FREUD merkte das Problem und warf es in ein wenig rätselhafter Weise auf: «Es wäre nicht überraschend, wenn sich herausstellte, daß jeder Sexualität ihre besondere Libido zugeordnet wäre, so daß eine Art von Libido die Ziele des männlichen, eine andere die des weiblichen Sexuallebens verfolgen würde. Aber nichts dergleichen ist der Fall. *Es gibt nur eine Libido, die in den Dienst der männlichen wie der weiblichen Sexualfunktion gestellt wird. Wir können ihr selbst kein Geschlecht geben;* wenn wir sie nach der konventionellen Gleichstellung von Aktivität und Männlichkeit selbst männlich heißen wollen, dürfen wir nicht vergessen, daß sie auch Strebungen mit passiven Zielen vertritt» (S. FREUD, *Neue Folge der Vorlesungen zur Einführung in die Psychoanalyse* [1933], Ges. W., XV, S. 141; Hervorhebungen von uns, *I. A. C.*)

Eine umfassend-dialektische Lösung des Widerspruches, der anscheinend zwischen der traditionell angenommenen «Passivität» der weiblichen Sexualität (und ihrer geringen Prägsamkeit, daher auch der «Unverläßlichkeit» des Weibes) und der in Wirklichkeit bestehenden großen Variabilität und Plastizität des weiblichen sexuellen Verhaltens besteht, sollte unseres Erachtens unter anderem in Richtung der *phylogenetischen* Entwicklung der Sexualität gesucht werden. Wir wissen, wie mannigfaltig das sexuelle Verhalten der Geschlechter in der Stammesgeschichte ist. So wenig in bezug auf die Phylogenese verallgemeinernd von der besonderen weiblichen Passivität gesprochen werden darf, so deutlich tritt diese Passivität bei höheren Säugetieren zu Tage. Die Argumentation KINSEYS beruht zum Teil auf dieser Tatsache, da der Mensch nun einmal an der Spitze der Säugetierreihe steht. Doch hatten uns schon die kühnen Hypothesen S. FERENCZIS (siehe oben S. 165 f.) auf den Gedanken gebracht, daß *der Mensch die Stammesgeschichte vielleicht weniger fortsetzt, als er sie vielmehr rekapituliert.* Vergessen wir auch nicht, daß die menschliche Sexualität nicht nur verwirrend schillernde Kennzeichen aufweist, sondern daß sie auch die Natur in ihrer Mannigfaltigkeit «wiederholt» und sich zugleich von ihr weitgehend selbständig macht[61].

So viel auch die psychoanalytische Forschung – besonders von seiten weiblicher Psychoanalytikerinnen – zur Erhellung der komplizierten Details in der Entwicklung der weiblichen Sexualität beigetragen haben mag, hat sie unseres Erachtens dennoch wenig Wesentliches zu den Einsichten

---

[61] In dieser noch reichlich unbestimmten Ahnung, eine mögliche Lösung des «weiblichen Widerspruches» in der Vielfalt seiner stammesgeschichtlichen Faktoren suchen zu müssen, stießen wir auf eine bereits klar formulierte Hypothese WERNER W. KEMPERS, die das Problem vielleicht einen entscheidenden Schritt weiterbringt. KEMPER weist auf einige stammesgeschichtliche Tatbestände hin, die die Eigenschaften der weiblichen Sexualität biologisch mitbestimmen (WERNER W. KEMPER, *Neue Beiträge aus der Phylogenese zur Bio-psychologie der Frau,* in: Zeitschrift f. psycho-somatische Med., XI [1965], 2, S. 77–82):

Das Weib hat «in seiner (phylogenetischen) sexuellen Entwicklung einen wesentlich komplizierteren Weg (zurückgelegt) als der Mann». Neuerworbene Funktionen sind anfälliger als phylogenetisch ältere Abläufe; daher ist die Sexualfunktion beim Weibe durch eine «hohe Labilität» sowie durch die «Mannigfaltigkeit und Häufigkeit der manifesten Sexualstörungen» gekennzeichnet. Hauptsächlich aber: «In der stammesgeschichtlichen Entwicklung wird dem weiblichen Geschlecht die Aufgabe der Anpassung auferlegt, und zwar in doppeltem Sinne a) zunächst die Anpassung an neue Umweltgegebenheiten (Beispiel: Umstellung auf innere Befruchtung), b) dann noch zusätzlich die sekundäre Wiederanpassung an die fast unverändert beibehaltene Verhaltensweise des Männchens (Beispiel: Orgasmus).» Daher ist für W. W. KEMPER das männliche Geschlecht beim Menschen «festgestellter», das heißt, «daß es starrer auf seiner einmal erreichten Entwicklung beharrt, während das weibliche Geschlecht neuen Gegebenheiten gegenüber plastischer, anpassungsfähiger ist, letztlich also über eine vergleichsweise jugendlich-lebendigere und offensichtlich jederzeit zur Verfügung stehende schöpferische Potenz verfügt». Korrelativ muß KEMPER an der allgemein angenommenen Entstehung des Penisneides zweifeln: der Tatbestand ist hier nuancierter. Abgesehen vom sozial-bedingten Neid gegenüber dem «Penisträger» handelt es sich hierbei vielmehr um das ontogenetische Durchlaufen phylogenetischer Phasen, wo die «propulsive Lustmöglichkeit» noch im Bereiche der weiblichen Möglichkeiten lag. Phallizität, Kastrationskomplex und Penisneid beim Mädchen sind «individuell-ontogenetische Nachvollzüge der Verzichtarbeit auf eine einst legitime Lust».

S. Freuds hinzugeliefert. Man kann sich des Eindruckes nicht erwehren, daß sich die psychoanalytischen Beschreibungen der Schicksale weiblicher Libido etwas eintönig in einer pendelnden Bewegung vom Typus «einerseits-andererseits» erschöpfen. Es ist in dieser Materie noch immer lohnend, Freud selbst den Vorzug vor seinen Schülern zu geben, da er die grundlegende Ambivalenz der weiblichen Sexualität klar auf ihre Entwicklungswege zurückführt. «Der Eigenart der Psychoanalyse entspricht es dann», sagt Freud in einer seiner vielleicht sonst schwächeren Vorlesungen, «daß sie nicht beschreiben will, was das Weib ist, – das wäre eine für sie kaum lösbare Aufgabe, – sondern untersucht, wie es wird, wie sich das Weib aus dem bisexuell veranlagten Kind entwickelt» *(Neue Folge der Vorlesungen zur Einführung in die Psychoanalyse* [1933], Ges. W., XV, S. 124). Freud hatte nämlich schon etwas früher gezeigt, daß die Frau ein reicheres – und ein widerspruchsvolleres – Register der Sexualprägung hat als der Mann. In seiner Studie *Über die weibliche Sexualität* ([1931], Ges. W., XIV) macht Freud auf die grundlegende Doppelfixierung und daher besondere Ambivalenz der weiblichen Sexualität aufmerksam. Physiologisch hängt diese Ambivalenz mit den zwei Hauptspendern der genitalen Befriedigung – Klitoris und Vagina – zusammen, wobei die vaginale Befriedigung heute noch wenig durchleuchtet ist. «Die für die menschliche Anlage behauptete Bisexualität (tritt daher) beim Weib viel deutlicher (hervor) als beim Mann» (a. a. O., ebd., S. 520). Diese Breite des sexuellen Registers aber ist noch durch die Besonderheiten der weiblichen Beziehungen zum Elternpaar verstärkt. Die erotische Abhängigkeit des Mannes von der Mutterfigur ist, wenn auch nicht eindeutig und ausschließlich, so doch einseitiger als bei der Frau. Bei letzterer ist auch die Mutter «infolge des Einflusses von Nahrungszufuhr und Körperpflege» (ebd., S. 521). das erste – und fortdauernde – Liebesobjekt. Nun aber tritt «die starke Vaterabhängigkeit des Weibes (. . .) das Erbe einer ebenso starken Mutterbindung» an (ebd., S. 520). Macht schon diese anatomische und frühkindliche Position der Frau ihre Sexualität ambivalenter als die des Mannes, so sind die beobachteten Widersprüche in der Deutung der weiblichen Sexualität noch dadurch verschärft, daß «wir auf diesem Gebiet noch nicht zu unterscheiden vermögen, was durch biologische Gesetze starr festgelegt und was unter dem Einfluß akzidentellen Erlebens beweglich und veränderlich ist» (ebd., S. 536).

Mit dem überlieferten und von Kinsey wieder aufgenommenen Gegensatzpaar «Aktivität–Passivität» wußte Freud jedenfalls wenig anzufangen und er merkte auch, daß in diesem vermeintlichen Gegensatz so manches auf die Rechnung der sozialen Prägung geht: «Selbst auf dem Gebiet des menschlichen Sexuallebens merken Sie bald, wie unzureichend es ist, das männliche Benehmen durch Aktivität, das weibliche durch Passivität zu decken» *(Neue Folge ...,* loc. cit., S. 122). «Dabei müssen wir aber acht-haben, den Einfluß der sozialen Ordnungen nicht zu unterschätzen, die das Weib gleichfalls in passive Situationen drängen. Das ist alles noch sehr ungeklärt» (ebd., S. 123). FREUD lenkt unsere Aufmerksamkeit auf die paradoxe Ontogenese der weiblichen Sexualität.

Ein doppelter Wandel kennzeichnet die Entwicklung der weiblichen Se-xualität, welcher der Entwicklung der männlichen Sexualität erspart bleibt: Erstens soll das Mädchen im Laufe der Zeit erogene Zonen tauschen («die Klitoris soll ... ihre Bedeutung ... an die Vagina abtreten, [...] während der glücklichere Mann zur Zeit der Geschlechtsreife nur fortzusetzen braucht, was er in der Periode der sexuellen Frühblüte vorgeübt hatte», ebd., S. 126), zweitens soll das Mädchen auch das Objekt tauschen, das der Knabe auch «beibehalten» kann (S. 127). Der erste Wandel ist deutlich mit dem phylo-genetischen Weg in Verbindung zu setzen. Der zweite Wandel kann für die Objektwahl folgenschwer sein, denn die präödipalen Beziehungen des Mäd-chens zur Mutter sind sehr mannigfaltig, sie sind sowohl durch aktive als auch passive Regungen gekennzeichnet: sie sind «voll ambivalent, ebenso zärtlicher als feindselig-aggressiver Natur» (S. 128); bei der großen Wen-dung zum Vater hin müssen sie durch Haß gegenüber der Mutter ersetzt werden. «Ein solcher Haß kann sehr auffällig werden und durchs ganze Leben anhalten, er kann später sorgfältig überkompensiert werden, in der Regel wird ein Teil von ihm überwunden, ein anderer Teil bleibt bestehen» (ebd., S. 129–130). Auch das Erlebnis der Kastration ist beim Mädchen viel komplizierter als beim Knaben, da das Mädchen die phallische Sexualität kennt und den «Penisneid» nicht nur als Sehnsucht nach etwas Nicht-Vor-handenem erlebt, sondern auch als Trauer nach etwas «Verlorenem» (kli-torische Sexualität) und als Wunsch nach etwas Ergänzendem (Penis des Vaters, aber auch eigenes Kind, wobei die glücklichste Ergänzung im letz-teren Falle durch den Sohn stattfindet). Alles in allem ist das Werden der weiblichen Sexualität viel überdeterminierter als das Werden der männ-lichen Sexualität und das Weib ist – insoferne die totale «genitale Reife» nur eine ideelle Konstruktion sei kann – viel «polymorpher» als der Mann. Dies erklärt wiederum den schillernden Tatbestand, daß die Frau zugleich «anpassungsfähiger» im Sinne des Reichtums und «anpassungsfähiger» im Sinne der Abhängigkeit sein kann, jedenfalls nicht nur in dem eindeutigen Sinne der KINSEYschen Unprägsamkeit und Phantasielosigkeit.

FREUD schließt seine früher zitierte Studie *Über die weibliche Sexualität* (a. a. O., loc. cit., S. 537) mit der Frage: «Und wenn die Abwehr gegen die

Weiblichkeit (beim Weibe selbst, *I. A. C.*) so energisch ausfällt, woher kann sie sonst ihre Kraft beziehen als aus dem Männlichkeitsstreben, das seinen ersten Ausdruck im Penisneid des Kindes gefunden hat und darum nach ihm benannt zu werden verdient?» Indessen, wenn wir auch das Streben der Frau nach Emanzipation und Gleichstellung als eine sozusagen sublimierte Befriedigung und Kompensation des primären Penisneides betrachten wollten, so ergibt diese *kulturelle* Entwicklung ihrerseits (ist Kultur nicht immer «Kompensation» der Natur?) die vermehrte Möglichkeit, biologische Faktoren weiterhin so zu prägen, daß die Natur durch die Kultur fast bis zur Unkenntlichkeit überformt wird. So kann wiederum die natürliche (?) Passivität und Prägsamkeit der Frau – etwa im Sinne KINSEYS – der «kompensatorischen» Gleichwertigkeit der Frau, *auch in sexueller Hinsicht*, Platz machen. Der Penisneid kann auf kulturellem Umwege aufgehoben werden (aus der Biologie wird kulturelle Leistung); und, einmal kulturell aufgehoben, kann der «primäre» Penisneid auf diesem kulturellen Umwege auch in dem «normalen Sexualverhalten» der Frau – zumal im besonders ambivalenten und daher in verschiedenen Richtungen präsamen Verhalten – seine Erfüllung in Aktivität, Gleichberechtigung und Prägsamkeit finden [62].

Der biologische Unterschied zwischen den Geschlechtern entgeht der Wißbegier *keines* Kindes und kann nur *nachträglich verdrängt* werden. Ein ausgesprochener *Neid* von seiten des kleinen Mädchens ist zumindest dort verstärkt, wo der *Träger des Penis* sich in einer beneidenswerten so-

[62] Folgende pessimistische Beobachtung FREUDS sollte noch unter dem Gesichtspunkt der kulturellen Prägungen und der Vergeblichkeit des subjektiven Kampfes der Frau für ihre Gleichgestelltheit untersucht werden: «Hingegen kann ich es nicht unterlassen, einen Eindruck zu erwähnen, den man immer wieder in der analytischen Tätigkeit empfängt. Ein Mann um die Dreißig erscheint als ein jugendliches, eher unfertiges Individuum, von dem wir erwarten, daß es die Möglichkeiten der Entwicklung, die ihm die Analyse eröffnet, kräftig ausnützen wird. Eine Frau um die gleiche Lebenszeit aber erschreckt uns häufig durch ihre psychische Starrheit und Unveränderlichkeit. Ihre Libido hat endgültige Positionen eingenommen und scheint unfähig, sie gegen andere zu verlassen. Wege zu weiterer Entwicklung ergeben sich nicht; es ist, als wäre der ganze Prozeß bereits abgelaufen, bliebe von nun an unbeeinflußbar, ja als hätte die schwierige Entwicklung zur Weiblichkeit die Möglichkeiten der Person erschöpft» (S. FREUD, *Neue Folge . . .*, ebd., loc. cit., S. 144–145). – Was soll man zu diesem Befund eines genialen Beobachters sagen? *Wir* beobachteten nichts dergleichen; ob nur, weil wir ein schlechterer Beobachter sind, oder auch weil wir in einer anderen Epoche leben? Nebenbei: FREUD sagt hier – im Gegensatz zu der Hypothese KINSEYS – geradezu Extremes über die irreversible Prägsamkeit der Frau. Ferner: Von welcher «schwierigen Entwicklung zur Weiblichkeit» ist hier die Rede, die «die Möglichkeiten der Person erschöpft»? Ist es die biologische Entwicklung? Oder die damals geforderte Entwicklung auf Kinder, Küche und Kirche hin? Oder der Kampf gegen die Domestizierung und Entfremdung, der für die Frau in seiner individuellen Vergeblichkeit «die Möglichkeiten der Person» sehr bald «erschöpfte» und vergiftete?

zialen Lage befindet. Auch dafür hat das Kleinkind erstaunlich empfindliche Antennen! Es gab Gesellschaften – und solche sind auch in der Zukunft denkbar – in denen der Penisträger *nicht* zu beneiden ist, in denen er selbst etwa die Vertreter des anderen Geschlechtes um «das Loch» beneiden kann.

136. Aus der Neurosentherapie ist uns der Fall eines Knaben bekannt, der schon im Alter zwischen 2 und 3 Jahren gelernt hatte, weibliche Genitalorgane (der Geschwister) mit Neid zu belegen; auch bewunderte er das lange Haar und die Brüste der erwachsenen Frauen, fand aber seinen Penis abscheulich. Dies war freilich eine extrem neurotische Entwicklung innerhalb *einer* Familie.

Eine ähnliche *kulturelle* Beantwortung des biologischen Unterschiedes ist indes zumindest denkbar. Denkbar ist aber auch ein neidloses Verhältnis [63].

Auf der anderen Seite bemerkte schon FREUD, daß der Penisneid zur Überbewertung der Klitoris (und somit des phallischen Anspruches der Frau) führen kann. «In Ersatz des Penisneides Identifizierung mit Klitoris, schönster Ausdruck der Minderwertigkeit, Quelle aller Hemmungen. Dabei – bei Fall X. – Verleugnung der Entdeckung, daß auch die anderen Frauen keinen Penis haben» (S. FREUD, *Aufzeichnung vom 12. Juli 1938*, Ges. W., XVII, S. 151). – Es wäre noch zu untersuchen, ob die – durch die Kultur geförderte – identifizierende Homologie Penis = Brust zu dem Penisneid führen könne; letztere ließe indes das «Minderwertigkeitsgefühl» der Frau nicht entstehen. Gewiß hat das weibliche Kind noch keine entwickelten Brüste, aber es ist imstande – so wie es bei Vertretern des männlichen Geschlechts den Penis entdeckt – auch die besondere Bedeutung der weiblichen Brüste zu entdecken, die es einst passiv als hervorragende und lebenswichtige Lustquelle in Anspruch nahm und über die es wiederum als solche – gleichsam aktiv – später verfügen wird [64].

---

[63] Die Beobachtung von ALEXANDER S. NEILL wäre noch zu überprüfen und zu interpretieren: «Man könnte glauben, daß die Kinder, die in Summerhill frei erzogen werden, im Sommer nackt herumlaufen. Sie tun es nicht. Mädchen bis zu neun Jahren bleiben an einem heißen Tag nackt, doch kleine Jungen tun dies selten. Das ist merkwürdig, wenn man an die Erklärung FREUDS denkt, daß die Jungen auf ihren Penis stolz sind, während sich die Mädchen schämen, weil sie keinen haben» (ALEXANDER S. NEILL, *Erziehung in Summerhill. Das revolutionäre Beispiel einer freien Schule*. Szcesny Verlag, München, 1965, S. 219). – Möglicherweise geht die Erklärung eines 15jährigen Knaben in die gleiche Richtung wie der von NEILL beobachtete Tatbestand, als er uns in bezug auf die starken Erektionen sagte: «Die Mädchen haben's leichter, sie haben nicht so ein Ding davor».

[64] Man kann sich fragen, inwieferne die zum Vorschein tretende – auch in der Kultur dominierende! – «Aktivität» des Mannes, im Gegensatz zu der weiblichen «Passivität», genetisch den kompensatorischen Identifikationsmechanismen mit der «passiven» Mutter, mit der «passiven» Natur, entspringt. EDMUND BERGLER will z. B. den Penisneid der Frau durch einen «Mammakomplex» oder Brustneid bei dem Manne dialektisch ergänzt wissen.

Die kulturell bedingte Überwertung des «Penisneides» trägt zur ideologischen Annahme einer «reifen» genitalen Sexualorganisation bei, die in Wirklichkeit eine, von der gesellschaftlichen Herrschaftsform geforderte, *männliche* Sexualorganisation ist [65]. Diese Annahme führt zu der absurden sozialen Abwertung der erogenen Zonen der Frau: diese «diffuse», noch

In der Aktivität des Mannes lebt nach BERGLER das Erlebnis der «oralen Kastration» nach; der Penisstolz des Mannes ist die Kehrseite seines Wunsches nach der Brust, die der männliche Säugling passiv erlebte und für immer verlor; so wird der Penis als Ersatz für die nahrungsspendende Brust erlebt. Der Mann wünscht nun, daß auch die Frau seinen Penis wie eine Mutterbrust passiv akzeptiere und konstruiert aus diesem Wunsch heraus den männlichen (und kulturellen) Mythos der weiblichen «Passivität». BERGLER studierte u. a. die unbewußten Identifikationsreihen Brust=Penis, Milch=Urin=Sperma, Mund=Vagina, und hob in diesem Zusammenhang (wenn auch einseitig und überspitzt) die entscheidende Rolle der Oralität in der Ätiologie der Neurosen hervor (vgl. EDMUND BERGLER, *The Basic Neurosis*, Grune & Stratton, New York, 1949).

[65] Wenn wir SIGMUND FREUD für den moralisierenden Konformismus einer bestimmten Psychoanalyse unserer Tage auch keineswegs verantwortlich machen können, so sehen wir doch, daß er den «Penisneid» der Frau als biologisch begründet (daher also als eine Art biologischer «Falle») ansah; in den nicht immer klaren Stellen, in denen er von der «reifen Genitalität» spricht, ist diese *infolge jenes Mißverständnisses* als im Grunde genommen *männliche* Sexualität gemeint. Treffend sagt FRANZ HEIGL: «Praktisch wird in der klassischen Psychoanalyse die Gesamthaltung der Frau auf den Penisneid zurückgeführt: der Wunsch nach Mann und Kind, der weibliche Ehrgeiz, Konkurrenz- und Minderwertigkeitsgefühle, die – angeblich – besonders ausgeprägte Eitelkeit und die größere Abhängigkeit der Frau. Implizit steckt in dieser Theorie die These von der Überlegenheit des männlichen Geschlechtes, symbolisiert durch das männliche Glied» (FRANZ HEIGL, *Gemeinsamkeiten der Neurosenlehren von E. Fromm, K. Horney und H. Schultz-Hencke, verglichen mit der Psychoanalyse S. Freuds*, in: Festschrift für J. H. SCHULTZ, Hamburg, 1964, S. 195). Im übrigen hat HEIGL unseres Erachtens unrecht, wenn er diese Unterschätzung des sozialen Faktors durch FREUD als Anlaß für die Liquidation der Libidotheorie benutzt. Der «primäre Masochismus» der Frau nach FREUD ist nur ein fragwürdiger Überbau über die allgemeine Libidotheorie. – Über die recht vieldeutigen Komponenten der Kastrationsangst und des Penisneides vgl. ALICE BALINT, *Psychoanalyse der frühen Lebensjahre*, Ernst Reinhardt Verlag, München/Basel, 1966, S. 73 ff. – Erst nach der Korrektur der Fahnenabzüge konnten wir Einsicht nehmen in das außerordentlich wichtige und genaue Buch: WILLIAM H. MASTERS und VIRGINIA E. JOHNSON, *Die sexuelle Reaktion*, Frankfurt a. M., Akademische Verlagsgesellschaft, 1967. – Dieses Kompendium der experimentellen Physiologie des Sexualaktes relativiert erstmalig manche Vorurteile in der Wissenschaft: dazu gehört die angebliche Gegensätzlichkeit des klitoralen und des vaginalen Orgasmus («Sind Klitoralorgasmen und Vaginalorgasmen wirklich verschiedene anatomische und physiologische Einheiten? Aus biologischer Sicht ist die Antwort auf diese Frage ein unbedingtes Nein.» Op. cit., S. 70); ein ähnliches Vorurteil ist die angebliche Selbständigkeit der weiblichen Sexualität gegenüber psychosozialen Bedingungen. Schließlich beweist die Untersuchung auch folgende grundlegende Tatsache: «beim Vergleich der Reaktionen von Mann und Frau auf eine effektive sexuelle Stimulierung zeigen sich mehr ähnliche als unterschiedliche physiologische Reaktionen» (op. cit., S. 267). – Manche Formulierung in unserem Text wäre ein wenig anders ausgefallen, wenn wir das Buch von MASTERS und JOHNSON bereits gekannt hätten: wir hätten sicherlich die Bedeutung der psychosozialen Faktoren eines angeblichen «spezifisch-weiblichen» Verhaltensmusters in der Liebesbindung und deren Trennung noch bestimmter hervorheben können.

gleichsam «infantile» und «polymorph-perverse» – in Wirklichkeit nicht so eng zweckgebundene – Sexualität wird vom gesellschaftlich bevorzugten Mann in einer auf Leistung aufgebauten männlichen Gesellschaft mit Regelmäßigkeit mißverstanden, *weil sie an die Sexualität des Kindes erinnert*. Im Gesamt dieser gesellschaftlichen Situation wird vielleicht auch der KINSEYsche Mythos der «geringen sexuellen Prägsamkeit» der Frau (vom Standpunkt der eng spezialisierten und zweckmäßigen Genitalität) verständlicher.

Im Lichte des Gesagten scheint uns auch der uns einmal ausdrücklich vorgebrachte Einwand mißverständlich, daß man nämlich bei der Frau zwischen *sexueller* und *geistiger* Prägsamkeit durch den Mann zu unterscheiden habe. Diese *ultima ratio* erinnert an die alte Argumentation gegen die Psychoanalyse schlechthin, diese reduziere das Geistige auf das Sexuelle. Eine gute Psychoanalyse reduziert keineswegs den Inhalt und die spezifische Wirksamkeit des Geistigen auf das Sexuelle, sie führt bloß ersteres genetisch auf die Entfaltung des letzteren zurück. Daß die Frau so hinfällig für die geistige Prägung des Mannes zu sein scheint (wir sagen: «scheint», denn dieses Problem dünkt uns noch komplizierter als das der sexuellen Prägsamkeit), besagt erstens nichts gegen die sexuelle Prägsamkeit – im Gegenteil –, und kann zweitens im Sinne eines kulturellen Vakuums, in dem sich die Frau unserer Übergangszeit befindet, gedeutet werden. Wir sahen schon oben Beispiele, wo die sexuelle Prägung durch Sublimierung in eine starke geistige Bindung überging.

137, 101, 138, 139, 140, 105, 141. Eine Probandin sagt von einem Freund, der sich von ihr trennte: «Er war und bleibt mein Gewissen». – Frl. L., die Geliebte von Dr. C. D. will noch nach der Trennung «zu ihm aufschauen» (siehe S. 69). – Eine Probandin sagt: «Ich wollte von ihm lernen: sexuell und auf allen Gebieten» (wohl Ausdruck der Passivität, wird man einwenden; aber auch der Prägsamkeit oder wenigstens des Wunsches nach Prägung, nach dem Ausgeprägtsein). – Eine andere Frau beschreibt die bedeutende Persönlichkeit eines Mannes wie folgt: «Er ist . . . wie ein Virus. Er ändert einen Organismus, man wird ihn innerlich nicht los.» Noch eine andere sagt ernst von ihrem früheren Geliebten: «Ich bin seine Schülerin, obwohl ich von seiner Gedankenwelt wenig verstehe». – Wir hörten oben (S. 41 f. und S. 231) Frau RIK über ihren ersten Liebhaber NN. sprechen: «Er war ein Gott für mich, aber ein Gott auf meiner Ebene, ich fühlte mich ihm ebenbürtig». – Eine Probandin sagt von ihrem zweifellos bedeutenden Mann: «Die Frauen vergessen ihn nicht, er verspricht alle Erfüllung – durch seine Persönlichkeit, meine ich – bleibt daher immer abwesend; so müssen alle Frauen Sehnsucht nach ihm haben.»

Solche Aussagen lassen einerseits vermuten, daß die kulturelle und intellektuelle Situation der Frau eine höchst unbefriedigende ist, so daß sie in ihren Prägungsvorbildern noch immer stark ödipal verhaftet bleibt. Aber sie lassen auf der anderen Seite erkennen, daß diese Prägsamkeit durchaus vorhanden und bei gewissen Konstellationen auch dauerhaft sublimierbar ist. Sie sprechen von Abhängigkeit, vielleicht Selbstentfremdung, aber sie legen auch Zeugnis ab für einen sehr vitalen Wunsch nach geistiger Kommunikaion, die doch erst dann ganz verwirklicht werden kann, *wenn die Beziehungen zwischen den Geschlechtern zu einem Verhältnis von freien Menschen werden* [66].

Wenn auch die ihrer selbst durch die Unterdrückung entfremdete Frau «passiver» als der Mann und «weniger prägsam» als er ist, erlaubt uns doch nichts die Schlußfolgerung, sie wäre dies auch als freier Mensch unter freien Menschen. Wohl scheint das Weibchen der höheren Säugetiere «passiver» zu sein, allein – die «natürliche» Sexualität ist bei *homo sapiens* einfach nicht vorhanden (und war es nie in reiner Fom) [67].

Ebensowenig sind wir zu der Annahme berechtigt, daß die Frau die Trennung grundsätzlich anders erleben muß als der Mann. Beide erleben die Trennung als personale Entstrukturierung, wiewohl beide – je nach dem Reichtum ihrer wirklichen Beziehungen – mit dieser Katastrophe anders fertig (oder nicht fertig) werden können. Nun bleibt uns noch einiges darüber zu sagen, welche Erlebnismuster und Wertungen unsere Kultur für die Bewältigung der Trennung bietet. Wie kann man mit der Trennung leben? Ist aber die Trennung nicht in uns allen? Ist sie eine psychopathologische Kategorie? Oder vielmehr Ergebnis der Unterdrückung, die in der Utopie überwunden wird?

---

[66] *Weiblich* ist das Gesamt der biologischen, psychologischen und sozialen Verhaltensweisen der Frau, in denen der Mann das ihm als Geschlechtswesen Fehlende sieht und dadurch unbewußt das Bild seines «Selbst» entdeckt; wie *männlich* sind jene biologischen und kulturellen Faktoren, welche die Frau als ihr versagt empfindet und in denen sie sich selbst komplementär entdeckt. Diese Definition kann als Binsenwahrheit empfunden werden; doch verliert in dialektischer Sicht die Tautologie ihre zyklische Identität A = A und wird zur Aufgabe, zum Prozeß, zum Geschehen. Vom Idealismus gereinigt, sind die JUNGSchen Begriffe «Animus» und «Anima» wohl durchaus brauchbar. Auch G. H. GRABER sieht im «Weiblichen» das «Selbst» des Mannes (GUSTAV HANS GRABER, *Tiefenpsychologie der Frau*, Wilhelm Goldmann, München, o. D. [1966]).

[67] Die sicherste Aussage über die Unmöglichkeit einer «natürlichen» – d. h. nur «zoologischen» – Sexualität beim Menschen können nicht die Philosophen und auch nicht die Zoologen wie KINSEY machen, sondern wohl die Demographen, als Vertreter einer *sozialwissenschaftlichen* Disziplin. Ein Beispiel unter anderen: Die zoologische Sexualität des Menschen würde bedeuten, daß jede gesunde Frau vom nubilen Alter an bis zur Menopause durchschnittlich ein Kind im Jahr zur Welt bringen würde. Je kultivierter eine Bevölkerungsgruppe, um so weiter entfernt sie sich im Durchschnitt von diesem zoologischen Zustand, der die Grundlage des «Naturrechtes» in gewissen reaktionären Ideologien bildet, welche dem Leistungsprinzip dienen und das Lustprinzip verteufeln.

# TRENNUNG, TOD UND UTOPIE

Was ist nun das Leiden? Geburt ist Leiden, Alter ist Leiden, Krankheit ist Leiden, Tod ist Leiden, mit Unlieben vereint zu sein ist Leiden, von Lieben getrennt zu sein ist Leiden, nicht erlangen, was man begehrt und erstrebt, auch das ist Leiden.

BUDDHAS Predigt von Benares, in: E. FRAUWALLNER, *Geschichte der indischen Philosophie*, I, Salzburg, 1953, S. 183.

# I. MIT DER TRENNUNG LEBEN?

Wir alle werden sterben, das ist die einzig ernsthafte Entfremdung.

Eugene Ionesco, *Tueur sans gages*, in: Théâtre, vol. II, Gallimard, Paris, 1964, S. 145.

## A. Die gemeinsame Welt

Jede spezielle anthropologische Fragestellung ist eine willkürliche Begrenzung und Einengung der Anthropologie selbst. Dennoch können wir mit einer gewissen Berechtigung behaupten, daß das Problem des Menschen auch von der Trennung her gestellt werden kann: Trennung von der Geborgenheit, Trennung vom Liebesobjekt, Trennung von sich selbst, Trennung von dem Leben. Das Bewußtsein (oder zumindest die quälende Ahnung) des unabdingbaren Getrenntseins ist an der Quelle der Angst, die jeden Menschen peinigt; um so stärker vielleicht, je weiter er sich von der Natur entfernen muß, was sein Schicksal – und seine Geschichte – ist. Die menschliche Berufung scheint den Zweifel an der Möglichkeit ihrer selbst mitzuenthalten.

So kommen wir zur Frage: *Wie* kann der Mensch mit der Trennung leben? *Kann* der Mensch mit der Trennung leben? Offenkundig kann er dies, denn er lebt und im allgemeinen trachtet er, die letzte Trennung im Tode möglichst fernzuhalten. Vielleicht kann er nur so lange in der Trennung leben, bis er die Trennung durch eine andere Gegenwart ersetzt – und das ist der Sinn der Trauerarbeit: solange diese nicht zum Ziele gelangt, lebt der Mensch in der Melancholie, in welcher die Arbeit der Trauer nichts fruchtet... Wir wissen aus der Psychoanalyse und aus der Entwicklungspsychologie, welche besonderen Folgen frühkindliche Trennungen nach sich ziehen; wir wissen zum Beispiel, daß eine allzu früh einsetzende und zu lange andauernde Trennung mit Tod oder Psychose schwanger ist (vgl. René A. Spitz, *Die Enstehung der ersten Objektbeziehungen,* Ernst Klett Verlag, Stuttgart, 1960). Allein, gerade das Kind und der junge Mensch sind weniger spezialisiert (im biologischen und soziologischen Sinne) als der «erwachsene» oder der alte Mensch. Das besondere Kennzeichen des Menschseins gegenüber der Tierreihe ist sein Mangel an Spezialisierung, so daß der kindliche oder der junge Mensch mit einer bestimmten – pragmatisch fundierten – Gewißheit damit rechnet, eine vollzogene Trennung durch eine neue Bindung wettzumachen. Der sich von der Natur weiter entfernende «Erwachsene» (denn Kind und Jugendlicher sind der Natur noch näher) begreift oder fühlt allmählich – falls seine Abwehrmechanismen, insbesondere die Verdrängung, ihm diese Lebenswirklichkeit nicht ganz verschleiern –, daß die Trennung nicht fortwährend wettzumachen ist; er fühlt, daß er sich, nachdem er sich von allen Objekten getrennt hat, auch von sich selbst trennen wird. Dieses Begreifen findet seinen Niederschlag in dem platten Gemeinplatz, daß das Leben von der Geburt an ein Sterben ist. Wie alle Gemeinplätze ist auch dieser solange bedeutungslos, bis er zur individuellen Erfahrung wird. Nebenbei gesagt, steigert der in unserer Zivilisation herrschende Individualismus die Schärfe dieses Problems wohl bis ins Unerträgliche. Jeder stirbt seinen Tod; jeder trennt sich auf seine Weise; jeder erlebt auch auf seine Weise, daß er nicht in einer sinnvermittelnden Gemeinschaft eingebettet ist. Daher ist auch die Abwehr gegen das Bewußtsein der Trennung eine nur scheinbar gesellschaftsfördernde – in Wirklichkeit ist sie unterdrückend und konformistisch; dieser Umstand allerdings beraubt die Abwehr ihrer schützenden Kraft.

Wohl besitzen menschliche Liebesbeziehungen eine sozial-anthropologische Dimension. Sie gehören zwar der Intimsphäre der Liebenden an, haben aber gleichzeitig eine eminente gesellschaftliche Bedeutung (insbesondere und gerade angesichts der Unterdrückung von seiten des gesellschaftlichen Leistungsprinzips im Sinne HERBERT MARCUSES). Um sich behaupten zu können, sind Liebe und Glückbedürfnis *ohne Welt* nicht möglich, sie dürfen *aus der Welt* nicht fliehen, sie sollen unbedingt *weltlich* bleiben. Was aber, wenn die Türen zur Welt, die die Liebe öffnen möchte [1], ihr kraft einer Vorschrift, die von jedem von uns mehr oder weniger introjiziert ist, verschlossen bleiben? Was, wenn die Liebenden vor sinn- und gefühllos zugeschlagenen Türen stehen und – da sie keine Übermenschen sind und keine Märtyrer – diese nicht sprengen können? Die Welt, so wie sie nun einmal durch unsere Zivilisation geprägt ist, zerstört Liebe und Glück – und zwar mit der Absicht, gefesselte Energien für den Leistungs-

---

[1] Hierzu ein Gedicht von HEINZ KAHLAU, *Ermutigung:*

«Wenn sich zwei in ihre Liebe schlagen
wie in Mäntel gegen Zeit und Wind
und nach nichts als nach sich selber fragen
machen sie auch ihre Liebe blind.
Zeit und Wind wird ihren Kuß verwehn.

Eine Liebe läßt sich nur zu zweit ertragen
wenn die Türen die zur Welt gehn
offen sind.»

prozeß zu verwenden. Der Gedanke drängt sich auf, daß unter diesen Umständen der Selbstmord die einzige logische Lösung der Aporie sein könnte. Die meisten Argumente gegen den Selbstmord sind denn auch unwirksam, weil sie sich – indem sie utilitaristisch oder moralisch sind – gerade auf der Ebene des «Leistungsprinzips» befinden [2]. Dennoch: Wer nach dem Mord an seiner Liebe diese letzte Konsequenz zieht, hat nur den Sieg Thanatos' über Eros bestätigt. Vielleicht hat er vergessen, daß er dadurch das Reich des Todes auch gegenüber der Liebe anderer, die die Welt verändern könnten, mehrt.

Die radikalste Lösung wäre die logischste und zugleich die absurdeste; diese logische und absurde Lösung wählt nicht nur der Selbstmörder, sie ist weit verbreiteter als man gemeinhin annimmt. Sie findet alltägliche Anwendung in unserer Existenz, indem wir das in uns und um uns Seiende zerstören, *weil* nichts ewig währt. Täglich greifen wir zu dieser Lösung, die man folgendermaßen umschreiben kann: um nicht *mit* dem Tod leben zu müssen, ziehen wir es täglich vor, *nicht* zu leben, das heißt: das Leben in uns und um uns auf mannigfache Art zu unterdrücken, zu begrenzen und zu beschränken.

Da wir, die wir leben, unter der Trennung leiden, glauben wir eine Lösung gefunden zu haben, wenn wir uns leidensunfähig wähnen – also nicht mehr wirklich leben, sondern dank einem Totstellreflex vegetieren; dann scheitert die Liebe an der Angst vor der Leidenschaft. Oder aber scheitert die Liebe daran, daß die oral-kannibalistische Komponente überwiegt; denn ein Mensch samt seiner Welt läßt sich scheinbar weniger konfliktgeladen und weniger widerspruchsvoll lieben, wenn wir ihn total introjizieren, wenn wir ihn zu einem Bestandteil unserer selbst machen, indem wir ihn psychisch einfach schlucken. Er ist in mir, er hat keine Existenzberechtigung, er wurde eigentlich zerstört. Jeder Versuch dieses Liebesobjektes, sich selbständig zu regen, bedeutet dann die schmerzliche Störung einer seligen Verdauung.

Die Psychoanalyse hat den Tatbestand der kaptativen Liebe, die die Objekte vollständig introjiziert und sie dadurch in ihrem eigentlichen Sein vernichtet, hinlänglich beleuchtet. Eine solche Liebe wirkt vernichtend, auch ohne daß der «Todestrieb» als solcher in Legierung mit der Libido träte. Es ist zunächst ein Besitzenwollen, das in irgendeinem Grad

---

[2] Vgl. in diesem Zusammenhang das merkwürdige Buch von James Hillman: *Selbstmord und seelische Wandlung. Eine Auseinandersetzung*, Rascher Verlag, Zürich und Stuttgart, 1966. – Zu dem Problem des gemeinsamen Doppelselbstmordes siehe auch: Paul Ghysbrecht, *Der Doppelselbstmord*, Ernst Reinhardt Verlag, München/Basel, 1967.

jeder menschlichen Liebe anhaftet, das aber in seiner fixierten Form unweigerlich zur Vernichtung führt. Bei diesen Tatbeständen handelt es sich um die Reste des primär kindlichen Strebens nach Besitzergreifen ohne Wissen um das Lebensgesetz des Objektes, und daher ohne Achtung vor diesem Gesetz.

Es fragt sich, ob die sonst manchmal mystifizierte «reife Genitalorganisation» nicht vor allem die Erkenntnis eines Lebensgesetzes mit sich bringt und eine echte Kommunikation mit dem Lebendigen darstellt. Hier wird das «Objekt» des Wunsches insoferne als selbständig akzeptiert, als es in seinem Anders-Sein geliebt und bewundert wird. Dies schließt die Einflußnahme, welche ja jede «gemeinsame Welt» auszeichnet, nicht aus; aber die wechselseitige Einflußnahme wirkt sich in derselben Richtung aus wie die Entwicklung des Lebendigen. Das lebendige Objekt «ändern» zu wollen heißt, ihm ein *anderes* Gesetz als das in ihm bereits waltende aufstülpen zu wollen. Das hieße gerade, das Lebende in ihm zu beeinträchtigen und zu verkrüppeln. Es ist vielleicht nicht übertrieben zu sagen: Jemanden lieben, um ihn *anders* zu machen, heißt *ihn morden.*

Nun ist jede menschliche Haltung tatsächlich Leben und Sterben in einem. Unser Leben ist ein Sein zum Tode, ist aber zugleich eine fortwährende Rebellion gegen den Tod; es ist ein Streit hier und jetzt mit dem Tode und bleibt dies in der Trauer, sogar in der Agonie, sogar im Selbstmord. Mit anderen Worten: Diese Rebellion, auch wenn sie durch Hoffnungslosigkeit und Verzweiflung gekennzeichnet ist, bleibt aber Rebellion, was man auch unternehmen würde. Sie bleibt dies sogar, wenn man Tod, Trennung, Verdrängung und Lüge mit jedem Atemzug vermehrt und stärkt, wenn man also zu einem Diener des Todes geworden ist. Das Leben ist (wie wir oben sahen: S. 197 ff.) eine unheilbare Geschwulst auf dem Leibe des Todes. Aber wo Leben ist, ist auch Libido: Wirksamkeit des Lustprinzipes, Suche nach Glück.

Freilich: auch im Bereich des Glückerlebnisses stehen wir scheinbar vor der nämlichen Aporie des menschlichen Strebens. Auf sich selbst gestellt und auf seine eigenen Mittel angewiesen *kann* der Mensch also nicht glücklich sein. Es kann postuliert werden, daß das Glück für ihn entweder aus kurzen Augenblicken der Ruhe oder – vielleicht öfter – aus hartnäckigen Illusionen besteht. Der Mensch kann nicht glücklich sein, weil er das einzige unvollendete Wesen ist, weil er nicht in der Natur mit ihrem festen Rahmen eingebettet ist und weil er in der Begrenztheit der Natur, in der jedes Tier seinen Platz findet, keine Erfüllung sieht. Wahrscheinlich sucht er deswegen Glück im vermeintlich Übernatürlichen. Er ist das ewig und notwendigerweise unzufriedene Wesen, das sich selbst überfordert, indem es Kultur und Werte schafft. Da er keine Gegenwart in der Natur besitzt, ist er auch nie sich selbst unmittelbar gegenwärtig.

Anders ausgedrückt: Der Mensch ist das einzig wirklich infantile Wesen, allerdings ohne die arglose Verspieltheit des tierischen Kindchens. Sogar die Tiere, die der Mensch domestiziert hat, weisen fortan infantile Merkmale auf. Vielleicht könnte die spezifisch menschliche Liebe Fortsetzung des Spieles sein, aber auch das Spiel des Menschen ist sich selbst nicht gegenwärtig, sondern auf die Kultur hin angelegt, und die Arbeit und die Liebe werden durch letztere im höchsten Maße des spielerischen Charakters entkleidet.

Die Biologie hat den Menschen betrogen. Der Mensch stammt aus der Natur und versucht beharrlich, die unmögliche Erfüllung der in ihm natürlicherweise angelegten, angeborenen auslösenden Mechanismen zu erzwingen. Diese Erfüllung ist unmöglich, weil der Mensch ein neotenes Wesen ist, das sich zwar von der Natur trennte, aber das auch das erreichen will, was es nie erreichen wird. Wollte er das nicht, wie würde er lieben, wie würde er leben?

Er besitzt die Natur nicht mehr, und die Natur besitzt ihn nicht mehr. Die Kultur ist ein Ersatz dafür, aber auch diese betrügt ihn ständig, da sie geschichtlich, das heißt nicht auf gegenwärtige Werte angelegt ist, sondern sich selbst durch Überforderung erhalten muß. So lernt der Mensch erst allmählich zu verstehen, daß schon die Geburt ein *Sterben* ist und die Liebe *Trennung*. Dies kann aber dem Menschen nicht gleich bewußt werden; zuerst soll er Erfahrung sammeln, er muß erzogen werden. Dank dem Betrug durch die Natur und dem falschen Optimismus durch die Kultur *hofft* er zuerst, doch seine Hoffnung muß enttäuscht werden. Darin widerspiegelt er seine Gesellschaft, und darin widerspiegelt die Gesellschaft seinen Zwiespalt. In der Erfüllung der Pflicht gesellschaftlich erzogen, wird er vielleicht sagen: «Ich mache mir nichts aus Glück»; doch bekanntlich sind die Trauben sauer, die zu hoch hängen. Sogar der Masochist erhofft noch Glück, indem er sich opfert und mit seinem Aggressor und Peiniger identifiziert.

Es könnte also scheinen, daß das Glück nur im Selbstbetrug – und auch hier selten genug – gefunden werden kann; nämlich in der Mystifizierung seines eigenen Unvollendetseins, und die religiöse Eschatologie, die soziale Utopie, der Hedonismus des reifen Zynikers, die Hoffnung des unerfahrenen Jünglings – all das sind solche Manipulationen mit dem gegenwärtigen Unvollendetsein. Diese Prekarität scheint die Annahme zu bestätigen, daß der einzige Ausweg aus der Situation der Selbstmord sei. Und doch entgeht der Mensch nicht dem Gesetz des Lebens, daß alles Lebende mehr leben will. Indem der Mensch nach Glück trachtet und am Glück verzweifelt, zeigt er, daß er *mehr* leben will. Das zeigt wahrscheinlich sogar der Selbstmörder. Aber: wie *«mehr leben?»*

Das Tier, das sich nicht als Individuum unter anderen Individuen der gleichen Art in der Welt reflektiert, also die Diskrepanz zwischen Subjekt-Ich und Objekt-Ich nicht ahnt, ist ganz Gegenwart. Hat es Sehnsucht – und wir vermuten etwa am Beispiel des Haushundes, daß es eine Art Sehnsucht empfindet –, so ist diese Sehnsucht wahrscheinlich eine vitale Beeinträchtigung, die auch ganz gegenwärtig ist und weder die in der Vergangenheit vollzogene Trennung noch das künftige Sterben im Getrenntsein erkennt.

Der Mensch erweitert seine Welt durch mühsame und verworrene Schritte. Eine potentiell unbegrenzte Weltoffenheit, die ihm aber nie anders als als ideelles Ziel gegenwärtig ist, stellt das grundlegende Aktionsschema des Menschen dar. Das «Mehr-Leben» kann für ihn also nur die Erweiterung seiner – des konkreten Menschen – Welt bedeuten. Daß der Mensch philosophische Systeme aufbaut und sich anschickt, den Himmel zu erstürmen – dies sowohl im wörtlichen wie im übertragenen Sinne gemeint –, mag durch die Angst vor der Vergänglichkeit erklärt werden können; aber die ideelle und die praktische Erweiterung der Welt ist offenkundig nicht eine bloße Reaktion auf einen vorgestellten Tod, sondern ist in positiver Weise auch im angelegten auslösenden Mechanismus des *homo sapiens* verankert.

Philosophie oder Astronautik betreiben heißt auch nach Glück streben. Ob im utopischen Reich der künftigen Freiheit jeder Mensch auch Philosoph oder Astronaut werden wird, möge dahingestellt bleiben. Die Welt eines jeden Vertreters der menschlichen Art muß in Erweiterung begriffen sein, denn der Stillstand dieses Prozesses ist eine Untreue gegenüber dem grundlegenden Aktionsschema und tötet daher, wenn nicht unmittelbar den Leib, so sicherlich den Geist des Menschen: der Stillstand der Entwicklung bedeutet für den Menschen den Tod.

Wie weiten sich aber im täglichen Leben die Bezüge des Menschen, und wie kann ihm diese Erweiterung so etwas wie Glück bringen? Die Psychoanalyse spricht von der Besetzung der Objekte durch die Libido aus dem Narzißmus her bis zur reifen genitalen Sexualorganisation hin. Die Problematik dieser – immerhin dynamischen – Einteilung, die allerdings nur schematisch bleiben kann, haben wir bereits oben (Seite 177 ff.) zu zeigen versucht. Trotz aller Fragwürdigkeit ist diese psychoanalytische Grundthematik von unbestreitbarer Bedeutung für die «Mehrung des Lebens» und somit auch für das relative Glück des Menschen. *Sie sagt nämlich etwas Konkretes über die Möglichkeit der Bereicherung des menschlichen Lebens*

*durch die Kenntnisnahme des konkreten kleinen Universums des Mitmen-*
*schen und die Bildung einer «gemeinsamen Welt» mit ihm aus.* Lebens-
bereiche aufeinander abzustimmen ist von vornherein belastend und berei-
chernd zugleich. Hier ist wieder die unausrottbare – weil grundlegende –
menschliche Ambivalenz am Werke. Diese Ambivalenz bedingt sowohl die
Verteidigung des personalen Bereichs als auch – und das ist für unsere Betrachtung hier wesentlich – die «Mehrung des Lebens» durch die «gemeinsame Welt». Die Abstimmung der kleinen Welten der Menschen aufeinander mag noch so widerspruchsvoll, zögernd und unsicher sein, ihr Ziel
bleibt doch immer, zweien Vertretern der Spezies den Zugang zu einem
verwandelten, qualitativ reicheren und erweiterten Universum zu ermöglichen.

Die Liebe zur Menschheit in ihrer bereits Milliarden Individuen zählen-
den Gegenwart, unzähligen Generationen in Vergangenheit und Zukunft,
bleibt so lange eine kalte philosophische Abstraktion, bis der Mensch un-
gerechterweise (für den abstrakten Moralisten) imstande ist, einen oder
einige wirklich mit ihm lebende Menschen zu lieben und mit ihnen «gemeinsame Welten» zu bilden. Nur solche «Menschheitsliebe» verdient
diese Bezeichnung, soferne sie auf dem erlebten Eros und nicht auf einer
von Syllogismen gestützten Vorstellung basiert.

Jede menschliche Liebe ist dem Narzißmus der Selbstliebe verpflichtet.
Die Selbstliebe wird dadurch zur eigentlichen Liebe, daß sie sich nicht auf
– im eigenen Gehirn entstandene – Ideen beschränkt, sondern auf wirkliche Menschen übergeht und in diesen nicht *nur* Spiegelung seiner selbst,
sondern in seinem Selbst auch Spiegelung dieses Anderen erkennt,
also im Mitmenschen den «gleichen» und den «anderen» sieht. Dies alles
ist kein idealistischer Prozeß und vor allem kein einfacher. Das «kleine»
Universum des anderen zu akzeptieren und an ihm in einer «gemeinsamen
Welt» teilzunehmen, ist selbstverständlich ein Abenteuer wie jede andere
Entdeckung eines neuen Universums auch. Sie mag daher zu Katastrophen
führen und auch abschrecken. Das Universum des anderen, das mein Universum bereichert und erweitert, benötigt viel Einsatz der Libido und viel
Angstüberwindung, denn diese Erweiterung bezieht sich nicht nur auf
ideale Überzeugungen und die – nur zu reichlich vorhandenen – Vorurteile
des anderen, sondern sie bedeutet das gefühlsmäßige Jasagen (wohl wie
alles beim Menschen ein partielles Ja) zu der an sich befremdenden Kom-
pliziertheit des anderen, zu seinen täglichen Problemen, zu jener unwiederholbaren Wärme und vielleicht zu der Enge des anderen personalen
Bereiches. Freilich ist das Vordringen in diesen Bereich nur dank einer
individuellen und unwiederholbaren Übertragungsstruktur möglich ge-

worden, doch hier ist die Übertragung (wie übrigens jede Übertragung, auch die neurotische im psychoanalytischen Prozeß) Werkzeug der Erkenntnis, und zwar der liebenden Erkenntnis. Dann erfährt das Universum des anderen für mich eine Wandlung und bedeutet zugleich die Wandlung meines bisherigen Universums. Daher haben die Betrachter recht, sowohl die, die da urteilen, daß die liebende Erkenntnis in Wirklichkeit eine Blendung und Torheit ist, als auch jene anderen, die wieder behaupten, daß sie erst die Augen öffnet und also sehend macht. Das Universum des anderen hat ein ihm eigenes Kolorit, ein ihm eigenes Körpergefühl, fast möchte man sagen, einen ihm eigenen Geruch.

FREUD hat erkannt, daß die menschliche Liebe (auch diejenige, die gesellschaftliche Klassen zusammenschweißt und Generationen zum Fortschritt treibt) kein Abglanz platonischer Ideen ist, sondern daß sie mühselig und schmerzhaft aus der Materie aufsteigt. Diese Materie wiederum ist keine philosophische Kategorie, sondern besteht aus Fleisch, Blut, Drüsen, Arbeits-, Angst- und Liebesschweiß [3].

Jedes menschliche Universum enthält viele Zwänge, Ängste und manche Lügen. Dieses fremde Universum wird mir aber nicht fremd sein, wenn ich diese Zwänge, Ängste und Lügen – ich sage nicht, *an sich* lieben werde, jedoch wegen ihrer Bezogenheit auf den anderen bis zu einem gewissen

---

[3] Schon am Anfang seiner psychologischen Forschung erkannte S. FREUD – dem man Befangenheit in einer «Ich-Psychologie» unüberlegt vorwirft –, daß der Mensch unfähig ist, seine Bedürfnisse als Kind anders als durch die Hilfe des Mitmenschen zu befriedigen. Der erste Ansatz zu einer systematischen Psychologie ist bei FREUD *das sozialpsychologische Modell:* Die Erkenntnis der Wirklichkeit geht durch den Mitmenschen (Urteil) genau so, wie die Anpassung durch den Mitmenschen bestimmt (Moral) und die Kommunikation durch den Mitmenschen ermöglicht wird (Sprache). In einem Manuskript aus dem Jahre 1895 schreibt FREUD über ein «Abfuhrbestreben» des Säuglings, um zum «Befriedigungserlebnis» zu gelangen; dies ist ein «Drang», «der sich nach motorischem Weg hin entlädt. Der Erfahrung nach ist es die Bahn zur *inneren* Veränderung (Ausdruck der Gemütsbewegung, Schreien, Gefäßinnervation), die dabei zuerst beschritten wird. Alle solche Abfuhr wird aber (...) keinen entlastenden Erfolg haben, da die Aufnahme endogenen Reizes doch fortdauert und die Ψ-Spannung wiederherstellt. Reizaufhebung ist hier nur möglich durch einen Eingriff, welcher im Körperinnern die Quantitätsentbindung (...) für eine Weile beseitigt, und dieser Eingriff erfordert eine Veränderung in der Außenwelt (Nahrungszufuhr, Nähe des Sexualobjektes), welche als *spezifische Aktion* nur auf bestimmten Wegen erfolgen kann. Der menschliche Organismus ist zunächst unfähig, die spezifische Aktion herbeizuführen. Sie erfolgt durch *fremde Hilfe,* indem durch die Abfuhr auf dem Wege der inneren Veränderung ein erfahrenes Individuum auf den Zustand des Kindes aufmerksam gemacht wird» (wir wissen jetzt, daß das Individuum nicht so sehr «erfahren», als vielmehr durch die Auslösung der angeborenen auslösenden Mechanismen in richtiger «Stimmung» zu sein hat, *I. A. C.).* «Diese Abfuhrbahn gewinnt so die höchst wichtige Sekundärfunktion der *Verständigung* und die anfängliche Hilflosigkeit des Menschen ist die *Urquelle* aller *moralischen Motive»* (S. FREUD, *Aus den Anfängen der Psychoanalyse, 1887–1902, Briefe an Wilhelm Fließ,* S. Fischer, Frankfurt am Main, 1962,

Grad zu den meinen mache. Schon die echte Teilnahme an der Welt *eines* Menschen ist ein ungeheurer Sprung nach vorne; und erst in der Konkretheit solcher Teilnahme dämmert uns die Möglichkeit einer breiteren Solidarität: «Man versuche sich bloß vorzustellen», schreibt F. M. DOSTO-JEWSKIJ in seinen *Tagebüchern*, «wo endet genau meine Welt, und wo genau beginnt die Welt des anderen». Nur das innere Beteiligtsein ermöglicht die aufrichtige Beteiligung im Konkreten, und umgekehrt.

Wenn die Welt des Menschen nicht an der konkreten Welt eines anderen zu einer «gemeinsamen» erweitert werden kann, so ist der Mensch wahrlich eine geschlossene Monade. In diesem totalen Individualismus muß sein Leben ersticken. Die Kommunikation zwischen den Monaden ist Störung im Reiche der Entropie, und so bleibt diese Kommunikation prekär, und jedenfalls in unserem Bewußtsein widerruflich. Die Schwierigkeit und Prekarität der Kommunikation ist ein notwendiger Bestandteil derselben. Die Kommunikation bedeutet Abenteuer: das ewig Banale wird dadurch zum ewig Neuen, so daß die Grenze einer narzißtischen Monade gesprengt wird; das ewig Eintönige und der Wiederholungszwang wird durch die Gemeinsamkeit der Weltbereiche – also durch die Solidarität in der «gemeinsamen Welt» – zum Personalen und Einmaligen.

---

S. 325 f.). Und weiter über Erkennen und Urteilen: «Nehmen wir an, das Objekt, welches die Wahrnehmung liefert, sei dem Subjekt ähnlich, ein *Nebenmensch*. Das theoretische Interesse erklärt sich dann auch dadurch, daß ein *solches* Objekt gleichzeitig das erste Befriedigungsobjekt, im ferneren das erste feindliche Objekt ist, wie die einzig helfende Macht. Am Nebenmenschen lernt darum der Mensch erkennen. Dann werden die Wahrnehmungskomplexe, die von diesem Nebenmenschen ausgehen, zum Teil neu und unvergleichbar sein, seine *Züge*, etwa auf visuellem Gebiet; andere visuelle Wahrnehmungen, z. B. die seiner Handbewegungen, aber werden im Subjekt über die Erinnerung eigener ganz ähnlicher visueller Eindrücke vom eigenen Körper fallen, mit denen die Erinnerungen von selbst erlebter Bewegungen in Assoziation stehen. Noch andere Wahrnehmungen des Objektes, z. B. wenn es schreit, werden die Erinnerung an eigenes Schreien und damit an eigene Schmerzerlebnisse wecken. Und so sondert sich der Komplex des Nebenmenschen in 2 Bestandteile, von denen der eine durch konstantes Gefüge imponiert, als *Ding* beisammenbleibt, während der andere durch Erinnerungsarbeit *verstanden*, d. h. auf eine Nachricht vom eigenen Körper zurückgeführt werden kann» (S. FREUD, ebd., loc. cit., S. 337 f.; – auch hier ist das Funktionieren der Auslöser durch eine «Erinnerungsarbeit» vertreten, *I. A. C.*). – Dreißig Jahre später findet die Einsicht FREUDS ihre Krönung in der klar zum Ausdruck gebrachten Erkenntnis, daß das Ich des Menschen nur durch die Hilfe des Mitmenschen gebildet wird: «Die Intrauterinexistenz des Menschen erscheint gegen die der meisten Tiere relativ verkürzt; er wird unfertiger als diese in die Welt geschickt. Dadurch wird der Einfluß der realen Außenwelt verstärkt, die Differenzierung des Ichs vom Es frühzeitig gefördert, die Gefahren der Außenwelt in ihrer Bedeutung erhöht und der Wert des Objekts, das allein gegen diese Gefahren schützen und das verlorene Intrauterinleben ersetzen kann, enorm gesteigert. Dies biologische Moment stellt also die ersten Gefahrsituationen her und schafft das Bedürfnis, geliebt zu werden, das den Menschen nicht mehr verlassen wird» (S. FREUD, *Hemmung, Symptom und Angst* [1926], Ges. W., XIV, S. 186 f.).

Das Ärgernis der Todesgegenwart im Prozeß des Lebens – des «Weniger und weniger Werdens», wie V. E. Frh. von Gebsattel von dem Melancholiker sagt (worüber im nächsten Kapitel noch die Rede sein wird) – wird in einer Weise des Sich-Trennens von sich selbst und vom anderen deutlich: in der Weise des Altwerdens.

Lassen wir hierbei alle Gemeinplätze der Tröstung beiseite. Betrachten wir das Altwerden als die sich vergrößernde Kluft zwischen sich und seiner selbst als jung Gewesenem und ebenso zwischen sich selbst und dem anderen, dem noch Jungen oder in unserem Leben jung Gewesenen. Hier vergeht die «gemeinsame Welt» des Alten mit dem Jungen, weil die «Welt» als solche vergeht – das Ärgernis der Melancholie.

142. In der Menschenschlange vor der Kasse eines Kinos wartet ein etwa 17jähriger Bursch hinter einem etwa 45jährigen Mann. Beide sind in ihrer Art «durchschnittlich», beide eher gut gekleidet, sie gehören anscheinend der Mittelklasse an. Der Junge wartet ganz artig bis er an die Reihe kommt. Er vertreibt sich die Zeit damit, die Reklamen der angekündigten Filme zu betrachten, die an der Wand, der entlang die wartende Menge vorüberzieht, angebracht sind. Dabei stößt er unversehens – sehr leicht – mit seiner rechten Schulter an den linken Oberarm des wartenden Herrn. Dieser dreht sich um, stellt fest, daß er von einem Jugendlichen gestoßen wurde und, obwohl dieser leise «entschuldigen Sie» sagt, fährt er ihn an: «Du Lausbub, Du blöder, kannst Du Dich nicht benehmen? Diese Halbstarken, unerhört ...» usw.

143. Ein 20jähriger Handelsschüler erzählt uns: «Es ist unwahrscheinlich, wie die Erwachsenen, die älteren Leute (...) grob und ausfallend werden: im Autobus, in der Straßenbahn ... Man ist im Unrecht, nur weil man jung ist. Besonders, wenn man mit einem Mädchen ist. Sie verlangen Höflichkeit von uns, warum sind sie nicht höflich zu uns?» (Hier ist die Trennung zwischen «uns» und «ihnen» eine soziale, fast rassische Trennung, sehr deutlich.) Auf unsere Frage, ob es nicht doch Ausnahmen gäbe, antwortet der 20jährige: «Na, freilich, es gibt sehr nette und höfliche ältere Leute. Vor ein paar Tagen traf ich mit meiner Freundin vor der Türe eines Espressos mit einem älteren Herrn zusammen. Dieser hielt die Türe vor uns, wahrscheinlich, weil ich mit einer Dame, also mit meinem Mädchen war, und sagte: ,Bitte, nach Ihnen!' Und wissen Sie, wir wurden beide so unsicher, daß ich mich, glaube ich, nicht einmal bedankt habe. Lotte lächelte immerhin den Herrn an und sagte ,dankeschön'.»

Die moderne Konsumgesellschaft, die auf den Teenagermarkt und daher auf die «geheime Verführung» des jugendlichen Konsumgeschmackes angewiesen ist (vgl. etwa Ruth Münster, *Geld in Nietenhosen. – Jugendliche als Verbraucher,* Forkel-Verlag, Stuttgart-Degerloch, 1961), hat dadurch das «Klassenbewußtsein» der Jugendlichen einerseits zwar gestärkt, doch im selben Maße auch das «rassistische» Vorurteil, weil sie zwei getrennte Märkte geschaffen hat: so ähnlich wie in einem Kolonialland die Kolonialelite andere Güter konsumierte als das farbige Proletariat, für das man billige Imprimé-Stoffe und Glasperlen importierte. In der patriarchalischen Gesellschaft der anbrechenden industriellen Revolution war der Jugendliche vom Erwachsenen eindeutiger unterdrückt als in der heutigen, durch innere Widersprüche erschütterten Übergangsgesellschaft. Jedoch, so wie der Sklave der Antike bis zu einem gewissen Grade zur Familie gehörte und theoretisch mit seiner vollen Integration und mit der Verleihung der Bürgerrechte rechnen konnte, wohingegen die Lage des «bürgerlich freien» Proletariers die Kluft zwischen «Herrn» und «Knecht» vertiefte und zum Antagonismus der Interessen führte, so ist auch der Jugendliche gleichsam aus einem «unvollendeten» potentiellen Erwachsenen zu einem Konkurrenten einer anderen Gesellschaftsklasse oder Rasse geworden. Der Jugendliche muß «erzogen» werden; er darf und soll arbeiten, auch sein Leben für das Vaterland lassen: gleichzeitig aber muß er gehorchen, mehr als der Erwachsene Unmoral vermeiden, denn er ist «unmündig». Dieser Status erschwert ihm übrigens den *evolutiven* Übergang aus der Adoleszent in das «erwachsene» Alter und treibt ihn in eine revolutionäre Stimmung, die insoferne (im Unterschied zu dem echten revolutionären Bewußtsein des Proletariates) nichts fruchtet, als eine Diktatur der Jugendlichen wohl undurchführbar und außerhalb ihres praktischen Bestrebens bleibt. Mehr denn je wird der Jugendliche am Rande der «erwachsenen» Gesellschaft gehalten, interessiert sich daher nicht ernstlich für Politik oder für die Praxis seiner systematischen Befreiung. Mehr denn je ist die sinnhafte Durchleuchtung seines eigenen So-Seins erschwert; und mehr denn je wird aus dem jungen Meuterer ein erwachsener Konformist, da die Werte der Adoleszenz zum Teil nur im Zustand der «Segregation» Geltung haben.

Ganz im Gegensatz zu unserer These der Unterdrückung der Sexualität durch die Herrschaftsstruktur zum Zwecke der gesteigerten Kulturleistung sowie – zusätzlich – zum Zwecke der Selbsterhaltung eben dieser Herrschaftsstruktur, steht zweifellos die sehr verbreitete Meinung einer besonderen «Sexualisierung», ja «Hypersexualisierung» der gegenwärtigen Gesellschaft, zumal der Jugend. Diese weit verbreitete Meinung halten wir für irrig. Sie entspringt unklaren Ideologien, Vorurteilen, affektiven Widerständen und einer tendenziösen Deutung gewisser Statistiken und Tagesneuigkeiten. Wohl ist der Trend zur allmählichen Liberalisierung gesellschaftlicher Normen und zur Befreiung besonders unterdrückter Schichten der Bevölkerung nicht zu leugnen. Nicht zu leugnen ist auch die Tatsache, daß jeder gesellschaftliche Prozeß Widersprüche voraussetzt und mit sich bringt, so daß auch die Tendenz zur Liberalisierung gewisse Auswüchse zeitigen muß. Es ist auch zu bedenken, daß die Unterdrückung durch die Herrschaftsform der Gesellschaft von keiner geheimnisvollen und einheitlichen Verschwörung ausgeübt wird; vielmehr können wir feststellen, daß auch die Herrschaftsstruktur der modernen industriellen Gesellschaft aus verschiedenen, sich teilweise widersprechenden und sich befehdenden Elementen zusammengesetzt ist. Deshalb können wir auch nicht von einem regelmäßig und einheitlich zunehmendem Druck und auch nicht von einem regelmäßig zunehmendem Gegendruck von seiten der geknechteten Sexualität sprechen.

Dennoch: Das, was der Durchschnittsbürger als «Sexualisierung» unserer Kultur mit ihren Sitten bezeichnet, verdient diese Bezeichnung mitnichten und ist vielmehr Anzeichen einer weiteren Desexualisierung. Es handelt sich im allgemeinen um einen Komplex von Erscheinungen, die von der zunehmenden Kriminalität der Jugend bis zu der erotisch verbrämten Wirkung der modernen Reklame, der Illustrierten, des Filmes, der Mode u. dgl. m. reicht. Was die Kriminalität anbelangt, so spricht ihr Vorhandensein für einen nicht weichenden Druck gegen den Lustgewinn durch die Jugendlichen. Der Wunsch nach diesem Lustgewinn wird in der Tat in einem nicht unbeträchtlichen Ausmaße von den Massenmedien gespeist, die sich fortschreitend (und dieser Tatbestand setzte voll erst nach FREUDS Zeit ein) direkt an das Kind und an den Jugendlichen wenden, über den Kopf der Familie hinweg. Bei näherem Zusehen jedoch stellt sich heraus, daß sich die «Sexualisierung» durch die Massenmedien ausschließlich in ungemein seichten und trügerischen Bereichen bewegt, die jede unmittelbare und individuell geprägte Befriedigung der von ihnen erzeugten Wünsche verwehrt. Es handelt sich vorwiegend um eine systematische Erzeugung von Leitbildern, die zwar nach außen hin eine schillernde, wenn auch undifferenzierte Erotik aufweisen, grundsätzlich aber der Steigerung ganz anderer Wünsche als dem der sexuellen Befriedigung dienen, nämlich der Steigerung des Konsumbedürfnisses. Weiblichkeits- und Männlichkeitsideale, die diese Leitbilder vermitteln, stellen sich keineswegs in einer reinen sexuellen Wunscherfüllung dar, sondern vielmehr in vermischten und legierten, also eigentlich quasiperversen Objekten.

Der Soziologe und protestantische Theologe Harvey Cox stellt zu Recht die Desakralisierung der Kultur als geschichtliche Notwendigkeit fest. Um so mehr Gewicht kommt seiner Diagnose in bezug auf die oben erwähnten Erscheinungen der scheinbaren «Sexualisierung» zu: Für ihn bedeutet letztere ein Zurückfallen in die Formen primitiver Sakralisierung, was nach unserer Terminologie Mystifizierung heißt (HARVEY COX, *Stadt ohne Gott?* Kreuz-Verlag, Stuttgart/Berlin, 1966; vgl. insbesondere Kap. 9: *Sexualität und Säkularisierung*). Das Leitbild von Miss Amerika bedeutet – nach Cox – für Millionen von Städtern keineswegs ein Muster sexueller *Befriedi-*

*gung*, sondern eine mystische, gottähnliche Figur, die die sexuellen Verhaltensweisen für die gesellschaftlichen Zwecke der einheitlichen Konsumkultur konfisziert. Ähnliches geschieht mit dem Verhaltensmuster, das etwa der «Playboy» oder der Held der comic-strips dem heutigen Jugendlichen vermitteln. An sich ist hier die Sexualität nur Anlaß für Manipulationen der Gefühle, Affekte und Ängste zum Zwecke eines wirtschaftlichen Manövers, nicht viel anders als dies etwa bei dem Weltmuttertag, Weltmilchtag oder Weltspartag geschieht. Der ganze Apparat der heutigen Werbeinstitutionen, die das kulturelle Leben gewaltig prägen, bietet unklare, wiewohl penetrante Sexualbilder, ist aber darauf bedacht, diese Vorstellungen nicht in Form der eigentlich sexuellen Befriedigung verkörpern zu lassen, sondern vielmehr in Form von einer noch nie dagewesenen Förderung des Güterverbrauches, der Vereinheitlichung gesellschaftlicher Ideale, des Konformismus und der politischen Unbedenklichkeit (im Westen wie im Osten). Anders ausgedrückt, werden sexuelle Energien abgeleitet, was nichts anderes darstellt als der hinlänglich bekannte Mechanismus sowohl der Sublimierung als auch der Pervertierung der Sexualität. Es ist zumindest erlaubt, an dem Wert dieser «Sublimierungen» sehr zu zweifeln. Tatsache jedenfalls bleibt, daß diese Ableitung vor allem der steigenden Aggressivität, der Vermassung und der eintönigen Konformität zu statten kommt. Auf keinen Fall kann die Rede sein von einer wirklichen «Sexualisierung» der heutigen Kultur oder auch nur von einer bewußtseinsmehrenden Aufhebung der sexuellen Verdrängungen.

Die gesellschaftliche Lage des Jugendlichen ist für den Gegenstand unserer Untersuchung soferne von Bedeutung, als sich nämlich nicht nur der Jugendliche vom «Erwachsenen», sondern auch der «Erwachsene» – zumal der alternde – sich von der Jugend *getrennt* fühlt und dies als Trennung von der eigenen Jugend, von der fruchtbaren und lustfähigen Lebensperiode also, erlebt.

Die Unterdrückung des Jugendlichen, von der soeben gesprochen wurde und die sich in schroffer Ablehnung der «Teenager-Subkultur», der «Unart der Halbstarken» u. dgl. m. offenbart, ist das Ergebnis einer Gefahrabwehr von seiten des Erwachsenen[4]. Die Jugend *ist* gefährlich: weil sie

---

[4] Diese Abwehr versteift die Gegenwehr des Jugendlichen; zu untersuchen wären die verschiedenen gesellschaftlichen Formen dieser Gegenwehr – die «Halbstarken», «blousons noirs», «beatniks», «Provos», «Gammler», «Hippies» usw. Alle diese Formen, auch die friedlichsten und harmlosesten, werden von der Erwachsenenkultur abgelehnt. Nach der sozialdemokratischen *Arbeiterzeitung* (Wien, 7. Mai 1967) darf Österreich für sich die Ehre beanspruchen, als erster Staat seine Grenzen für ausländische Gammler gesperrt zu haben. Es folgte Griechenland, dessen Militärdiktatur (April 1967) die ausländischen Gammler abschob und die inländischen zur Osterbeichte zwang!

begehrenswert ist. Die «Reife» ist keineswegs an sich – für den Erwachsenen, der sie «besitzt» und ihren Wert kennt oder zu kennen glaubt – begehrenswert, bedeutet sie doch Verzicht auf nicht mehr erreichbare Werte, ferner Spezialisierung, Verengung schlechthin. Die Trauben der Jugend sind sauer: sie sind für den «Erwachsenen», der sich mit dem tugendhaften Sterben abgefunden hat, unerreichbar. Wohl stehen ihm die Wege der *Sublimierung* offen: er kann zum Beispiel «jugendliebend» sein. Liebend im karitativen oder wirtschaftlichen Sinne; womit aber wird diese geistige Prädilektion der Jugend ernährt? FRANÇOISE SAGAN bemerkte, daß das Interesse für die Jugend von seiten alternden Menschen «eine Liebe zu dem jungen Fleisch» voraussetzt. Nun wird von unserer Zivilisation die *unverhüllte* Liebe zu dem jungen Fleisch immer mehr verpönt. Der fortschreitende Schutz der Jugend gegen die (sexuelle oder wirtschaftliche) Ausbeutung durch den Erwachsenen (wobei die Altersgrenze der Schutzbefohlenen stets nach oben verschoben und die Aggressivität gegen die Rechtsbrecher deutlicher wird) verrät den *Wunsch nach Ausbeutung:* wie auf allen Gebieten, zeigt hier die Verhärtung der Verbote das Wachstum eines ungestillten Wunsches an.

Allein, es gibt eine vorzügliche Möglichkeit für den Erwachsenen, den geheimen Wunsch ungeschehen zu machen: diese Möglichkeit besteht in der Umkehrung des verdrängten Wunsches in sein Gegenteil, das heißt in eine «moralisierende» Aggressivität gegen die Jugend. Die Schutzbedürftigkeit der Jugend gegenüber dem Erwachsenen setzt die Aggressivität des letzteren voraus; je mehr die Jugend geschützt wird, um so mehr verfolgt der Erwachsene die Jugend mit Argwohn und Ablehnung, die – wie wir oben vermerkten – an Klassenkampf und Rassendiskriminierung erinnert.

Würde man jemanden fragen, warum sich der alternde Mensch so schwer von der Jugendliebe trennt, bekäme man vermutlich zur Antwort, daß die Jugend schön und anmutig sei und daß man sich verständlicherweise nur ungern von einem nie wiederkehrenden Lebensmodus trennt, der nun einmal in der Jugend verkörpert ist. Die Errichtung des Alterstabus hat etwas mit der Unvermeidlichkeit des Sterbens zu tun. Tatsächlich wurden wir in manchen psychoanalytischen Stunden oder klinischen Gesprächen durch die im Abschied von der Jugend verborgene Problematik der *Trennung vom Leben* beeindruckt.

Sogar bei relativer Erhaltung der sexuellen Kraft beginnt der alternde Mensch oft das Interesse an sexueller Betätigung zu verlieren. Mögen manche glauben, daß dieser Verlust die Trennungstatsache (hier Trennung von der Jugend) erleichtert, so ist eben diese Tatsache eines *Sterbens zu sich selbst* beunruhigend und wird deswegen im allgemeinen verdrängt und wegrationalisiert.

144. Ein etwa 50jähriger Schriftsteller schreibt an seine Psychotherapeutin (der wir für die Mitteilung des «Falles» zu Dank verpflichtet sind), daß er mit der Sehnsucht nach Jugend «zu kämpfen» habe und sich sehr deprimiert fühle. Vorigen Sonntag habe er mit einer alten Freundin, mit der ihn «nichts Seelisches oder Geistiges» verbindet, telefoniert und sie zu sich kommen lassen. (Über das Alter der Freundin sind wir nicht informiert; offenkundig war sie als «alte Freundin» keine Zwanzigjährige. Was wäre wohl unserem Schriftsteller mit einer Zwanzigjährigen widerfahren?) «Zu meinem Erstaunen mußte ich feststellen», schildert der Patient, «daß ich mich fürchterlich gelangweilt habe. Ich sagte (der Dame), ich hätte nur bis 5 Uhr Zeit, obwohl ich vorher mit dem Gedanken gespielt habe, sie bis zum nächsten Tag da zu behalten. Es war einfach leer, langweilig. Und ich dachte mir: ist nicht das, was man ,Reifung' nennt, nur Verminderung der Vitalität? Ich hatte das Gefühl, etwas *von mir selbst* gehe verloren, *werde von mir abgetrennt; es ist die Trennung vom Eros in mir selbst: eine Trennung von mir selbst.* Und in diesem Betreten einer Wüste soll man einen moralischen Fortschritt erblicken, Früchte der menschlichen Reife? Soll man darin diese unersetzliche Erfahrung des Alters sehen, die ihre Weisheit aus einer solchen geistigen – und vielleicht bald physischen – Impotenz gründet? In meiner unmittelbaren Beziehung zum Eros *in mir* vermag ich nur eine Rückbildung, ein *Absterben meiner selbst* zu sehen. Man behauptet: der Körper schrumpft ein, verdörrt und zerfällt, doch der Geist des Alters verklärt diesen Zerfall. Ich zweifle sehr daran.» (Hervorhebungen von uns wegen der Wichtigkeit dieser Erkenntnis für unser Thema, *I. A. C.*)

Dieses Zitat liefert die klar formulierte Erkenntnis eines Mannes, der – vielleicht in verbitterter Einseitigkeit, dies wollen wir dahingestellt lassen – die Selbstdiagnose mit großer Präzision zu stellen vermag. Er empört sich dagegen, daß *das Sterben in seinem Leben* zunimmt, und zwar hinter der Maske der scheinbaren Gelassenheit, die in Wirklichkeit Verlassenheit ist: Trennung nicht nur von denen, die man liebte, sondern in erster Linie *von sich selbst. Ist das Alter eine Rückkehr des Menschen zu sich selbst oder eine Entfremdung von sich selbst?* Diese Frage hat für den Schreiber eine echte Berechtigung, seine Antwort fällt pessimistisch aus. Die Frage dieses Patienten hat aber eine wichtige anthropologische Bedeutung; handelt es sich doch darum, das schwierige dialektische Verhältnis zwischen der «Reifung» als allgemein postulierter Zunahme an gewissen menschlichen Werten und als evidenter Abnahme der unmittelbaren Werte der «Jugend» zu erhellen. Der Schreiber argwöhnt sichtlich, daß die gepriesene «Reifung» vielleicht doch eine Resignation ist, die die unausweichliche Not in eine Tugend ideologisiert.

Jedenfalls bezieht sich die gestellte Frage auf eine andere, die wir schon im Laufe dieser Schrift gestreift haben (s. oben Seite 169–190), nämlich: inwieferne läßt sich behaupten, daß die Zunahme an «Geist», etwa im Hominisationsprozeß oder im Zivilisationsprozeß, nicht auf den *Zerfall* oder die *Regression* von Naturstrukturen zurückzuführen wäre, oder nicht wenigstens eine *Antwort* auf diese Gefährdung enthielte? Man muß sich deswegen nicht die Theorie ARNOLDS GEHLENS über den Menschen als «Mängelwesen» aneignen und die Entstehung des Geistes geradlinig-ursächlich auf einen «Naturmangel» reduzieren; leugnen läßt sich jedoch nicht, daß das, was wir an Entfaltung des Geistes im Naturgeschehen beobachten können, uns mit Nachdruck an eine dialektische Antwort auf die im menschlichen Dasein bewußtwerdende Gegenwart des Todes denken läßt. Auch das im Laufe dieses Kapitels erwähnte doppeldeutige Verhältnis des «Erwachsenen» zur «Jugend» liefert hierzu eine Illustration.

104. Nach einigen schweren Ehekrisen schildert die Gattin eines 54jährigen Dichters (siehe Abschnitt I, S. 40) seine zahllosen Liebeserlebnisse. Sie glaubt zwar nicht, daß er sich nun «in seniler Art» ganz jungen Mädchen zuwenden werde, doch vermerkt sie, daß er sich für junge Mädchen und Frauen «etwa zwischen 18 und 30» besonders interessiere. Manche derartige Bindung hat ihm (dem Dichter) und ihr (der Gattin) viel Unglück gebracht. «Er wendet sich jeder Frau zu, doch eine *junge* Frau ist für ihn gleichsam ein aus seiner Jugend verbliebenes Bild.» Dann sagt sie interessanterweise, daß ihn das Problem der Vergänglichkeit, des Älterwerdens und des Sterbens («mehr als des Todes selbst») immer sehr beschäftigt habe. «Schon mit 30 sagte er: ,Die Jugend ist vorbei.'» Und nun fügt sie etwas hinzu, was dieser Aussage nur scheinbar widerspricht: «Eigentlich ist er *dadurch* ungemein jugendlich; *seine Jugendlichkeit liegt in der Leidensfähigkeit*, denn es gehört eine große Portion jugendlicher Leidensfähigkeit dazu, mit jungen Menschen Liebesbeziehungen zu unterhalten. *Er ist noch nicht an die Grenze gelangt*, er fürchtet sich noch immer nicht vor dem Schmerz der *Liebe*» (Hervorhebungen von uns, *I. A. C.*).

Dies ist eine sehr denkwürdige Diagnose, gestellt von einer sehr klugen Frau, die all deren Folgerungen vielleicht nicht überblickt. Denn die Frage ist: An welche «Grenze» ist dieser Mann noch nicht gelangt? An die Grenze der geziemenden Reife oder der Resignation? Und bedeutet seine «Leidensfähigkeit», aus der er – nebenbei bemerkt – doch wohl mehr als eine Freude gewinnt, «Masochismus» oder vielleicht doch auch ein Bewahren der «Leidenschaft» – des Eros? Liegt nicht darin noch die – gewissermaßen verzweifelnde und trotzige – Kraft, das (durch Tabus der Gesellschaft und durch die Begrenzungen von seiten der noch nicht lenkbaren Natur) verursachte Leiden zu ertragen und den Preis für seine Weigerung zu zahlen, für die Weigerung nämlich, einen Lebensanspruch dem Tode gegenüber kampflos zu verraten und sich im Sterben zu beruhigen?

124. Hören wir nämlich auch auf die Sprache der Resignation, der Beruhigung. Der uns schon bekannte Dr. LON (siehe oben S. 91 und 110) klagt über depressive Stimmung. Er hat sich nie vor Beziehungen mit jungen Frauen gescheut, doch eine stürmische Trennung von einer 19jährigen Verwandten (Motiv des Inzestes!) machte ihn vor einem Jahr sehr nachdenklich, ja unsicher. «Man muß der Wahrheit ins Gesicht sehen können.» Welcher Wahrheit, fragen wir, da dieser Gemeinplatz in verschiedene Richtungen hin interpretiert werden kann. «Der Wahrheit, daß eine Kluft zwischen dem alternden Menschen und dem jungen Menschen besteht, und da heißt es: sich abfinden, nicht strampeln.» Und LON sagt etwas, das an unseren Vergleich mit der Rassentrennung erinnert: «Was wollen Sie, das sind eben andere Menschen, oder sind *wir* andere Menschen geworden?» Unlängst verliebte er sich in eine 20jährige Freundin seiner – nun von ihm getrennten – Geliebten.

«Wir sprachen viel miteinander, sie merkte sicher, daß sie mir nicht gleichgültig war und war sehr nett zu mir. Unter anderem sagte sie aber: ,Oft sind die *Alten* anziehender als die *Jungen*, weil sie doch so viel differenzierter sind'. Dieser Satz erschreckte mich. Sie wollte mir etwas besonders Nettes sagen, mir gewissermaßen entgegenkommen, doch entschlüpfte ihr dieser Satz, der mir zeigte, daß sie mich *als zu einer anderen Menschenkategorie gehörend betrachtete.* Und ich rief sie nicht mehr an, wir trafen uns seitdem nicht mehr.» (Hervorhebungen von uns, *I. A. C.*). Kurz nach diesem Schock trifft Dr. LON auf einer Gesellschaft eine bekannte Schauspielerin, die als ungemein anziehend gilt und viel Erfolg bei Männern hat; sie ist nicht mehr so jung, etwa über 35 Jahre. Beide gefallen einander sehr, eine Verabredung wird getroffen; doch Dr. LON, der früher eher als «Draufgänger», ja als Don Juan galt, ist unsicher geworden. «Wozu das alles? Was soll ich noch? Wieder Unruhe, vielleicht Schmerz?» Er hält die Verabredung nicht ein, die Schauspielerin geht auf Auslandstournee. Dr. LON kann sich diese «Resignation» (das Wort wird von ihm gebraucht) nicht recht erklären. «Früher hätte ich mir keine Gedanken dabei gemacht. Ich hätte sie vielleicht schon auf dem Rückweg von dieser Gesellschaft in ein Hotel gebracht... Jedenfalls zog sie mich dermaßen an, daß ich sie nicht in Ruhe gelassen hätte, hat sie mir doch außerdem deutlich gezeigt, daß ich ihr gefalle. Aber wissen Sie, jetzt beobachte ich mein Altern selbst. *Alles wird fremder, weiter entrückt.* Der Wunsch ist vielleicht derselbe, nur das, was man wünscht, *ist irgendwie fremd,* oder sagen wir, nicht mehr für ,uns' geschaffen. Manchmal denke ich mir, Altwerden heißt merken, daß man älter wird. *Dann erst stirbt etwas in uns.*» (Hervorhebungen wieder von mir, *I. A. C.*).

Vermutlich verdankt Dr. Lon die Präzision des Ausdruckes seiner beruflichen Ausbildung – er ist Psychiater –; jedenfalls zeigt er uns, daß das Thema der Liebestrennung nicht nur mittels der Phänomenologie einer «aufgezwungenen» Trennung zwischen zwei Personen behandelt werden soll, sondern auch durch die Analyse jener introjizierten Vorurteile und Schablonen, die die Trennung des konkreten Individuums von seinem eigenen Seinsmodus bedingen und die durchaus als Einbruch des Sterbens, des Nichtenden und der Enge in der Daseinsfülle erlebt werden.

Will sich aber das Individuum das Wirken des Sterbens *in ihm selbst* nicht zugestehen (und das ist wohl meist der Fall), so muß es sich mit Aggressivität gegen die anderen, ja nicht zuletzt gegen das geliebte Objekt wenden.

145. Der 56jährige Großkaufmann GEF hat eine Liaison mit einer 17jährigen Cousine gehabt (wieder das Inzestmotiv). Sie ist ihm mit einem 20jährigen Freund «untreu» geworden. Interessanterweise spricht nun der alte Mann von der «Unmoral» der Jugend. Er behauptet, die 17jährige hätte ihn provoziert (was möglich ist, hier aber nicht zur Sache gehört). Es folgen einige pessimistische Betrachtungen über die «heutige Jugend».

Herr GEF muß resignieren, und er resigniert nach dem althergebrachten Rezept des Moralisierens, das er *gegen* das Objekt seines Wunsches anwendet. Wir könnten vermuten, er sei ein Heuchler; diese Meinung würde durch die Tatsache erhärtet werden, daß er vorher die Liebe einer Siebzehnjährigen ausgekostet hat. Aber wie viele seiner Gesellschaftsschicht und seines Alters vertreten solche Meinungen, *obwohl* sie nicht die Liebe eines jungen Mädchens genossen haben – oder auch *weil* sie sich nicht getraut haben, sie zu genießen[5].

Ist nicht die Moral ihrem Wesen nach ambivalent wie alles Menschliche, indem sie zwar von der Fähigkeit des Menschen, Werte zu abstrahieren und zu kodifizieren, aber auch von der Notwendigkeit, *Gewünschtes* unter dem Druck der Not für verboten zu erklären, Zeugnis ablegt? Denn der *Wunsch* wird, wenn er an der Trägheitskraft der Notwendigkeit (Druck der Gesellschaft, Druck der noch nicht bezwungenen Natur) scheitert, «unmoralisch». Von diesem Gesichtspunkt aus muß im Moralisch-Sein viel Resignation enthalten sein, denn im Zustand der Resignation wehrt der Mensch mehr ab, als er aktiv anstrebt. Wunschlosigkeit ist «moralisch», nur daß der Mensch an dieser Moral stirbt und den Tod akzeptiert[6].

Die Resignation ist in dialektischer Sicht die Vorwegnahme des Todes, eine Kapitulation vor ihm. *Resignation* und *Sterben* stehen zueinander in dialektischem Verhältnis. Dies läßt sich so leicht sagen, daß die Feststellung zu einem Gemeinplatz wird; es scheint uns aber, daß weder das linear-kausalistische Denken der Wissenschaft, noch das konformistische der gängigen Moral den dialektischen Gehalt dieses «Gemeinplatzes» genügend berücksichtigt. Wohl verzeichnet man eine Reaktion gegen beide Denkungsarten: in der Wissenschaft etwa mit den Bemühungen der «psychosomatischen Medizin» (die aber manchmal entweder ein dualistisches oder ein psychologistisches Bild des Menschen vertritt) oder auf dem sozialen Gebiet die Fürsorge, die ihre Aufmerksamkeit den Problemen «des Jugend-

---

[5] Die Tatsache, daß solche (und noch unglückseligere) Formen der Sexualität bei dem alten Menschen «asozial» und «unangepaßt», ja «narzißtisch», «regressiv», «pervers» sind, gibt noch kein gültiges Alibi für eine Gesellschaftsordnung ab, die solche «Verirrungen» verursacht (wobei jeder Spezialist der einschlägigen Disziplinen wohl weiß, daß die Dunkelziffer solcher Praktiken schier unermeßlich ist). Wenn HANS GÖPPERT in einer Abhandlung über *Sexualprobleme des Alters* (in: *Jahrb. f. Psychol., Psychotherap. u. med. Anthrop.*, XIV [1966], 2-4, S. 261–267) solche Manifestationen der Alterssexualität als «narzißtisch», «regressiv», «pervers», «lächerlich» interpretiert und sie auf Drang nach «Selbstbestätigung», «Selbstzerstörung», «Selbstbehauptung» zurückführt und wenn er urteilt, daß hier «das leibliche Substrat (...) an die Stelle der Leistung» *(sic!)* tritt – so macht er sich zu dem sehr moralischen Anwalt herrschender Ideologien, führt jedoch die «Sexualprobleme» in nichts einer Beantwortung näher. Ist es denn nicht offenkundig, daß die «narzißtische Unsicherheit» des alten Menschen (wie übrigens auch des jungen) nicht *Ursache* des sozialen Unbehagens, sondern *Folge* desselben ist?!

[6] Im Rahmen unserer Gesellschaftsstruktur ist der Abschied von der Jugend für die Frau, der diese Gesellschaft noch immer «infantile» Züge zuschreibt um ihre Befreiung zu verlangsamen, ein Vorgang, der im allgemeinen schmerzlicher, aber auch verdeckter verläuft als beim Manne. Auch ist die alternde Frau, die Liebe bei jungen Männern sucht – und mitunter findet – noch immer viel stärker ein Gegenstand des Hohnes und der Mißbilligung.

lichen» sowie denen «des alten Menschen» widmet (aber dadurch unwillkürlich dazu beiträgt, beide Kategorien durch ein Übermaß an Objektivierung zu verdinglichen und an den Rand der Gesellschaft zu drängen).

Ein zeitgenössisches Theaterstück hat die Wechselwirkung des Sterbens und der Resi-
gnation in tiefschürfender Weise dargestellt: *Le roi se meurt (Der König stirbt)* von
EUGÈNE IONESCO, das wir schon im ersten Abschnitt (Seite 31, Fußnote) erwähnten. Der
Psychoanalytiker JACQUES LACAN schrieb darüber einen Kommentar, der zur Gänze zu
zitieren wäre. «Dieser König, der (...) vor uns in einem langen, grausamen Spiel zwischen
Leben und Tod, Bewegung und Erstarrung widerstrebend stirbt», ist der Mensch – jeder
Mensch. Man erfährt über ihn, daß er Jahrhunderte lebte, daß er die unglaublichsten
Dinge vollbracht hatte: denn der Mensch hat eine Zeitvorstellung, er trägt in sich den
Wunsch nach allen Taten, er «begreift» das Universum. «In ihm sind Schaffenskraft, Stolz
und Eitelkeit des Menschen überhaupt zusammengefaßt – aber auch das ganze Elend: denn
von dieser Welt, wo er geschaltet und gewaltet hat, vermag er nicht zu scheiden. Er hat
vergessen, den Todesgedanken Tag für Tag zu üben, so daß ihn nun namenlose Angst
packt, und er sich an alles mögliche klammert; Erinnerung und Alltag (‚Hast Du meine
Schuhe neu besohlen lassen?'), fremdes Leben, Literatur ... Sein eigentlicher Widerstand
ist kurz, aber seine Weigerung, sein verzweifeltes Suchen nach Ausflüchten hartnäckig.
Der unermüdlichen Stimme der Liebe (Königin Maria), die ihn mit der Nachwelt trösten
will, entgegnet er immer wieder: ‚Ich aber sterbe'.» (JACQUES LACAN: *Der König stirbt ...*,
im Heft: «Burgtheater im Akademietheater», Wien, 1965). Diese junge Königin Maria,
«die zweite Gemahlin des Königs», zeigt unmißverständlich, daß sie ihn innigst liebt, daß
sie ihn noch in seiner Agonie für sich wünscht; er aber, der so viel Kraft in ihrer jugend-
haften Zärtlichkeit fand, wendet sich resigniert ab: «Ich aber sterbe»; und die Regie läßt
die Königin-Liebe ihre Arme nach dem König ausstrecken und in der Haltung der nie vollendeten Umarmung langsam von der Bühne verschwinden. Die Königin Margarethe, «die
erste Gemahlin des Königs», ist aus anderem Holz geschnitten. Sie «liebt» den König, indem
sie von ihm verlangt, daß er sich auf den Tod vorbereite und sich vom Gaukelspiel der
«irdischen» Liebe abwende; sie vollbringt das, was alle Morphiumspritzen der Ärzte, die
Tröstungen der Priester und das Mitgefühl der Angehörigen im Leben, oder vielmehr im
Sterben des Menschen vollbringen. «Von fremder Hand wird (dem König) die vermeintliche «Bürde' – in Wirklichkeit die angesammelten, einzigartigen Reichtümer der Persönlichkeit – abgenommen, man vernimmt nur noch ein Stammeln: ‚Ich ... Ich ...', bis das
Herzpochen, diese ‚entbehrliche Unruhe', aufhört» (JACQUES LACAN, ebenda). Das Leben,
eine «entbehrliche Unruhe»: man glaubt FREUD zu lesen, aber auch den Religionsdiener,
der ein «anderes», besseres Leben verheißt. Das Bemerkenswerte im Stück IONESCOS ist
die Art, in der der Autor den Zusammenbruch des Universums *im Menschen* zeigt,
dann, wenn der Mensch am Sterben ist. *Für ihn*, den Menschen, stirbt das Universum mit
ihm. «Warum ist Bérenger König?», diese Frage stellt IONESCO selbst (ebenda). «Weil der
Mensch König ist, der König eines Universums. Jeder von uns lebt im Herzen der Welt,
und immer, wenn ein Mensch stirbt, ein König, hat er das Gefühl, die ganze Welt ver-
schwinde mit ihm. Der Tod dieses Königs stellt sich dar als eine Folge lächerlicher und
zugleich prunkvoller Zeremonien. Prunkvoll sind sie, weil sie tragisch sind. Es handelt sich
dabei tatsächlich um Etappen des Verzichts: Furcht, der Wunsch, zu überleben, Trauer,
Sehnsucht, Erinnerungen und schließlich Resignation. Am Ende bleibt ihm nichts, und erst
in diesem Augenblick tritt er ab» (*loc. cit.*, ebenda). Der Krönungsornat ist von Motten
zerfressen. Planeten explodieren, die Milchstraße gerinnt, es schneit auf dem Nordpol der
Sonne. Die Minister fallen in einen Bach. Der Palast hat plötzlich breite Risse in den
Mauern. Das Königreich wird plötzlich öde, Menschen verflüssigen sich. Vor zweieinhalb
Stunden war Frühling, jetzt ist November. Der König wendet sich von der Liebe Marias
ab und vollzieht die von Margarethe gepredigte Resignation. Der König stirbt. Um sterben

zu können, hat er zuerst seine Beziehungen zur Welt zerstören und sich von sich selbst trennen müssen, indem er sich von der Liebenden und Geliebten durch Verzicht trennte (vgl. EUGENE IONESCO, *Der König stirbt*, Luchterhand, Neuwied und Berlin, 1964; die sich unter jeder Kritik befindende Qualität dieser Edition macht den Rückgriff auf das französische Original: *Le roi se meurt*, Gallimard, Paris, 1963, notwendig).

«Ich habe allerlei getan», sagt der sterbende König: «Was sagt man, was habe ich getan? Ich vergesse, ich vergesse» (IONESCO, a. a. O., S. 49). Diesem Problem des *Vergessens* als Tod *des* Bewußtseins und *im* Bewußtsein begegneten wir ständig in der Trennung zwischen Liebenden. In seinem Stück *Hunger und Durst* vertiefte IONESCO noch die Thematik der Trennung, die er nun in der Gegenwart des Todes in allen Beziehungen zwischen liebenden Menschen sieht; hier «stirbt der König» vielfach, ja bereits in seiner Jugend, und in seinem Herzen sterben seine Liebsten. Jean flieht aus seiner Familie, obwohl er Frau und Tochter liebt; doch hat er «die Blume der Liebe aus seinem Herzen herausgerissen», weil die Stabilität des Lebens ihm erstickend scheint und er nicht im Leben stehenbleiben kann. Daß auch die Flucht ihm Sterben bringt, ahnen wir im 2. Bild («Die Verabredung»). In einer öden sonnendurchfluteten Landschaft hätte seine Wiederbegegnung mit der Geliebten, von der er sich vor einiger Zeit getrennt hatte, stattfinden sollen. Auf dem Hochplateau steht ein «Museum», von zwei «Wärtern» bewacht. Ihnen soll nun Jean seine Geliebte beschreiben, damit die Wärter sie erkennen und ihr die Ankunft Jeans ausrichten können. Allein, Jean kann sie weder beschreiben, noch kann er sich ihres Namens entsinnen. «Sind Sie selbst denn sicher, sie wiederzuerkennen?», fragen die Wärter. Denn: «nichts ist sicher, wenn das Gedächtnis so versagt». Jean verharrt jedoch im Warten, er glaubt an die Wiederkunft der Geliebten, obwohl sie aus seinem Gedächtnis fast verschwunden ist. Hat sie ihm doch bei ihrem letzten Abschied gesagt: «Ich komme bestimmt, selbst wenn ich das Gedächtnis verlieren sollte, ich werde immer ich sein, wenn Du vergißt, wirst Du immer Du sein, wir werden trotz allem wir sein, auch ohne die Erinnerungen». Und sie hatte ihm noch gesagt: «Ich liebe Dich, Liebster, ich liebe Dich wahnsinnig, mein armer Geliebter, sei unbesorgt!» Das Vergessen ist aber stärker. Die Zeit ist bei IONESCO merkwürdig gestört. Wann hätten sich die Geliebten treffen sollen? Im Juni? Im Juli? Um 11 Uhr? Am 15.? Am 17.? Und die unsichere Zeit zerrinnt: «Es ist spät geworden», «die Stunde geht vorüber», «der Tag vergeht; die Woche ist vergangen; die Jahreszeit ist vergangen; wir machen Ferien» – so sagen die Wärter. «Das Leben ist vergangen», bemerkt Jean. Nach Warten und Pilgern gelangt er in ein «Kloster», in das ihm die von sich selbst Getrennten vorausgegangen sind. Er sieht vor sich noch einmal die Gestalt der Frau, des Kindes, jedoch – es ist zu spät; er ist verdingt, verdinglicht, er muß für die «Klostergemeinschaft» arbeiten, bis er stirbt (EUGENE IONESCO, *Hunger und Durst*, Luchterhand, Neuwied und Berlin, 1964. – Vgl. auch EUGENE IONESCO, *Am Fuße der Mauer*, 3. Teil zu *Hunger und Durst*, in: *Theater Heute*, VIII, 4, April 1967, S. 65–68).

Die Trennung von der Welt der Objekte und der Mitmenschen gehört zu der Symptomatik des Sterbens und entleert das eigene Ich: sie trennt den Menschen vom eigenen Ich, denn unser Ich kann ohne eine Welt, die ihm *gemeinsam* mit den Mitmenschen und mit Objekten ist, nicht leben. Die Gegenüberstellung der Objekt- und Subjektwelt bedingt die eigentliche Problematik des Menschen, die in der Dialektik zwischen Verteidigung und Zuneigung liegt. Die Resignation ist Nein zu dem Objekt – und schließlich auch Nein zum Tode; denn auch die Resignation ist – wie jedes Geschehen in der Welt, zumal in der Welt des Menschen – nur dialektisch zu begreifen. Vielleicht hat die Resignation etwas vom tierischen Totstellreflex, der die Starre des Todes vorwegzunehmen scheint, um den Tod (die tödliche Gefahr) abzuwehren. Gerade die «konservative Natur der Triebe», die FREUD so hervorkehrte, macht diese Ambivalenz der Resignation aus: denn ein Abwehrmechanismus wehrt die von außen einströmenden Reize ab, *nicht nur um die Überforderungen des Lebens, sondern auch um die Bedrohungen des Todes abzuschwächen* (siehe oben Abschnitt II). Man könnte diese «konservative» Natur auch so umschreiben, daß das Lebewesen bestrebt ist, den *status quo ante* wiederherzustellen, was – aus der relativen Perspektive der Entwicklung und des Sterbens gesehen – noch immer den Zustand *vor* der tödlichen Gefahr bedeutet.

Der Verzicht (Sosein-müssen) wird zu einer Tugend (Sosein-sollen) – dort, wo das Objekt durch seine Reize «gefährlich» wird. Das Leben ist «gefährlich» und man begünstigt das Spiel des Todes, indem man den Gefahren aus dem Wege geht (denn der Tod, wenn er einmal eingetreten ist, ist für das Nicht-mehr-Lebende schon ungefährlich); doch *in einem* sucht man doch durch diese Taktik das Leben oder das, was vom Leben bleibt, gegen den Tod zu schützen [7].

Umgekehrt: für die Ideologie der Resignation scheint gerade die Empörung gegen die Kräfte des Todes eine unnütze, ärgerliche und skandalöse Haltung zu sein. In der Tat ist diese Empörung ein Neinsagen; indes sagt auch die Resignation zu dem Objekt nein, weil jede Beziehung zu dem Objekt auch die Entropie vermehrt und weil jede Expansion ein «nichtendes» Element enthält. Jede Beziehung ist nämlich fragwürdig, sonst wäre sie keine Be-Ziehung; jede Beziehung ist ein In-Frage-gestellt-Werden durch die «gemeinsame Welt», eine *Prüfung*, eine *Anstrengung* – ein Luxus (das Leben ist Luxus). Jede Beziehung zur Welt ist nicht nur aus dem «Ja» entstanden, sondern auch aus dem «Nein» (vgl. RENÉ A. SPITZ, *Nein und Ja. – Die Ursprünge der menschlichen Kommunikation*, Klett, Stuttgart, o. D.).

Die Auseinandersetzung mit dem Tode verläuft nur selten friedlich. In

---

[7] Die «Trennung von sich selbst» ist selbstverständlich *auch* positiv und notwendig, *solange der Tod existiert* (also gewissermaßen aus der Perspektive eines Lebens *zum Tode* gesehen). Die Geburt ist bereits eine Trennung von der frühesten Form der Existenz; und jede neue Etappe der Personalisation ist gleichzeitig das Verlassen einer früheren Etappe, also eine Trennung von sich selbst. Unter diesem Gesichtspunkt ist im «Sich-nicht-(von-sich-selbst)-trennen-Wollen» ein regressives, ja tödliches Element: hier offenbart sich die grundlegende Ambivalenz des vom Tode nicht entmischten Lebensprozesses. Die Weiterentwicklung bedeutet auf alle Fälle die Opferung früherer Organisationsformen. Die Utopie bestünde hier darin, daß die Totalität der Information *sowohl der Gattung als auch dem (mit der Reflexion begabten) Individuum* zugänglich sein werde: hier würde sich die *Identität* zwischen dem Gattungsmenschen und dem Individuum ereignen. Solange dies nicht der Fall ist, ist der Wiederholungszwang der Trennung sowohl regressiv als auch progressiv in einem (siehe Abschnitt II).

der Phänomenologie der Todesabwehr finden wir die nämlichen Züge, die uns in der Phänomenologie jeder Trennung begegnen. Mehr oder weniger unbewußt sind in der «erwachsenen» Todesabwehr etwa folgende Kategorien vorhanden, die uns schon aus dem ersten Abschnitt, aus der phänomenologischen Beschreibung der Trennung, bekannt sind: a) das Erleben der Ich-Katastrophe, das zur Verzweiflung und sekundär zu apokalyptischen Ideologien führt; b) die Aggressivität (Verstärkung der Abwehr gegen die reizspende Welt, die in der ideologischen Abwehr von der Welt gipfelt); c) die Gleichgültigkeit, die an der Resignation und einem gewissen ideologischen «Altruismus» zu erkennen ist; d) die Flucht nicht nur in den Verzicht, sondern auch «nach vorne», mit ihrem Aktivismus, der allerdings Zivilisation vollbringt; e) immer eine gewisse Ideologisierung, sei sie nun stoischer oder religiöser Art, die nur dort Früchte trägt, wo das Leben des Menschen für das Leben der anderen und ihre Freiheit eingesetzt werden kann.

Eine «Moral» des Todes beschattet *das Leben* immer, weil die Toten nicht mehr «moralisch» zu sein brauchen; jede Moral vom Tode her ist in irgendeinem Aspekt eine Lebensverneinung. Es handelt sich an dieser Stelle nicht so sehr darum, die – ohnehin offenkundig fragwürdige – herrschende Moral zu leugnen, und schon gar nicht darum, die *Notwendigkeit* der Moral selbst: Der Mensch als bewußt normierendes und wertestiftendes Wesen versucht sich selbst in der Ethik zu begreifen, weil er als widernatürliches Wesen sich nicht durch die bloße Ethologie definieren kann. Es handelt sich vielmehr um die Feststellung, daß die überlieferte und institutionalisierte Moral dem Tode dient. Der Tod ist eine Tatsache und kann von der Moral nicht ignoriert werden, noch soll er es. Er kann aber als «Lösung», ja «Erlösung» angesehen werden, und das ist eine Wertung, die – genau wie die FREUDsche Hypothese vom Todestrieb – das Kunststück vollbringt, das *Leben vom Standpunkt des Todes aus zu beurteilen*. Jedoch, im Gegensatz zur Todestrieb-Hypothese, versucht die herrschende Moral, den Tod – und durch ihn das Leben – zu mystifizieren.

Der Beweis für diese Feststellung ist einfach. Die Repräsentanz des Todes im psychischen Leben des Menschen – sein psychisches Sterben – besteht darin, daß der Mensch die Libido von den Objekten löst und einem hypostasierten Tode zuwendet. Sein Weg führt ihn dann wirklich, wie FREUD im *Motiv der Kästchenwahl* sagt, von der Gebärerin über die stellvertretende Geliebte zu der «Verderberin», zu der stillen Gottheit des Todes. Der Wunsch nach materiell Lebendigem, «Irdischem», stünde ihm bei dieser Wendung zum Sterben im Wege. Nun wollen ihm die «Vernunft» und die «Moral» das unvermeidbare Sterben «erleichtern», ihn für das Sterben «vorbereiten», und das geht nur mittels des stoischen Verzichtes oder mittels der Verheißung eines besseren, glücklicheren Lebens *im Tode*. Der Gesetzgeber und die Priester sind Abgesandte des Todes, soferne sie aus Barmherzigkeit oder Ordnungsgläubigkeit den Menschen «euthanasieren»: sie helfen ihm, auf das Leben – das erwiesenermaßen differenzierteste und höchste *Geschehen* im Kosmos – zu verzichten; sie reden ihm seine Wünsche aus, sie *trennen* ihn von dem eigenen Eros.

Wie sollten sie auch anders? Der Gedanke, den Tod *durch die konsequente Fortführung und Verwirklichung des Lebenswunsches* zu bekämpfen und dann auch zu besiegen, ist noch ein sehr utopischer Gedanke, obwohl dieser utopische Gedanke paradoxerweise die ganze Zivilisation, mit ihren Gesetzgebern und Priestern, erst ermöglicht und ins Leben ruft: ist doch die Zivilisation ein Kampf gegen die Vergänglichkeit.

# II. TRENNUNG UND MELANCHOLIE

Eine «Energie der Verzweiflung» gibt es nicht, was man auch darüber sagen mag. Dieser Ausdruck bedeutet in Wahrheit einen Paroxysmus einer in die Enge getriebenen Hoffnung. Jede bewußte Energie ist, wie die Liebe – und weil sie Liebe ist! – auf der Hoffnung begründet.

PIERRE TEILHARD DE CHARDIN, Œuvres, I, S. 257, Fußnote.

Wir versuchten, die Trennung von dem Geliebten, die so viele unserer Mitmenschen als eine Kreuzigung erleben, zu analysieren. Für diese Analyse ist eine Frage von Bedeutung: Handelt es sich hierbei um eine «Psychopathologie des Alltags», um eine Psychopathologie Jedermanns oder doch sehr vieler Menschen, also um das allgemeine Schicksal, das hier exemplarisch gelebt wird – mit einem Wort um etwas «Normales»? Oder handelt es sich umgekehrt um krankhafte Zustandsbilder? Oder um solche, die gleichzeitig «normal» und «krankhaft» sind, das heißt um Zustandsbilder, denen zwar allgemeine anthropologische Bedeutung zukommt, die aber in reiner Form nur in schweren Zusammenbrüchen der menschlichen Existenz erscheinen? Und wenn sie nur Reaktionen oder geringfügige Varianten des menschlichen Wesens darstellen, kommt ihnen noch ein Wert für das Verständnis der schwer gestörten Formen der menschlichen Existenz zu?

Zunächst liegt der Gedanke nahe, die beschriebenen Phänomene in den Bereich der manisch-depressiven Verstimmungen einzureihen. Gehören doch die meisten dieser Verhaltensweisen zum großen Gebiet der Gemütsverstimmungen, die durch Trauer, Verzweiflung, Pessimismus, Reue, Gefühl der Leere gekennzeichnet sind, und zwar in einem bedrohlichen, manchmal suizidgefährlichen Ausmaß, das diese Phänomene zumindest bei erster oberflächlicher Annäherung mit der Melancholie verwandt scheinen läßt. Außerdem tragen die beschriebenen Verhaltensweisen im ganzen, oder doch zu einem beträchtlichen Teil, auch Andeutungen der manischen Gemütsverstimmung, indem sie uns die Flucht in die hektische Freudensuche und in den Tätigkeitsdrang – und somit die Verdrängung und scheinbare Überwindung der depressiven Grundverstimmung – vor Augen führen.

Der Versuch einer Einordnung unseres Materials in den großen Kreis der manisch-depressiven Verstimmung ist indes keineswegs unproblematisch. Offenkundig können wir nicht ohne weiteres das beschriebene Geschehen etwa in das Zustandsbild der melancholischen Psychose einreihen: eine solche Zuordnung würde jeder Psychiater auf das entschiedenste ablehnen, und das mit Recht, da sie die saubere Begrenzung eines zufriedenstellenden medizinischen Begriffes untergraben würde; tatsächlich würde sie einen aus der klinischen Wissenschaft gewonnenen Begriff unerlaubterweise auf die Verhaltensweise wenn nicht aller Menschen, so doch eines beträchtlichen Teils sonst keineswegs psychotischer Individuen übertragen. Sollten wir vielleicht besser von einer vorübergehenden depressiven Reaktion bei sonst «normalen» Individuen sprechen? [8] Dann würden wir Gefahr laufen, die beschriebene Problematik zu unterschätzen und auszuhöhlen, indem wir sie gleichsam als flüchtige Randreaktion abtun würden; es bliebe dabei unerklärlich, warum eine solche flüchtige Reaktion nicht in größerem Maße durch die Lebensumstände sowie psychogene Reaktionen der Betroffenen beeinflußt wird. Die beschriebenen Phänomene würden dann – zu Unrecht, wie wir glauben – zu einer peripheren reaktiven Verhaltensweise,

---

[8] Die meisten der in dieser Schrift verzeichneten Verhaltensweisen würden von der Psychiatrie wohl in die Kategorie der «depressiven Reaktionen» eingereiht werden. Die klassische Psychiatrie scheint eine «angemessene» Trauer bei Verlusten als «normal» zu bezeichnen; «pathologisch» wäre eine «übertriebene» Trauer. Die Schwierigkeit beginnt beim Versuch, den «Normalwert» bzw. die «Überwertigkeit» einer Trauerreaktion näher zu bestimmen. Diese Schwierigkeit verdichtet sich beim Begriff «reaktive Depression» (also nicht nur «depressive Reaktion»!), an dem noch einige bedeutende Psychiater festhalten, unter ihnen z. B. Paul Kielholz: «Nur diejenigen affektiven Gleichgewichtsstörungen (werden) als reaktive Depressionen (bezeichnet), die sich an Intensität oder Dauer oder in beiderlei Hinsicht zu den quälenden auslösenden Erlebnissen inadäquat verhalten» *(sic!)* (Paul Kielholz, *Diagnose und Therapie der Depressionen für den Praktiker,* J. F. Lehmanns Verlag, München, 1965, S. 53). Kielholz versucht denn auch, die durchschnittliche Dauer der psychoreaktiven Depressionen graphisch darzustellen (a. a. O., Abb. 7, S. 55); demnach steigt die Dauerkurve mit zunehmendem Alter ständig, und zwar bei Männern steiler als bei Frauen. Wir erfahren, daß eine «psychoreaktive Depression» bei 20jährigen Männern durchschnittlich etwa 7 bis 8 Tage dauert, bei 20jährigen Frauen etwa 5 Tage; bei 50jährigen Männern dauert sie etwa 36 Tage, bei 50jährigen Frauen hingegen durchschnittlich nur etwa 11 Tage usf. Wir fragen uns, ob es sich dabei nicht um allgemeinmenschliche, daher nicht pathologische Reaktionen handelt? Oder doch vermutlich um den exazerbierten Verlaufsabschnitt mit einer gewissen Suizidgefahr, oder jedenfalls mit beträchtlicher Bewußtseinseinengung verbunden? Kielholz unterscheidet apathisch-gehemmte und ängstlich-aggressive Reaktionsweisen. Die apathisch-gehemmte Reaktionsweise verläuft in drei Phasen: Erstarrung, Apathie und Verarbeiten (entweder im Sinne einer «positiven» Zuwendung zur Welt oder im Sinne eines Ausweichens); die ängstlich-aggressive Reaktionsweise verläuft auch in drei Etappen, und zwar: Verzweiflungsausbruch, Aggression gegen die Person, die die Enttäuschung zufügte, dann Verarbeiten wie oben. «Einfache, primitive Charaktere», meint Kielholz (a. a. O., S. 55–56) «und Jugendliche neigen zu kurzdauernden, trotzig-aggressiv gefärbten, nach außen gerichteten Reaktionen, während alte, differenzierte und reife Menschen zu protrahierten, stilleren, gehemmten Reaktionsweisen tendieren». Wir sehen, daß die Einteilung Kielholz' sich zu einem gewissen Grad mit der unseren deckt.

höchstens zu einer exogenen Aktualneurose, absinken und der Zusammenhang mit den großen anthropologischen Bildern, die uns – manchmal einseitig – die klassische Psychiatrie überlieferte (die Schizophrenie und die manisch-depressive Psychose), würde verloren gehen[9]. Das wäre alles andere als das manchmal kühne und doch notwendige Wagnis des Anthropologen (zumal wenn er Psychologe oder Psychoanalytiker ist), das Extreme durch das leichter Zugängliche erhellen zu wollen, oder auch das Wagnis des Arztes, die Zugänge zum Krankhaften und Ungeheuerlichen im allgemein Menschlichen zu suchen, um dieses Krankhafte und Ungeheuerliche therapeutisch und prophylaktisch anzugehen. Es ist anzunehmen, daß die beschriebenen Phänomene nicht nur irgendeinen nebensächlichen peripheren Bereich des Menschen in Mitleidenschaft ziehen, sondern daß sie auf einen «existentiellen» Sinn weisen. *Letzteres heißt für uns, daß diese Phänomene das Selbstverständnis des Menschen und somit das bessere Verständnis seiner konstitutiven Beziehungen zu seinen Mitmenschen angehen.* In diesem durchaus zentralen personalen Aspekt der beschriebenen Trennungen wagen wir, ihre Erscheinungsformen zum «endogenen» – das heißt konstitutiven – Bereich des menschlichen Soseins zu rechnen.

Der Begriff des «Endogenen» scheint des öfteren sowohl von den Vertretern der «somatischen» Theorien als auch von denen der «psychogenen» Theorien mißverstanden zu werden. Zugestandenerweise gebricht es dem Begriff «Endogen» noch an einer klaren Definition. Vielleicht ist das Endogene jener «Charakter», der – als Potenz angeboren, als Aktualität sehr früh ausgeprägt – sämtliche Verhaltensweisen des Subjektes, auch die «rein psychogenen», spezifisch färben wird. Auch wenn wir mit allen Psychoanalytikern der Meinung sind, daß der «Charakter» nicht in fertigem Zustand vererbt, sondern erst durch sehr frühe Prägungen geformt wird, so vermuten wir doch noch, daß diese schicksalshaften Prägungen nicht ausschließlich von ihrer Intensität beziehungsweise von dem Zeitpunkt ihrer Wirksamkeit abhängen, sondern auch von der potentiell vorhandenen Antwortbereitschaft des Organismus, der den Reizen und Traumata selektiv begegnet. In der Bildung eines Charakters, einer Neurose, einer Psychose spielen diese Provokationen von seiten des Milieus eine domi-

---

9 Wohl könnte man *Bindungen,* die zu Trennungen *führen,* oder *Trennungen,* die *aus* gewissen «asozialen» Bindungen entstehen, von vornherein als «neurotisch» gelten lassen. Indes hoffen wir gezeigt zu haben, daß uns nichts berechtigt, eine solche Zuordnung vorzunehmen – sei es denn, daß wir gewillt wären, die Neurose als störende Abweichung von den herrschenden Sozialregeln zu definieren (über diese eindeutige Definition der Neurose ließe sich übrigens sprechen).

nante Rolle: die durch die Psychoanalyse entdeckte, innenpsychische Topik und Dynamik der Triebökonomie geben so etwas wie ein formales Muster für das Schicksal eines Charakters ab, sagen aber nicht *alles* über die spezifische «Färbung» dieses Charakters aus, da das untersuchte «Muster» mit einem System von Kanälen verglichen werden könnte, das erst mit dem konstitutiven, «endogenen» Charakter gefüllt wird. Sowohl die potentiellen Qualitäten eines Charakters als auch sogar dessen Ausformungen durch Reize und Traumata sollten von einem wirklich «psychosomatischen» Gesichtspunkt aus betrachtet werden, da keine wie immer geartete Prägung immateriell sein kann. Es muß also bei der Untersuchung der Charaktere mit ihren Neurosen beziehungsweise Psychosen eine nach beiden Richtungen offene Haltung bewahrt werden: offen sowohl in die biologische Richtung als auch in die sozialpsycholgische.

Die orale Komponente etwa, die bei unseren Untersuchungspersonen zur Geltung kommt, würde nicht an und für sich zu den spezifisch-depressiven Reaktionsweisen bei Verlust des Geliebten führen, wenn diese Personen nicht über eine konstitutive Eigenschaft verfügten, die sie bereits die «Ur-Frustration» so und nicht anders erleben ließ, und die sie den späteren Frustrationen auch nicht etwa manisch oder schizophren begegnen ließ. So und *nur so* betrachtet, kann es scheinen, daß in jedem der beschriebenen Fälle der Trennung jeder einzelne «der Schmied seines eigenen Unglückes» ist; die Trennung wird hier durch eine depressive Verhaltensweise gekennzeichnet, weil sie bereits durch eine «endogene» Richtung des Charakters geformt werden konnte, ja unter Umständen erst vorbereitet wurde [10].

Damit die hier beschriebenen Verhaltensweisen als «existentiell» wie auch als «endogen» gelten können, ist es allerdings noch notwendig, daß wir das Paradigma der eigentlichen endogenen Depression – die Melan-

---

[10] Zur Klärung des Begriffes «Endogen» siehe HUBERT TELLENBACH, *Melancholie*, Springer-Verlag, Berlin-Göttingen-Heidelberg, 1961: «Was sich im Umgehen mit Welthaftem ereignet, kann sich uns übereignen, können wir uns zueignen; es kann in uns ,Natur' werden . . .» (S. 18). Die «einheitliche spezifische Herkunft» der *so* (weltlich!) verstandenen «Natur» des Menschen ist «das Endon», dessen «Emissionen», dessen «Spektrum» – eben das «Endogene» ist (a. a. O., S. 17, 19). Nun liegt eine Bedrohung des Endon vor, «wenn dem Menschsein Weisen zu existieren aufgedrängt werden, die es (noch) nicht existieren kann, denen es aber auch nicht ausweichen kann. (. . .) Als eine der dann möglichen Äußerungsformen des erschütterten Endon fassen wir die endogenen Psychosen auf» (H. TELLENBACH, loc. cit., S. 18–19). Die so verstandene Endogenie ist eine anthropologische Kategorie, sie schließt für uns keineswegs die «psychogenen» Bestimmungen aus, vielmehr verweist sie uns sogar auf solche «Weisen zu existieren», in denen der Mensch nicht leben kann: auf eine *soziale* Sachlage also, wie das «Leistungsprinzip» von HERBERT MARCUSE.

So sind wir überzeugt, daß unter unseren Untersuchungspersonen nicht so sehr reichlich fragwürdige «depressive Reaktionen» oder gar «reaktive Depressionen», als vielmehr

cholie also – auch als existentiell betrachten können. Dies scheint nicht immer der Fall zu sein: oftmals betrachtet der klassische Psychiater die «großen Psychosen» als insoferne endogen, als sie angeblich ohne Übergang und ohne Analogie mit den charakterlichen und reaktiven Zuständen bestehen. Die Psychose ist hier das total Andere, eine absolute *alienatio*. Merkwürdigerweise ist dies nicht nur die Meinung mancher Nur-Kliniker, sondern auch «existentieller» Denker, so die LUDWIG BINSWANGERS, der die Erlebniswelt des manisch-depressiven Kranken zwar phänomenologisch erhellt, der Krankheit selbst aber den existentiellen Sinn eigentlich abspricht, da diese für ihn das Ereignis eines «Naturexperimentes» im menschlichen Dasein darstellt; die Melancholie ist nach L. BINSWANGER «kein menschliches Urphänomen, sondern ein ‚Naturphänomen‘» (op. cit., S. 57) [11]. Eine solche straffe Scheidung zwischen der Sinnlosigkeit des Naturexperimentes und der Sinnhaftigkeit des Daseins vermögen wir nicht

---

«endogene Depressionen» zu finden sind, wiewohl der überlieferte psychoanalytische Standpunkt zunächst eher auf «Neurosen» weisen würde. Die Schwierigkeit hier, wie auch in der klassischen psychiatrischen Diagnostik, liegt indes in der Bewertung des Realitätsprinzipes und des aus letzterem entstehenden Konfliktes: «Das Bedrohliche liegt in der tödlich-faktischen Weise, wie die Ordnung selbst bejaht und gelebt wird, und daß daran die Selbstverwirklichung gebunden ist» (H. TELLENBACH, a. a. O., S. 66). «Tödlich-faktische Weise der Ordnungsbejahung»: eine gute Definition für das von uns untersuchte *Todesprinzip* in der Trennung. Folgerichtig rechnet TELLENBACH «Fehlhaltungsmelancholien – neurotische Depressionen» zu den *endogenen* Melancholien (a. a. O., S. 156), ähnlich L. BINSWANGER: *Melancholie und Manie*, Günther Neske, Pfullingen, 1960, S. 18 ff., wiewohl dieser in strengem Gegensatz zu TELLENBACH steht und der endogenen Depression die einlebbare soziopsychische und existentielle Sinnhaftigkeit abspricht.

[11] Auch in unserer Kasuistik zeigt die Analyse, daß die Trennung nicht unbedingt so sehr «Ursache», als vielmehr «Begleiterscheinung», sogar Folge der Verstimmung ist: «die Trennung trägt man in sich», jede Trennung ist die Darstellung des nämlichen Themas, das vom Wiederholungszwang wiedererweckt wird. Der «zukünftige» Verlust der Sich-Trennenden ist in der Fixierung eines vergangenen Themas begründet. Dieser Punkt wird von L. BINSWANGER – wegen seiner Abneigung gegen die psychologische Interpretation anthropologischer Phänomene – völlig ausgelassen; er sieht nur die scheinbare «Austauschbarkeit» der Anlässe. Die Melancholie ist für ihn in nichts mit «Schwermut» und normaler «Trauer» verwandt. BINSWANGER sagt sehr gut über die Melancholie: «... Hier steht der Verlust als solcher im Vordergrund, das jeweilige Thema im Hintergrund» (LUDWIG BINSWANGER, *Melancholie und Manie*, Günther Neske, Pfullingen, 1960, S. 48). Nun ist der Verlust *mehr oder weniger* das Thema *jeder* Existenz, wiewohl dieses Thema allgemein *im Hintergrund* bleibt; die depressive «Verstimmung» holt es gleichsam aus dem Hintergrund hervor und erlebt es vordergründig. Nach BINSWANGER kommt es dann zur «verrückten» Verzweiflung über den *«Verlust von allem»* und zum «Versinken ins Nichts» (op. cit., S. 130). Daher vermögen wir nicht L. BINSWANGER in seiner Negation des existentiellen Charakters der Melancholie zu folgen, die für ihn ein «Naturexperiment» ist (op. cit., S. 59) und worin «nicht das reine Dasein, sondern das reine Am-Leben-sein» wirkt (ebd., S. 60). Wir alle leben mit unserem Tod und «protendieren» das Nichts; im Angesicht dieser Tatsache kommt an uns alle die Versuchung heran, in diesem unentmischten Leben mehr das verarmte «Nur-am-Leben-sein» als das «reine Dasein» (?!) zu leben.

zu bejahen. Ist doch für uns der elementare Einbruch außermenschlicher Kräfte in die menschliche Existenz immer *auch anthropologisch* zu deuten; eine Elementarkatastrophe, der durch den Menschen nicht zu begegnen ist, ist *sensu stricto* sinnlos. Nun ist der Psychotiker zumindest Opfer und Zeuge seiner Psychose, er nimmt zu ihr Stellung, wenn auch unter Zwang und abseits seiner eigenen Freiheit. Er ist außerdem nicht allein in der Welt, er ist Mensch unter Mitmenschen, die für ihn verantwortlich sind; und wenn er der Katastrophe unterliegt, ist es die Pflicht seiner Mitmenschen, diesem Schicksal gleichsam stellvertretend ins Auge zu blicken. Ein Naturexperiment, das das Selbstverständnis des Menschen vernichtet oder zumindest schwer beeinträchtigt, ist im Netz der zwischenmenschlichen Beziehungen eine Entfremdung; in seinen Ergebnissen und Auswirkungen ist es kein Naturexperiment mehr, sondern es ist «existentiell» und soll dies bleiben[12].

Der Entwurf L. BINSWANGERS erweitert unser Verständnis der hier beschriebenen Phänomene, obschon BINSWANGER selbst diese Kriterien nur der eigentlichen Melancholie zuordnet. Dies ist der von BINSWANGER herausgearbeitete «Mangel» an Existentiellem: die Zerstörung der Zeitlichkeit und dadurch die Zerstörung des lebensgeschichtlichen Bezuges. Hiermit ist gemeint, daß der in der Vergangenheit stattgefundene Verlust der Beziehungen intentionell nicht mehr Vergangenheit ist, sondern auf jede Zukunft übertragen wird, so daß der Melancholiekranke keine Zukunft mehr haben kann, ist doch seine Zukunft ewiger Verlust – eine buchstäblich *negative* Zukunft also, ein «immer weniger und weniger Werden» (V. E. Frh. VON GEBSATTEL). Die Folge von dieser Entstrukturierung und Verkehrung der Zeitigung ist aber, wie BINSWANGER überzeugend zeigte, auch die Zerstörung des Verhältnisses zwischen Verlust und Trauer. Nicht der Verlust bedingt die Trauer, sondern die Trauer bedingt den Verlust.

---

[12] Jedenfalls in dem von uns angenommenen Sinne des Wortes «existentiell» (siehe oben S. 272) – der nicht idealistisch-transzendental ist. Die Existenz des Menschen als souveräne Person ist überall dort engagiert, wo es um «den Reichtum seiner *wirklichen* Beziehungen» geht (vgl. KARL MARX). Die Entfremdung der Existenz besteht gerade darin, daß die *wirklichen personalen* Beziehungen durch *vorgetäuschte, verdinglichte* Beziehungen ersetzt werden; soferne ist dann jedes Produkt der Entfremdung – die Verdinglichung – auch *existentiell*, aber nur im Sinne des noch zu lösenden Widerspruches, der noch zu enthüllenden Mystifikation, des noch zu behebenden *Mangels* an Existentiellem. Jede therapeutische Interpretation, die zur Aufhebung der Entfremdung *wirklich* beiträgt, ist dann existentiell, ob sie sich so nennt oder nicht, ob sie aus einer Schule der «existentiellen» Psychopathologie kommt oder nicht. Die Theorie L. BINSWANGERS über die Zerstörung der Zeitigung in der Melancholie ist zweifellos eine existentielle, ob sie sich als solche erkennt oder nicht. (Über die Nuancen im Spektrum der *Schulen* siehe: MEDARD BOSS, *Sinn und Gehalt sexueller Perversionen, Vorwort zur 3. Ausgabe*, Hans Huber, Bern-Stuttgart, 1966, S. 1–4).

Der Melancholiekranke ist im Grunde genommen am *Verlorenen* desinteressiert, ihn interessiert nur mehr der *Verlust* [13]. Mit solchen Interpretationen, die hart an der Grenze der Wertung stehen, müssen wir allerdings durchaus vorsichtig umgehen; ihre Gefahr liegt darin (und unserer Ansicht nach ist BINSWANGER dieser Gefahr in einem gewissen Ausmaß erlegen), daß wir dem Kranken gleichsam willenlos in die Wahnwelt folgen. Nachdem der Kranke nunmehr Nur-Verlust ist, liegt es in seiner ver-rückten Logik, den *lebendigen Verlust* des *lebendig Verlorenen* auch noch zu *verlieren*. Der Verlust wird zum Selbstzweck, zum autochtonen Erlebnis; hinter dem Verlust «an sich» verschwindet der verlorengegangene Mensch «für sich». Was Wunder, daß der Melancholiekranke die Existenz und den Tod des Betrauerten nicht mehr wahrnimmt, sei es denn als Abwesenheit, als Nicht-Gegenwärtiges: er ist dem Kult der Trauer als solcher total ergeben und die Trauer nimmt sein ganzes Wesen in Anspruch, so daß ihm kein Verhältnis mehr zum Betrauerten möglich ist. Diese Absurdität im melancholischen Sosein hat BINSWANGER am überzeugendsten gezeigt.

101. Über die Zerstörung der «gemeinsamen Welt» schreibt Dr. C. D. etwa zwei Jahre nach der Trennung von Frl. L.: «Wie konnten wir beide so gründlich versagen? Unsere Sehnsucht ist in dem Maße sinnlos und illusorisch, als wir beide wissen sollten, daß wir uns in Wirklichkeit nur nach der gemeinsamen Vergangenheit sehnen, daß wir uns weder nach der Gegenwart noch nach der Zukunft sehnen. Denn in der Gegenwart und in der Zukunft sind wir voneinander durch das tasächliche Leben getrennt. Wir schreiten täglich in der Trennung fort, indem wir neuen Lebensinhalten begegnen; das wirkliche Ich des einen könnte das Ich des anderen nur stören und aufreiben. Wir haben ein intensives gemeinsames Leben gehabt und haben es aus Egoismus und Feigheit weggeworfen; der gemeinsame *Kairos* ist mit allen seinen Reichtümern an uns vorbeigegangen. Also lieben wir einen Menschen, wie er war und nie mehr sein wird. Was ist aber eine Liebe, die den aktuellen und künftigen Menschen nicht kennt, ihn sogar als störend für die Liebe zu dem vergangenen Menschen betrachtet? Die Liebe muß, um leben zu können, von der gegenwärtigen Wirklichkeit gespeist werden; in der nach rückwärts gerichteten Phantasie gefangen, ist sie dem wirklichen Menschen feindlich.»

146. Daß der Versuch der *Sinnfindung* an sich auch in der melancholischen «Absurdität» therapeutisch wirken *könnte*, sehen wir gerade darin, daß die Explikation BINSWANGERS

---

[13] Nach HUSSERL bezeichnet L. BINSWANGER «die konstitutierenden intentionalen Aufbaumomente der Zeitgegenstände Zukuft, Vergangenheit, Gegenwart, als *Protentio, Retentio* und *Präsentatio*» (L. BINSWANGER, op. cit., S. 25). Er beruft sich auf ein Beispiel WILHELM SZILASIS: «Während ich spreche, also in der Präsentatio, habe ich schon Protentionen, sonst könnte ich den Satz ja nicht beenden; desgleichen habe ich in dem ‚während' der Präsentatio auch die Retentio, sonst wüßte ich nicht, worüber ich rede» (ebenda, S. 25–26). In der Melancholie aber beherrscht der erlittene Verlust auch die Zukunft: die Retentio «verwechselt sich» (l. c.) mit der Protentio; diese «verfügt» über nichts als die Leere; die Zukunft *ist* Leere. Daher auch, nach L. BINSWANGER, die «Austauschbarkeit» der melancholischen Themata (op. cit., S. 28): das melancholische Thema ist «nicht haltbar» (l. c.), da seine Zukunft «leer» ist; der Kranke kann mitunter einsehen, daß die von ihm vorgeschobene Ursache seiner Verstimmung keine wirkliche Ursache sein kann und greift dann zu einer anderen «Ursache».

selbst auch Heilung bringt. Gewiß, es handelte sich um eine mittelschwere endogene Depression, noch dazu auf dem Wege zur Heilung: MAR, ein etwa 40jähriger Berufsphilosoph, wurde nach 6 Wochen Aufenthalt in der Klinik, in der er eine Kur mit Thymoleptika angefangen hatte, nach eingetretener Besserung in die ambulatorische Behandlung entlassen. Nach einigen therapeutischen Gesprächen gaben wir ihm das Buch L. Binswangers, *Melancholie und Manie,* zu lesen. Der Patient litt damals noch unter quälendem «Zwangsdenken», das ihn fast jeden Tag überkam und ihm vor 4 Jahren erlebte Trennung vor Augen führte. Der Patient beschäftigte sich nun einige Tage lang intensiv mit der oben skizzierten Theorie Binswangers über die «Verwechslung» der «Retentio» mit der «Protentio»; schlagartig verstand er, daß er einen Anlaß aus der Vergangenheit, und zwar einen Verlust, ein «Nichtendes», als Zukunft der «Leere», als das künftige «Nichts» erlebt hatte; das Zwangsdenken verschwand und MAR sah auf einmal die Trennung als «Vergangenes» und den verlorenen Menschen als ein «selbständiges Ich» das noch Zukunft für ihn hat, «eine Zukunft, die *anders* ist als die Vergangenheit». Selbstverständlich handelt es sich hier nicht um eine «kausale» Heilung, aber doch um die durch die Chemotherapie ermöglichte Erkenntnis des kausalen Zusammenhanges; MAR verstand gleichzeitig besser die Wirksamkeit frühkindlicher Frustrationen, von denen in den psychotherapeutischen Gesprächen die Rede war. (Vgl. W. Walcher und I. A. Caruso, *Einige Bemerkungen über die Kongruenz psychopharmakologischer und psychotherapeutischer Behandlungsmethoden, insbesondere der Depression,* in: Zeitschrift für Psychosom. Med. u. Psychoanalyse, XIII [1967], 2, S. 130–138).

Die Melancholie entsetzt sich über den radikalen Sinnverlust im Leben nicht anders als die «existentielle Schwermut», die Ludwig Binswanger im Gegensatz zu Tellenbach nicht mit der Melancholie im Zusammenhang genannt wissen möchte; dabei vermag sie die diesseitige Sinnlosigkeit nicht durch einen vermeintlichen transzendenten und absoluten «Grund» zu kompensieren (hier könnte die Frage gestellt werden, ob die Melancholie nicht konsequent und gleichsam nüchtern Kierkegaards «Krankheit zum Tode» darlebt). Nichtsdestoweniger – oder gerade deswegen – ist aber die Melancholie auch selbst das Reich des «Absurden», soferne sie klarerweise den Sieg des «Todestriebes» über die Libido darstellt.

Die Melancholie ist in besonderem Sinne eine Erkankung des Ichs. Das gesunde Ich schafft einerseits optimale Kompromisse zwischen dem Anspruch der Libido, die zur liebevollen Einheit mit sogenannten «Triebobjekten» drängt, und allen gesellschaftlichen Forderungen sowie dem Todesprinzip – als Entropiezunahme gesehen (siehe oben S. 201–211) auf der anderen Seite. Nicht zu Unrecht vermerkt L. Binswanger, daß sogar die Schizophrenie psychologisch einfühlbarer ist als die Melancholie (a. a. O., S. 138) – dies entgegen der verbreiteten Meinung. Ist doch der schizophrene Rückzug aus der Welt, die das menschenwürdige Leben unmöglich macht, in eine Privatwelt zwar mit der tiefsten Regression auf narzißtisch-libidinöse Stufen verbunden, aber zugleich ein Versuch, eben diese Welt – wenn auch im Raum der Phantasmagorie – zu verändern. Nicht so in der Melancholie. Diese wütet grundsätzlich gegen das eigene Ich, weil sie den Anderen, den Nächsten, den geliebten Mitmenschen voll introjiziert, über dessen Verlust aber in buchstäblichem Sinne nicht hinwegkommt. Das im eigenen Ich introjizierte Objekt ist daher gleichsam vernichtet, so daß der Verlust als Krankheit und Vernichtung seiner selbst erlebt wird. Geht das Objekt in der Welt nun einmal verloren, so ist das introjizierte Objekt (da die Beziehungen zur Welt trotz allem nicht gekündigt sind) immer von neuem und ewig untreu; immer wieder und in Ewigkeit wird es «verloren» und sein Verlust bedeutet die Ausradierung des Ichs, das heißt – in der Grenzsituation – den wirklichen Tod. Da die Erfahrung des Verlustes und der Nichtigkeit seines eigenen Ichs ein Muster für die total negative Zukunft abgibt, hat der Verlust – wie wir soeben sahen – Vorrang vor der konkreten Beziehung zu dem (verlorenen) Objekt. Letzteres ging in der Vergangenheit verloren, aber man kann mit L. Binswanger feststellen, wie der Wiederholungszwang den Verlust zum festen Vorsatz und zur unentrinnbaren Zukunft werden läßt: daher die stereotype Leere der melancholischen Trauer.

Da jede melancholische Verstimmung ein Drama des Verlustes ist, in einer Welt, die nicht schizophren verfremdet ist, sondern durchaus in allen ihren Schrecken eine Welt der Menschen ist, legt diese Verstimmung Zeugnis ab über einen potentiellen, jedoch zunichte gemachten Zugang zum anderen Ich. Ludwig Binswanger gibt uns die phänomenologische Analyse der versagenden Momente im Aufbau der «gemeinsamen Welt» bei den Manischen, ausgehend von den Störungen der «Appräsentation» [14]. Die ideenflüchtige Distanzlosigkeit des Maniekranken erlaubt ihm keine «gemeinsame Welt» mit den Mitmenschen zu bilden; doch hat unseres Erachtens Ludwig Binswanger unrecht, wenn er dieses Versagen im Aufbau der «gemeinsamen Welt» nur bei den Maniekranken und nicht bei den Melancholikern feststellt. Freilich ist dieses Versagen beim Melancholiker ganz anderer Natur als bei dem Maniekranken: Letzterer erfreut sich einer trügerischen Daseinsfülle, die ihm die Konstituierung einer «gemeinsamen Welt» mit den Mitmenschen scheinbar unnötig macht. Der Melancholiekranke trauert in geradezu verzehrender Sehnsucht nach der «gemeinsamen Welt», die er ganz zu seiner eigenen Welt machte, um sie dort zu vernichten. Die Melancholie ist durch die Katastrophe einer «gemeinsamen

---

[14] Er stützt sich hierbei wieder auf Wilhelm Szilasi, dem wir schon oben das Beispiel mit dem gesprochenen Satz verdanken (S. 276, Fußnote). Der gesprochene Satz ist eine «Präsentation mit der ihr zugehörigen Retention und Protention» (op. cit., S. 75). Indem nun der Hörer des Satzes denselben versteht und in die eigene Welt integriert, konstituiert er eine «gemeinsame Welt» durch die Haltung der «Appräsentation». Jeder der beiden – der Redner und sein Zuhörer – ist ein selbständiges und souveränes Ich, das *hic et nunc* eine «gemeinsame Welt», in der es mit dem anderen kommuniziert, bildet.

Welt» gekennzeichnet und TELLENBACH sieht darin folgerichtig die Krankheit des Seins-für-andere [15].

Die Konstituierung der «gemeinsamen Welt» (siehe oben S. 247–255) setzt die Möglichkeit voraus, keine starre und konformistische, jedoch auch keine anarchistische und willkürliche, sondern eine optimale und flexible Bejahung des Mitmenschen vorzunehmen. Um das von L. BINSWANGER zitierte Beispiel W. SZILASIS weiterzuspinnen, wird der Zuhörer zu einer «gemeinsamen Welt» mit dem Redner gelangen, wenn er sich zu dem Gesagten offen verhält, wenn er den Redner als einen Menschen erlebt, der ihm etwas geben kann, wenn er diesen nicht von vornherein als Dummkopf ablehnt, oder – umgekehrt – wenn er nicht aus Unterwürfigkeit der Autorität gegenüber das Gesagte oberflächlich und buchstäblich absolutiert. *Diese* Weltbeziehung wird nicht nur bei den Maniekranken, sondern auch – ganz anders – bei den Melancholikern höchst problematisch. Die «gemeinsame Welt» wird zur ausschließlich eigenen, in der das Ich des Anderen sich im eigenen Ichschmerz gleichsam löst. Um den oben erwähnten Ausdruck des Patienten MAR (siehe S. 276 f.) wieder zu gebrauchen, gebricht es in der Melancholie an Erkenntnis und Akzeptierung des «selbständigen Ichs» – auch des eigenen. Nochmals: die Melancholie ist grundsätzlich eine Icherkrankung, soferne sie eine Krankheit des «Selbst-im-Anderen-Seins» und des «Der-Andere-in-mir-Seins» ist. Da sie aber an der Wurzel der Beziehung des Ichs zur Welt ansetzt, läßt die Melancholie andererseits die Fragwürdigkeit erkennen, die der Prekarität *jeder* «gemeinsamen Welt» in unserer Existenz anhaftet; und weil sie diese Fragwürdigkeit enthüllt, weist sie eine besondere existentielle Bedeutung auf: für den Kranken selbst, der diese Bedeutung nicht erkennt, und stellvertretend für den Beobachter, der gewillt ist, dieser Bedeutung nachzuspüren. In dem, was L. BINSWANGER «Naturphänomen» nennt, sind also auch Ansätze zur Überwindung der naturhaften *Ananke* mit inbegriffen. Die von

---

[15] Eine Krankengeschichte TELLENBACHS zum Beispiel «zeigt sehr deutlich, wie immer dann, wenn die Lebenswelt durch den Tod von nahestehenden Mitmenschen geschmälert wird, und das Alleinsein wächst, eine Depression nachfolgt. Es ist für den melancholischen Typus offensichtlich eine äußerst schwer zu bewältigende Aufgabe, sein Dasein als Sein-für-sich-selbst, als Alleinsein, zu verwirklichen. Der ihm angeborenen (? – *I. A. C.*) Ordnung folgend erfüllt sich sein Daseinssinn zunächst und vor allem im Sein-für-andere; und es ist allemal bedrohlich, wenn diese anderen ihm durch Schuld oder Schicksal entzogen werden, oder die liebende Beziehung durch Krankheit und Tod bedroht oder aufgehoben wird» (H. TELLENBACH, op. cit., S. 69). Hier ist der Zusammenhang zwischen Trauer und Melancholie klar gesehen, wie bereits von FREUD, nicht aber von L. BINSWANGER. – Bei der Trennung tritt eine besondere Verschärfung ein: denn der Wiederholungszwang im Liebenden verlangt selbstmörderisch nach Trennung; das Liebesobjekt wird introjiziert und zugleich entrissen.

uns beschriebenen Erscheinungen der Trennung und des Verlustes zeigen uns, daß das Zerbrechen am Verlust gleichsam die negative Gestalt der Verlustüberwindung ahnen läßt. In der absurdesten Abkapselung ist der Melancholiker noch immer ein Liebender, der in verzerrter Form sein eigenes Ich für den Geliebten, den er wie sich selbst liebt, preisgibt [16].

Der Melancholiker erlebt unter Wiederholungszwang den Urverlust, der in seiner aktuellen Mitwelt Analogien gebiert; nicht von ungefähr versuchten wir die tiefe Verwurzelung des Wiederholungszwanges im «Todesprinzip» nachzuweisen (Zweiter Abschnitt). In unserem Nachweis war aber der Begriff der «Aufhebung» zugegen, der aus dem Wiederholten grundsätzlich nicht die bloße Kopie des Anfangs werden ließ: in der Wiederholung ist eine Intention des besseren Einübens, der Not-Wende mitenthalten, wenn sie sich auch nur selten in den pathologischen Formen des Erlebens Geltung verschafft. Denken wir an einige hier dargestellte «Fälle» (zum Beispiel Dr. C. D. und L. [101] oder Dr. IBN und MAI [116]), so müssen wir zugeben, daß bei der Trennung der Geliebte im Liebenden – wenigstens in der Intention – nicht nur vergewaltigt und getötet, nicht nur verkannt und verdinglicht wird; in der Intention des Liebenden, die auch in seiner Praxis einen Niederschlag findet, wird der Geliebte im Liebenden ganz er selbst, er kommt erst zur Entfaltung und personalen Einmaligkeit. Der Geliebte wird nicht nur depersonalisiert, haben wir soeben gesagt: nein, er bestimmt auch die «Praxis» des Liebenden, er erlebt eine Epiphanie in der «gemeinsamen Welt» mit dem Liebenden. Der Liebende ist nicht nur ein Töter, im Gegenteil, er hebt sein eigenes Leben in dem des Geliebten auf; wie Paulus könnte er sagen: «Nicht ich lebe, der Geliebte lebt in mir». Gewiß leidet der Liebende am Sterben des Geliebten in seinem (des Liebenden) Ich, doch macht ihn sein Leiden auch insoferne sehend, als er den Geliebten – sogar in der Verzweiflung – als einen Aufihn-Zukommenden, als Zukunft und Wirklichkeit erlebt, auch wenn er daran stirbt, daß er die eigene Zukunft leer und die Wirklichkeit schal erlebt . . .

---

[16] Als Verlust des Ichs *weil* der Andere verloren wurde, als Partizipation am Tode des Anderen, als Durch-den-Anderen- und Für-den-Anderen-Sterben ist die Melancholie axiologisch (selbstredend nicht im juristischen Sinne!) sehr komplex, ja paradox. Nicht nur das Element des Egoismus, sondern auch das Thema des Sich-für-den-Anderen-Opferns ist ihr eigen. Der Ichverlust in der Melancholie ist ein Lebensverlust, ein Verlust der «Psyche» in einem verwandten Sinne mit dem Begriff «Psyche» im Evangelium: G. DAUTZENBERG zeigte, daß die Wurzeln des evangelischen Sprachgebrauchs nicht in der dualistischen Philosophie der Griechen liegen, sondern in einer realistisch-materiellen Auffassung des «Lebens», samt Lebenskraft, Lebensgefühl und Lebensverlangen des konkreten Menschen (vgl. GERHARD DAUTZENBERG, *Sein Leben bewahren*, Kösel-Verlag, München, 1966).

In der Schwermut der Trennung erblicken wir eine Konvergenz und eine Divergenz mit der Melancholie als Psychose. Die Konvergenz besteht erstens darin, daß der Getrennte durch die Trennung ebenso unzugänglich für den Trost ist, wie dies beim Melancholiker der Fall ist. Zweitens besteht die Konvergenz darin, daß die Trennung streng genommen nicht die Ursache der Schwermut, sondern eher ihre Folge ist; sie wird unbewußt als Anlaß herbeigeführt. Durch diese zweifache Konvergenz zwischen den hier beschriebenen Phänomenen der Trennung und jenen der Melancholie gelangen wir zwar nicht zur *totalen* Erhellung des Wesens der Melancholie, in welcher der Wiederholungszwang totalitär herrscht, doch dürfen wir einer anderen Meinung als L. BINSWANGER sein, indem wir annehmen, daß das Verständnis der Trennung auf analogem Wege zu einer *partiellen* Erhellung der Melancholie beiträgt. Denn die Divergenz besteht nur mehr darin, daß die Trennung zwar unbewußt herbeigeführt, aber immerhin eine reelle und aktuelle Trennung zweier Liebender ist, während die Melancholie eine solche Analogie nicht mehr aktualisiert und sichtbar werden läßt, es sei denn im Wahnhaften: im Verarmungswahn, im Verlustwahn, im Versündigungswahn, im Kleinheitswahn u. s. f. Die Divergenz ist entscheidend, macht sie doch den Unterschied zwischen Welt und Wahn aus; und doch wiederum nicht so entscheidend, weil wir im Grunde den nämlichen Mechanismus des Wiederholungszwanges vor uns haben.

Ein Gedanke, der sich hier aufdrängt, ist der von der sozialen Bedingtheit der Melancholie, da sich diese soziale Bedingtheit zur erkannten Endogenie dazugesellt. Es war indes nicht unsere Absicht beweisen zu wollen, daß zwischen den Phänomenen der Trennung und denen der melancholischen Psychose fließende, womöglich nur «quantitative» Übergänge bestehen. Wir glauben nicht, daß dem so ist. Dennoch wollten wir auf teilweise gemeinsame Auslösemechanismen und analoge Verlaufsformen hinweisen. Dabei verfolgten wir das Ziel, die mitmenschliche – also soziale – Auslösung der depressiven Zustände zu belegen: Sowohl Trennung als auch endogene Depression sind analoge Weisen des An-der-Welt-Verzweifelns aus der Trauer nach dem Geliebten heraus. Diese Zustandsbilder in beiden Phänomenreihen sind – entgegen der herrschenden Annahme – durchaus existentiell, denn sie offenbaren mit aller Schärfe und Dramatik ein Ärgernis in den zwischenmenschlichen Beziehungen. Wenn unsere Gesellschaft an der Trennung mitverantwortlich ist, so ist sie dies auch am Schicksal des Melancholikers, mag ihr dieser durch ein «Naturphänomen» (L. BINSWANGER) noch so entfremdet sein! Und die Gesellschaft schickt sich an, die Melancholie mit Thymoleptika zu kurieren, wobei die Psychopharmakologen wahrscheinlich nicht immer wissen, daß sie damit einen

Wunsch Freuds erfüllen (vgl. S. Freud, *Abriß der Psychoanalyse* [1938], Ges. W., XVII, S. 108). Allein, die Thymoleptika genügen nicht: Die Melancholie kann nur dann an ihrer existentiellen Wurzel angegriffen werden, wenn die Gesellschaft nicht durch ihr Leistungsprinzip die Liebenden – im weitesten Sinne des Wortes – vernichtet.

# III. TRENNUNG UND UNTERDRÜCKUNG

Ich aber starb. Es zeigte sich, daß das Gesetz, das zum Leben führen sollte, den Tod brachte.
   Ich unglückseliger Mensch! Wer wird mich von diesem Leichnam des Sterbens befreien?

PAULUS, Römer VII. 10 und 24.

Die These von der psychophysiologischen Unreife und sozialen Verwerflichkeit der kindlichen Sexualität trägt dazu bei, letztere zu unterdrücken. Im Mythos der kindlichen «Unschuld» und «Reinheit» wird diese These in ihr Gegenteil verkehrt, und zwar durch einen Abwehrmechanismus.

Ähnliches geschah mit der Mythologisierung der weiblichen Sexualität (wie wir am Ende des zweiten Abschnittes sahen). Die These von der radikalen biologischen Andersartigkeit der Frau – ihrer Passivität, ihrer Schwäche, ihrer Sinnlichkeit, aber auch inkonsequenterweise ihrer sexuellen Unprägsamkeit, ihres «biologischen Schwachsinns», ihrer «natürlichen Frigidität», wird dank einer Umkehrung in die komplementäre Mystifikation umgestaltet: in den Kult des «Ewig-Weiblichen», der «geheimnisvollen» Weiblichkeit, der Jungfräulichkeit, des «spezifisch Fraulichen, Mütterlichen» u. dgl. m. Ob gehässig-herabsetzend oder sentimental-überhöhend, verschleiert die Mystifikation den nämlichen Tatbestand: die *Negation* der Frau als *menschliches* Wesen, weil eben der Mann *Maß des Menschlichen* ist. So ist der Mythos zugleich Ausdruck einer gesellschaftlichen Unterdrückung gewisser Menschenklassen und darüber hinaus Symptom der Unterdrückung des Eros schlechthin, und zwar im Dienste einer konkreten Herrschaftsstruktur. Ähnlich ergeht es dem «Neger», dem «Proletarier» und allen Kategorien der Außenseiter, der «Unmündigen» und der «Untergebenen», die aus der wirtschaftlichen Struktur der Gesellschaft heraus unterdrückt und mit verschiedenen erotischen Verboten (dahinter aber mit erotischer Faszination) umgeben werden. «Man» heiratet nicht seine Köchin, zumal wenn diese Negerin ist, und «man» gibt sich nicht mit seinem Chauffeur ab, schon gar nicht, wenn dieser jünger als man selbst ist. Wer ist dieses mythenstiftende «man»? «Man» ist Bürger, und zwar weiß, in gesetztem Alter und männlichen Geschlechtes (vgl. IGOR A. CARUSO, *Soziale Aspekte der Psychoanalyse*, Ernst Klett Verlag, Stuttgart, 1962, S. 74–80). In der patriarchalischen Mythologie und ihrer bürgerlichkapitalistischen Zerfallserscheinung muß die Frau – als ihrem Wesen nach der männlichen Moral fremd oder unterworfen – auch *Verderberin* sein [17]. Wieso aber ist die Gebärerin (zumal «Dame», «Gattin», «Mutter» – Inbegriffe moralischer Verdienste!) eine latente Verderberin? Warum wird auf diese Weise das Geschlechtliche auf die Frau konzentriert und zugleich in ihr angstvoll verneint?

Eine gewisse Zaghaftigkeit, eine gewisse Ratlosigkeit bei FREUD erlauben die Vermutung, daß selbst für ihn das «weibliche Prinzip», oder überhaupt das Naturhaft-chthonische, wenn nicht verhext, so doch nur zögernd entmystifiziert war. Schließlich war FREUD ein Sohn seiner Zeit und seiner Gesellschaft. Indem er den Hauptknoten familiärer Beziehungen auf den Namen des Königs Ödipus taufte, wurden diese Beziehungen auch bis zu einem gewissen Grade mythologisiert [18]. FREUD übernahm selbst – zumindest indirekt – die Gegebenheiten des Mythos, nach welchem die Frau, ohne es gewollt zu haben, Ursache des Verderbens von Ödipus – also des Verderbens des Mannes, des Königs – ist. Der Bogen, der von der Gebärerin über die schillernde und hintergründige Geliebte – die ja die Mutter maskiert und die Verderberin ankündigt – zur Göttin des Todes führt, wurde gespannt. Wie konnte dies ausbleiben, wenn der Schoß der Gebärerin dereinst zum Schoß der Verderberin werden soll, und daher allzu oft zu der drohenden und angsteinflößenden *vulva dentata* wird? C. G. JUNG mystifizierte noch diese denkwürdig ambivalente Stellung der Frau in der FREUDschen Anthropologie und belebte – diesmal eindeutig – einen alten Mythos wieder, den der *Magna mater,* die, dunkel und bedrohlich, in der mystischen Quaternität der JUNGschen Gottheit aufgenommen wird. Daß diese Gnosis beim Rationalisten FREUD nur Abscheu hervorrufen konnte,

[17] Letzten Endes scheint sie dies auch für FREUD zu sein – zumindest als Vorgestalt der Todesgöttin im *Motiv der Kästchenwahl.* Sie ist – als eine «Attrappe» für die Mutter (rückschauend) und für die Mutter-Erde (vorschauend) – auf der Seite des Todes; weil FREUD, obwohl fähig, die Wiederholung des verdrängten Kindheitsanspruches auf den Schoß der Mutter mit schonungsloser Klarheit zu erkennen, doch auch ein Mann seiner Klasse und seiner Zeit war, ist dieser Gedankengang auch verständlich: auch FREUD gehorchte dem «Leistungsprinzip», und insoferne mußte für ihn nicht so sehr die Verdrängung durch die «erwachsene» Moral von Wichtigkeit sein, als vielmehr und scheinbar der *Durchbruch* des Verdrängten. – Siehe oben Seite 148 ff.

[18] Besser ausgedrückt: *neu* mythologisiert – und auch in einem entmythologisiert. Es fragt sich, inwieferne ein Tatbestand dieser Komplexität auf der Ebene des Unbewußten ganz ohne mythologisierende Terminologie beschrieben werden kann. Deswegen den Ödipus zu leugnen, hieße das Kind mit dem Bad ausschütten. Immerhin wurde FREUD als universalistischer *Deuter* des Ödipusmythos bis zu einem gewissen Grade der Autor einer *neuen Version* desselben, was auch CLAUDE LEVI-STRAUSS in seiner *Anthropologie structurale* (Plon, Paris, 1958, S. 229 ff.) bemerkte.

versteht sich von selbst. Doch sogar bei FREUD scheint die Frau manchmal verzeichnet, oder zumindest nicht klar genug gezeichnet zu sein; ein Grund vielleicht, warum die psychoanalytischen Untersuchungen über die Weiblichkeit auch von seiten der weiblichen Psychoanalytikerinnen einen unbefriedigenden Beigeschmack der Scholastik hinterlassen.

Doch gerade in diesem Mißgeschick liegt ein Hinweis mehr darauf, daß die Ödipustheorie – ohne mystische Überreste – wohl begründet ist. Die kulturelle Tat ist nur durch die Introjektion des Vaters möglich, und zwar erst nach seiner Objektivierung und Beseitigung; denn sonst könnte der Mensch sein fixiertes Unvollendetsein nicht erfolgreich kompensieren, er könnte nicht nach «Erwachsensein» in Ordnung und Gesetz streben. Der Rebell baut die Zivilisation unter dem widerwillig angenommenen Gesetz des Vaters auf. Aber was heißt dies anderes, als daß die Natur, das chthonische Prinzip, herabgesetzt wird, als daß der Mensch sich scheu von der Natur trennt und dann versucht, dieselbe zu beherrschen und zu vergewaltigen? Der Mensch strebt die Unterjochung der Natur an, weil sie ihn geboren hat, nun aber für ihn zu todbringender Gefahr geworden ist. Die doppeldeutige Beziehung zu der Mater-Materie, aus der wir hervorgegangen sind und zu der wir zurückkehren werden, überträgt sich nur zu leicht auf die Frau-Mutter, die es zu unterjochen und zu koitieren gilt. Da der Tod den Menschen dahinraffen wird («das Anorganische war früher da als das Organische» . . .), liegt es weiterhin nahe, die Mater-Materie, die Frau-Mutter, auch zur «Göttin des Todes» zu machen[19]. Es liegt an der hartnäckigen Illusion des Mannes (einer Illusion, die er der Frau aufzwang und an die noch FREUD glaubte), daß die Frau so nahe mit Erde, mit Acker,

---

[19] Hier sind auch Spuren des unüberwundenen Platonismus in FREUDS Philosophie zu entdecken (vgl. hierzu A. v. WUCHERER-HULDENFELD, *Infantilismus und Religion*, Referat auf dem Symposium des Innsbrucker Arbeitskreises für Tiefenpsychologie, 24.–26. September 1965). Der weite Spannungsbogen zwischen «böser» Geschlechtlichkeit und «übersinnlicher» Tabuierung begünstigte die besondere Ambivalenz der Imago des Weibes. In zwei extremen Varianten begegnen wir einer Wandlung, welche die «Schlechtigkeit» der Natur mit der Scheu vor dem Inzest vereinigt: auf der einen Seite in der jungfräulichen Gottesmutter, auf der anderen Seite in der Hure; beide sind «unberührbar» und doch «hyle», «Materie», «Weib». In der Imago der «Prostituierten» mischt sich das Tabu mit dem aggressiven und kompensatorisch entwertenden Begehren. Jeder in der Praxis stehende Psychoanalytiker weiß, wie oft sich in den Analysen das Bild der Mutter mit den Bildern der Jungfrau, aber auch der Hure assoziiert. Unsere Untersuchung bewies die nämliche Belebung der Assoziationen zu dem Bild der getrennten Geliebten, die gleichzeitig idealisiert und abgewertet wird. – Über die Prostitution wurden Bibliotheken geschrieben; dieses Problem berührt aber den Gegenstand unserer Untersuchung – die Trennung – viel mehr, als der Leser vielleicht erwarten würde. Doch wir müssen uns bescheiden und wollen im Vorübergehen nur gewisse Gesichtspunkte erwähnen, die für uns von Bedeutung und in der Arbeit von F. J. H. WONG LUN HING, *Prostitutie*, Utrecht, 1962 (Ref. *Revue Aboli-*

mit Ozean, mit Natur – und mit dem Bösen – verwandt zu sein scheint *(tria insatiabilia: mare, infernum et vulva)*. Mit merkwürdiger Inkonsequenz machte der Mann aus der Frau, mittels des Mechanismus der Umkehrung ins Gegenteil, das zwar «schwache», aber «holde» Geschlecht – die Jungfrau, die Heilige, sogar den geschlechtslosen Engel. Daher muß er auch sehr verdutzt reagieren, wenn die Frau ihn mit seinen eigenen Waffen schlägt und in unserer Übergangszeit zur unbequemen Konkurrentin, zur lästigen Gleichberechtigten – auch im sexuellen Bereich – wird. In dieser Wendung des Kampfprozesses wirkt sich der entwicklungspsychologische Tatbestand konform zu dem sozio-ökonomischen aus.

Es ist eine Tatsache, daß gerade in einer Kultur, die die Konkurrenz um den günstigsten Handel mit der Arbeitsleistung als einzige wirtschaftliche Grundlage anerkennt, die Frau zunächst besonders leicht unterdrückt werden konnte; das begünstigte seinerseits die Projektion von dunklen Bildern auf sie. Als Unterdrückte *ist* die Frau eine «Minderwertige» (wer in der Konkurrenzgesellschaft unterliegt, *ist* minderwertig) und gefährlich (wer unterliegt, könnte einmal die Gründe und Ursachen seiner Niederlage in Frage stellen wollen). Dem Minderwertigen und Gefährlichen aber kann der Stifter der Werte und Träger der Ordnung nur mit Argwohn begegnen. Denn die sozialen Werte sind durch die Leistungshierarchie offenbart, welche durch ihn, den weißen, bürgerlichen und «erwachsenen» Penisträger gehütet wird. Der Unterdrückte birgt die Gefahr in sich, die gesellschaftliche Leistungshierarchie niederreißen zu wollen und bei dieser Gelegenheit das Primat des Penis zu stürzen. Was wäre aber die Folge? Nicht nur die gesellschaftliche Zerstörung einer auf Konkurrenz und Zwang auf-

---

*tionniste*, XC [1965], 209, S. 29-31) zu finden sind: Prostitution ist auch mit *einer* Person möglich, insoferne von dieser materielle Gegenleistung verlangt wird; die Prostitution im eigentlichen Sinne des Wortes ist mit der Reglementierung der Ehe korrelativ; die Herabwürdigung der Frau durch patriarchalische Ehe und Prostitution ist mit dem Kult der Jungfräulichkeit korrelativ; das Bild der Verderberin ist ein Alibi für die antifeminine männliche Aggression; die Imago der Verderberin ist von der Prostituierten auch aus Rache gegen den Mann introjiziert; die Prostituierte ist ohne den prostituierenden Mann, das heißt ohne den ehrbaren Bürger, nicht zu verstehen; Narzißmus und Frigidität sind Abwehrmechanismen von seiten der Prostituierten; die polizeiliche Reglementierung verschlimmert die Prostitution, die nur auf präventivem Wege soziopsychologisch bekämpft werden kann. Immer wieder konfrontiert uns die Prostitution mit der Tatsache, daß sie sioziologisch der Ausbeutung und Entfremdung des gesellschaftlich Schwächeren entspringt: an letzterem, ob Frau oder Kind oder homosexuellem Mann, werden sowohl *Arbeit* als auch *Sexus* entfremdet und als Ware verdinglicht (vgl. ANN STAFFORD, *The age of consent*, London, Hodder & Stoughton, 1964). Gewisse Formen der Prostitution waren in den archaischen Gesellschaften «heilig», weil die Entfremdung zugunsten der Gottheit geschah. Die Tabuierung des «Fremdartigen» und Chthonischen bedingt in ambivalenter Weise sowohl den Kult des Sexus als auch dessen Verdammung.

gebauten Leistung, sondern, als psychobiologische Begleiterscheinung, auch die Erotisierung des Nicht-Penis – der Vulva – und, wer weiß, des ganzen, von der Versklavung und Askese der Arbeitsleistung befreiten Körpers: das bedeutet, in heutige patriarchalisch-kapitalistische Begriffe übersetzt, Anarchie, Infantilismus, vermutliche Perversion.

In der oppressiven Gesellschaft, wie wir sie kennen (also in der durch den Bürger geprägten), ist angeblich nur jene Sexualität gesund und erwachsen, die letztlich einen Stammeserben gewähren kann. Vor kurzem war noch bei uns (und anderswo ist es noch immer der Fall) nicht nur die Geburtenverhütung, sondern sogar die Geburt einer Tochter keine vollwertige Begleiterscheinung des Sexualaktes. Noch stärker mit negativer Wertung wird das Ausleben der infantilen Partialtriebe belegt; aus diesem Odium stammt auch die «Pervertierung» derselben und der (von der Psychoanalyse bisweilen akzeptierte) Mythos, daß nur die «genitale Sexualorganisation» die wirklich «erwachsene» und «reife» Sexualität sei. *Praktisch* ist – in sozialer Hinsicht – diese «genitale» Organisation eine schon eher primitiv-phallische zu nennen. In diesem Punkt herrschen Mißverständnisse, da sich keiner, der sich an der Diskussion dieses Punktes beteiligt, von der ihn prägenden wirtschaftlich-sozialen und moralisch aufgewerteten Struktur abstrahieren kann. Nun basiert die wirtschaftlich-soziale Struktur unserer Übergangszeit – insbesondere die im Zerfall befindliche kapitalistische Struktur, aber auch die im Enstehen begriffene sozialistische Struktur, die vorläufig doch noch als Reaktionsbildung auf erstere zu verstehen ist – auf der erzwungenen und verdrängenden Sublimierung der Sexualität: die Energien aus dieser Verdrängung werden für die Erzeugung des auf der Leistung aufgebauten Mehrwertes der Arbeit beschlagnahmt. Eine Entsublimierung, eine Erotisierung des Leibes, kann *in dieser Situation* nur eine pervertierende sein. Indes ist es eine auf einem Trugschluß aufgebaute ideologische Annahme, daß die Selbstsublimierung des kulturschaffenden und frei arbeitenden Menschen in einer nicht-unterdrückenden, nicht primär auf Leistung und Konkurrenz zentrierten gesellschaftlichen Struktur *auf alle Fälle* zur Pervertierung der Partialtriebe führen muß. Das «Leistungsprinzip» im Sinne HERBERT MARCUSES kann sich halbwegs nur mit der «reifen», «erwachsenen» – in Praxis männlich-patriarchalischen – «genitalen» Sexualorganisation vertragen. Deshalb aber soll jeder Mensch, der nicht «männlich» und «genital» ausgerichtet ist, als Minderwertiger dazu gezwungen werden, die genitale Sexualorganisation als sittliches Ideal anzunehmen. Die Frau, deren erogene Zonen diffuser und aktiver zu sein scheinen (worin ein Argument mehr gegen die These KINSEYS zu suchen wäre) als die des Mannes, und schon gar das

Kind mit seiner prägenitalen Sexualorganisaion, sind deshalb Objekte der unterdrückenden und lustfeindlichen Erziehung.

Doch kehrt das unterdrückte Wirken der Partialtriebe nicht nur als «Perversion» – und nicht nur als Sublimierung – wieder, sondern auch in der Gestalt des unglücklichen und falschen Bewußtseins. Der Wiederholungszwang bedingt den Versuch, das Unterdrückte, Traumatisierte des Bedürfnisses in symbolisch analoger Form nachzuholen. Zwar ist der Wiederholungszwang ein Versuch der Katharsis und der Bewältigung, doch muß er, um die Zensur zu passieren, zugleich Strafe und Unglück sein, zum Beispiel ein konfliktbringendes Symptom. Die unterdrückten Partialtriebe kehren also in Form konfliktreicher Perversion zurück, oder etwa (soferne wir hier von den übrigen «neurotischen» Symptomen absehen wollen) in Form der «unglücklichen Leidenschaft», um von der Zensur des eigenen Überichs durchgelassen zu werden. In *dieser* Form kann das Verbotene um so leichter wiederkehren, weil es die Strafe in sich trägt: das Unglück. Und so kommt es zu der paradoxen Situation, daß unsere Kultur die Triebansprüche, die sie durch die Trennung zur Vernichtung verurteilt, als *unglückliche* Liebe zuläßt und unter der Bedingung der Bestrafung sogar glorifiziert. Es ist hier nicht der Ort, eine kulturhistorische Untersuchung über die besondere Bedeutung, die das Abendland der Liebestrennung verlieh, anzustellen, doch seien hier einige Gesichtspunkte für die sozialgeschichtliche Betrachtung der Liebestrennung kurz angedeutet.

Die «abendländische» Kultur, die heute immer mehr die Kulturen der Welt zu integrieren scheint, ist unter anderem durch die Trennung zwischen Materie und Geist gekennzeichnet. Die antike Tragödie mit ihrer Spannung zwischen Willen und Fügung zeigte die Bestrafung und zugleich die Exaltierung der Leidenschaft, die wie ein Fluch des Schicksals die Menschen erfaßte, um sie zu zerstören. Der spätchristliche Spiritualismus und der säkularisierte bürgerliche Moralismus der Neuzeit tabuierten den Sexus und forcierten den Sublimationsprozeß bis zur sadistischen Unterdrückung des Leibes. Es entstand daher eine spezifisch abendländische Spannung zwischen Eros und Thanatos, zwischen der «materiellen» Liebe und der Forderung des sozialen Überichs. Unausbleiblicher dialektischer Widerpart dieser Einstellung war die *Verabsolutierung der (möglichst unglücklichen) Leidenschaft* und zugleich die *Unabwendbarkeit dieses Unglücks als Sühne sowie Alibi*. DENIS DE ROUGEMONT hat in seiner bekannten Untersuchung der «abendländischen» Liebe (DENIS DE ROUGEMONT, *L'amour et l'Occident*, Plon 10/18, Paris 1962) darauf hingewiesen, daß die «echte», «große» Liebe seit dem späten Mittelalter die Form der zerstörenden Leidenschaft annahm: der *Passion*, des Leidens, der Trennung, des Todes; Rougemont führt diese Auffassung auf den Manichäismus zurück; seitdem «hatte die glückliche Liebe keine Geschichte in der abendländischen Literatur mehr» (ebenda, S. 42). Tatsächlich bilden Trennung und Tod das Hauptthema der gesamten Literatur des abendländischen Individualismus von *Tristan und Isolde* bis *Madame Bovary* und *Anna Karenina.*

Der Spiritualismus hat das Streben nach irdischem Glück verdrängt und diesem gleichzeitig ein Alibi im strafenden Unglück verschafft. Der Libertinismus war bemüht, eine Reaktion herbeizuführen, aber die Dämonie der Leidenschaft wich bloß der Dämonie des Lasters – die Rebellion dachte noch in Kategorien der Unterdrückung. Erst die Aufklärung und insbesondere der integrale Humanismus des XIX. Jahrhunderts versuchten, die Liebe aus der exemplarischen Entfremdung ihres Unglücks dem Menschen – und somit dem Glück – zurückzuführen. Es hat hierfür der Linkshegelianer zuerst, dann eines Sigmund Freud bedurft, damit wir verstehen lernen, daß vielmehr das Unglück der Liebe, zu dem die Trennung gehört, eine Ausgeburt des Todes ist und daß der Tod mehr seine Voraussetzung denn Folge ist.

Nicht nur die strenge Reglementierung der sogenannten «reifen» genitalen Sexualität, sondern die Leugnung und – wenn die Leugnung nicht möglich ist – die grausame Unterdrückung der «infantilen» sexuellen Partialtriebe, *also auch der normalen kindlichen und jugendlichen Sexualität,* ist ein vorherrschendes Merkmal der «abendländischen» Kultur, die jetzt zur universellen Kultur geworden ist. Wie erbarmungslos diese Verfolgung des primären menschlichen Luststrebens ist, welcher sowohl barbarischen als auch heuchlerischen Mittel sie sich bedient – darüber wurden unzählige psychologische, soziologische und politische Untersuchungen angestellt, ohne im wesentlichen in das mystifizierte Bewußtsein des «Durchschnittsbürgers» einzudringen. Wir müssen im Vorübergehen auf dieses Problem hinweisen, damit auch vom soziologischen Gesichtspunkt die Sanktionierung der Trennung jener Liebesbindungen, die erstens nichtkontrollierter Lust und zweitens auch manchesmal verpönten Abkömmlingen der «infantilen» Partialtriebe entspringen, klarer ersichtlich werde. Es geht uns hier nicht darum, eine bereits eindrucksvolle Fülle von Material noch zu ergänzen, wir wollen nur in Erinnerung bringen, daß die *Herrschaftsstruktur unserer Gesellschaft die Trennung ideologisch beeinflußt,* ja sie sogar zum Großteil verursacht, und zwar weil die Trennung einer «illegitimen», «leidenschaftlichen», «unzüchtigen» Bindung im unmittelbaren sozio-ökonomischen Interesse dieser Herrschaftsstruktur gelegen ist. Die Getrennten wissen aber nicht, daß sie als Getrennte zugleich Objekte der gesellschaftlichen Ausbeutung sind. Die wenigen, die es ahnen, sind sachgemäß nicht imstande, ihre *individuelle* Revolte gegen die Macht der Gesellschaft durchzusetzen, vor allem weil das gesellschaftlich geprägte Überich der Getrennten das Verbot *moralisch* werten läßt, statt aus der Sachlage Folgerungen auf das soziale «Leistungsprinzip» zu ziehen.

Von den leicht zugänglichen Untersuchungsergebnissen über die tatsächliche Ausübung der kindlichen und jugendlichen Sexualität können wir etwa auf die Abhandlungen WOLF-GANG HOCHHEIMERS und RENE KÖNIGS hinweisen (W. HOCHHEIMER, *Das Sexualstrafrecht in psychologisch-anthropologischer Sicht*, in: «Sexualität und Verbrechen», S. Fischer, Frankfurt a. M., 1963, S. 84–117; ferner vom selben Autor: *Zur Rolle von Autorität und Sexualität im Generationskonflikt*, in: «Konflikt der Generationen», Ernst Klett Verlag, Stuttgart, 1966; RENE KÖNIG, *Sittlichkeitsdelikte in der Gegenwartsgesellschaft*, in: «Sexualität und Verbrechen», S. Fischer, Frankfurt a. M., 1963, S. 337–362). Voreheliche Geschlechtsverkehr ist in Mitteleuropa für beide Geschlechter, in manchen Ländern zumindest für den jungen Mann, die Regel. Doch das reelle Alter der Sexualitätsausübung ist in Wirklichkeit in die Kindheit zu verlegen, was wohl niemanden, der mit den Entdeckungen FREUDS vertraut ist, wundern wird. Trotzdem oder gerade deswegen besteht eine traurige und grausame «Problematik kindlich-jugendlicher Sexualität und ihrer Schutzbedürftigkeit», wie sich HOCHHEIMER ausdrückt (*Das Sexualstrafrecht in psychologisch-anthropologischer Sicht*, op. cit., S. 108). «Das Kind ist nicht nur Sexualobjekt für in ihrem Erwachsenendasein unbefriedigte Täter, die sich in ihm loswerden und durch es befreit werden möchten. *Das Kind ist in eigener, weitgehend unerkannter und fanatisch bestrittener Weise auch schon Sexualsubjekt.* Gerade wegen der ganzheitlichen Seins- und Reaktionsweise von Kindern sind sie das inklusive ihrer mit anklingenden Sexualität und Genitalität. Liebesempfindungen, Reaktionen auf leibseelische Nähe, taktile Reize gehen ihnen ‚durch und durch'. Ihre Totalitätsreaktionen gehen so weit wie ihre Totalitätsbedürfnisse. Daneben können sich schon früh abgesprengte Teilempfindungen und -sensationen ausbilden mit entsprechenden Befriedigungsbedürfnissen eigener wie fremder Reizungen» (ebenda, S. 109; hervorgehoben von uns, *I. A. C.*). Sich auf die oben zitierten (S. 223 ff.) Untersuchungen KINSEYS und seiner Mitarbeiter berufend, faßt HOCHHEIMER einige eindrucksvolle Beispiele der regelmäßigen Sexualbetätigungen des Kindes zusammen. In einer von KINSEY angegebenen Beobachtungsreihe war der präpuberale Orgasmus bei 200 von 214 Jugendlichen der Fall; 273 eigene Fälle KINSEYS kamen hinzu. «Erstaunlich war die Häufigkeit kindlicher Orgasmusfähigkeit» (ebd., loc. cit.). Bei Buben sind vier oder fünf Ejakulationen innerhalb kurzer Zeit, ja in einem Viertel der Fälle zehn oder zwanzig Ejakulationen innerhalb weniger Stunden, die Regel. Trotz der drakonischen Verbotsmoral sind homo- und heterosexuelle Spielereien zwischen Kindern viel verbreiteter, als auch «aufgeklärte» Eltern es anzunehmen gewillt sind. Sexuelle Kontakte kleiner Kinder mit älteren Kindern, Jugendlichen und Erwachsenen sind häufig. Da aber die Gesellschaft gerade letztere Kontakte besonders scharf bestraft, erhöht sich die «Jugendkriminalität» auf dem sexuellen Gebiet. HOCHHEIMER faßt einige deutsche Statistiken zusammen (der Leser kann bei ihm auch entsprechende Literaturangaben finden): «Aus aktenkundiger Statistik ergibt sich hier, daß z. B. 1960 jedes zehnte uneheliche Kind von einem schulpflichtigen Mädchen geboren wurde, daß alle acht Tage in einer deutschen Schule ein Mädchen wegen Entbindung fehlt; daß an der Nötigung zur Unzucht Jugendliche mit 40 % beteiligt sind; daß 1956 von je 100 ‚herausgekommen' Sittlichkeitsverbrechen 11,8 % von Jugendlichen begangen wurden; daß 1950 von den geheimen Prostituierten der Bundesrepublik fast 16 % unter 14 Jahren gewesen sind; daß nach einer USA-Statistik 31 % aller Vergewaltigungen von Jugendlichen erfolgen; daß der Anteil der Jugendkriminalität an der Gesamtkriminalität in der Bundesrepublik während der letzten 20 Jahre um das Dreifache anstieg. Die überwiegenden Delikte sind dabei ‚Unzucht mit Kindern'.

In der Bundesrepublik werden jetzt jährlich etwa 3000 Männer, täglich 10, wegen ‚Unzucht mit Kindern‘ verurteilt, darunter auch jugendliche Väter. Von Verbrechen an ‚Kindern‘ unter 14 Jahren wurden 1947 820 Fälle aufgeklärt, 1952 waren es 5500 Fälle! Aber von den 13–14jährigen Mädchen-Kindern sind ja auch etwa 25 % bereits defloriert, und dieser Anteil nimmt offenbar immer noch rapide zu» (ebd., S. 111–112).

Zu diesen Angaben bemerkt HOCHHEIMER: «Es sind Häppchen aus der Dunkelzifferkiste» (ebd., S. 111). «Aber – es kommt ja bei weitem nicht alles heraus! Und bei weitem nicht alles wird schließlich verfolgt. Schon wird unsere Anthropologie wieder schief. Die sogenannten ‚Dunkelziffern‘ liegen auf keinem Deliktgebiet so hoch wie bei der Sexualität» (ebd., S. 91); als Beispiel wird KINSEY zitiert, der errechnen konnte, daß nur ein Mindestbruchteil von *einem Prozent* (!!!) aller Personen, deren sexuelles Verhalten in Konflikt mit dem Gesetz steht, verfolgt und bestraft wird. Man kann sich zu dieser rettenden Dunkelziffer vorbehaltlos beglückwünschen; doch was sind es für Gesetze, was ist es für eine Gesellschaftsordnung, die trotz deutlichem Eifer mehr als 99 % der Delikte auf einem Lebensgebiet – Delikte, an denen so gut wie die ganze Bevölkerung beteiligt ist – unbestraft lassen muß? RENE KÖNIG analysiert eingehend die – notwendige – Verheimlichungstendenz, die diese erstaunliche Dunkelziffer bedingt; doch neben der klugen Verheimlichung wirkt unseres Erachtens vor allem das, was KÖNIG wie folgt umschreibt: «Eine eigenartige Verschiebung im Bewußtsein der Beteiligten und sehr oft auch unbeteiligter Zuschauer oder informierter Personen» (RENE KÖNIG, op. cit., ebd., S. 340). Offenkundig handelt es sich hierbei um eine Neigung zur Verdrängung oder zur psychischen Isolierung des Geschehens: wie sonst kann man «die eigenartige Verschiebung im Bewußtsein» nennen? Bewußte Verheimlichung sowie Verdrängung und Bewußtseinsminderung – das sind die Folgen des unerträglichen Gesellschaftsdruckes im Sexualleben des «abendländischen» Menschen.

Doch weder die bewußte Verheimlichung noch die unbewußte Verdrängung können unter diesen entwürdigenden Umständen die Hauptquelle der menschlichen Lust davor retten, daß sie pervertiert, tabuiert, culpabilisiert, kriminalisiert wird ... Gewalt, Schande, Schuld, Besudelung, Kommerzialisierung, Erpressung: das sind die *wirklichen* Ergebnisse der herrschenden «Ordnung» auf dem Gebiete des Sexuallebens. In seiner trockenen Studie gibt HOCHHEIMER mehrmals dem «Befremden» über die Art und Weise, wie die Gesellschaft die Lust «maßregelt», Ausdruck: «Lustbejahung erscheint uns als tierisch und menschenunwürdig. In ihr wie ihren leib-seelischen Grundlagen liegt für uns von vornherein ein Kurs auf Sünde, Abfall von Gott, Schmutz, Schlechtigkeit, Verbrechen. Sie hängt für uns mit einer ‚Urschuld‘ zusammen, bei der der Mensch seine ‚Unschuld‘ verlor. ‚Zucht‘ und ‚Sitte‘ scheinen uns notwendig, um diese Gefahr in uns in gebührenden Schranken zu halten. Entspannung, Ausgleich, Erholung, Freude, Glück durch Sexualität? Anthropologisch, psychologisch und vor allem moralisch erscheint uns das unvollziehbar. Vermögen wir überhaupt Sinnlichkeit als eine Mitgift unserer Natur wertfrei zu betrachten und schuldfrei in unsere Lebensführung aufzunehmen? Ist es wirklich richtig, schon unseren Kindern beizubringen, daß der bereits von ihnen erfahrene und praktizierte Lastenausgleich von Sexualität ,sündig‘ und ,schmutzig‘ sei? Haben wir eine Recht – und welches? –, in unserer Bewertung, die wesentlich Abwertung ist, Sexualität und Sinnlichkeit von vornherein als schlecht hinzustellen? Oder machen wir Sexualität von uns aus schlecht, weil wir vorverdorben sind durch Krampf, Theorie, Moral, Starre, Schuldgefühl, Gewissenszwang für eine natürliche Haltung gegenüber einer natürlichen Mitgift? Mühe, Pflicht, Arbeit, Schweiß, Askese, Autorität, Sittenstrenge, Unselbständigkeit tragen wir uns und unseren Kindern auf in selbstgerechter und selbstverständlicher Identifizierung mit einer Anthropologie aus grauer Vorzeit, von anderen Menschen unter anderen Umweltbedingungen» (W. HOCHHEIMER, ebd., loc. cit., S. 113 f. – Über die Unterdrückung der kindlichen Sexualität durch die Schule siehe: OTTO BRÜGGEMANN, *Sexuelle Konflikte in Gymnasien*, Verlag Quelle & Meyer, Heidelberg, 1967). W. HOCHHEIMER weist darauf hin, daß die gesellschaftliche Aufgabe der Familienerziehung ist, das Luststreben beim Kinde *mit allen Mit-*

*teln* zu brechen. Auch R. König schreibt: «Gemeinhin wird die *Sexualerziehung* in der Familie geleistet. Dies ist vielleicht nach der gegebenen Lage die größte Belastung. Wir müssen in diesem Punkt ganz offen sein. Es fällt nämlich auf, daß die Familie offensichtlich schon in älteren Gesellschaften *nicht* imstande gewesen ist, spezielle Regelungen des Sexualverhaltens zu entwickeln. Es ist wohl immer so gewesen, daß die *Gesamtgesellschaft* diese Regelungen schuf ...» (RENE KÖNIG, ebd., S. 358). «Die Erstreaktionen der Ersterzieher auf Erstregungen von Kleinstkindern beruhen weitgehend auf dem ‚Grundpersönlichkeitstypus' (KARDINER), der sich in der jeweiligen Kultur als Leitbild geprägt hat. Dementsprechend liegt auch unsere Einstellung zur Sexualität weitgehend vorbestimmt fest. Das gilt von ausdrücklich bewußten Stellungnahmen und Wertungen wie von unbewußt in uns übergegangenen Reaktionstendenzen» (W. HOCHHEIMER, ebd., S. 84).

HOCHHEIMER weist hier ausdrücklich auf die Gesellschaftskritik FREUDS hin. Es leuchtet uns zwar ein, sagt er, daß die in Trieben enthaltenen Energien «noch anderswo» gebraucht werden. «Aber folgt daraus eine Berechtigung zur Diffamierung und Bekämpfung menschlicher Triebnatur?» (ebd. loc. cit.).

Hören wir, was FREUD darüber zu sagen hat: «Die wirtschaftliche Struktur der Gesellschaft beeinflußt auch das Maß der restlichen Sexualfreiheit. Wir wissen schon, daß die Kultur dabei dem Zwang der ökonomischen Notwendigkeit folgt, da sie der Sexualität einen großen Betrag der psychischen Energie entziehen muß, die sie selbst verbraucht. Dabei benimmt sich die Kultur gegen die Sexualität wie ein Volksstamm oder eine Schichte der Bevölkerung, die eine andere ihrer Ausbeutung unterworfen hat. Die Angst vor dem Aufstand der Unterdrückten treibt zu strengen Vorsichtsmaßregeln» (S. FREUD, *Das Unbehagen in der Kultur* [1930], Ges. W., XIV, S. 463–464). Auch das wenige im Sexualleben, das «von der Ächtung frei bleibt, die heterosexuelle genitale Liebe, wird durch die Beschränkungen der Legitimität und der Einehe weiter beeinträchtigt. Die heutige Kultur gibt deutlich zu erkennen, daß sie sexuelle Beziehungen nur auf Grund einer einmaligen, unauflösbaren Bindung eines Mannes an ein Weib gestatten will, daß sie die Sexualität als selbständige Lustquelle nicht mag und sie nur als bisher unersetzte Quelle für die Vermehrung der Menschen zu dulden gesinnt ist. Das ist natürlich ein Extrem. Es ist bekannt, daß es sich als undurchführbar, selbst für kürzere Zeiten, erwiesen hat. *Nur die Schwächlinge haben sich einem so weitgehenden Einbruch in ihre Sexualfreiheit gefügt,* stärkere Naturen nur unter einer kompensierenden Bedingung, von der später die Rede sein kann[20]. Die Kulturgesellschaft hat sich genötigt gesehen, viele Überschreitungen stillschweigend zuzulassen, welche sie nach ihren Satzungen hätte verfolgen müssen. Doch darf man

---

[20] Dies ist wohl eine der *verbis expressis* überaus selten vorkommenden revolutionären Äußerungen in der kühl ausgewogenen Diktion FREUDS. Die «kompensierende Bedingung» ist, soweit man aus den schwierigen Ausführungen über das «Unbehagen in der Kultur» urteilen kann, die Triebverschränkung zwischen Libido und Aggressivität, wobei letztere höchst «moralische» Formen annehmen kann.

nicht nach der anderen Seite irregehen und annehmen, eine solche kulturelle Einstellung sei überhaupt harmlos, weil sie nicht alle ihre Absichten erreiche. Das Sexualleben des Kulturmenschen ist doch schwer geschädigt ... (...) Man hat wahrscheinlich ein Recht anzunehmen, daß seine Bedeutung als Quelle von Glücksempfindungen, *also in der Erfüllung unseres Lebenszweckes,* empfindlich nachgelassen hat» (ebd., loc. cit., S. 464 bis 465; alle Hervorhebungen von uns *I. A. C.*).

Trotz der nur einmal unterbrochenen Gelassenheit in der Ausdrucksform ist das von FREUD hellsichtig entworfene Bild düster genug, ja es ist dazu angetan, uns mit Hoffnungslosigkeit zu erfüllen. Die Kultur beraubt uns unseres eigentlichen «Lebenszweckes», da sie die «Quelle unserer Glücksempfindungen» verschmutzt und vergiftet; sie «unterwirft» die Sexualität einer «Ausbeutung» (!), sie entzieht ihr «einen großen Betrag der psychischen Energie, die sie selbst verbraucht». Verbraucht sie wenigstens das ausgebeutete Lebensglück, um an seiner Stelle und auf andere Weise dennoch Glück zu mehren? FREUDS weitere Ausführungen geben auch auf diese Frage eine negative Antwort. Wozu also «verbraucht» die Herrschaftsordnung den geraubten «Betrag»? Sie zahlt dem Ausgebeuteten das Geraubte nicht in Form von Kulturgut restlos zurück; sie behält einen nicht näher quantifizierbaren, aber riesigen Mehrwert für sich. FREUD hat gut daran getan, diese Operation mit dem MARXschen Terminus «Ausbeutung» zu belegen. Ein Teil des Kulturpessimismus FREUDS geht wahrscheinlich darauf zurück, daß er diese Theorie des Mehrwertes nicht *auch in der Wertung der sexuellen Leistung für die Gesellschaft* angewandt hatte; dies tat HERBERT MARCUSE in dem von uns oft erwähnten Werk *Eros und Kultur* (Klett, Stuttgart, 1957). Der Mehrwert der Sublimation ist aus *zusätzlicher Unterdrückung* gewonnen und dient nicht der kulturellen Gegenleistung, die im Schema der menschlichen Selbstsublimation angelegt ist, sondern der Konzentration der Macht im Besitz der Herrschaftsstruktur zum Zwecke deren Erhaltung, das heißt als Selbstzweck für die gegebene Klassenstruktur. Der Mensch muß desexualisiert werden, damit er der selbstherrschaftlichen Struktur der Klassengesellschaft unterworfen bleibt.

Dieser psycho-soziologische Zusammenhang ist für das Verständnis der Liebestrennung in ihrem gesellschaftlichen Kontext von wesentlicher Bedeutung. Wenn wir im Laufe unserer Untersuchung oftmals darauf hinwiesen, daß die Trennung Liebender neurotische Reaktionen belebt und eine existentielle Katastrophe bedeutet, so muß auch gesagt werden, daß eine der Wurzeln der neurotischen Krise zwar unter dem Wiederholungszwang aus der Kindheit stammt, daß aber erstens der Anlaß, die unmittelbare Prägung der Situation, die die Trennung bedingt, auf das Konto der gesellschaftlichen Reglementierung geht und daß zweitens der «kindliche» Eros nicht ein «an sich» perverser ist.

Es muß unbedingt verstanden werden, daß die Ausbeutung der «Lustquelle» – das heißt die Beschlagnahme jedes sexuellen «Mehrwertes» außerhalb der reglementarischen *Institution* der Ehe, welche zum Zwecke der Kinderzeugung zugelassen, als Maß des erlaubten «Lustwertes» eingesetzt wird – tatsächlich der Erhaltung einer unterdrückenden Herrschaftsstruktur dient; und zwar einer sozialen Herrschaftsform, die nun einmal *de facto* – wie man sich auch zu diesem System zu stellen gewillt ist – auf Privateigentum und Konzentration der Produktionsmittel aufgebaut ist. Diese Tatsache führt unweigerlich zu den eigenartigen *Besitzverhältnissen* innerhalb der familiären und erotischen Beziehungen, die ihrerseits den Eros seiner Funktion als Lustspender zugunsten der gesellschaftlichen Leistung entfremden und als lebloses Eigentum dem Thanatos opfern. Im Namen der Moral, der Gesetzlichkeit, der Ordnung und Zucht wird der Mensch durch Zwang, Eifersucht, Strafe und Schuld dazu veranlaßt, Trennungen zu vollziehen und seinerseits Zwang, Eifersucht, Besitzansprüche auch gegen den Partner zu wenden[21].

Um hier noch auf die Rolle des Geschlechtsunterschiedes bei der Trennung zurückzukommen: es ist für das Erlebnis der Trennung bei Mann und Frau von Bedeutung, daß bereits die Ausgangspositionen nicht die gleichen sind, zumindest in unserer Gesellschaft. Diese Unterschiedlichkeit der ursprünglichen Lage wird mit Vorliebe mittels des «Naturrechts» beziehungsweise des göttlichen Rechts rationalisiert, um so den soziologischen Unterschied im Niveau, den die zerfallende patriarchalisch-kapitalistische Gesellschaft zwischen Mann und Frau noch immer zu erzwingen vermag, zu

---

[21] Daß eine Gesellschaft, die die Lust hart unterdrückt und ausbeutet, statt sie wenigstens unmittelbar für die kulturelle Sublimation zu verwenden, keineswegs eine glückliche ist, liegt auf der Hand. Sie kann überspannte Leistungen vollbringen und andere Gesellschaftsformen für eine Zeit überrennen. Doch muß sie auch Unzufriedenheit und Zerstörungsgefahr mehren. Ein Negerfürst aus der Zeit der kolonialistischen Aufteilung Afrikas schrieb an seine Lehnherrin, Königin Victoria: «Wir sind bereit, die Herrschaft der großen weißen Königin anzuerkennen. Doch können wir uns mit Deinen Sendboten in unserem Land nicht befreunden; denn die weißen Männer sind ständig in Eile, ungeduldig und mißgestimmt.» Diese weise Beschreibung der Träger kapitalistischen Autoritätsprinzipes trifft genau den Sachverhalt, der für unsere Kinder nicht minder unheilbringend ist als für ein afrikanisches Fürstentum. – Über die Verschränkung der Aggressivität mit der (verdrängten) Libido legen die Kindermißhandlungen Zeugnis ab. In der Bundesrepublik Deutschland sterben jährlich 90 bis 100 Kinder an Folgen der Mißhandlungen und Folterungen von seiten der Eltern. Es ist dabei an eine hohe Dunkelziffer zu denken, wie es aus der Diskussion im Deutschen Bundestag vom 17. März 1967 hervorgeht *(Deutscher Bundestag* 100. Sitzung, Bonn, 17. März 1967, S. 4622(D)–4624(A).

rechtfertigen. Da die Gesellschaft die Familie formt, welche ihrerseits das heranwachsende Kind prägt, begeben wir uns hiermit in einen *circulus vitiosus*, der den Anschein des Fatums hat, da die Unterschiede zwischen Mann und Frau augenscheinlich sind, und es daher ein leichtes ist, sie als unabdingbares Ergebnis der Biologie beziehungsweise Gottes Willen hinzustellen.

Trotz anderslautender Lippenbekenntnisse ist die Frau durch das Nachhinken der Gesetzgebung und der öffentlichen Meinung noch immer gesellschaftlich benachteiligt. Sie ist in unserer Übergangsperiode einer dreifachen Belastung ausgesetzt: Die Gesellschaft verlangt von ihr noch das angeblich spezifisch Weibliche – das «ewig Weibliche» und die Aufgabe der Frau ist darnach, Weibchen zu sein. Andererseits bringen unaufhaltbare revolutionäre Prozesse in derselben Gesellschaftsordnung es mit sich, daß die Frau in den wirtschaftlichen Konkurrenzkampf mit dem Manne tritt und daß das, was bis jetzt als spezifisch männlich galt – etwa im Berufsleben – von ihr in Anspruch genommen wird, wiewohl sie zusätzlich noch deutlich benachteiligt ist in der Anerkennung der gleichen Leistung wie der Mann. Die Rolle der Frau ist darnach eine paradoxe: Mann zweiter Ordnung zu sein. Drittens beginnt die Frau mehr oder minder bewußt zu ahnen, daß die Beziehungen Weib–Mann keine Artbeziehungen sind und daß sie schlechthin eine noch unklare *menschliche* Funktion hat. Die Rolle der Frau ist darnach die schwierigste: als Mensch zu sich selbst zu kommen, Mensch zu sein.

Diese nicht nur psychisch ungemein belastende, sondern auch für das materielle Dasein äußerst komplizierte Lage verursacht bei allen Ich-Katastrophen (und wir sahen, daß die Trennung eine der schlimmsten ist) eine besondere Liebes- und Haßdynamik, die zwischen den beiden Partnern in der Trennung bis zu einem gewissen Grade komplementär ist. Denn wie sich die persönlichen Beziehungen der Getrennten auch gestalten mögen, sozial ist die Frau noch weitgehend die Unterdrückte und der Mann noch der Unterdrücker. So verteilen sich die Phänomene der Aggressivität, des schlechten Gewissens, der Resignation usw. in einem gewissen Zusammenhang mit den sozial übernommenen Rollen. Es wäre naiv zu denken, daß der Unterdrücker immer manifest aggressiv ist, die Unterdrückte aber nicht. Wir kennen aus der Psychoanalyse die Rolle der introjizierten Aggression, das heißt der Identifikation mit dem Aggressor. Wir wissen auch, daß die introjizierte Aggression, die bei der Frau zum Beispiel bei der Trennung zum Vorschein kommt, sich ebensogut gegen sie selbst wenden kann. Umgekehrt kann etwa die Aggression des Mannes kompensatorische Formen der Fürsorge und der Behütung annehmen.

Man vergesse wiederum nicht, daß unsere Gesellschaftsordnung, die prägenden Einfluß auf die Trennung hat, auf Privateigentum basiert und daher eine *possessive* Ordnung ist. Die Trennung wird bewußt oder unbewußt *als schwere Schädigung des Eigentums* erlebt. Die Trauer nach dem Verlust (das Wort *Verlust* ist bereits doppeldeutig) kann auch vom Soziologischen her nicht umhin, eine aggressive Dynamik aufzuweisen, da die Trennung auch im Rahmen der herrschenden Moral in die geprägten «Besitzrechte» eingreift. Eine possessive Gesellschaftsordnung ist immer eine *moralistische*, da es gilt, dem Besitzenden den Besitz zu garantieren. Daher operiert eine solche Ordnung mit Vorliebe mit dem strengsten Überich und somit entbindet die Trennung auch die Schuldgefühle als masochistische Überich-Elemente. Mit Schuldgefühlen operieren übrigens auch – und dies mit Erfolg – die «geschädigten» Partner, das heißt, die «legitimen» Partner der Getrennten, so daß letztere auf diese Weise durch die Erhöhung des Schuldgefühls eine Steigerung der Bestrafung erleiden müssen. Ist die Trennung auch eine Schädigung der Besitzverhältnisse, so wurde sie auf der andern Seite unternommen, um *legitimes* Eigentum der possessiven Gesellschaftsordnung zu schützen.

Nicht nur die Ausgangsposition der Trennung wird ihre Phänomenologie beeinflussen, sondern auch die Verarbeitung – die «Trauerarbeit» – der Trennung ist durch die gesellschaftliche Struktur bedingt. Da die Gesellschaft die herrschende Moral prägt, wissen die Getrennten (auch wenn sie sich dagegen auflehnen), was und wie man zu fühlen hat. Die Gesellschaft hat Vorschriften, wie man eine Ich-Katastrophe zu verarbeiten hat, insbesondere eine Ich-Katastrophe, die in Augen der Gesellschaft von den Leidenden selbst verschuldet ist: letzteres ist bei einer Liebestrennung immer der Fall.

Das Erlebnis der Trennung ist nicht außerhalb eines allgemeinen sozialen Kontextes zu betrachten. Die Trennung vollzieht sich nicht zwischen zwei Menschen, die gleichsam für sich allein in einem luftleeren Raum stehen; sie müssen die Katastrophe *mit den Mitteln verarbeiten, die ihnen von der Gesellschaft her zu Gebote stehen.* Anders ausgedrückt, ist das Verarbeiten der Trennungskatastrophe zuengst mit dem verknüpft, was die Partner als «Sinn des Lebens» betrachten. Der «Sinn des Lebens» ist aber keine platonische Idee, sondern vielmehr das Gesamt der reellen und vermeintlichen *Möglichkeiten* glücklich zu sein und seine Ansprüche zu verwirklichen. Diese Möglichkeiten sind dem Menschen in einem konkreten Ausmaß innerhalb einer gegebenen Gesellschaft zur Verfügung gestellt oder verheißen.

In einer Zeit, in der die alten Werte, welche in der moralischen und gesetzlichen Überlieferung stehen, von Grund auf in Frage gestellt werden, ist auch der «Sinn des Lebens» zwar in verschiedenen Ideologien verschiedentlich erläutert und kodifiziert, aber im Leben selbst ist er nur wenig wirksam.

In einer possessiven und unterdrückenden Gesellschaftsordnung, die auf der Ausbeutung der Klassen und Geschlechter errichtet wurde, wird das Glück im individuellen und möglichst quantifizierbaren Erfolg gesucht. Dies spielt höchstwahrscheinlich eine nicht näher zu bestimmende Rolle im Einsetzen der im ersten Abschnitt beschriebenen Abwehrmechanismen bei der Trennung: Flucht in die Arbeit, Flucht in die Gleichgültigkeit. Ist doch die Arbeit – als *Leistung*, nicht als Eros! – die erste bürgerliche Tugend, die universelle Medizin, von unserer Gesellschaft als höchste und beglückende Pflicht gepriesen. Eine solche Arbeit aber ist eine *entfremdende:* sie dient weder meiner Befriedigung noch der gerechten Verteilung ihrer Produkte, sondern der Festigung des Herrschaftsystems. So empfindet der Mersch die höchste Tugend auch als schlimmsten Fluch, der die Arbeit bereits in der Bibel war. Nach der Ich-Katastrophe der Trennung bleibt im Grunde genommen nichts anderes mehr, als krampfhaft zu sublimieren oder ebenso krampfhaft zu regredieren. Die Entfremdung des Menschen ist vor und nach der Trennung von Mystifikationen untermauert.

Außerdem wird in einer Gesellschaft, die auf dem Konkurrenzkampf, das heißt auf Egoismus und Krieg aller gegen alle, aufgebaut ist, eine Ich-Katastrophe, zumal eine trennende, in völliger Einsamkeit erlebt und verarbeitet. Sie ist immer ein individuelles Drama, das alles andere beschattet und daher von der Gesellschaft wiederum mit Argwohn betrachtet wird. Da das gesellschaftliche Leistungsprinzip die Katastrophe nicht verhindert, sondern sie provoziert, wird nach der Katastrophe entweder die individuelle Heilung (etwa durch eine psychoanalytische Kur) oder die einsame Betäubung angestrebt.

Es wäre weit gefehlt, wenn der Leser uns auf Grund dieser Erlebnisanalyse verdächtigen würde, ein Apologet des Ehebruches oder der Vielehe, der Promiskuität, der Perversion u. ä. m. zu sein. Wohl sind wir der Meinung, daß das, was die Menschen *Liebe* nennen und wünschen, sich nur in Freiheit vollziehen und nicht ungestraft reglementieren lassen kann. Wir sind auch der Meinung, daß in den seltensten Fällen ein gesellschaftliches Rechtsgut – um mit den Juristen zu sprechen – durch Ehebruch, Perversion und ähnliches verletzt wird. Wir sind also wohl der Meinung, daß die Intimsphäre des Geschlechtlichen in einem modernen Rechtsstaat die größtmögliche Freiheit genießen soll und nur dort staatlich – so lange es Staaten geben muß – kontrolliert werden darf, wo konkrete Rechtsgüter und nicht abstrakte Sittlichkeit bedroht werden. Der moderne Staat hat nicht über die private Moral oder gar über die Sündhaftigkeit seiner Bürger zu urteilen. In dieser Beziehung gehört die Strafgesetzgebung in den germanischen und angelsächsischen Ländern zu den rückständigsten der Welt. Und doch wäre unseres Erachtens der soeben vorgebrachte Einwand weit gefehlt. Wir können schon deswegen nicht eine Apologie der sogenannten sexuellen Ausschweifung vorbringen, weil unsere Untersuchung, wie auch viele andere allenthalben angestellten Forschungen, uns zeigen, daß die «sexuelle Ausschweifung» *kein sich selbst gleichbleibender Begriff*, sondern die Folge einer konkreten sozialen Situation ist.

Wer nämlich solche Einwände vorbringt, merkt nicht, daß der Einwand *nur aus einem bestimmten historischen gesellschaftlichen Gesichtspunkt heraus* vorgebracht worden ist, nämlich aus dem Gesichtspunkt der *so* und nicht *anders* gesellschaftlich proklamierten Sexualmoral heraus; das heißt, einer Ehe und einer Sexualmoral, wie sie hier und jetzt (und das auch als abstraktes Gebot) in einem gegebenen wirtschaftlichen, geschichtlichen Kulturkreis als angeblich mehr oder minder bindend postuliert werden. Kurzum, man verwechselt hierbei eine relative, historisch bedingte, institutionelle Form mit der nur in der Abstraktion schwebenden platonischen Idee dieser Institution. Die «primitive» Ehe, die Ehe im Mutterrecht, die Ehe im strengsten Vaterrecht, die feudale Ehe, die Ehe des anbrechenden Bürgerzeitalters, die noch vor kurzem in unseren Breitegraden vorhandene Großfamilie, die heutige verkümmerte Form der bürgerlichen Ehe mit ihrer Kleinfamilie – all diese Formen, die in den entsprechenden Gesetzgebungen einen scheinbar ewig währenden imperativen Niederschlag gefunden hatten, machen keineswegs das «Wesen» der Ehe aus, insoferne man von einem solchen «Wesen» überhaupt sprechen kann. Im *Kommunistischen Manifest* vom Jahre 1848 wurde darauf hingewiesen, daß die zeitgenössische bürgerliche Ehe eine Form der Prostitution sei: sie beruhte auf der doppelten Moral des Mannes, der unbeschränkte Besitzrechte über die von ihm gekaufte Frau besaß[22]. Seit den ersten Polemiken gegen die

---

[22] Es versteht sich von selbst, daß nicht die Einehe *als solche* entfremdend und daher unsittlich ist, sondern entfremdend sind der *Zwang* sowie die *Fiktion* der Einehe. Der Zwang führt übrigens zur Fiktion, welche die «bürgerliche Gemeinschaft der Weiber» des *Kommunistischen Manifestes* notdürftig verschleiert. Der abendländisch-kirchliche Zwang zur Einehe ohne die Korrektur der Scheidung war durchschnittlich weniger empfindlich, solange die Lebenserwartung sehr gering war: nach Absterben der Mehrzahl der Kinder und Jugendlichen war die *gemeinsame* Lebenserwartung der Vermählten im Mittelalter noch immer äußerst beschränkt; in den hochentwickelten Ländern der Gegenwart kann diese *gemeinsame* Lebenserwartung an die 50 Jahre betragen, was die wechselseitige freiwillige Treue-Erwartung im Durchschnitt denn doch unter Umständen fragwürdig erschei-

bürgerliche Ehe hat sich die Situation beträchtlich gewandelt und gebessert. Doch beruht die Institution der Ehe und der Familie soferne zwangsläufig auf Unterdrückung, als die Gesellschaftsform, von der diese Institution abhängt, auf Unterdrückung beruht.

Es wäre also abwegig, in unseren Ausführungen einen verkappten Wunsch nach – sagen wir – der Einführung der Vielehe zu vermuten. Die Vielehe in ihren institutionalisierten und nun zerfallenden Formen würde eine arge Rückentwicklung bedeuten. Aber auch in der heutigen bürgerlichen Ehe (und in dem europäisch-amerikanischen Kulturkreis existiert vorläufig nur eine solche, da auch die sozialistischen Länder aus staatspolitischen Gründen an der alten Institution nur zögernd und vorübergehend gerüttelt haben), – wiewohl sie sich seit der Zeit MARX' wesentlich gebessert und wiewohl sie in verschiedenen Ländern sehr verschieden aussieht – ist noch die oppressive Form des vertragsmäßigen Besitzes vorherrschend. Der Unterschied gegenüber der Zeit MARX' liegt eigentlich darin, daß sich die Unterdrückung gelockert hat (die Scheidung zum Beispiel ist in den meisten zivilisierten Ländern – aber bei weitem nicht in allen – erlaubt und nicht besonders schändlich) und, was immerhin eine Art ausgleichender Gerechtigkeit ist, daß sich die männliche Moral auch auf die

---

nen läßt. Wie jede Korrektur ist übrigens auch die der Scheidung nur ein «geringes Übel». Daß die Scheidung in der heutigen Form neurotisierend für die Nachkommenschaft wirken kann, ist nur zu bekannt. Allerdings kann auch eine «erhaltene» schlechte Ehe ebenso und mehr neurotisierend für die Kinder sein. Ein besonderer Zwang des Leistungsprinzipes im Bereich der Ehe ist der reaktionäre Widerstand gegen die Familienplanung. Dieser Widerstand ist bereits für das Weiterbestehen der Menschheit gefährlich: denn die «Korrektur» der beispiellosen demographischen Explosion ist vorläufig der Krieg und die Hungersnot. – Der reelle *Fortschritt* von der Vielehe zur Einehe ist ein langsamer und kann nur in Freiheit ein wirksamer sein. So garantierte die institutionelle Polygamie in den afrikanischen Ländern die ökonomische und moralische Struktur der traditionellen Familienform; die Abschaffung der Polygamie hingegen führte als Übergangserscheinung zu der wirtschaftlichen Unsicherheit der legitimen Frau und zum Aufblühen der «bürgerlichen Gemeinschaft der Weiber»: unkontrollierbare, ungeregelte und egoistische Beziehungen ersetzen geregelte polygame Eheverhältnisse (vgl. darüber V. JAKOVLJEVIC, *Kulturnoantropološko proučavanje u afričkoj Guineji*, in: «Zbornik Etnografskog Musejo u Beogradu», Beograd, 1963; auch mündliche Mitteilung von VLADIMIR JAKOVLJEVIC an den Autor, 9. Oktober 1965). Wohl begünstigt die Institution der Vielehe die sexuelle und wirtschaftliche Ausbeutung und Verdinglichung der Frauen zugunsten des Mannes; doch auch die Institution der Einehe, so wie sie praktiziert und ideologisch untermauert wird, ist auf *Besitzverhältnissen* aufgebaut und macht die unterdrückende Beschützung eines abstrakten und verlogenen «Rechtsgutes» nötig. Es ist erstaunlich, wie wenig die frühe soziale Kritik an der Institution der Ehe diesen Tatbestand durchschaute. Noch das *Kommunistische Manifest* kritisiert die bürgerliche Ehe auf Grund ihrer unmoralischen Auswüchse, das heißt auf Grund einer Symptomatik, die in Wirklichkeit zugleich *eine Korrektur* des sexuellen Besitzzwanges darstellt: «Der Bourgeois sieht in seiner Frau ein bloßes Produktionsinstrument» (d. h. ein Mittel zum Zweck – zum sexuellen, zum familienerhaltenden, jedenfalls nicht die sou-

Frau zu erstrecken begann. Vor allem aber sprechen alle Anzeichen dafür, daß diese institutionalisierte Form sich in einem raschen Wandel und Verfall befindet. Allein, ein *Zwang* bleibt auch die heutige Ehe – nunmehr für beide Partner. Der heutige Ehemann hat auch nichts zu lachen, man sehe das anekdotisch gewordene (und daher nur karikierte) Frauenregiment in den Vereinigten Staaten, das allerdings nichts mit dem Matriarchat zu tun hat. Solche Reibungsflächen sind unausbleibliche Folgen des neuen Kampfes um die wirtschaftliche *und* sexuelle Vorherrschaft, Folgen der Herr- und-Knecht-Dialektik. Damit ist keineswegs gemeint, daß besonders ausgeglichene und liebende Menschen ihre Ehe unbedingt als einen solchen aufreibenden Zwang oder als eine ausnehmend unerfreuliche Lage empfinden; doch dort, wo das freie Bedürfnis zweier liebender Menschen unter Sanktionen steht, ist die Unterdrückung zumindest unterschwellig wirksam und kann sich jeden Augenblick manifestieren. Praktisch wird auch die heutige Ehe durch «Ausnahmesituationen» korrigiert, die ihren zwangsmäßigen Charakter auf inoffiziell geduldete Weise abschwächen. So etwa in den bürgerlichen Kreisen von Nordamerika das obligate «Petting» vor

---

veräne Person, *I. A. C.*). «Er hört, daß (in der kommunistischen Gesellschaft, *I. A. C.*) die Produktionsinstrumente gemeinschaftlich ausgebeutet werden sollen, und kann sich natürlich nichts anderes denken, als daß das Los der Gemeinschaftlichkeit die Weiber gleichsam treffen wird. Er ahnt nicht, daß es sich eben darum handelt, die Stellung der Weiber als bloße Produktionsinstrumente aufzuheben. (...) Unsere Bourgeois, nicht zufrieden damit, daß ihnen die Weiber und Töchter ihrer Proletarier zur Verfügung stehen, von der offiziellen Prostitution gar nicht zu sprechen, finden ein Hauptvergnügen darin, ihre Ehefrauen wechselseitig zu verführen. Die bürgerliche Ehe ist in Wirklichkeit Gemeinschaft der Ehefrauen. (...) Es versteht sich übrigens von selbst, daß mit Aufhebung der jetzigen Produktionsverhältnisse auch die aus ihnen hervorgehende Weibergemeinschaft, d. h. die offizielle und nicht-offizielle Prostitution, verschwindet» (KARL MARX, FRIEDRICH ENGELS, *Manifest der kommunistischen Partei*, Dietz, Berlin, o. D., 22. Auflage, S. 63–64). Schon viel tiefer zu dem eigentlich unsittlichen Kern der Institution, und zwar zu ihrem Zwang, dringt M. BAKUNIN vor: «Zwei volljährige (! – *I. A. C.*) Individuen verschiedener Geschlechter (! – *I. A. C.*) sollen das Recht haben, sich zu vereinigen und sich zu trennen, und zwar nach dem eigenen Willen, nach ihren gegenseitigen Interessen und nach den Bedürfnissen ihrer Herzen; die Gesellschaft soll weder das Recht haben, ihre Vereinigung zu verhindern noch dieselbe gegen ihren Willen aufrechtzuerhalten (...). Der Vereinigung beider Geschlechter soll die völlige Freiheit zuerkannt werden, welche hier, wie immer und überall, die Bedingung *sine qua non* der sittlichen Redlichkeit ist. Weder das Ausmaß der Leidenschaft, noch ein früher freiwillig verliehenes Recht, dürfen den Anschlag des einen Partners auf die Freiheit des anderen entschuldigen: vielmehr soll jeder solche Anschlag als Verbrechen geahndet werden» (MICHEL BAKOUNINE, *La Liberté*, J.-J. Pauvert, Paris, 1965, S. 265–266). Man möge jedenfalls feststellen, wie hochmoralisch hier sowohl MARX als auch BAKUNIN sind … Erst allmählich wurde es den Kritikern klar, daß die Eheinstitution nicht *an sich* unsittlich ist, sondern nur soferne, als sie auf einer *possessiven Basis* aufgebaut wird – soferne die Ehe den Verhältnissen des *Habens* und *Habenwollens* entspringt. Solche Verhältnisse würdigen die Ehepartner zu Sklaven herab und rufen Betrug, Eifersucht, Verbitterung, Schuld und Verzweiflung hervor.

der Ehe (die als Falle für «normale» Liebkosungen droht), sowie die verbreitete, aber recht kostspielige Scheidung, die wiederum anzeigt, daß etwas in der Institution doch nicht in Ordnung ist. Wohl gesünder reagieren die Österreicherinnen, über die die offizielle österreichische Statistik zu berichten weiß, daß fast 70 % ihrer Erstgeburten früher als neun Monate nach der Eheschließung erfolgen. Aber auch dieser an sich liberale Tatbestand zeigt gleichzeitig an, daß die Ehe *in der Gestalt der heutigen Institution* auch in unseren Ländern nur noch dank der Doppelmoral und mit Unterstützung rückständiger Gesetze zu erhalten ist[23].

Die Diskussion darüber, ob der Mensch von Natur aus mono- oder polygam ist, ist müßig und gegenstandslos. Der Mensch ist «von Natur aus» ein *Kulturwesen;* diese Kultur ist in einer nie dagewesenen Revolution begriffen, wodurch sich auch die angebliche «Natur» des Menschen ändert. Nun ist nach FRIEDRICH ENGELS gerade die Ehe der Ort des Überganges von der Natur zur Kultur. Es scheint, daß der Mensch, der das einzige Lebewesen ist, das auch Ideale stellt, dergestalt nach Verwirklichung derselben auf der Sexualebene trachtet, daß er – auch trotz anderer Neigungen – zu irgendeiner Form einer anerkannten und auf personaler Liebe begründeten *Hauptehe* tendiert, die im allgemeinen andere Bindungen nicht restlos ausschließt. Doch die Menschheit wandelt sich mit der Geschichte, die sie macht, und je länger sie lebt, um so mehr wird sie sich wandeln. Auch die Gesellschaft des Menschen wandelt sich und schickt sich immer mehr an, die barbarischen Formen des Eigentums und dadurch der Verdinglichung des Mitmenschen zu verlassen; indes, eine Pflichtehe ist immer auf Besitzrecht und Zwang aufgebaut. Die Folgeerscheinungen dieser Wandlung sind mannigfaltig. Vor kurzem noch war die Frau eine Gebärmaschine und Hüterin zahlreicher Kleinkinder. Bereits in der gegenwärtigen Übergangsform der Gesellschaft hat diese Rolle an absoluter Notwendigkeit eingebüßt. Die Frau ist viel weniger Hüterin des Herdes, als eine selbständig Schaffende, wobei sie zugestandenerweise noch weit entfernt ist von einer zufriedenstellenden Lösung ihrer Lage. Durch die krisenhafte

---

[23] Die jetzt zu beachtende Ehefreudigkeit der Jugend kennzeichnet wohl die Bejahung personaler Beziehungen zwischen den Geschlechtern oder wenigstens den Wunsch nach solchen Beziehungen, gibt aber noch keineswegs ein Argument zugunsten der heutigen Eheinstitution ab: Wir können nicht die kritische Einstellung von seiten der Jugendlichen erwarten, die dafür weder über genügend Information noch über genügend Reformationsbewußtsein verfügen und außerdem unter dem überaus großen Druck der Diskrepanz zwischen «erwachsener» Subkultur und «jugendlicher» Subkultur stehen, wobei diese Diskrepanz noch durch die biologisch-psychologische Akzeleration einerseits und die soziale Retardation in bezug auf die Selbständigkeit und die wirkliche Mündigkeit andererseits vergrößert wird.

Etappe ist die Frau ungleich mehr belastet als der Mann; sie hat einerseits ihr verdinglichtes Wesen nicht voll abgestreift, übernahm aber andererseits bereits die Pflichten des (noch nicht voll) selbständigen Menschen.

Prognosen über die künftige Form der Ehe anzustellen, gehört noch in die Domäne der Phantasie. Sicher ist lediglich, daß die Institution der Ehe, so wie sie sich heute zeigt, noch immer kein freier Bund zwischen freien Menschen ist. Ihr oppressiver Charakter erscheint bei näherem Zusehen um so deutlicher, als die ihr innewohnende Unterdrückung durch den vorläufigen Kampf der Interessen zwischen dem Mann und dem Weib von beiden introjiziert wird und eine Ideologie bewirkt, deren Falschheit die Partner nicht sehen. Der Klassenkampf herrscht in der Familie, und auch in den Beziehungen zwischen den Eltern auf der einen Seite und den Kindern auf der anderen ist noch die Klassenideologie spürbar.

Wenn uns die Psychoanalyse zweifellos bewiesen hat, daß das Kind in seinem neurotischen Wesen von der Familie geprägt ist, so ist dieses Gesetz im Sinne des Vorhergesagten dadurch zu ergänzen, daß die Familie ihrerseits von der Gesellschaft mit ihren unterdrückenden Herrschaftsformen geprägt wird. Anstatt daher müßige Prognosen über die zukünftige Form der Beziehungen zwischen den Geschlechtern anzustellen, können wir lediglich sagen: erstens wären diese Beziehungen in einer weniger oppressiven Gesellschaft *ihrem Wesen nach* anders als heute, und die Unterdrückung würde nicht so erfolgreich in den Beziehungen zu den Kindern weitertradiert werden; zweitens würde daher in einer minder oppressiven Gesellschaft auch die uns interessierende Problematik der Trennung, der Treue, der Liebe, *ihrem Wesen nach* anders gelagert sein als heute: unter anderem, weil die Partialtriebe, die heute eine unheilvolle Rolle in dieser Problematik spielen, ganz anders gelenkt und geformt sein würden.

In dem heute bestehenden Problemkomplex der geknechteten Liebe – geknechtet in der Ehe, geknechtet außerhalb der Ehe – erfüllt der Narzißmus eine nicht zu unterschätzende Funktion, weil er in unserer Gesellschaft nur sehr unvollständig zur Ausreifung freier genitaler Beziehungen beitragen kann: die «genitale Sexualorganisation», so wie wir sie kennen, ist eher eine aggressiv-phallische, denn eine freie genitale. Gerade deshalb ist der Narzißmus Feind der Gesellschaft – und auch Feind einer anpassungshörigen Psychoanalyse. Es wird einfach übersehen, daß der primäre Narzißmus, das heißt das erste Vorstadium der Beziehungen des Menschen zu sich selbst und zu seiner bereits im Keim konstituierten Welt, die unentbehrliche Grundlage, der trächtige Boden, der Ursprung und der Ausgang der personalen Beziehung ist. Gegenüber den sich einschleichenden Werturteilen einer konformistischen Psychoanalyse ist das «Lob des Narzißmus» notwendig geworden. Der Narzißmus ist nicht Abkapselung, sondern auch Liebe zu sich selbst, ohne die der «Nächste» *nie* geliebt werden wird. Narzißtisch sein heißt auch: die Lust – die immer subjektgebunden ist – entdecken, indem man seinen Leib entdeckt, und durch die Beziehungen des *Leibes* (Nahrung, Wärme, Liebkosung, Sicherheit) zu den «Nächsten» auch letztere entdecken, und somit die einmalige, unendliche menschliche Welt entdecken. Nie wird die Welt ohne das Subjekt erkannt, und nie das Subjekt ohne die Welt: das ist eine Binsenweisheit, die es aber neu zu erleben gilt. Und ohne die primäre Liebe zu seinem Leibe, die das Verhältnis zur Welt bestimmt, werden weder die Menschenliebe noch das Wagnis eines Kosmonauten je möglich sein. Auch der sekundäre, «krankhafte» Narzißmus ist nicht Autoerotik ohne jede Transzendenz[24], sondern eine Abwehr, eine Verteidigung, mitunter auch eine aggressive Pervertierung – wohl eine Regression, aber bedingt durch die unhaltbaren Forderungen der aggredierenden Gesellschaft mit ihrer Pflichthörigkeit. HERBERT MARCUSE hat sehr inhaltvolle Seiten darüber geschrieben, wie Narziß der Held einer Rebellion ist (HERBERT MARCUSE, *Eros und Kultur,* Ernst Klett, Stuttgart, 1957): der Rebellion gegen die utilitaristische Ausbeutung der Liebe. Wenn also, im Gegensatz zu der von der Herrschaft geforderten Leistung des Narzißmus heute ausschließlich einen autoerotischen und «perversen» Stempel trägt, weil sein Anspruch inmitten der Unterdrückung einfach nicht befriedigt werden kan, so sollte der nämliche Narzißmus in einer weniger oppressiven Gesellschaft einen bedeutenden Beitrag zum Glück des Menschen – zur Selbsterfüllung also – bieten.

So sehen wir, daß der ganze Fragenkomplex der «Perversion» (an die wir die regressiven und aggressiven Elemente der Trennungssituation in der Liebe anknüpfen können) ein anderes Problem in sich birgt, und zwar das der Abspaltung, der Unterwerfung und Schändung des menschlichen Lustanspruches unter dem Druck der heutigen Herrschaftsform mit ihrem Leistungsprinzip (vgl. S. 124 ff.). Eine andere Ordnung könnte den lebensspendenden Lustanspruch in der Persönlichkeit – die aus den Beziehungen des Subjektes zur Welt besteht, also Liebe und Arbeit integrierend – einbauen, statt ihn radikal zu vergiften.

Das heutige Bild der Partialtriebe ist durch zwei Tatbestände gekennzeichnet. Erstens wurden die Partialtriebe, weil sie schwer kontrollierbar sind und sich der Institutionalisierung widersetzen und weil sie am stärk-

---

[24] Wir dürfen annehmen, daß der sekundäre Narzißmus, soferne er wirklich «autoerotisch» ist, *die entfremdete Abzweigung des Luststrebens vielleicht in lebensnotwendiger Weise kompensiert.*

sten auf Lust und nicht auf Leistung angelegt sind, als gesellschaftswidrig betrachtet und grausam unterdrückt. Zweitens kommt die (übrigens nur im Ideal vorhandene) «reife» genitale Sexualorganisation in der Einehe zwar *scheinbar* auf ihre Lustrechnung, doch in Wirklichkeit dient sie vielmehr fremden, gesellschaftlichen Zwecken in Form des Leistungsprinzips. Sie wird durch die Institutionalisierung und Unfreiheit einer großen Menge von Lust entkleidet, und die dadurch frei gewordene Libido wird der gesellschaftlichen Leistung zugeführt, wobei alles das, was sich nicht vergesellschaftlichen läßt, *pervertiert* wird.

MARX zeigt uns durch seine Analysen, daß der Großteil der Menschenarbeit durch die gesellschaftliche Herrschaftsform dem Menschen entfremdet und durch die Herrschaftsform ausgebeutet wird. FREUD zeigte uns, wie der Großteil der menschlichen Liebe durch die introjizierte Herrschaftsstruktur dem Menschen entfremdet und ebenso ausgebeutet wird.

Einige gegenwärtige Ideologiekritiker vermochten uns auf psychoanalytischer Grundlage zu zeigen, daß diese Entfremdung des Leibes, diese erzwungene Desexualisierung des Körpers sowie die damit verbundene Verdrängung die sadistischen Methoden der Unterdrückung nähren. NORMAN O. BROWN betonte, daß die Unterdrückung der Lust und die verdrängende Desexualisierung des Körpers zwar die Sublimierung aufpeitschen, aber auch die Aggression und die Perversion im heutigen Sinne verursachen (NORMAN O. BROWN, *Zukunft im Zeichen des Eros,* Günther Neske, Pfullingen, 1962). Unabhängig von ihm zeigte auch HERBERT MARCUSE, daß die Partialtriebe beim Menschen an sich besonders übertragungs- und aufbaufähig sind und daß sie sich normalerweise *in der Erotisierung der Arbeit* ausleben – selbstverständlich der freien, sinnvollen und schöpferischen Arbeit. Indessen ist die Arbeit ebenso entfremdet wie die Liebe. So lassen sich auch die Partialtriebe nicht erfolgreich integrieren, und Liebe sowie Arbeit werden zu Zwang und Pflicht. Um voll gesellschaftsfähig zu sein, muß die Arbeit wohl erheblich lustlos sein, sonst wäre die tugendhafte Propaganda nicht darauf angelegt, uns weiszumachen, wie einerseits notwendig und andererseits lustvoll sie ist. Ebenso lustlos ist im Grunde die «erlaubte» Liebe, da auch hier die Propaganda darauf angelegt ist zu überzeugen, wie notwendig die Kontrolle der Liebe und wie vergnüglich diese gelenkte Liebe sei. Die Partialtriebe in der heutigen Form (und für die Bequemlichkeit des Exposés rechnen wir die «unerlaubte» Liebe, auch die anscheinend genitale, zu solchen, weil sie immer die Wiederholung der Es-Ansprüche gegen das Verbot enthält) sind indes gegenüber der entfremdeten *Leistung* in der Arbeit und in der institutionellen Liebe feindlich. Da die Partialtriebe erbarmungslos – auch vom Überich – unterdrückt werden, um die Ordnung der herrschenden Ausbeutung und Oppression zu schützen, verwandeln sie sich mittels des Konfliktes in Perversion und Neurose. Beide sind freilich in der Kindheit entstanden; der Konflikt der unterdrückten Liebe ist eine *Wiederholung* des frühkindlichen Konfliktes: hier ist wiederum das von HERBERT MARCUSE definierte Leistungsprinzip am Werke. In einer Gesellschaftsform, die unter einem anderen Realitätsprinzip stehen könnte als unter dem der entfremdeten Leistung, würden sich die Partialtriebe weitgehend selbst aufheben (im dialektischen Sinne des Wortes): in der direkten Lust, aber auch in der Selbstsublimierung, die beim Menschen lustvoll ist; das heißt, im freien Schaffen dessen, was geliebt wird; *Liebesakt und freie Schöpfung sind analog.* Unter der Herrschaft des Leistungsprinzipes vergiften indes die introjizierten Sanktionen die Arbeit und die Liebe zu gleichen Maßen: der Leib wird im Interesse der Gesellschaft zur Arbeitsfron und Liebespflicht *verkauft*.

Zugegebenerweise ist das Bild der Selbstsublimierung keine gegenwärtige Wirklichkeit, und doch ist es ein realistisches Bild: denn Sublimierung, Kulturschaffung, Überführung des Triebhaften in die geistige und technische Tätigkeit – dies alles ist gerade das, was den einzigen *spezifischen* und sonst in der Phylogenese nicht vorhandenen angeborenen auslösenden Mechanismus des *homo sapiens* ausmacht. Letzterer ist das einzige Tier, das imstande ist, sich selbst und die Welt zu reflektieren und dadurch zu transzendieren. Hiermit ist der Mensch das einzige Wesen, dessen Instinktabläufe – die angeborenen auslösenden Mechanismen im Sinne K. LORENZ' – zwar in der Naturgeschichte verankert, doch in der Kulturgeschichte wirksam und lenkbar sind. Genauso wie alle Tiere auf den ungehinderten Ablauf ihrer Verhaltensschemata «angelegt» sind, so ist auch der Mensch, der über dieselben Verhaltensschemata verfügt, aber *außerdem durch Reflexion alle seine Schemata im schöpferischen Schema zu verwandeln und zu integrieren hat, auf Sublimierung «angelegt».* Hier geht die Quantität in die Qualität über. Der Unterschied ist nicht bloß quantitativ, er ist auf der humanen Stufe qualitativer Natur und besteht in der paradoxen Tatsache, daß das natürliche *spezifische* Verhaltensschema des Menschen von ihm fordert, sich nicht mehr mit dem ungehinderten Ablauf sämtlicher anderer – *unspezifischer* – Schemata des Verhaltens zufrieden zu geben, sondern darüber hinaus den Menschen zur kulturellen Sublimierung dieser anderen unspezifischen Schemata zwingt. Wie wir sehen, besteht das Paradox darin, daß das menschliche Schema zwar «natürlich» ist, ihn aber zur Befreiung aus der Naturgeschichte treibt, so daß der Mensch die rohe Natur als Entfremdung seiner selbst erlebt; oder, anders ausgedrückt, besteht das Paradox auch darin, daß der angeborene auslösende Mechanismus des

Menschen ihn zur bewußten Arbeit, das heißt zu dem *geschichtlichen* Lenken seines *Schicksals*, seines Glückes und zu der sich selbst unbegrenzt überholenden Erkenntnis treibt.

Die Tiere sind große «Arbeiter», aber die spezifisch menschliche Arbeit ist von der tierischen qualitativ verschieden. Die Arbeit im neuen menschlichen Sinn macht den Menschen in der geschichtlichen Bedeutung aus und die Gegenüberstellung des *homo faber* und des *homo sapiens* ist reiner Idealismus[25]. Die Arbeit des Menschen *ist* Sublimierung, das heißt wirkliche Befreiung, wirkliche Schöpfung, Übergangspunkt vom Es zum Ich, genau wie dies alles das Bewußtwerden ist; denn letzteres ist von der Arbeit nicht zu trennen, soferne die Arbeit des Menschen Praxis des Bewußtwerdens ist, welches wiederum neue Arbeit theoretisch untermauert. «Die *Arbeit,* deren Anteil an der Menschwerdung des Tieres so wesentlich ist, ist *ursprünglich libidinös.* FREUD sagt ausdrücklich, daß sich die geschlechtliche sowohl wie die sublimierte Liebe an die gemeinsame Arbeit knüpfte *(Massenpsychologie und Ich-Analyse,* Ges. W., XIII, S. 113). Der Mensch beginnt zu arbeiten, weil er in der Arbeit – und nicht erst nach der Arbeit – Lust gewinnt: Spiel seiner Fähigkeiten und Erfüllung seiner Lebensbedürfnisse – nicht Mittel zum Leben sondern Leben selbst. Der Mensch beginnt die Kultivierung der Natur und seiner selbst, die Kooperation, um Lustgewinnung zu sichern und zu verewigen» (HERBERT MARCUSE, *Die Idee des Forschritts im Lichte der Psychoanalyse,* in: «Freud in der Gegenwart», *Frankfurter Beiträge zur Soziologie,* Band VI, Europäische Verlagsanstalt, Frankfurt a. M., 1957, S. 418).

Doch gerade weil der Mensch seine Verhaltensfähigkeit, seine angeborenen auslösenden Mechanismen durch Reflexion objektivieren, überformen und bewußt manipulieren kann, wozu andere Lebewesen nicht im-

---

[25] Es ist nicht gemeint, daß die Fachausdrücke *homo faber* und *homo sapiens* etwa gleichbedeutend sind! Schon die später Vertreter der Australopithecinen – am Anfang des Pleistozäns vor fast zwei Millionen Jahren – begannen wahrscheinlich primitive Geräte («pebble tools») herzustellen; dies im Unterschied zu den übrigen Primaten, die Werkzeuge gelegentlich gebrauchen ohne solche anfertigen zu können. Dies wäre bei dem Australopithecus bereits eine spezifisch menschliche Leistung gewesen: *der Anfang der Technik, der menschlichen Arbeit, der Kultur.* Aber erst im mittleren Pleistozän zeigte der Pithecanthropus einen hohen Grad an planender und reflexiver Intelligenz (insbesondere durch die Erzeugung des Feuers: Prometheus war ein später Pithecanthropus); und so entwickelte sich denn rasch im Verlauf der letzten Viertelmillion Jahre der *homo* (oder *homo präsapiens*) mit relativ evoluierter Sprache und Kunst; die Bezeichnung *homo s. sapiens* trifft den eigentlichen «modernen» Menschen, der sich seit etwa 30 bis 35 tausend Jahren entwickelt; ist aber auch dieser *homo s. sapiens* ein wirklicher *homo historicus?* Lenkt er bereits selbst seine eigene Entwicklung in vernünftige Bahnen? – Wir wollen hier lediglich die Spaltung zwischen den Kriterien «Arbeit» und «Vernunft» vermeiden.

stande sind, ist er auch das einzige Lebewesen, das sich selbst Attrappen setzen und die Abläufe der Verhaltensschemata pervertieren kann. Attrappen im Sinne der Verhaltensforschung sind nämlich schematische Auslöser eines Funktionsablaufes, und der Mensch schafft solche Attrappen auf dem Wege der abstrahierenden Analogie. Allerdings ist er wiederum das einzige Wesen, das durch Korrektur von seiten der Reflexion und durch die Einsicht in das historische Geschehen diese Pervertierung wiederum mittels neuerlicher Theorie und neuerlicher Praxis aufheben kann. So kam es auch, daß bei mangelnder geschichtlicher Einsicht die Organisation der Arbeit weniger dem Lustgewinn diente, als vielmehr der Verewigung einer gewissen Herrschaftsform der Sozietät, die durch die Leistung des unterdrückten Teils existieren konnte. «Die repressive Verwandlung des Eros» (HERBERT MARCUSE, ebd., loc. cit., S. 431) führte nun dahin, den Körper auch im lustlosen Zustand zu der Leistung zu zwingen. Arbeit und Lust wurden in dieser Organisation getrennt, der Körper mit Gewalt enterotisiert, desexualisiert, während die Lust nur in gewissen Formen, und zwar in solchen, die dem Leistungsprinzip am wenigsten widersprechen, nach strengen Gesichtspunkten normiert wurde. Sie wurde höchstens als Prämie für die Leistung zugelassen, aber gleichzeitig als Pflicht, um andere Lustformen zu vermeiden. Entscheidend ist dabei, daß die von den Partialtrieben gekennzeichneten Durchgangsetappen – statt sich in der freien Arbeit zu sublimieren und in der freien Liebe zu integrieren – sowohl von der normierten Leistung als auch von der normierten Lust abgetrennt und mit besonderer Strenge unterdrückt wurden. Dadurch verwandelten sie sich in gesellschaftswidrige Perversionen, die sich *gegen* die Herrschaftsordnung und die von dieser gutgeheißenen Familienform richteten: denn sie konnten sich nicht mehr *progressiv* in Arbeit und Liebe entfalten, sondern nur *regressiv* in Ohnmacht, Flucht, Aggression, Eifersucht, Haß, Ressentiment und sexuellem Wiederholungszwang ein verkümmertes Dasein finden[26]. Dies ist der Grund, warum in der Neuorganisation der Arbeit und des Besitzes auch mancher Anstoß zur Befreiung des Eros und indirekt also zur der Lösung der in unserer Abhandlung aufgeworfenen Fragen zu suchen wäre[27].

---

[26] Die eingehende Analyse dieses historischen Tatbestandes ist bei HERBERT MARCUSE zu finden, insbesondere in drei Werken dieses Autors: *Eros und Kultur,* Klett, Stuttgart, 1957; – *Trieblehre und Freiheit,* in: «Freud in der Gegenwart», *(Frankfurter Beiträge zur Soziologie,* Band VI), Europäische Verlagsanstalt, Frankfurt a. M., 1957, S. 401–424; – *Die Idee des Fortschritts im Lichte der Psychoanalyse,* ebenda, S. 425–441.
[27] In diesem Zusammenhang schreibt HERBERT MARCUSE: «Ein qualitativ anderes Realitätsprinzip träte vielmehr an die Stelle des repressiven und mit ihm wandelt sich das ge-

Alles Gesagte berechtigt uns zu der Annahme, daß das Problem der Trennung – in der Form wie es in unserer Schrift analysiert wurde – ein typisches für die repressive Gesellschaft ist. Im Rahmen letzterer muß jeder Protest gegen die repressive Organisation der Arbeit und der Liebe schwere Konflikte verursachen: um bei unserem Thema zu bleiben, *muß* die Protestation gegen diese Ordnung menschlicher Beziehungen unter anderen Erscheinungen auch die Qualen der unglücklichen Liebe hervorrufen. Die Liebenden können sich nicht von dem herrschenden Realitätsprinzip oder – mit HERBERT MARCUSE gesagt – Leistungsprinzip abstrahieren. Auch der revolutionäre Kämpfer nicht; aber dieser organisiert seinen Kampf in Solidarität mit einer wirtschaftlichen Klasse, um die Ordnung der Arbeit zu verändern. Der unkonformistisch Liebende hingegen kann sich nicht *als* Liebender organisieren. Geschichte – um ERNST BLOCH zu zitieren – ist die Entwicklung wirtschaftlicher Verhältnisse, sie ist die Entwicklung libidinöser Verhältnisse nicht; doch sind in der Geschichte die beiden Aspekte der Ausbeutung nicht voneinander zu trennen und sie sollten auch nicht durch marxistische oder psychoanalytische «Orthodoxien» hermetisch isoliert werden.

So wenig wir *im Rahmen der bestehenden Gesellschaftsordnung* ein Anwalt der «Perversion» sein können, die dieser Ordnung entspringt, ebenso wenig dürfen wir vergessen, daß auch das Problem der *Trennung Liebender* durch diese Ordnung bestimmt wird und daß es in einer Gesellschaft,

samte menschlich-psychische wie das geschichtlich-gesellschaftliche Niveau selber. Was geschieht eigentlich wirklich, wenn jener Zustand, heute noch als Utopie verschrieen, immer realer wird? Was geschieht, wenn eine mehr oder weniger totale Automatisierung die Einrichtung der Gesellschaft bestimmt und auf alle Bereiche des Lebens übergreift? In dem Ausmalen dieser Konsequenz halte ich mich an die FREUDschen Grundbegriffe selbst. Die erste Folge wäre, daß die Kraft der durch mechanisierte Arbeit freigesetzten Triebenergie nicht mehr auf unlustvolle Tätigkeit verwendet werden müßte und zurückverwandelt werden könnte in erotische Energie. Eine Reaktivierung aller der erotischen Kräfte und Verhaltensweise würde möglich, die unter dem repressiven Realitätsprinzip abgesperrt und desexualisiert waren. Hiervon wäre die Konsequenz – und das möchte ich mit aller Schärfe betonen, weil an dieser Stelle das größte Mißverständnis vorliegt – daß die Sublimierung nicht etwa aufhörte, sondern als erotische Energie zu kulturschaffenden Kräften sich steigerte. Die Konsequenz wäre nicht Pansexualismus, der vielleicht wesentlich zum Bilde der repressiven Gesellschaft gehört (Pansexualismus ist nur vorstellbar als Explosion repressiver Triebenergie, nie aber als Erfüllung nicht-repressiver Triebenergie). In dem Maße, in dem erotische Energie wirklich frei würde, hörte sie auf, bloße Sexualität zu sein und würde zu einer dem Organismus in allen seinen Verhaltensweisen, Dimensionen und Zielen bestimmenden Kraft. Mit anderen Worten: der Organismus würde sich zu dem bekennen, zu dem er sich unter dem repressiven Realitätsprinzip nicht bekennen durfte. Streben nach Befriedigung in einer glücklichen Welt hieße das Prinzip, unter dem die menschliche Existenz sich entwickelte» (HERBERT MARCUSE, *Die Idee des Fortschritts im Lichte der Psychoanalyse,* in: op. cit., S. 436–437).

die nicht auf Unterdrückung und Ausbeutung aufgebaut wäre, ein wesentlich anderes Gesicht erhielte. Die Veränderung gesellschaftlicher Grundlagen wäre also eine wesentliche Vorbedingungen für die praktische Lösung des in unserem Essay dargestellten Problems.

Freilich: es bliebe dann noch eine weitere Vorbedingung, die allerdings selbst nur die Folge einer völligen anthropologischen, sozialen, biologischen, geistigen und technischen Umwälzung sein könnte. *Diese Vorbedingung ist nichts Geringeres als die Aufhebung des Todes; denn die Entfremdung des Menschen wird solange nicht zur Gänze aufhören, als die vom Menschen abgetrennte und beherrschte Natur doch stärker ist als seine Liebe und seine Schöpfungskraft.* Um zu dieser ganz neuen und ihm gemäßen Weise des Daseins zu gelangen, wird der Mensch alles, was in ihm und um ihn – ihm entfremdet – ist, vermenschlichen müssen: er wird Götter und Dämonen als Projektionen erkannt und aufgehoben, Eschatologie und Utopie durch eine gemeinsame Geschichte ersetzt und vollendet haben. Er wird zu sich selbst – in die Welt des Menschen – gekommen sein.

Wien, Februar 1963 – Mai 1964, März 1965 – März 1966, Januar bis Mai 1967.

# NAMENREGISTER

# SACHREGISTER

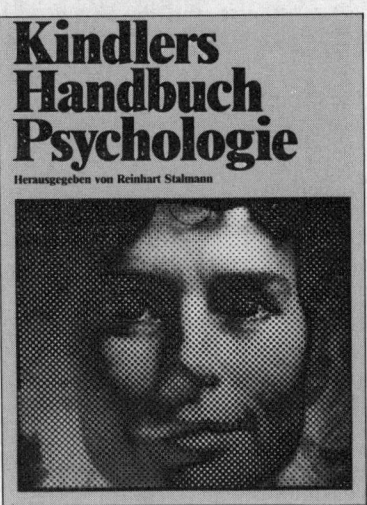

## Geist und Psyche
Begründet von Nina Kindler 1964

## Psychoanalyse

## Fischer Taschenbuch Verlag

## Geist und Psyche
Begründet von Nina Kindler 1964

## Psychoanalyse

Fischer Taschenbuch Verlag

# Sigmund Freud
## Einzelbände im Taschenbuch

## Fischer Taschenbuch Verlag